國家古籍整理出版專項經費資助項目

浙江文獻集成

李慈銘日記

第一册

咸豐四年三月十四日起
咸豐七年十二月三十日止

［清］李慈銘 著
盧敦基 主編
何勇强 副主編

浙江大學出版社
ZHEJIANG UNIVERSITY PRESS
・杭州

李慈銘像

李慈銘像

（《北平圖書館月刊》第一卷第一號）

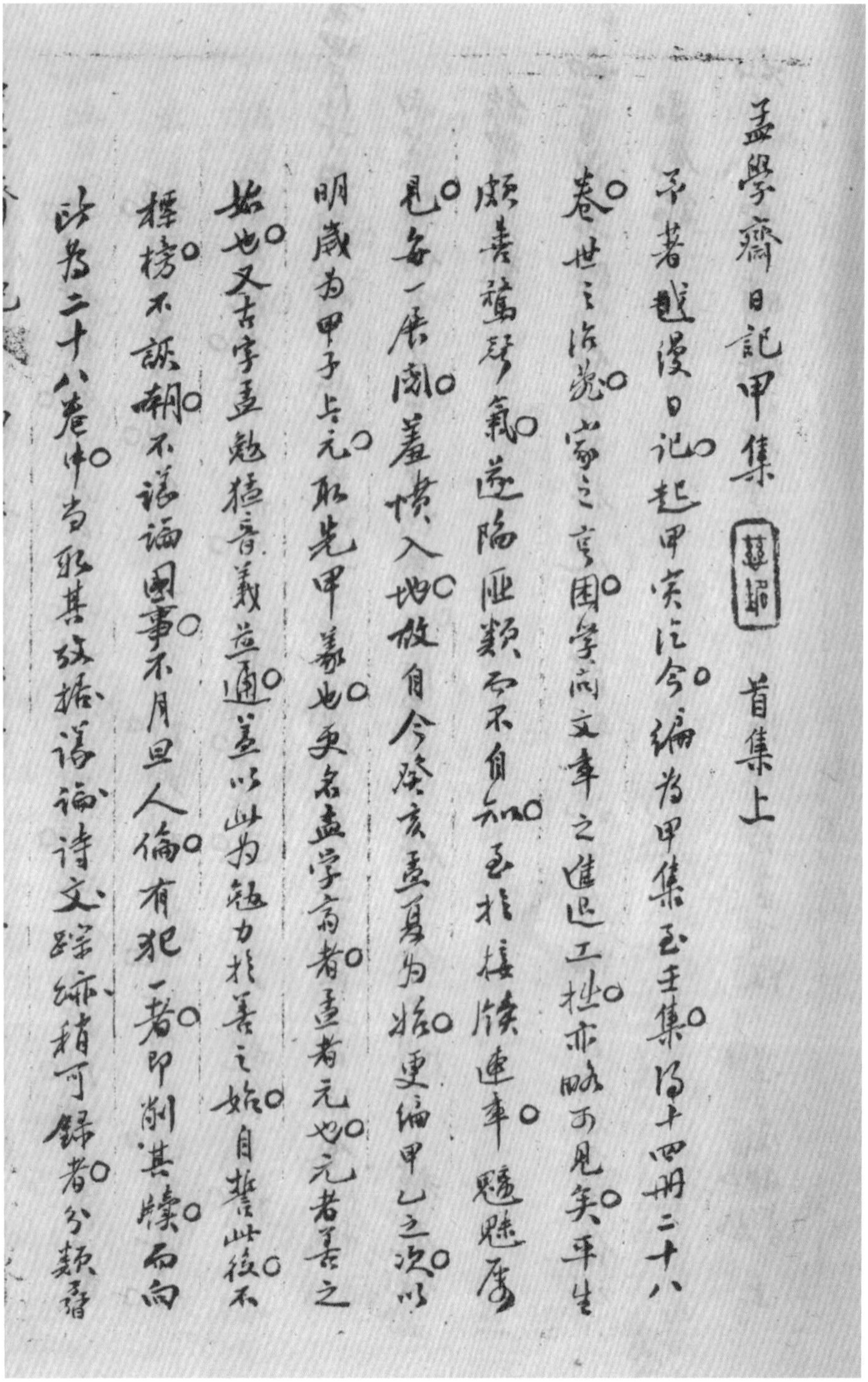
孟學齋日記甲集 首集上

予著越縵日記，起甲寅訖今，編爲甲集至壬集，得十四册二十八卷。世之治亂，家之窮困，學問文章之進退工拙，亦略可見矣。平生頗善矯矜氣，遂陷匪類而不自知，至於接膝連車，驕騃廛邑，每一展閱，羞憤入地。故自今癸亥孟夏爲始，更編甲乙之次，以明歲爲甲子，上元取先甲義也。更名孟學齋者，孟者元也，元者善之始也。又古字孟勉猶音義並通，蓋以此爲勉力於善之始，自誓此後不標榜，不詆訶，不議論國事，不月旦人倫，有犯一者，即削其牘而向所爲二十八卷中，當取其攷據、議論、詩文、蹤跡稍可録者，分類纂

孟學齋日記甲集書影

（民國九年影印本）

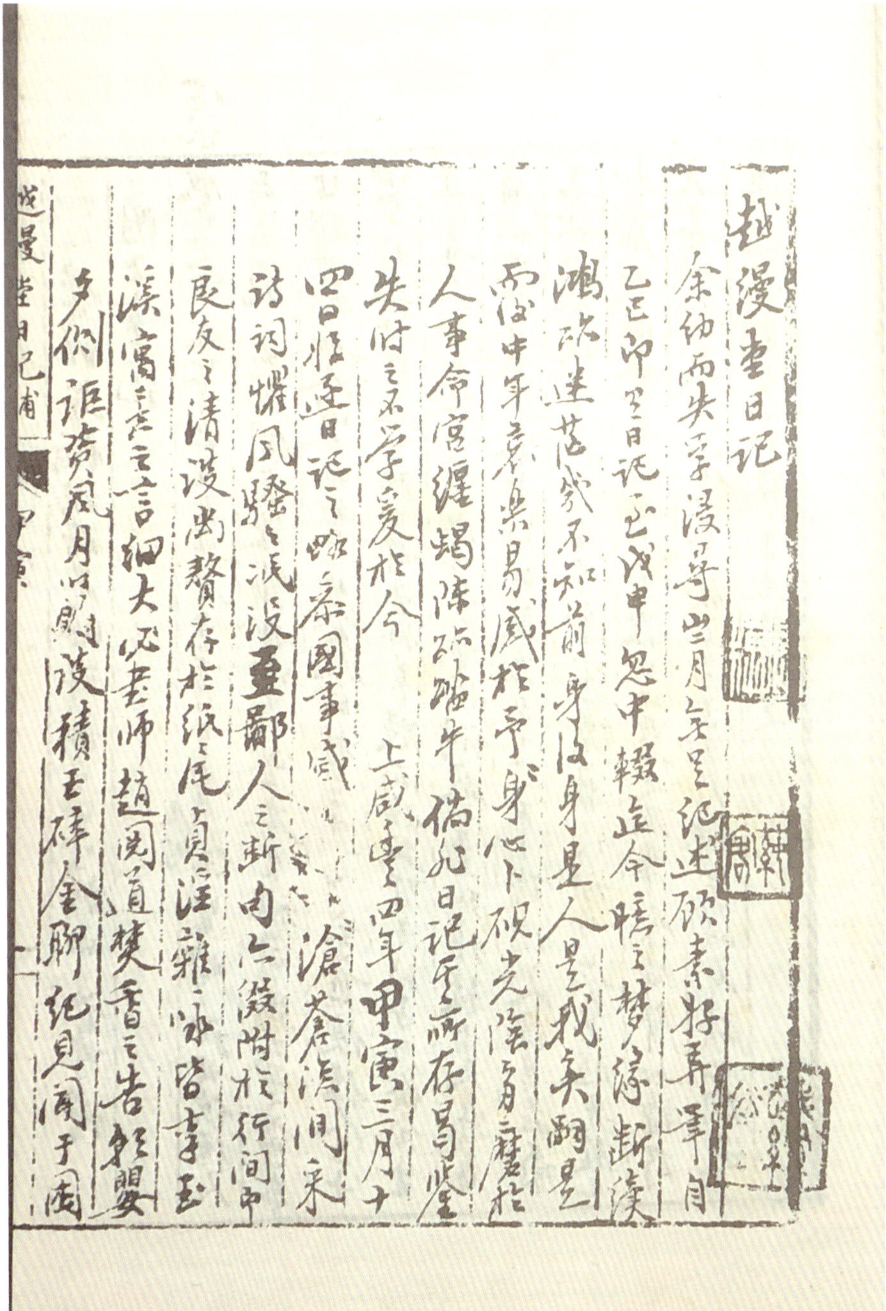

越縵堂日記書影

（民國二十五年影印本）

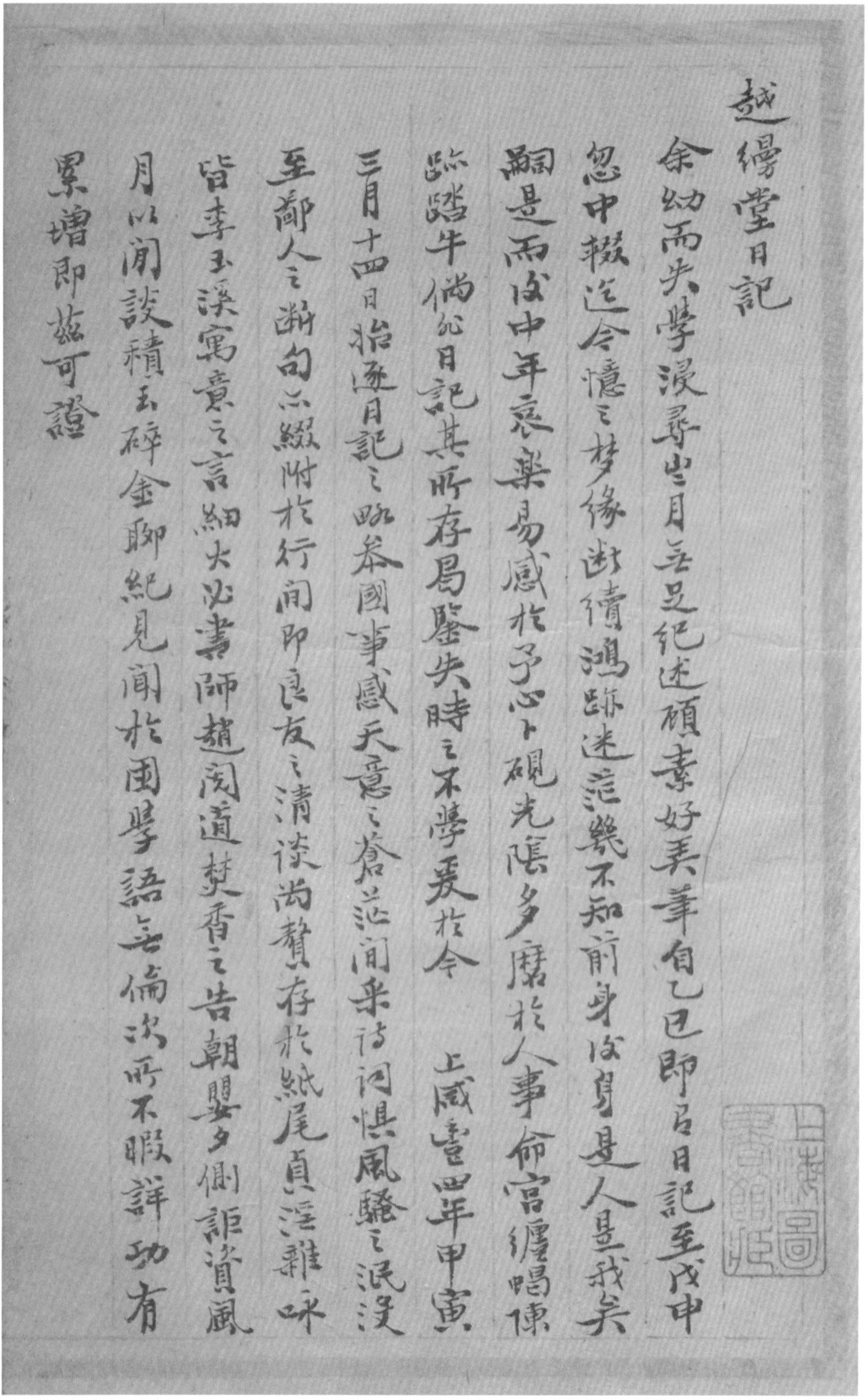

宋經樓旧藏越縵堂日記書影

（上海圖書館藏）

浙江省文化研究工程指導委員會

浙江文化研究工程成果文庫總序

有人將文化比作一條來自老祖宗而又流向未來的河，這是説文化的傳統，通過縱向傳承和橫向傳遞，生生不息地影響和引領着人們的生存與發展；有人説文化是人類的思想、智慧、信仰、情感和生活的載體、方式和方法，這是將文化作爲人們代代相傳的生活方式的整體。我們説，文化爲群體生活提供規範、方式與環境，文化通過傳承爲社會進步發揮基礎作用，文化會促進或制約經濟乃至整個社會的發展。文化的力量，已經深深熔鑄在民族的生命力、創造力和凝聚力之中。

在人類文化演化的進程中，各種文化都在其内部生成衆多的元素、層次與類型，由此決定了文化的多樣性與複雜性。

中國文化的博大精深，來源於其内部生成的多姿多彩；中國文化的歷久彌新，取決於其變遷過程中各種元素、層次、類型在内容和結構上通過碰撞、解構、融合而産生的革故鼎新的强大動力。

中國土地廣袤、疆域遼闊，不同區域間因自然環境、經濟環境、社會環境等諸多方面的差異，建構了不同的區域文化。區域文化如同百川歸海，共同匯聚成中國文化的大傳統，這種大傳統如同春風化雨，滲透於各種區域文化之中。在這個過程中，區域文化如同清溪山泉潺潺不息，在中國文化的共同價值取向下，以自己的獨特個性支撐着、引領着本地經濟社會的發展。

從區域文化入手，對一地文化的歷史與現狀展開全面、系統、扎實、有序的研究，一方面可以藉此梳理和弘揚當地的歷史傳統和文化資源，繁榮和豐富當代的先進文化建設活動，規劃和指導未來的文化發展藍圖，增强文化軟實力，爲全面建設小康社會、加快推進社會主義現代化提供思想保證、精神動力、智力支持和輿論力量；另一方面，這也是深入瞭解中國文化、研究中國文化、發展中國文化、創新中國文化的重要途徑之一。如今，區域文化研究日益受到各地重視，成爲我國文化研究走向深入的一個重要標誌。我們今天實施浙江文化研究工程，其目的和意義也在於此。

千百年來，浙江人民積澱和傳承了一個底蘊深厚的文化傳統。這種文化傳統的獨特性，正在於它令人驚歎的富於創造力的智慧和力量。

浙江文化中富於創造力的基因，早早地出現在其歷史的源頭。在浙江新石器時代最爲著名的跨湖橋、河姆渡、馬家浜和良渚的考古文化中，浙江先民們都以不同凡響的作爲，在中華民族的文明之源留下了創造和進步的印記。

浙江人民在與時俱進的歷史軌跡上一路走來，秉承富於創造力的文化傳統，這深深地融匯在一代代浙江人民的血液中，體現在浙江人民的行爲上，也在浙江歷史上衆多傑出人物身上得到充分展示。從大禹的因勢利導、敬業治水，到勾踐的卧薪嘗膽、勵精圖治；從錢氏的保境安民、納土歸宋，到胡則的爲官一任、造福一方；從岳飛、于謙的精忠報國、清白一生，到方孝孺、張蒼水的剛正不阿、以身殉國；從沈括的博學多識、精研深究，到竺可楨的科學救國、求是一生；無論是陳亮、葉適的經世致用，還是黄宗羲的工商皆本；無論是王充、王陽明的批判、自覺，還是龔自珍、蔡元培的開明、開放，等等，都展示了浙江深厚的文化底蘊，凝聚了浙江人民求真務實的創造精神。

代代相傳的文化創造的作爲和精神，從觀念、態度、行爲方式和價值取向上，孕育、形成和發展了淵源有自的浙江地域文化傳統和與時俱進的浙江文化精神，她滋育着浙江的生命力、催生着浙江的凝聚力、激發着浙江的創造力、培植着浙江的競争力，激勵着浙江人民永不自滿、永不停息，在各個不同的歷史時期不斷地超越自我、創業奮進。

悠久深厚、意韻豐富的浙江文化傳統，是歷史賜予我們的寶貴財富，也是我們開拓未來的豐富資源和不竭動力。黨的十六大以來推進浙江新發展的實踐，使我們越來越深刻地認識到，與國家實施改革開放大政方針相伴隨的浙江經濟社會持續快速健康發展的深層原因，就在於浙江深厚的文化底蘊和文化傳統與當今時代精神的有機結合，就在於發展先進生産力與發展先進文化的有機結合。今後一個時期浙江能否在全面建設小康社會、加快社會主義現代化建設進程中繼續走在前列，很大程度上取決於我們對文化力量的深刻認識、對發展先進文化的高度自覺和對加快建設文化大省的工作力度。我們應該看到，文化的力量最終可以轉化爲物質的力量，文化的軟實力最終可以轉化爲經濟的硬實力。文化要素是綜合競争力的核心要素，文化資源是經濟社會發展的重要資源，文化素質是領導者和勞動者的首要素質。因此，研究浙江文化的歷史與現狀，增强文化軟實力，爲浙江的現代化建設服務，是浙江人民的共同事業，也是浙江各級黨委、政府的重要使命和責任。

二〇〇五年七月召開的中共浙江省委十一屆八次全會，作出《關於加快建設文化大省的決定》，提出要從增强先進文化凝聚力、解放和發展生産力、增强社會公共服務能力入手，大力實施文明素質工程、文化精品工程、文化研究工程、文化保護工程、文化産業促進工程、文化陣地工程、文化傳播工程、文化人才工程等『八項工程』，實施科教興國和人才强國戰略，加快建設教育、科技、衛生、體育等

『四個强省』。作爲文化建設『八項工程』之一的文化研究工程，其任務就是系統研究浙江文化的歷史成就和當代發展，深入挖掘浙江文化底藴、研究浙江現象、總結浙江經驗、指導浙江未來的發展。

浙江文化研究工程將重點研究『今、古、人、文』四個方面，即圍繞浙江當代發展問題研究、浙江歷史文化專題研究、浙江名人研究、浙江歷史文獻整理四大板塊，開展系統研究，出版系列叢書。在研究内容上，深入挖掘浙江文化底藴，系統梳理和分析浙江歷史文化的内部結構、變化規律和地域特色，堅持和發展浙江精神；研究浙江文化與其他地域文化的異同，釐清浙江文化在中國文化中的地位和相互影響的關係；圍繞浙江生動的當代實踐，深入解讀浙江現象，總結浙江經驗，指導浙江發展。在研究力量上，通過課題組織、出版資助、重點研究基地建設、加强省内外大院名校合作、整合各地各部門力量等途徑，形成上下聯動、學界互動的整體合力。在成果運用上，注重研究成果的學術價值和應用價值，充分發揮其認識世界、傳承文明、創新理論、諮政育人、服務社會的重要作用。

我們希望通過實施浙江文化研究工程，努力用浙江歷史教育浙江人民、用浙江文化薰陶浙江人民、用浙江精神鼓舞浙江人民、用浙江經驗引領浙江人民，進一步激發浙江人民的無窮智慧和偉大創造能力，推動浙江實現又快又好發展。

今天，我們踏着來自歷史的河流，受着一方百姓的期許，理應負起使命，至誠奉獻，讓我們的文化綿延不絶，讓我們的創造生生不息。

二〇〇六年五月三十日於杭州

『浙江文化研究工程成果文庫』序言

易煉紅

國風浩蕩、文脉不絶，錢江潮涌、奔騰不息。浙江是中國古代文明的發祥地之一、是中國革命紅船啓航的地方。從萬年上山、五千年良渚到千年宋韵、百年紅船，歷史文化的風骨神韵、革命精神的剛健激越與現代文明的繁榮興盛，在這裏交相輝映、融爲一體，浙江成爲了揭示中華文明起源的『一把鑰匙』，展現偉大民族精神的『一方重鎮』。

習近平總書記在浙江工作期間作出『八八戰略』這一省域發展全面規劃和頂層設計，把加快建設文化大省作爲『八八戰略』的重要内容，親自推動實施文化建設『八項工程』，構築起了浙江文化建設的『四梁八柱』，推動浙江從文化大省向文化强省跨越發展，率先找到了一條放大人文優勢、推進省域現代化先行的科學路徑。習近平總書記還親自倡導設立『文化研究工程』並擔任指導委員會主任，親自定方向、出題目、提要求、作總序，彰顯了深沉的文化情懷和强烈的歷史擔當。這些年來，浙江始終牢記習近平總書記殷殷囑托，以守護『文獻大邦』、賡續文化根脉的高度自覺，持續推進浙江文化研究工程，接續描繪更加雄渾壯闊、精美絶倫的浙江文化畫卷。堅持激發精神動力，圍繞『今、古、人、文』四大板塊，系統梳理浙江歷史的傳承脉絡，挖掘浙江文化的深厚底藴，研究浙江現象、總結浙江經驗、豐富浙江精神，實施『「八八戰略」理論與實踐研究』等專題，爲浙江幹在實處、走在前列、勇立潮頭提供源源不斷的價值引導力、文化凝聚力、精神推動力。堅持打造精品力作，目前一期、二期工程已經完結，三期工程正在進行中，出版學術著作超過1700部，推出了『中國歷代繪畫大系』等一大批有重大影響的成果，持續擦亮陽明文化、和合文化、宋韵文化等金名片，豐富了中華文化寶庫。堅持礪煉精兵强將，鍛造了一支老中青梯次配備、傳承有序、學養深厚的哲學社會科學人才隊伍，培養了一批高水平學科帶頭人，爲擦亮新時代浙江學術品牌提供了堅實智力人才支撑。

文化是民族的靈魂，是維繫國家統一和民族團結的精神紐帶，是民族生命力、創造力和凝聚力的集中體現。在以中國式現代化全面推進强國建設、民族復興偉業的新征程上，習近平文化思想在堅持『兩個結合』中，以『體用貫通、明體達用』的鮮明特質，茹古涵今明大道、博大精深言大義、萃菁取華集大成，鮮明提出我們黨在新時代新的文化使命，推動中華文脉綿延繁盛、中華文明歷久彌新，推動全黨全國各族人民文化自信明顯增强、精神面貌更加奮發昂揚。特别是今年9月，習近平總書記親臨浙江考察，賦予我們『中國式現代化的先行者』的新定位和『奮力譜寫中國式現代化浙江新篇章』的新使命，提出『在建設中華民族現代文明上積極探索』的重要要求，進一步明確了浙江文化建設的時代方位和發展定位。

文明薪火在我們手中傳承，自信力量在我們心中升騰。縱深推進文化研究工程，持續打造一批反映時代特徵、體現浙江特色的精品佳作和扛鼎力作，是浙江學習貫徹習近平文化思想和習近平總書記考察浙江重要講話精神的題中之義，也是浙江一張藍圖繪到底、積極探索闖新路、守正創新强擔當的具體行動。我們將在加快建設高水平文化强省、奮力打造新時代文化高地中，以文化研究工程爲牽引抓手，深耕浙江文化沃土、厚植浙江創新活力，爲創造屬於我們這個時代的新文化貢獻浙江力量。要在循迹溯源中打造鑄魂工程，充分發揮習近平新時代中國特色社會主義思想重要萌發地的資源優勢，深入研究闡釋『八八戰略』的理論意義、實踐意義和時代價值，助力夯實堅定擁護『兩個確立』、堅決做到『兩個維護』的思想根基。要在賡續厚積中打造傳世工程，深入系統梳理浙江文脉的歷史淵源、發展脉絡和基本走向，扎實做好保護傳承利用工作，持續推動優秀傳統文化創造性轉化、創新性發展，讓悠久深厚的文化傳統、源頭活水暢流於當代浙江文化建設實踐。要在開放融通中打造品牌工程，進一步凝煉提升『浙學』品牌，放大杭州亞運會亞殘運會、世界互聯網大會烏鎮峰會、良渚論壇等溢出效應，以更有影響力感染力傳播力的文化標識，展示『詩畫江南、活力浙江』的獨特韵味和萬千氣象。要在引領風尚中打造育德工程，秉持浙江文化精神中蕴含的澄懷觀道、現實關切的審美情操，加快培育現代文明素養，讓陽光的、美好的、高尚的思想和行爲在浙江大地化風成俗、蔚然成風。

我們堅信，文化研究工程的縱深推進，必將更好傳承悠久深厚、意藴豐富的浙江文化傳統，進一步弘揚特色鮮明、與時俱進的浙江文化精神，不斷滋育浙江的生命力、催生浙江的凝聚力、激發浙江的創造力、培植浙江的競争力，真正讓文化成爲中國式現代化浙江新篇章中最富魅力、最吸引人、最具辨識度的閃亮標識，在鑄就社會主義文化新輝煌中展現浙江擔當，爲建設中華民族現代文明作出浙江貢獻！

2023年12月

序　晚清名士李慈銘及其日記

盧敦基　吴蓓

李慈銘，初名模，字式侯，咸豐六年(1856)因疑太高祖名模，爲避祖諱改今名，字愛伯，號蓴客，晚號越縵，又署霞川花隱生、花隱生等，浙江會稽(今紹興)人。生於道光九年十二月二十七日(1830年1月21日)，逝於光緒二十年十一月二十四日(1894年12月20日)。他淹通經史，以詩爲能，所作以積四十年而成的日記爲最著。另有《白華絳跗閣詩》《杏花香雪齋詩》《越縵堂文集》《湖塘林館駢體文》《霞川花隱詞》《蘿庵遊賞小志》以及讀史札記等，是一代文史大家，在晚清京師享有盛名。後人整理的《越縵堂讀書記》在今日也頗流行。

李慈銘在文化史上曾是一個相當有影響力的人物。他是一位文史大家，晚清舊詩壇上的代表人物，駢體文享有盛名，在學術上特别在史學上也有所作爲，對鄉邦文獻尤爲留心。更爲關鍵的是，他留下了一部篇幅浩瀚的日記，其間雖有矯飾虚隱之處，但畢竟是一份極好的多學科的歷史史料。

一、李慈銘的生平

李慈銘將自己的可靠家世追溯到紹興府的上虞。李家先居在上虞李墺，後遷到山陰趙墅，再由趙墅遷到西郭。他的六世祖李登瀛已在西郭居住。李登瀛，壬辰（1712）進士，曾充武英殿纂修官，選授江西安仁縣知縣，充江西鄉試同考官，旋兼攝萬年，署鄱陽。李慈銘之祖父爲李欽，諸生。李慈銘之本生祖父爲李鈺，官州同知。李欽無子息，李鈺將自己的兒子李泰過繼給李欽爲子。李慈銘之母，倪姓，會稽陸家埭人。李慈銘年幼時身體不佳，七歲猶不能行，但聰慧過人，有讀書天才。六歲識字一千，七歲上學讀唐詩，十一歲開筆學作文。他青少年時家中屢經變故：十四歲時，祖母久病，病中令李慈銘娶馬氏成婚。成禮之日，祖母撒手人寰。三年後的七月十五日，李父因病暴卒。李慈銘十九歲赴縣試，不遇。二十歲赴府試，嘔血，即繳卷出。該年參加院試，以試卷爲鄰舍生所污，僅取佾生。次年應鄉試，榜發不售。道光三十年（1850）三月，他二十二歲，應院試，先試古學，得第二；再試正場，得第三。補縣學生員。次年應科試，得補廩生。到此，科舉的路他似乎走得比較順利。

但後來的遭際使李慈銘成爲晚清科場坎坷的典型。他同治九年（1870）年才中舉人，行年四十有一；光緒六年（1880）中進士時，他已五十二歲。儘管他早享文名，中舉時浙江鄉試副考官李文田跟他説批卷時在闈中反復尋覓他的卷子，説如果取不中李慈銘，既負知己，又無以對都中故人。中進士時，京師忽有謡言盛傳李氏對策多及時事，然實無此事。從此可以看出，李的文名此時已甚盛，否則謡言也不會造到他頭上。古人對科舉其實有較爲全面的認識：一方面覺得科舉確能爲國家選拔真材，另一方面也認爲有真才實學的人才未必全能通過科舉考試，這也就是所謂『文運』。

從這個角度來看，李慈銘三次鄉試不售後決計捐官也不算没有先見之明。那年他虛歲二十，偕友人北上京城，第一次走出浙江省界，開闊了眼界，豐富了見識。由於他乃一鄉間文士，對官場中的花樣絲毫不知，且十分相信交誼多年的周氏兄弟，於是，一場深深影響他一輩子仕途與心理的大事隨之發生。劉成禺《世載堂雜憶》云：『周畇叔以越縵學問才調沉淪可惜，勸其納貲爲宦。越縵乃售出田產，決意捐納。時季貺亦納貲，以同知分發福建，李則願捐京官，指捐郎中。越縵捐官之款，交季貺帶京辦理。季貺抵京，部中書吏告周曰：查福建省同知，如加捐小花樣，即可補缺。但所携款不敷，乃移挪越縵捐郎中款，將原捐「不論單雙月」者，爲李僅捐「雙月」。』[一]這種被欺瞞的行徑，初未爲李氏所知。李先向上海絲茶局報捐太常寺博士，繳納實銀一百廿九兩。後又改向福建捐局，照福建票本例，報捐郎中。郎中底價原爲九千五百三十一兩，此時捐官，照原價打折一般在三成左右[二]，但捐的人一多，勢必無法人人實授，於是中間的名堂日漸增多，總之是多交錢勝於少交錢，『捐納官或非捐納官，於本班上輸資若干，俾班次較優，銓補加速，謂之花樣』[三]。周星詒爲自己加捐花樣，挪移了李慈銘款項，並少捐了李的花樣。這樣，李佗傺京城，困頓他鄉，便成定局。

這種對背叛友情的痛恨，在他的心理上造成了何種程度的後果，尚待評估，也許這是李慈銘研究中極有深度和趣味的題目。不過，此時的他只有再想辦法加捐金，同治二年(1863)他加錢捐了郎中，五月被分到了户部，在廣西司稽核堂印，開始了他的閑曹生涯。

今天的研究者開始關注文化人的經濟生活，然而，古人何嘗不關注自己的經濟生活？就拿李慈銘來説，家中本來應該還殷實，主要是靠收租維持，但爲了捐官，售出家中大部分田產，日後即使分家

[一] 劉成禺：《世載堂雜憶》，瀋陽：遼寧教育出版社 1997 年，第 74 頁。

[二] 閻敬銘：《請道府州縣無庸減成疏》，見陳弢輯《同治中興京外奏議約編》卷二，上海：上海書店出版社 1984 年影印光緒元年本。

[三] 《選舉七》，《清史稿》卷一百十二，北京：中華書局 1977 年，第 3241 頁。

他也難以再分到多少財産，在京城必須想法謀生。起始他當過周祖培家的家庭教師，任户部郎中後，經濟稍轉寬裕，但主要不是靠薪金，何況當時定制，惟户部給養廉銀[一]。但養廉銀確實微薄，同治三年（1864）全年不過八兩八錢。印結銀才是李慈銘賴以爲生的主要款項。『印結是清代官吏銓選陳規的一種例行的保證手續。捐途出身的人，不論所捐官職品級之高低，都要繳具同鄉在職官吏的保結。這種保結一定要繳納一筆結銀，才完成手續。印結銀自咸豐以來，迄同光年間，由各省在京現職官員管理。……每月結算，按總數之多少，分配於各京官。』[二]同治三年，他每月所得印結銀十餘兩到四十餘兩不等，全年總計二百八十四兩一錢。至於束脩、潤筆等收入也不少。偶爾他還幫人跑官，收一點幫忙費。總的來説，在到京師至考中進士的四十年（應該刨去其中回鄉守制的五年不計，爲三十五年）中，他的經濟來源大抵如是。他手頭的真正寬鬆，是拜李鴻章之賜。光緒十年（1884），他往天津主講問津書院和三取書院，所得爲每季二百四五十兩，加上聘金，年約千兩。何况他向户部請假，極少的養廉銀没有了，但印結銀如故。而由於社會地位的提高，贈金之人更多，數量更大，賣文所得也比以前增加。舉一個例子，光緒十三年（1887）四月，五十九歲的他決意再買妾，結果是出銀一百八十兩購得二十歲的王氏。該月他拿到書院夏季工資三百十八兩，跟以前買妾時舉債、求助友朋，不可同日而語。

如果説『居廟堂之高，則憂其民；處江湖之遠，則憂其君』對李慈銘而言陳義過高，作爲一個古代

[一] 李慈銘：《越縵堂日記》，揚州：廣陵書社 2004 年，第 2698 頁。

[二] 張德昌：《清季一個京官的生活》，見《李慈銘研究資料》，臺北：天一出版社 1979 年，第 47 頁。

中國的讀書人，政治與他仍然有牽扯不清的關係。

中舉之前浮沉京師之時，恰逢咸豐過世後的非常時期，李慈銘主張太后垂簾聽政，並撰《臨朝備考録》，采擇漢代以來可爲法者，而痛論近日之事勢有不得不行者於後，通過周星譽慫恿周祖培上奏。不過，此事被董元醇搶了先。周祖培採用了其中説法，但周後來未能進入以恭王爲首的權力中心。倒是在光緒年間，他與號稱『鐵漢』的御史鄧承修過從甚密。准確地説，言官還真是李慈銘從政的理想，而且也真能發揮他一生所長。我們看他的《越縵堂日記》，如光緒六年（1880）十一月十二日記：『侍郎長敘以明日嫁女，送賀錢四千。明日，聖祖忌辰也。侍郎姻連帝室，而不避此禁，亦可怪矣。』同月二十四日日記云：『夜爲鐵香代擬一文字。』二十七日日記引上諭云：『御史鄧承脩奏特參大臣婚嫁違制一摺。本月十三日係屬忌辰，户部右侍郎長敘之女於是日出嫁護理山西巡撫布政使葆亨之子，實屬有干功令。長敘、葆亨均著交部嚴加議處。』十二月初四日日記：『詔：户部右侍郎長敘、山西布政使葆亨，均照吏部議，即行革職。』又光緒八年（1882）正月十四日日記：『爲人擬條陳釐捐之弊、洋使之費兩奏片。』十七日記邸鈔：『上諭：御史鄧承修奏請飭查關税侵蝕、以裕國用一摺。』類似的還有同年十一月廿五日『擬條陳科場積弊疏』，十二月二十日『上諭：……昨據給事中鄧承脩奏條陳科場事宜，不無可采。』《清史稿》鄧氏本傳言鄧之搏擊：『先後疏論闈姓賭捐，大乖政體；關税侵蝕，嬰害庫帑；以考場積弊，陳七事糾正之；吏治積弊，陳八事肅澄之。又劾總督李瀚章失政，左副都御史崇勳無行，侍郎長敘等違制，學政吴寶恕、葉大焯，布政使方大湜、龔易圖，鹽運使周星譽諸不職狀。』〔一〕順

〔一〕《清史稿》卷四百四十四，第 12457 頁。

帶還刺了仇人之兄周星譽一劍。關於李慈銘在當時京城輿論界的地位，李的學生樊增祥曾向劉成禺言：南北清流，『南派以李蒓客爲魁首。北派以張之洞爲領袖，南派推尊潘伯寅，北派推尊李鴻藻，實則潘、李二人，未居黨首，不過李越縵與張之洞私見不相洽，附和者遇事生風，演成此種局面耳』〔一〕。但這種説法今日看來頗乏佐證：將李慈銘與張之洞對舉，一眼看去，極爲不倫。蓋張由言官起步，做到封疆大吏；李雖也爲官，畢竟抑鬱群僚。而同以清流視之，兩人也大不相同：張之洞頗得簾眷，與朝中大人物時有過從，同聲求氣，且奏章無一由彈劾他人而上，皆爲因事陳言，博得『宦術甚工』之評，非無由也。李慈銘則僅與潘祖蔭、翁同龢有交往，但似非可語以腹心者；與清流如盛昱等也有往返，但恐怕僅與鄧承修有深交。他的作用，恐怕皆通過鄧氏表現出來。

李慈銘正式將自己當作一名官員，是他六十歲後的事了。光緒六年（1880）他考在一等第十七名，殿試在二甲八十六名，得賜進士出身，而後回到户部任原職。此時他的理想比較現實和清晰了：一是掌管考差，憑自己多年養成的學識選取人才，以備國用；二是爲御史，搏擊不法權貴。接著他參加了簡放各省學政的考試，不過兩考皆未中，倒考中了御史。他認爲此事是軍機大臣孫毓汶從中作怪。光緒十五年（1889），他以御史用，次年爲山西道監察御史。但幾年任内，似乎只有一次發憤上言。光緒十八年（1893）十二月十八日夜，他一口氣草就《請舉行臨雍以光大典疏》《請嚴覈保舉以杜倖門而清流品疏》。前疏附一片：請勤聖學；後疏附三片：一請停止廢員開復，一劾前任山東運河道鐸洛崙、前任安徽蕪關道雙福、前任四川川東道丁士彬、前直隸候補道楊鴻典等四人復用，一劾現任

〔一〕《世載堂雜憶》，第77頁。

順天府尹孫楫。二十三日，明發上諭，就嚴核保舉發出回應，要求在慶典期間慎派人手。次年正月十一日，就李彈劾孫楫事發上諭。不過，該年八月他被派爲順天鄉試監試官，主考爲翁同龢、孫毓汶。於是一月之中，朝夕過從，不知道孫氏向他作了什麽解釋，反正李慈銘對他消除芥蒂，甚至作詩贈之。而孫楫也時常送食品來，李在日記中似乎也再無怨氣。孫毓汶後來還去李家看望。

光緒二十年(1894)甲午戰争爆發。『中日啓釁，敗問日至。知君者頗訝何以無所論效，蓋君戍削善病，至是獨居深念，感憤扼腕，咯血益劇，遂以十一月二十四日竟卒，年六十有六。』(平步青：《掌山西道監察御史督理街道李慈銘傳》)是年他長期患病，體無精力，由現存日記只有初一一天可知。李慈銘身後無子，儘管他的姬妾數人數次有孕，但均流産。

二、李慈銘的學術著作

李慈銘不像他的同鄉前賢章學誠是一個敢於反潮流的大師(他對章學誠也不算恭敬)，對强勁的時風並無抵抗，而是改造自己以期爲時代所容。年輕時，他以一介文士自期，到了北京後，才知本朝以經學爲重，於是購《説文段注》等以讀，留心小學，考證字義。史學爲他平生所愛，來京後延續舊學，並未荒廢。不過，他也知道自己的長短處，在光緒二年十一月二十日的日記中爲自己開脱説：『蓋健忘之人，必不可爲漢學，如予之勞心繁碎，徒自苦耳。不若效宋、明儒静坐，鑪香碗水，轉得自延其年。』《清史稿》則將他歸入《文苑傳》。古人修史，確有重大成就的可單獨立傳，其餘則只有視其最顯著之成就，歸於某類之下。李慈銘之文學成就高於學術成就，應是定評。

然而，這也不應抹煞李氏的學術成就。李慈銘的學術著述，可以從經學、史學、方志學三方面來檢討。

李慈銘生前曾擬爲《越縵經説》，然未曾成書。今日所見其關於經學的論述，有《越縵堂文集》中四篇經説。其中《五不娶七出説》在注釋古代夫婦之禮「五不娶」「七出」和「三不去」中，發出了重視婦女地位的呼籲，更把這種重視婦女地位的觀點用經學家的慣用手法説成是古聖人之遺意，從而成爲中國古代社會後期衆多主張提高婦女社會地位者如淩濛初、俞正燮等隊列中的一員。《練祥兩祭異日説》考證練祭當在十二月末或十三月初，小祥則在十三月末。《夫之諸祖父母報説》，揭鄭玄對《儀禮》經注之精義，不同意敖繼公、程瑶田、段玉裁、阮元之説，「正《喪服》之名，辨正尊、旁尊從服之義」。《喪服小功章君子子爲庶母慈己者鄭注考》，闡明經之「慈母」，其義止一，駁《梁書·儒林·司馬筠傳》梁武帝釋慈母三義之説，並駁胡培翬、林昌彝等之説，論證充分，應爲定論。推測日記中不少的内容包括對十三經的考訂、評論，皆可編入經説。

李慈銘的主要學術領域是歷史學。他自言：「所學以史爲稍通。」（《白華絳跗閣詩甲集至己集初定本自序》）在京未到官時與友人信中説：「自悔少時，頽惰失業，惟知雕鏤月露，綴合蟲魚，溺志殫精，以爲能事。八九年來，粗知自返，而經義充塞，莫知所從，乃先事乙部，涉獵殆遍。」（《與顧河之孝廉書》）他欲寫就的著述亦多屬史部：如《史贉》，「欲集自《世説》《語林》，以至明季説部，依各代正史紀傳名氏次序，爲載其正史所不載者，各條下仍注明原書出處，而爲之考異，并加按語，論斷其真妄。其史傳中無名字者，則依類序入』〔一〕；《國朝儒林小志》，集本朝漢學名家，咸豐十年（1860）起意，以未得江藩《漢學師承記》、阮元《儒林傳稿》而止，〔二〕後來『草創稍有端緒』〔三〕，但最後應未成書；《軍興以來忠節小傳》，欲爲太平天國以來官軍中之傑出人物立傳，特重湘軍，『而楚南産者居十之九，羅忠節、胡文忠、王壯武及江氏、李氏、蕭氏諸公，曾氏愍烈、靖毅兩公尤奇績照耀，意幕中必有遺聞佚事可訪采者，庶幾輯集以償夙志』〔四〕，可能是他的計劃，但更可能是在書信中吹牛藉以討好他人之言。而嘗歎《宋史》《元史》極壞，欲繼朱彝尊之志，『嘗築室湖塘柯山間，養親讀書十年以後，更竭十年之力，從事南宋九朝，以成一書，不敢望過前人，而朱氏所列群書，按籍可徵，又資國朝閻、顧以下諸君子考證議論以爲指南，遵而勿失，殫文辭以佐之，當不在王氏《事略》下耳』〔五〕。嘗擬爲《後漢書集解》，如同治十一年十月十四日記輯注《後漢書》第四十卷《孝明八王傳》，十五日記輯注《後漢書》第四十一卷李恂至橋玄傳，十六日記輯注《後漢書》第四十二卷崔駰等傳，跋惠棟《後漢書補注》亦有欲爲《後漢書集解》之言，但未成。欲作而發現前人已作的有《歷代名臣謚法考》。寫就的有《元代重儒考》《崇禎五十相考》《歷代謚法輕重》，不過這些考證篇幅皆較小。

李慈銘平生治史所得，除上述短章外，爲讀史札記及日記中所涉史部部分。讀史札記初寫於各

〔一〕《越縵堂日記》，第 1347—1348 頁。

〔二〕《越縵堂日記》，第 2097 頁。

〔三〕《越縵堂日記》，第 2732 頁。

〔四〕《越縵堂日記》，第 2667 頁。

〔五〕《越縵堂日記》，第 1668—1669 頁。

正史之簡端。李慈銘逝世後，其藏書悉歸北平圖書館，王重民方在館，撮録諸史之批校，兼采日記中之少部，匯爲《越縵堂讀史札記》。其中《史記札記》二卷，《漢書札記》七卷，《後漢書札記》七卷，《三國志札記》一卷，《晉書札記》五卷，《宋書札記》一卷，《梁書札記》一卷，《魏書札記》一卷，《隋書札記》一卷，《南史札記》一卷，《北史札記》三卷。共十一種，都三十卷。〔一〕

關於方志，他平生經意搜集各種相關鄉土資料，重視記載鄉土人物事蹟的著作，一些文學創作如《青田湖競渡詞十六首》等也著重於記録當地風土人情，以備後人采擇。專門的方志理論著作雖付闕如，但古人大多不重理論闡釋，除章學誠等個别人外，至多也就在相關著作的序跋上略做申説。實踐性的東西李慈銘倒是留下了兩部：《乾隆紹興府志校記》及《嘉慶山陰縣志校記》。據張峰考證，地方志至有清一代頗爲興盛。顧炎武、錢大昕、戴震、章學誠、洪亮吉、孫星衍、李兆洛、郭嵩燾等大批學者紛紛參與修志活動，一改過去地方官奉行修志的傳統，大大提高了志書的品質。〔二〕李慈銘一生留意地方文獻，自言對於府縣方志的修纂『懷之久矣』。在他看來，『修志之事，誠爲當務之急』〔三〕。爲了修纂方志，李氏作了多方面的准備。他披閲歷代《紹興府志》《山陰縣志》與《會稽縣志》，並撰有《乾隆紹興府志校記》和《嘉慶山陰縣志校記》，指出了各書修纂的成功之處與不足，爲進一步編纂高品質的地方志奠定了基礎。他又擬定《擬修郡縣志略例八則》，爲修志作了總體規劃，樹立了指導思想。此外，

〔一〕參見王式通序、《越縵堂讀史札記全編》目録及王重民跋，見《越縵堂讀史札記全編》，北京：北京圖書館出版社2003年，第1—10頁。

〔二〕張峰：《李慈銘方志理論研究》，見盧敦基主編《浙江歷史文化研究》（第二卷），杭州：浙江大學出版社2010年，第162頁。

〔三〕李慈銘：《越縵堂文集》卷四《復陳晝卿觀察書》，臺北：文海出版社1974年。

他還通過書信的方式與友人探討方志修纂的有關事宜，並已著手方志的編纂。[一] 在對前人志書的批評和自身修志的實踐中，李慈銘進一步豐富和發展了方志理論，其主張於今天方志修纂仍不無借鑒之處。

他關於方志的專門著作（其實還不能算著作），是《乾隆紹興府志校記》和《嘉慶山陰縣志校記》。不過，他的《擬修郡縣志略例八則》，應該説是地方志修撰一個很切實可行、兼具學術性和操作性的體例。兩部《校記》中涉及最多的爲人物的校正，間及地名、官名等，此爲李慈銘一生『正名』所擅。他在方志學方面的貢獻，還有待方志學家來論定。

三、李慈銘的文學創作

李慈銘之所以聞名，首先還是因爲他的文學創作。作於光緒十七年（1891）可視爲他晚年自我總結的《白華絳跗閣詩甲集至己集初定本自序》就説：『所學於史爲稍通，……所得意莫如詩。』除了對史

[一] 平步青所作《掌山西道監察御史督理街道李慈銘傳》言李慈銘著有《紹興府志》與《會稽新志》。梁啓超在《中國近三百年學術史》十五《清代學者整理舊學之總成績（三）・方志學》中，也指出李慈銘主撰了光緒《紹興府志》和《會稽新志》。今人張國剛、喬治忠二先生所撰《中國學術史》（上海：東方出版中心 2002 年，第 620 頁）也在附録《清朝後期學術成果總匯（九）・方志學》中，將李慈銘主撰光緒《紹興府志》《會稽新志》添列其中。實際上，李慈銘雖然對傳統方志批評較多，有重修方志的意願，但終究未有實現。就筆者所見，張稿翁曾委托他撰修《山陰縣志》，後不果；陳錦似曾委托他撰寫《山陰縣志》或《會稽縣志》，李慈銘已著手編纂《越中科名表》，並爲方志的纂修擬定了凡例（詳見《越縵堂文集》卷四《復陳晝卿觀察書》）。

學的自得外，他對自己的文學創作也作了概括和評價。以下按李慈銘自述之次序作一簡述。

散體文。《越縵堂文集》爲李慈銘手編，但在死後才刊行。古人選文，標準嚴格，並非有文必録，所以後人可『補』。《越縵堂文集》共十二卷，其中卷一論，卷二、三序，卷四、五書，卷六、七題跋，卷八、九傳與墓誌銘，卷十記，卷十一祭文等，卷十二序例。

見於李氏日記咸豐八年（1858）二月廿七日的《貓娘傳》，文題下注：『録改舊作。』初稿不知寫於何時，改作時不到十九周歲，可見李慈銘的才華早現和獨到識見。此文令人驚異地預言了今日不少以俗醜爲賣點的廣告術，使我們對那些廣告商的創意、創新嗤之以鼻。貓娘以賣女人的衣飾爲生，自知貌醜却酷愛打扮，以奇醜與盛飾之反差引衆人關注，往往多得錢去。李慈銘少年時如此獨具隻眼，實在讓人敬佩。

他的論寫得也很特異。《紂王不善論》遍徵文獻，指出紂王比之後代暴虐昏庸之君甚至秦皇漢武等都要少勝。但如果這篇文章僅僅寫成世俗喜將惡名全歸下流，那麽子貢已説得題無剩義，又將如何措手？李慈銘筆鋒一轉，翻出傳統史家自來忽略的一層新義：如實描繪壞人的劣跡，公諸天下，到底是有利還是有弊？換言之，如實宣傳壞人壞事，其結果是使人望而生畏、知懼克慎，還是恰恰相反，讓人們覺得世上還有比我更壞的人和事，因此不加檢束，甚至仿人之惡？李慈銘提出史家是否應該如實記敘惡人壞事這個問題，其實至今尚未解決。就今日而言，主張客觀如實的一派認爲公佈醜惡可以讓罪惡在陽光下無所遁形，所以要以真實爲第一要務。另一派重實際效用的則懷疑公開的必要性，認爲惡事的流佈適足以長他人之見聞，使人可以仿效，且作還有更惡之人事的自我安慰。雙方都有一定的事實支撑。今天的社會科學能否於此作一定論以答李慈銘？吾姑待之。《暨艷論》論的是三國時吴國的暨艷與張温。《暨艷論》在我看來遠遠超過歐陽修的《明堂論》。歐陽修以追求道義與否區别君子與小人，認爲政治應該遠小人而近君子。李慈銘則指出：『其進賢也，必歷試諸事，實有以厭衆人之望，而始援以升之。其退不肖也，必明斥其尤，嚴以警比匪之黨，而餘寬以俟之。蓋辨於心者至精，施於事者至公，故進其同類也不爲朋，斥其異己也不爲隘。如是則所與爲君子者，皆得以從容展布，與世相安，而小人之有才者，亦得效一技一長，收其力以爲我用，下者亦得處於冗員末僚，容身以自贍，故怨禍不作，而國家受其福。』這種處世智慧的論述確實更爲精到。

他的書信寫得頗有風采。錢穆言傳統的中國散文之文學價值主要在於小品。[一] 李慈銘的書信頗可當此譽。其《上閻丹初尚書書》，反抗單位的點名舉動，言辭激越，又占了道德高地，勤於國事的閻錫銘尚書也只有扯白旗投降。作於光緒二年（1876）的《復樊雲門書》，内容深厚，文筆動人。此文追憶前代的清廉勤政，激憤今日的貪腐，深切民間戲劇有激之作。行文沉鬱至極，無限感喟寓於其中。今日觀之，情尚難已。而末尾的『寒夜燈下，拉雜書之，言出無次，勿以示人』，決非矯揉造作，讀之更覺情真意切。

但是李慈銘作書别有一番口吻：有時諷刺挖苦，無所不用其極，文人之尖酸刻薄，盡露筆端。如作於光緒四年（1878）十月初九的《與某書》，雖爲輕薄之文，却是力透紙背。此書及以下的《又與某書》《復某書》，李氏寶之，收於文集，亦可見其性格中之另一面。

其實，李慈銘的另一些書信，文筆摇曳多姿，情感婉轉動人，描繪風物逼真。如《京邸寒夜與仲弟

[一] 參見錢穆《中國文學中的散文小品》，見錢穆《中國文學論叢》，北京：生活・讀書・新知三聯書店2002年，第79頁。

書》《致故園諸兄弟書》皆是。

駢體文在清代得以復興，李慈銘未脱窠臼，平常也寫就不少，但駢體文比散體文寫作遠爲耗神，讀他自撰的《賣文通例》可知。駢體文應該説都是著意結撰的，但觀其全部，又可分爲兩大類：一類是有目的地撰寫的，如賦詠太學、昆明湖萬壽山、城西老屋等地以及詠物，『七』體的《七居》，贈序如《送朱肯夫侍講視學湖南序》《送傅節子之湖南序》等，祭文如祭内子、祭親弟等；還有一類是一部分書信，較爲隨意，但下筆千言，自然成章。他的《遊太學賦》浸透了他對教育制度乃至全社會的深刻思考：『然立教不能無弊，創制貫乎善因。故古無治法，世有治人。』而光緒十三年（1887）十一月的《復陳畫卿觀察書》，則隨手寫來，道盡他的落拓一生，也道出他的自豪之氣。

如果説散體文的長處在於表達作者的獨特識見以及文氣的起承轉合，駢體文則重在生僻字詞的恰當使用，包括典故、對仗等。從這個意義上來説，李慈銘是比較自得的。他經常攻擊同時的名家不識一字，自己則博覽群書，《越縵堂讀書記》就是最好的例證，儘管有人説他『讀書不終卷』[一]，但是當時人大多都佩服他的學問，友朋非要討他的文字不可。他的《七居》，描繪了吴中、西湖、越郡（紹興）、西郭、雲門、柯山、湖塘的景色以及人文淵源。

詞。李慈銘生前曾手定《霞川花影詞》，然於身後才刊行。他自敘作詞之經過曰：『其始爲之也，在道光庚戌，蓋較他所著爲最後，其所作亦於山水間爲多。乙卯冬，嘗删定爲一編，名曰松下集。自後作更稀，至間歲不得一二。入都以後，行事乖迕，精神流漂，感觸益多，篇什稍富，蓋美人香草之旨

[一] 見劉體智《異辭録》『李慈銘讀書不終卷』，劉篤齡點校，北京：中華書局 1988 年，第 154 頁。

所不免矣。士友傳寫，遂在人口，惡事千里，君子所羞。知我者以爲展禽阮籍則可耳。鈔此編者，所以志予過也。』雖然自負，但無正面的自我肯定。嚴迪昌《清詞史》説李詞『抨擊時弊』，抒情之作則『情景俱美，清新自然』，『很見至性至情』[一]。

樂府。此指雜劇。李慈銘一生所作一共兩種：《舟覯》《秋夢》。前者寫女子施弄珠原議爲茲純父妾，爲仇壬所播弄中止，嫁人後被賣入教坊。後來在渡口遇到來迎接越州刺史茲氏的仇壬，茲氏遂令仇壬出銀三千兩幫施弄珠脱籍。後者寫流落京師的莫嶠秋夜夢見少年有情而未成姻緣的嬰娘，有自述心緒的痕跡。

四、越縵堂日記

《越縵堂日記》本是李慈銘日記中的一部分，時爲咸豐四年(1854)三月十四日至同治二年(1863)三月三十日，前附李氏出生以來的『大事記』。《越縵堂日記》後復有以下日記：《孟學齋日記》《受禮廬日記》《祥琴室日記》《息荼庵日記》《桃花聖解盦日記》《荀學齋日記》等。

將《越縵堂日記》作爲李慈銘全部日記的總稱，應該是後人在李慈銘去世後的所爲了。蔡元培在民國九年(1920)的《印行越縵堂日記緣起》中説：『先印咸豐癸亥至光緒戊子日記五十一册，其中雖有孟學齋、受禮廬、祥琴室、息荼庵、桃花聖解盦、荀學齋諸別名，而以越縵堂爲共名。』

[一] 嚴迪昌：《清詞史》，南京：江蘇古籍出版社 2001 年，第 565—566 頁。

《越縵堂日記》素與《翁同龢日記》、王闓運《湘綺樓日記》、葉昌熾《緣督廬日記》齊名，並稱爲『晚清四大日記』。關於此書的内容與價值，王存的《徵刊越縵堂日記啓》雖爲廣告，但概括得頗爲精當：

> 綜厥所長，殆兼數善。一曰説經。憲章本師，確守家法。乾嘉諸老，宗風不墜。最詳三《禮》之學，多申後鄭之義。無愧沉峻特精之目，可息王粲嗟怪之言。一曰證史。乙部瀚浩，非無闕文。尋按綴集，時有訂補。得失臧否，因事以明。而於明季遺聞、鄉邦掌故，尤三致意焉。昔崔慰祖採二百餘事，劉知幾著四十九篇。方之古人，詎云多讓。一曰讀書記。每讀一書，撮其指意。鉤玄挈領，采擷其英華；起廢箴肓，糾繩其謬誤。略如《四庫全書提要》之例，而詳贍過之。一曰記事。斷爛朝報，有關一代之典章；鄉里逸聞，考見百年之興廢。先生所見者大，更事尤多。不虞傳聞之異辭，可備史材於他日。一曰評騭人物。蘭臺人表，九等分其高下；汝南月旦，片言定爲褒譏。雖至慎有異乎步兵，而直道略存於魯叟。不同耳食，足愈頭風。論世知人，豈曰小補。一曰雜記。方圓之俗，國政所成；丘里之言，賢者不廢。或長纓高髻，覘風尚之轉移；或一馬十牛，見征徭之煩費。數十年來，文野蜕嬗之跡，治化遷變所由，推甲知乙，思過半矣。一曰詩文。一囊句好琉璃，則孝穆隨身；三上文成珠玉，是宛陵常課。居諸所積，觸緒紛羅。其間小品別裁，自成馨逸，俯拾即是，味美於回。纂之無俟殺青，讀者皆堪浮白。可謂見歲若月，勤志服知，集藝事之大成，推江東之獨步也已。

用今天的話來概括，《越縵堂日記》記了國事、家事、友事、文事。而今人治學，已不同於前人專從宏大敘事入手，社會生活史成爲新的熱點之一。如此，篇幅巨大的私人日記便是治史絶好的原始材料。其實，古人日記不爲稀罕之物。但一是要有恒心記上幾十年，二是將其視爲純粹私密之物，所以多在去世前付之丙丁，三是倘若一不小心傳下來了，後人還得珍視。這三條删汰下來，真的剩不下多少了。而對治社會生活史的學者而言，像《越縵堂日記》這樣的鴻篇巨制自然是越多越好。魯迅曾批評李慈銘的日記説：『上自朝章，中至學問，下迄相罵，都記録在那裏面。』[一]『因爲這是開首就准備給第三者看的，所以恐怕也未必很有真面目。』[二]其實，日記一開始便只想給自己看，難道就能顯示全部的真面目？從想法到語言，其中便有無數的阻隔。從秘密到公開，不過是第二步而已。而學者要在無字處看出有字處，便是他的本事了。只是以前只有影印本流行於世。此次整理後印行，總是給衆人提供了方便。

此次《李慈銘日記》的整理，以揚州廣陵書社 2004 年影印出版的《越縵堂日記》作底本。《越縵堂日記》篇帙浩大，前後歷年四十載。其全部出版面世，更是跨越了六十餘年的艱難曲折，分三次印行。清光緒甲午年末，李慈銘病逝，留下日記七十餘册。其嗣子李承侯携以南歸。數年後，樊增祥以速刻自任，索最後一函（相傳八册，實爲九册）而去。其間生前友好沈曾植、繆荃孫等極力推動，欲將日記付梓行世，軍機大臣瞿鴻禨於機務閑餘，亦復關心此事，然終未果。至民國八年（1919），蔡元培、傅增湘、王幼山、王書衡等，約同李氏故友及文化界二十餘人共同捐資，乃由商務印書館於次年『仿曾湘鄉

[一] 魯迅：《華蓋集續編·馬上日記》，《魯迅全集》第 3 卷，北京：人民文學出版社 1982 年，第 310 頁。

[二] 魯迅這句話是説他自己的《馬上日記》，但此語由李慈銘日記引起，看成也談李慈銘日記，不爲曲説。

日記例』，影印出版了六十四册日記稿本中的後五十一册，以《越縵堂日記》共其名。此爲第一次印行。民國二十五年(1936)，仍由蔡元培主持，將六十四册其餘的十三册，交商務印書館影印出版，名爲《越縵堂日記補》。此爲第二次印行。李慈銘暮年日記手稿一函，自被樊增祥携走後，長期藏匿，直到歷經六十八年後的 1988 年方公之於世，由北京燕山出版社影印出版，題爲《荀學齋日記後集》。這第三次印行的日記，起於光緒十五年(1889，己丑)，終於光緒二十年(1894，甲午)。至此，李慈銘四十年日記方得以全部刊行。廣陵書社影印本《越縵堂日記》集這三次印行之大成，爲李慈銘日記之全本。因日記篇幅浩大，且名目繁多，特製定表格，以清楚其起訖，方便讀者：

日記名稱	起訖時間	備注	校點者
甲寅日記	咸豐四年三月十四日至八月十九日(1854 年 4 月 11 日—1854 年 10 月 10 日)	據越縵堂日記壬集序所言，是年八月廿日以後，毁於兵火。	盧敦基
越縵堂日記乙集	咸豐五年正月初一日至九月十五日(1855 年 2 月 17 日—1855 年 10 月 25 日)	據越縵堂日記壬集序所言，是年九月十五日以後，以落解伊鬱不及記。	
越縵堂日記丙集上	咸豐六年正月初一日至九月十四日(1856 年 2 月 6 日—1856 年 10 月 12 日)		
越縵堂日記丙集下	咸豐六年九月十五日至咸豐七年四月十九日(1856 年 10 月 13 日—1857 年 5 月 12 日)	據越縵堂壬集序所言，是年夏之日記(四月至六月)毁於兵火。	

越縵堂日記丁集	咸豐七年七月初一日至十二月三十日（1857 年 8 月 20 日—1858 年 2 月 13 日）		盧敦基
越縵堂日記戊集上	咸豐八年正月初一日至十一月十四日（1858 年 2 月 14 日—1858 年 12 月 18 日）		
越縵堂日記戊集下	咸豐八年十一月十五日至十二月三十日（1858 年 12 月 19 日—1859 年 2 月 2 日）		
越縵堂日記己集	咸豐九年正月初一日至十二月三十日（1859 年 2 月 3 日—1860 年 1 月 22 日）		
越縵堂日記庚集上	咸豐十年正月初一日至三月十三日（1860 年 1 月 23 日—1860 年 4 月 3 日）		
越縵堂日記庚集中	咸豐十年三月十四日至六月十六日（1860 年 4 月 4 日—1860 年 8 月 2 日）		
越縵堂日記庚集下	咸豐十年六月十七日至九月三十日（1860 年 8 月 3 日—1860 年 11 月 12 日）		吴蓓
越縵堂日記庚集末	咸豐十年十月初一日至十二月三十日（1860 年 11 月 13 日—1861 年 2 月 9 日）		
越縵堂日記辛集上	咸豐十一年正月初一日至九月十一日（1861 年 2 月 10 日—1861 年 10 月 14 日）		

越縵堂日記辛集下	咸豐十一年九月十二日至十二月三十日（1861年10月15日—1862年1月29日） 同治元年正月初一日至三月三十日（1862年1月30日—1862年4月28日）		吴蓓
越縵堂日記壬集上	同治元年九月初一日至十二月三十日（1862年10月23日—1863年2月17日）	據壬集序所言，元年九月前之日記中輟。	
越縵堂日記壬集下	同治二年正月初一至三月三十日（1863年2月18日—1863年5月17日）		
孟學齋日記甲集首集上	同治二年四月初一日至九月二十九日（1863年5月18日—1863年11月10日）	據甲集編首所言：『孟者元也，元者善之始也，又古字「孟」「勉」「猛」音義並通，蓋以此爲勉力於善之始。』	
孟學齋日記甲集首集下	同治二年十月初一日至十二月二十六日（1863年11月11日—1864年2月3日）		
孟學齋日記甲集上	同治二年十二月二十七日至同治三年六月二十九日（1864年2月4日—1864年8月1日）		

孟學齋日記甲集下	同治三年七月初一日至十一月三十日（1864年8月2日—1864年12月28日）	
孟學齋日記甲集尾	同治三年十二月初一日至十二月二十九日（1864年12月29日—1865年1月26日）	
孟學齋日記乙集上	同治四年正月初一日至三月二十九日（1865年1月27日—1865年4月24日）	
孟學齋日記乙集中	同治四年四月初一日至九月二十九日（1865年4月25日—1865年11月17日）	
孟學齋日記乙集下	同治四年十月初一日至十二月二十九日（1865年11月18日—1866年2月14日）	
孟學齋日記丙集上	同治五年正月初一日至五月二十九日（1866年2月15日—1866年7月11日）	
籀詩硏疋之室日記（孟學齋日記丙集）	同治五年六月初一日至八月十七日（1866年7月12日—1866年9月25日）	據受禮廬日記序所言，九月以後日記因遭母喪而中輟。
受禮廬日記上集	同治五年十一月初一日至同治六年七月十五日（1866年12月7日—1867年8月14日）	據受禮廬日記序所言，因母喪守廬讀《禮》而名之。
徐儒宗		

<table>
<tr><td>受禮廬日記中集</td><td>同治六年七月十六日至同治七年三月三十日（1867年8月15日—1868年4月22日）</td><td></td><td rowspan="4">徐儒宗</td></tr>
<tr><td>受禮廬日記下集</td><td>同治七年四月初一日至九月二十九日（1868年4月23日—1868年11月13日）</td><td></td></tr>
<tr><td>祥琴室日記</td><td>同治七年十月初一日至同治八年三月三十日（1868年11月14日—1869年5月11日）</td><td>日記之得名，據祥琴室日記序所言：『先恭人之痛，忽忽已踰大祥』，『餘哀未忘，謹以祥琴志其室』。</td></tr>
<tr><td>息荼庵日記</td><td>同治八年四月初一日至八月二十九日（1869年5月12日—1869年10月4日）</td><td>日記之得名，據息荼庵日記序所言：『予既離大故，居廬讀《禮》……階前生紅蓼數枝，蓼性苦而幽隱處下，其容憂傷蕉萃，又以肖予之生也。予因名其庭……曰「息荼庵」，亦曰「荼餘盦」，息於兹以思餘痛云爾。』</td></tr>
<tr><td>桃花聖解盦日記甲集</td><td>同治八年九月初一日至同治九年三月三十日（1869年10月5日—1870年4月30日）</td><td>日記之得名，據桃花聖解盦日記序所言：『爰取東坡「若見桃花生聖解」之語，以名其盦。』</td><td>王瑋</td></tr>
</table>

桃花聖解盦日記乙集	同治九年四月初一日至十一月三十日（1870年5月1日—1871年1月20日）		王瑋
桃花聖解盦日記丙集	同治九年十二月初一日至同治十年六月二十九日（1871年1月21日—1871年8月15日）		
桃花聖解盦日記丁集	同治十年七月初一日至十二月三十日（1871年8月16日—1872年2月8日）		
桃花聖解盦日記戊集	同治十一年正月初一日至五月三十日（1872年2月9日—1872年7月5日）		
桃花聖解盦日記己集	同治十一年六月初一日至十二月十五日（1872年7月6日—1873年1月13日）		
桃花聖解盦日記庚集	同治十一年十二月十六日至同治十二年六月二十日（1873年1月14日—1873年7月14日）		
桃花聖解盦日記辛集	同治十二年六月二十一日至十二月十二日（1873年7月15日—1874年1月29日）		

桃花聖解盦日記壬集	同治十二年十二月十三日至同治十三年六月初十日（1874年1月30日—1874年7月23日）		周静
桃花聖解盦日記癸集	同治十三年六月十一日至十一月三十日（1874年7月24日—1875年1月7日）		
桃花聖解盦日記甲集二集	同治十三年十二月初一日至十二月二十九日（1875年1月8日—1875年2月5日）光緒元年正月初一日至五月二十四日（1875年2月6日—1875年6月27日）		
桃花聖解盦日記乙集二集	光緒元年五月二十五日至十月二十三日（1875年6月28日—1875年11月20日）		
桃花聖解盦日記丙集二集	光緒元年十月二十四日至光緒二年三月二十九日（1875年11月21日—1876年4月23日）		何勇强
桃花聖解盦日記丁集二集	光緒二年四月初一日至八月十九日（1876年4月24日—1876年10月6日）		

桃花聖解盦日記戊集二集	光緒二年八月二十日至光緒三年正月三十日（1876年10月7日—1877年3月14日）		何勇强
桃花聖解庵日記己集二集	光緒三年二月初一日至七月二十一日（1877年3月15日—1877年8月29日）		
桃花聖解庵日記庚集二集	光緒三年七月二十二日至十一月二十九日（1877年8月30日—1878年1月2日）		
桃花聖解庵日記辛集二集	光緒三年十二月初一日至光緒四年四月二十六日（1878年1月3日—1878年5月27日）		
桃花聖解庵日記壬集二集	光緒四年四月二十七日至十月二十九日（1878年5月28日—1878年11月23日）		
桃花聖解庵日記癸集二集	光緒四年十一月初一日至光緒五年三月二十九日（1878年11月24日—1879年4月20日）		
荀學齋日記甲集上	光緒五年三月二十九日至八月初十日（1879年4月20日—1879年9月25日）	日記之得名，據荀學齋日記序所言，乃效荀子年至五十遊學於齊之意。	劉光永 查麗平

荀學齋日記甲集下	光緒五年八月十一日至光緒六年三月十六日(1879年9月26日—1880年4月24日)		劉光永
荀學齋日記乙集上	光緒六年三月十七日至十月十四日(1880年4月25日—1880年11月16日)		
荀學齋日記乙集下	光緒六年十月十五日至光緒七年五月十五日(1880年11月17日—1881年6月11日)		查麗平
荀學齋日記丙集上	光緒七年五月十六日至十一月十七日(1881年6月12日—1882年1月6日)		江興祐
荀學齋日記丙集下	光緒七年十一月十八日至光緒八年四月三十日(1882年1月7日—1882年6月15日)		
荀學齋日記丁集上	光緒八年五月初一日至十月十五日(1882年6月16日—1882年11月25日)		
荀學齋日記丁集下	光緒八年十月十六日至光緒九年三月二十日(1882年11月26日—1883年4月26日)		

荀學齋日記戊集上	光緒九年三月二十一日至八月三十日（1883年4月27日—1883年9月30日）		鄭績
荀學齋日記戊集下	光緒九年九月初一日至光緒十年二月二十九日（1883年10月1日—1884年3月26日）		
荀學齋日記己集上	光緒十年三月初一日至七月二十一日（1884年3月27日—1884年9月10日）		
荀學齋日記己集下	光緒十年七月二十二日至十二月十八日（1884年9月11日—1885年2月2日）		
荀學齋日記庚集上	光緒十年十二月十九日至光緒十一年六月十五日（1885年2月3日—1885年7月26日）		陳銘
荀學齋日記庚集下	光緒十一年六月十六日至光緒十二年正月十七日（1885年7月27日—1886年2月20日）		
荀學齋日記辛集上	光緒十二年正月十八日至八月二十八日（1886年2月21日—1886年9月25日）		

荀學齋日記辛集下	光緒十二年八月二十九日至光緒十三年四月初七日(1886年9月26日—1887年4月29日)		陳銘
荀學齋日記壬集上	光緒十三年四月初八日至九月二十九日(1887年4月30日—1887年11月14日)		陳明珠
荀學齋日記壬集下	光緒十三年十月初一日至光緒十四年四月三十日(1887年11月15日—1888年6月9日)		
荀學齋日記癸集上	光緒十四年五月初一日至十二月十六日(1888年6月10日—1889年1月17日)		
荀學齋日記癸集下	光緒十五年正月初一日至七月初十日(1889年1月31日—1889年8月6日)	癸集下之後日記即爲樊增祥携走之暮年日記，一函共九册。	
荀學齋日記後甲集之上	光緒十五年七月十一日至光緒十六年正月十四日(1889年8月7日—1890年2月3日)		張鈺霖
荀學齋日記後甲集之下	光緒十六年正月十五日至六月三十日(1890年2月4日—1890年8月15日)		

荀學齋日記後乙集之上	光緒十六年七月初一日至十二月二十七日（1890年8月16日—1891年2月5日）	十二月二十七日爲李慈銘生日。
荀學齋日記後乙集之下	光緒十六年十二月二十七日至光緒十七年六月十二日（1891年2月5日—1891年7月17日）	
荀學齋日記後丙集之上	光緒十七年六月十三日至十二月十二日（1891年7月18日—1892年1月11日）	
荀學齋日記後丙集之下	光緒十七年十二月十三日至光緒十八年三月十五日（1892年1月12日—1892年4月11日）	
荀學齋日記後丁集之上	光緒十八年七月初一日至十二月二十六日（1892年8月22日—1893年2月12日）	光緒十八年三月十五日至七月初一日前日記缺。
荀學齋日記後丁集之下	光緒十九年正月初一日至八月三十日（1893年2月17日—1893年10月9日）	
荀學齋日記後戊集之上	光緒十九年九月初一日至光緒二十年正月初一日（1893年10月10日—1894年2月6日）	光緒十九年十月十二日至本年底日記缺

張鈺霖

全部日記經校點者完成初稿。因成於衆手，特請郎震邦、劉雄兩先生共同校讀一過。爾後，又由盧敦基、何勇强先後各校讀一過。改正了一些錯訛。

本課題原爲《李慈銘全集》，初稿已經完成。但時間既遷，劉再華校點之《越縵堂詩文集》已由上海古籍出版社出版。爲避免重複，於是略去詩、文部分，僅附録三種。

收入附録的著作，版本情況説明如下：

《桃花聖解盦樂府》，以崇實齋刻本爲底本，鍾駿文校刊，盧敦基校點。

《乾隆紹興府志校記》，蔡冠洛輯録，民國十九年鉛印本，盧敦基校點。

《嘉慶山陰縣志校記》一卷，俞奇曾輯録，民國十九年鉛印本。王重民《李越縵先生著述考》：『按俞跋稱編寫時據王子餘手抄本，兹以校館藏原校本，頗多遺脱。卷十八諸條，竟全未收入，王氏殆亦未見全書歟？卷二十三「刮竹」一條，不見於原校本，疑爲王氏移抄時所增，而俞氏編録，未加分别，遂併爲先生校語也。兹依俞例，逐補卷十八校語於下，望再版時，俾補爲原書。』盧敦基校點。

由雲龍輯録的《越縵堂讀書記》一書，極爲著名，但此書出處全在日記，今日記既已經全呈，故不再重編。又有如《越縵堂詩話》，蔣瑞藻編，徐珂校，有商務印書館鉛印本，亦從日記節出，兹不採録。

李慈銘尚有一些未成之書，如《説文舉要》《説文隅得》。《説文舉要》列於丁福保《説文目録》中：『稿本，内有訂正臣、叀、良三字解等。』李慈銘同治五年（1866）四月初八日日記云：『治《説文》，以私臆訂正臣、叀、良三字原解，具所著《説文舉要》中，兹不載。』正與此合。王重民《李越縵先生著述考》：『余曾函詢友人周雲青君，據云稿本不過三數頁，蓋係未成之書。』又同治七年（1868）閏四月十三日日記云：『閲蔣和《説文字原集注》，其言漢碑「蟲」字皆作「虫」，蛇者蟲之類，虺者蛇之類，許君于「它」下注曰「虫也」。上古草居患它，故相問「無它乎」，此「虫」字不當讀作「虺」，古人草居，不獨患虺也。此説近是，與予向所論虫、蚰、蟲、它四字義合。見《説文隅得》。』光緒元年三月十八日日記解卣字，又云：『説詳予所著《説文隅得》。』王重民《李越縵先生著述考》：『《舉要》《隅得》俱是草稿，或先名《舉要》，後更名《隅得》歟？』另王重民《李越縵先生著述考》中列入『未刊稿』的《明謚法考》《皇朝謚法考》《國朝儒林小志》《正名》等書，名皆見於日記，或亦多爲未成之稿。

出版附記：

本書交稿後，經出版社申報，入選了國家古籍整理出版專項資助項目，在此向全國古籍整理出版規劃領導小組辦公室及相關推薦、評審專家表示誠摯的感謝。

編校過程中，出版社從上海圖書館所藏《越縵堂日記》稿本卷首眉批輯得未記年月之『二十日辛丑』日記一則，及《元代重儒記》一篇，爲他處所無，現一並收入附録。另，出版社在本書清樣後製作了電子版的人名索引、詩文索引及札記索引，以二維碼的方式附於書末，供讀者下載使用。

人世滄桑，等到此書正式印行，參加校點的陳銘和劉光永先生均已去世。在此我們課題組其他成員表示深深的哀悼。

盧敦基

二〇二四年六月廿三日

凡例

一、《李慈銘日記》(以下簡稱《日記》)作者李慈銘頗以字學自豪，爲示博雅，《日記》多用《説文》本字。爲便於讀者閲讀，對《日記》中的本字、古字等，除有特殊用意者外，整理後一般酌情改爲常見的通行字。《日記》中作者特意書寫爲甲骨文、金文、小篆或其他古字體的，保持原樣。《日記》中的民間計數字符，識别後轉换爲日記中常見的數字格式。《日記》中因避清帝諱或家諱而改字或缺筆者，徑改回原字。

二、《日記》以中國傳統年號紀年法紀年(部分年份開頭標注干支)，用中國傳統陰曆以數字紀月、日，日期之後一般標明干支、節氣，原則上保持原樣，不作改動。爲便於檢索，於每年開頭標注公曆年份。日期與日記正文之間空一格，日記與所引邸鈔之間分段。邸鈔兩字後加冒號。

三、《日記》記事或引用邸鈔，每事之間一般空一格，另起一行分段書寫，整理後爲版面整齊起見，一般不再保留空格或分段(在一些易混淆詔旨内容與邸鈔記事的段落中，則酌情保留空格以示區分；某些邸鈔篇幅較長，則按文意酌情分段)；《日記》記事中涉及讀書札記者，篇幅較長者整理後一般另起行分段，篇幅較短者則爲版面整齊起見，一般不另起行分段。

四、原稿涉及皇帝、上司、尊長等一般頂格書寫，一律改爲現代通行版式。

五、原稿中以小字偏右以表謙卑者，一律改用與正文相同的字號。

六、原稿中的雙行或單行夾注文字，一般改爲單行小字。部分文字顯而易見爲日記正文，作者爲節約紙幅而以小字書寫者，則改爲與正文相同的文字。

七、原稿中的眉批，或爲作者自撰，或爲他人所作，按文意綴於某日記事之後，以小字出之（眉批小字中若又有小字注者，則以括號括出），並標明『眉批』。眉批兩字後加冒號。

八、原稿全文引録詩詞文章一般退格書寫，作者爲特别强調而開列名單、書目等，也退格書寫，現一律改爲現代通行版式，惟段首縮進排版。

九、詩詞文章名、書名、叢書名加書名號；單部書籍的簡稱或省稱加書名號，如新舊《唐書》、《隋志》等。附屬於某書的注釋之作不加書名號。書籍的統稱不加書名號。科舉考試的試題題目用引號，不用書名號。某些詩詞文章題目很長，由數句組成，句與句之間一般不用標點符號。

十、《日記》引用古籍，原文引用者加引號；舉稱大意者，不加引號。所引文字有誤或與現在通行版本有出入者，保持日記原貌。

十一、《日記》中記録人名、地名等，常出現同一人名、地名等同音異寫的情况，整理後一般不强行予以統一。

十二、《日記》原稿引録詩詞文章，對其中的闕字，或以小字『闕』表示，或以空心方塊『□』表示，一仍其舊。日記本身無法識讀的文字，用實心方塊『■』表示。每一方塊表示一個漢字。如原稿塗抹、污損嚴重而無法統計字數，則加按語説明。訂正原稿錯字，錯字以（）括出，訂正之字置於錯字之後的〔〕内。增補脱字，置於〈〉内。衍字及底稿中雖標有删除符號但有保留價值者置於［］内。

總目録

第一册

第二册

第三册

第四册

第五册

第六册

第七册

第八册

第九册

第十册

第十一册

第十二册

第十三册

第十四册

附録

索引

本册目録

咸豐四年三月十四日至咸豐七年十二月三十日
（1854年4月11日—1858年2月13日）

越縵堂日記丁集

甲寅日記

咸豐四年三月十四日至八月十九日(1854年4月11日—1854年10月10日)

余幼而失學，浸尋歲月，無足紀述。顧素好弄筆，自乙巳即有日記。至戊申，忽中輟。迄今憶之，夢緣斷續，鴻跡迷茫，幾不知前身後身，是人是我矣。嗣是而後，中年哀樂，易感於予心；卜硯光陰，多磨於人事。命宫纏蝎，陳跡踏牛。倘非日記其所存，曷鑒失時之不學？爰於今上咸豐四年甲寅三月十四日始，逐日記之。略參國事，感[redacted]蒼凉[一]；間采詩詞，懼風騷之泯没。至鄙人之斷句，亦綴附於行間；即良友之清談，尚贅存於紙尾。貞淫雜詠，皆李玉溪寓意之言；細大必書，師趙閲道焚香之告。朝嬰夕側，詎資風月以[redacted]談；積玉碎金，聊紀見聞于困學。語無倫次，所不暇詳。功有累增，即兹可證。

附大事記：

宣宗成皇帝九年，歲在己丑，冬十二月二十七日辰時，余生。時祖母倪孺人五十二歲，先祖側室張節母四十歲，本生祖司馬公四十七歲，本生祖母顧安人四十九歲，先嚴竹村公二十二歲，家慈倪孺人二十四歲。時祖母暨本生祖父母望孫甚殷，兩伯父皆未得子，及兹余生，甚喜。又余生之前夕，祖母夢重門洞啓，堂上列炬，數十衣冠者肩相比狀若肅客者，須臾，報客至，乃一五十許婦人，貌甚莊嚴，

[一] 此底稿漫漶處宋經樓舊藏《越縵堂日記》(見彩插頁)作『感天意之蒼茫』，後一漫漶處作『閑談』，疑爲抄録者臆補，可參考。

著水田衣，執塵拂，行至中堂家慈寢門。祖母忽驚醒，先嚴已扣扉，報胎發矣。祖母以夢徵女也，惡之。及舉余，啼聲如鐘，乃大喜，以爲我老人虔奉觀音二十年，乃神送此石麟也，嗣是甚鍾愛，期望日切，寢食必躬拊之。

十年庚寅，余二歲。正月二十七日，余彌月。二月十五日，先君爲余作湯餅會。從伯芸圃觀察公時以太史假歸，抱余剃胎髮。是日宴樂達旦，有燭花之瑞。

十一年辛卯，余三歲。七月二十四日，仲弟生。

十二年壬辰，余四歲。閏九月二十七日，二伯父暴卒。

十四年甲午，余六歲。二月二十日，先祖側室張節母卒。六月十七日，叔弟生。是歲余識字一千。

十五年乙未，余七歲。余始上學讀唐詩。

十九年己亥，余十一歲，始學作文。是年秋，英夷始擾廣東，繼至浙舟山，投逆書於浙撫烏爾恭額，寧波戒嚴。

二十年庚子，余十二歲。七月三十日，大伯父暴卒。英夷陷定海，旋來歸。督師伊里布以辱國逮問，命江督裕謙代之。

二十一年辛丑，余十三歲。秋，英夷復陷定海，總兵葛公雲飛、王公錫朋、鄭公國鴻死之。旋陷鎮海。提督余步雲遁。繼陷寧郡，入餘姚。督師裕謙遁至曹江，服毒死，紹郡士民四出奔竄，勢危甚。余家避居緑葭埭外祖家。至冬十月還里，以逆夷退出寧郡故也。冬大雪，壓壞民房甚衆。

二十二年壬寅，余十四歲。是年，先皇帝命吏部尚書協辦大學士、宗室奕經督江浙諸軍事，兵部尚書文蔚爲參贊大臣。夷匪分兵擾廣東，陷香山，提督關公天培死之。先是，制軍林公則徐以燒洋烟激變，遣戍，命尚書奕山、隆文督師，并起致仕果勇侯楊芳參畫軍事，至是俱敗，隆文炮驚死。廣東鄉民募義勇拒敵，敗之。夷舶退出海澳，復擾江南，陷鎮江，提督陳公化成死之。奕經、文蔚至紹興，剋期收復寧郡、慈溪、鎮海三城。夷帥知之，僞令其酋降，報師期。奕經信之，於二月初四日，分遣大將攻三城。賊兵大集，金華副將朱公貴戰於慈溪城外，以援軍不至，與子昭南俱死之。諸軍皆潰。奕經、文蔚倉皇遁，潰卒竄紹興，居人皇駭。撫軍劉公韵珂拒之江，大帥不得渡，文蔚遂還紹興，人心始定。十月初二日，祖母卒。初，祖母以久病，命先嚴爲余畢姻。是日甫成禮，而祖母棄養矣。

二十三年癸卯，余十五歲。和議成。秋，海塘決，大水溢岸盈丈。

二十五年乙巳，余十七歲。三月，季弟生。秋七月十五日，先府君暴疾卒。奉化民變，寧郡太守李汝霖落職逮問。

二十六年丙午，余十八歲。冬十月，先府君出殯於偏門外塘埭。

二十七年丁未，余十九歲。冬十月，余服闋，赴縣試不遇。

二十八年戊申，余二十歲。二月，仲弟畢姻。余府試，嘔血，即繳卷出。五月，院試，余以卷被鄰號生所污，僅取佾生。督學者爲兵部侍郎趙光，題爲『人不間于其父母』至『白圭』。

二十九年己酉，余二十一歲。夏五月，大雨傾塘，水驟漲尋丈，鄉民四出劫掠，城市囂然。予家五日無寧處，墻屋多被毁。是年，撫軍吴公文鎔以大水後貢院傾圮，奏請移鄉試於九月。余借監應試，録遺超等四名，題爲『言而有信，雖曰未學』。鄉試首題爲『君子惠而不費』五句，次題『正己而不求於人』，三題『居天下之廣居』四句。詩題『青林紅樹一川秋』。十月榜發，余不售。薦卷師爲温州府同知吴公思權。吴，甘肅人，丁丑進士，由中書外授。冬，仍應縣試，初覆首拔。

三十年庚戌，余二十二歲。春正月十四日，成皇帝上賓。今上嗣統，詔以明年改元咸豐。三月，余應院試，督學者爲吴公鍾駿。先試古學，拔余第二。賦題爲『汲古得修綆，以題爲韵』，詩題『臨深履薄』。次試正場文二篇，詩一首，取余第三。文首題『九百』，次題『庸敬在兄』二句，詩題『驥不稱其力』。覆試四書題『其至爾力也』二句，經題『内志正』五句，詩題『偃武修文』。吴公評：『首場風華掩映，法密詞圓，次詩俱稱，覆卷貫上語脉，醒出正意，濃淡相間，心細手和。經藝珠圓玉潤，詩秀雅，古學筆意如走盤珠，盤旋如意。』吴公，吴縣人，壬辰狀元，官禮部侍郎，兩任浙江學政。

是歲，粵西匪人奉李世德爲主，騷擾右江一帶郡縣。世德旋死，其黨楊秀清、洪秀琭收合餘黨，賊勢更熾。秋八月，陷平樂府。九月，陷永安州。廣西巡撫鄭祖琛革職逮問。起故雲貴總督林公則徐督兵討之，半道卒。改命故兩江總督李星沅經略諸軍，故兩湖提督周天爵參贊戎務。眉批：時廣西盜賊蜂起十餘隊。洪秀琭者，廣東花縣人，少亡賴，散千金結客。至是與其黨楊秀清、馮雲山、韋政等，起事於廣西潯州府平南縣金廷村，推秀琭爲長，稱天德王，國號太平，奉耶蘇教，月一祀之。李督師初至，議招撫，楊秀清已送款，而提督向榮以毛賊易辦，出師擊之，不勝，事遂潰。蓋向帥以群盗次第擒滅，故決議剿也。夏五月，大水。秋八月，又大水。山、會、蕭三縣大餓。除夕，仲弟婦陳氏暴病亡。

今上咸豐元年辛亥，余二十三歲。春正月，余應科試，督學吴公拔余第三。題爲『仕者世禄』兩句，覆試題爲『巧笑倩兮』三句。吴公評：『首場抒詞妍雅，筆亦整鍊不浮，覆卷工於設色，鮮侔晨葩，下文「何謂也」三字，妙能不觸不背，故佳。』秋八月，赴杭應省試，榜發，不售。是年粵匪據永安州，官兵屢攻不克，督師李公星沅病卒於軍，命大學士賽尚阿代之。四月，賊圍桂林不克，廣州都統烏蘭太傷重卒於軍。洪秀泉僞稱太平王。廣西停鄉試一科。冬十月二十六日，本生祖母病卒。

二年壬子，余二十四歲。春，粵匪陷全州，賽尚阿褫職。賊竄入湖南，攻永州、衡州，俱不克。陷道州、桂陽州、郴州及江華、藍山、永明、永興、茶陵、醴陵諸縣。上命兩廣督徐廣縉總諸軍務。夏四月，寧波鄞縣東鄉民變，署藩使孫毓溎、署臬使慶霖率軍討之。湖州副將張蕙歿於陣。錢塘知縣德誠隨來營中，亦被殺。藩臬二司遁回紹興。鄞人罷兵，獻其首事者二人，誅之。三十日，本生祖父司馬公暴疾卒。秋八月，余偕魯蓉生、王平子、徐小池三秀才，暨表叔顧春園、表兄陳月笙赴杭省試。首題『知者不失人亦不失言』，次題『所求乎子』兩段，三題『是地利不如人和也』，詩題『紅蓼花前水驛秋』。榜發不售。薦卷師爲慶元縣知縣鳳栐，蒙古人，戊戌進士。評余卷爲：『詞華煊爛，筆力端凝，三藝猶有得意疾書之樂。』正主考宗室錫齡，評爲：『首藝博大昌明，渾灝流轉，三藝筆勢軒昂，於是字有體會；以次藝欠生動，備而不售。』其實余之次藝，遠勝首藝、《孟》藝也。粵匪圍長沙不克，遂陷岳州，入湖北，陷嘉魚，進陷漢陽府，知府葉振鐸死之。遂克漢口鎮，燒漢口廬舍殆盡。繼陷武昌，鹽道王東槐、學政仁和馮公培元死之，賜謚文介。眉批：湖北提督博勒恭武守岳州，賊至遽走，潛入京，伏誅。署漢陽縣會稽劉鴻庚同死難。布政梁星源、按察瑞元，皆死之。巡按常大淳自殺，總督程矞采逮問。復命前陝甘總督琦善以都統銜率兵堵河南，直隸總督陳金綬佐之。復陷黃州府，徐廣縉革職逮問。命兩江總督陸建瀛爲欽差大臣。九月，三弟畢姻。

三年癸丑，余二十五歲。春正月，仲弟續姻。是月初九日，流賊攻江西九江，陷之，欽差大臣、兩江總督陸建瀛遁。進攻安徽，十七日陷安慶，巡撫蔣文慶死之。旋陷蕪湖，遂圍江寧。江南布政使祁宿藻以憂死。未幾，城陷，陸建瀛爲亂兵所殺，將軍署督祥厚、副都統霍隆武、提督福珠洪阿皆死之。旋陷揚州、鎮江諸郡。上命琦善、陳金綬、刑部侍郎雷以諴、川督慧成、侍郎奕經攻揚州，不克。肅州總兵雙來力戰死。江浙大駭，蘇人四出奔竄，杭城晝閉，紹興騷動。夏四月，賊破臨淮關，陷鳳陽，克亳州。上命琦善爲欽差大臣，統制江北諸軍事。賊竄入河南，陷歸德，圍開封，不克。攻河北懷慶、衛輝諸郡，城守頗力。上命大學士直督訥爾經額爲欽差大臣，總統河南河北諸軍事。秋七月，賊竄山西，陷垣曲，河東道張錫藩爲亂兵所殺。旋克絳縣、曲沃，陷平陽府，知府何維墀死之。又陷洪洞，遂東擾畿輔，上褫晉撫哈芬職，命侍郎勝保爲欽差大臣。八月，賊復由山西絳城攻西南徙縣，遂北寇直隸，連陷邢臺、沙河、任縣、柏鄉、隆平，圍真定。訥爾經額逮問擬斬。賊攻陷趙州、欒城、藁城、深州、獻縣、交河、滄州，進犯天津，京師大震。天津知縣謝子澄擊敗之。竄陷靜海，官兵圍之。上命御前大臣科爾沁親王僧格林沁將蒙古各部兵及京營，與勝保夾擊。北地賊騎遂困。眉批：安徽布政使李本仁、按察使張熙宇，皆逮問。狼山鎮總兵王鵬飛伏誅。漕督楊殿邦守瓜州，聞賊至，棄其師遁，旋亦逮問。蘇撫楊文定守鎮江，退屯江陰。徽撫李壽端、豫撫陸應穀，皆以失陷封疆褫職。楊文定逮問。賊逼真定府，督師訥爾經額逮問擬斬。命御前大臣、科爾沁扎薩克多爾郡王僧格林沁統領蒙古諸王及京營各將軍都統兵，與勝保夾擊。賊復陷趙州、欒城、藁城、晉州、深州，遂踞深州城。勝帥攻之，賊去，陷獻縣及交河、滄州，殺駐防旗兵二千餘人，進犯天津，知天津縣謝子澄迎擊，大破之。賊退，又追敗之。遂陷靜海縣及獨流鎮，連營固守。子澄率大兵攻之，突陣死。僧王遂圍困之。賊北略之勢始窮矣。是夏六月，賊復分兵陷九江府，攻南昌。九江鎮總兵馬濟美戰死。江西巡撫張芾、按察使銜江忠源及在籍刑部尚書陳孚恩等固守省城，數月不下，賊遂去。陷瑞州、饒州府。八月，攻湖北興國州，至田家鎮，糧道徐豐玉、漢黃德道張汝瀛、荆門知州李榞皆戰死。復陷黄州，知府金雲門死之。陷漢陽，知府俞舜欽死之。九月，琦善攻揚州，兵敗褫職留任。是月，賊復分克安徽集賢關，陷桐城、黄池、舒城。十一月，圍廬州。月餘，陷之，巡撫江忠源戰死。命和春爲欽差大臣，專剿廬州。

余於夏間，感憤時事，作《村居雜感》（十）〔九〕章云：『局跡蓬蒿百感侵，數椽老屋傍江潯。賤貧半世生涯拙，風雨荒齋歲月深。難卜死生天定局，與時憂樂我何心。姓名幸未君王識，華髮蕭蕭祇楚吟。』『輸糧典盡阮郎褌，負郭田猶二十存。縱僅涓埃須竭力，坐叨衣食總孤恩。劇憐負米難將母，自覺無言謝打門。惆悵君親成兩負，侏儒飽粟更休論。』『回想宸旒建極初，恩膏迭沛免征輸。民頑尚忍連群盜，帝德今猶憫重租。時大臣以軍餉不繼，有請加賦者，上不允。溟海風濤艱挽運，諸方草木缺儲胥。籌邊如問征南將，可有當年道濟無？』『桂嶺千盤瘴霧多，養癰從此潰山河。豈真小醜工逃算，誰使將軍不枕戈？宗澤倘存寧至是，謂林文忠公。重湘雖險待如何。劇歎老將猶强飯，也是當今馬伏波。謂向帥。』『襄陽巫峽氣蕭森，殺伐愁連大地陰。張角傾巢誰尾擊，楊公半渡不生擒。蠻氛日夜蒸江漢，鄂渚烽烟閲古今。一片塗膏問誰致，祇餘猿嘯答楓林。』『倉皇直下豫章城，江上聞風潰列營。沔口三旬餘劫火，潯陽九派匯軍聲。江淮從此無屏蔽，猿鶴憑誰決死生。約略諸君功罪際，陷疆事重陷身輕。』『金陵城堞鬱參差，虎踞龍蟠竟不支。九道出師唐節度，五胡假號漢旌旗。時賊首僞稱前明泰昌七世孫。并無天塹憑江戍，尚想留都伐罪時。先後親征煩叔父，賢王好繼繡裳詩。時惠親王奉命統軍。』『聞説淮東斷麥苗，黄巾乘勢揭竿招。天輕民命灾祲逼，地入中原盜賊驕。解散定勞分討策，承平誰講禦荒條。天生李晟今非晚，只在忠誠翼聖朝。』『側身天地一登臺，極望東南事可哀。流水自將遺恨下，夕陽無數亂山來。我生不幸值多故，平世猶難容廢材。爲念請纓徒辱國，聲名珍重在蒿萊。』

秋七月，與同邑孫子九秀才垓、祥符周素生大令灝孫、叔雲庶常譽芬、季貺布衣星詒、山陰周息鷗孝廉光祖、沈寄帆上舍昉、王平子秀才章、楊漁薲秀才師震、青田端木叔總明經百禄、陽湖許太眉徵君棫、上虞徐葆意明經虔復、蕭山陳荃譜孝廉潤、丁韵琴州佐文蔚結言社。眉批：除子九、雪鷗、平子、葆意外，真所謂魑魅一班人也。每人捐分貲一番金，每月捐錢二陌，推孫子九爲社長，以沈寄帆爲監社。每年秋冬兩大會，社長拈詩文題分課，每月課詩文題，歸值月社友輪課。（此處塗抹）眉批：此處雖直敘社中規約，未悟其失，而亦有少年好名之語，蓋平素謹慎，不鶩聲氣，本與周蛓兄弟臭味不同，二蛓不足責，孫子九稍知自愛，見人必以品節相勖，抑何其飲人狂藥，責人正禮耶。是年秋，會周息鷗值年，遂於九月會於蘭亭天章寺，即以蘭亭秋禊爲題。歲星正值癸丑，距逸少之會，計千五百年，亦一奇也。

是時江蘇上海民劉麗川勾連海盜，據城反戕知縣袁祖德，即隨園孫也。蘇松泰道吴健彰，粤人，爲花旗夷婿，逃入夷舶。未幾，赴大軍逮問。適青浦民變，陷嘉定，進逼松江，杭紹人大震。江蘇巡撫許乃釗調諸路兵進討，收復嘉定，平青浦賊，圖上海，不克。直隸總督訥爾經額以失陷封疆逮問。惠親王以奉命大將軍總制諸軍。

咸豐四年（一八五四）

四年甲寅，余二十六歲。春正月十一日，家慈五十壽辰。以世亂，遵慈命，不受賀。徽州民變，衢州、嚴州大震，紹郡戒嚴。是月賊陷英山、潁上等縣，進陷六安州，知州宋培之山東人，進士。降，遂克正陽關。蓋賊之北援静海者也。眉批：聞去年十一月，賊僞翼王石達開復攻安慶，在籍侍郎吕賢基死舒城。前按察使張熙宇以兵五百守小孤山，亦奔潰，城遂陷。時皖撫江忠源駐六合，聞警亟詣廬州。廬州守胡元煒（湖南人）已通賊。十二月，賊至，忠源出城禦賊，城中閉門豎降旗，忠源遂歿於陣。事聞，詔誅張熙宇，而議吕、江兩臣謚。前布政使李本仁亦死於廬州。

二月二十日，余養疴柯山緑蘿僧院。時南湖山桃李盛開，白雲初晴，時鳥學哢，嘉樹拭沐，芳草薦新。立石橋流水間，花光夕陽，紛繡襟袂，竊以爲神仙不過也。是月，静海賊南竄，據阜城。僧王追圍之。賊之北援者由豐縣渡河入山東，陷金鄉、巨野、鄆城、陽穀、莘縣、冠縣。

三月十四日癸丑　天晴，微有風。早餐後訪周息鷗、陳閑谷，俱晤。偕詩舫、勉齋兩弟詣柯山，日旰抵岸，復買舟至潘彭湖，旋回蘿庵寓齋。夜至沈宅宿。

十五日甲寅　晴。上午詩舫、勉齋兩弟出遊諸山，余以腰脚疲頓，不克偕，因留沈宅與姑母閑話。下午偕單葉封、沈瘦生兩姻兄暨詩舫、勉齋至蘿庵，收理書史。單、沈二君并代爲束裝。日夕下山，時桃花凈盡，緑葉成陰，徘徊渡口，爲悵惘者久之，因賦《買陂塘》一闋，以寄意云：『便年年、仙源依舊，天涯老盡崔護。亂紅一晌風前嫁，憔悴花枝無主。難遣處。那樹上流鶯，分付他何去。癡情漫訴。但嫩緑陰中，雨絲繚繞，流水學人語。還記得，香雪盈盈載路。緋霞天外齊吐。傷春只有花同我，悵説斜陽遲暮。嗟我誤，悔不勸啼鵑、再四留春住。知花怨否？讀府。想魂化楊烟，和愁和恨，泥我畫船渡。』眉批：此首已改换數語，録入《松下集》。夜仍宿沈宅。

十六日乙卯　晴，微有風。偕詩舫回家。

十七日丙辰　陰，下午雨。午飯後束裝，至周叔雲、季貺寓園。遲陶琴子同赴杭，不至。夜與叔雲、季貺談甚暢。

十八日丁巳　雨。在叔子處，閲其兄文之、素生兩明府詩，俱大有進處。叔子接孫子九信，知社會定於廿七日洲山吴園。叔子兄弟以與徐葆意不合，欲不赴會。余勸之，不從。沈寄凡以小照索叔子兄弟題，叔子强余同作，俱不就。夜同季貺放舟至蕭山，叔雲附舟，訪丁藍叔。即韵琴。

十九日戊午　陰。辰刻抵藍叔家。叔芸爲余書扇，并爲勉齋弟書扇。丁韵琴姬人佩芬題海棠團扇云：『嫩陰庭院作輕寒，倩影臨風露未乾。正是謝娘春睡起，水紅簾外倚闌干。』三鼓後與叔子、季貺下船寢，季貺熟睡，余與叔子談至四鼓，甚快。

二十日己未　晴。辰刻偕季蛓渡錢塘江。豪襟共開，奇眺始出，沙走千里，日豁四圍，檣影疊鱗，屯樹若暝，人聲沸驛，挾樓欲飛。山水割光，涵吴越之全勢；神怪炫霽，浮魚龍之濕腥。潮氣白騰，壓以雙劍；天影青合，受之一帆。（此處塗抹）午後進省城，抵林蘧卿通判家。季貺謁彭廉使玉雯，知江寧大營初八日兵變，直撲中軍，大帥傷，上海兵亦潰，巡撫許乃釗奉上諭，有恨不手刃汝之語。晚偕季貺訪蔣藹卿秀才坦巢園，適蔣他出，與季貺游歷園中。亭榭半欹，丘壑皆古。流水寒語，碧桃過華。暝烟畫人，晚風在樹。徙倚對語，衣袂作凉。忽聞鵑聲，愁緒如結。因倚《聲聲慢》闋，以寫意云：『墻垂薜荔，砌上莓苔，深痕半涴闌干。杏白梨紅，次第做盡春寒。一泓小池如畫，問清輝，何似年前。斜陽地，恁閑愁似草，一樣纏綿。　我本傷春狂客，奈笛隨燕到，花讓鶯先。蔣徑遲尋，江東輕老樊川。啼鵑不須苦促，早紅樓、遮住屏山。傷恨意，願東風，吹向故園。』眉批：此首已録入《松下集》，多有改易。　上燈後，藹卿歸園，留夜飯，二鼓回林寓。

二十一日庚申　陰，午刻雨。上午爲季貺閲《瑞瓜堂集》詩。

閲仁和譚獻秀才詩集，摘數則於左：《渡江》云：『大江浮白日，客子去何之。萬古滔滔意，愁心共此時。長天亂春色，無處寄相思。帆拂西陵樹，兵戈淚暗滋。』《遣興》云：『深竹有人語，野花隨徑香。』《雜感》云：『臨危思猛士，横議起書生。』又：『空談知誤國，未敢請長纓。』《題劉太守祠》云：『一錢留宦橐，十里寄高名。』《贈周葆昌》云：『秦宫懸明鏡，光奪月與星。願身僅作鏡，照子婉孌形。龍門思素琴，宫商五絃起。願子作琴絃，哀聲繞余指。寶鏡有昏日，朱絃有斷時。寸心泰山重，力士不能移。』《山行》云：『夕陽繡層巒，餘輝亂林木。』《夜行》云：『流螢點疏竹，欲墮忽復起。』《贈錢塘王汝霖》云：『四海干戈日，蓬蒿尚有人。壯心托文字，知己慰風塵。』《懷友》云：『前輩愛才當世少，窮途仗友古來難。』譚，武林廩生，年二十餘，頗喜《選》學，作詩盈千首，素負才名，而狂不可一世。季貺與之交，因以其集屬點定，其中非無傑句，惜少完善之作，乃録其最佳者存之。

下午遲蔣平伯同遊西湖，以雨阻，不果。夜與季貺各賦《金縷曲》一首以紀事云：『笛裏尋春起。恁匆匆，江東客到，落花天氣。水樣年華塵裏過，汗漫湖山能幾？况舊事，閑鷗猶記。憔悴當年狂杜牧，問六橋、楊柳撩人未？攀折處，可儂憶？朝來幾遍闌干倚。惱無端，烟孱雨困，和愁重寄。芳草西南湖寺路，争拌青絲歸騎。更説甚，春歸容易。萍邸無聊尋燕子，訴東風不解儂來意。還詐道，明朝霽。』眉批：此首已録入《松下集》。

二十二日辛酉　上午陰，下午雨，晚晴。午後偕蘧卿、季貺步出錢唐門，至湖上段橋小憩。碧天嫩晴，清晝初永。積水如語，薄雲石峰。寺呈林隙，塔表烟際。四山圍暝，松篁答潮；六橋返照，柳蔭鋪水。徘徊久之。復縱步堤上，凉緑畫人，軟紅嚙履。隨至平湖秋月側軒茗飲。水吐魚沫，衣生霧淞。仰面視之，雨下如注。廼急步至聖因寺雇舟。沿湖闃寂，僅留小舫兩三，皆以天晚不肯去，遂冒雨促行。湖氣貫白，山光劃青。村裏濕烟，港起飛瀑。菰蒲萬葉，齊鳴樹間；樓閣千層，半出雲表。風前酒幔，若生遠波；柳外寺鐘，低接暮色。余笑謂季貺曰：『此所謂晴湖不如雨湖也。』季貺笑曰：『君衣履盡濕，尚賞此岑寂耶？』方笑樂間，忽覺履滑欲躓。因望湖中，茶檣織霧，瓜艇生烟。林溆納帆，千百如鶩；酒人持繖，三兩若鷗。頗忻羡之。俄頃雨霽，入城至臬署傍忠孝園茶肆小坐，因訪銀瓶井故址，吊以一詩云：『巢覆無完卵，家亡國倖存。祇今千尺井，遺恨比厓門。』眉批：《銀瓶井》。

二十三日壬戌　晴。上午偕季子步出錢唐門，買舟至涌金門，就醫李試鷗秀才祝蕃。秀才診余脉，謂體雖虧而六脉皆和，宜交心腎、補氣血，擬黑歸脾湯一方，授余服之。旋辭試鷗，復與季貺出涌金門，買舟至聖因寺茗飲。旋步至孤山，遊歷放鶴亭、巢居閣諸勝。因作一律，吊林處士云：『高人去千載，遺址我重經。不見梅如雪，苔花滿地青。湖山失真隱，歲月有荒亭。慨念昇平世，東封願勒銘。』眉批：《孤山吊林處士》。俄頃下山至平湖秋月，遇陶琴子，復同至聖因寺。時值初晴，遊人頗盛，駘心蕩目，不覺日暮，乃別琴子，與季貺步歸。

二十四日癸亥　晴。午飯後偕季貺、琴子出錢唐門，至詁經經舍看牡丹。又登望湖樓，旋至聖因寺、行宮諸處，直抵六一泉，尋歐公遺址。寺旁有遂寧張文敏公雕翩像。旋買舟，回至涌金門，由學院署、藩司署前經過，抵琴子客寓。余以明日回紹，因留宿琴子處，季貺獨歸。余贈以七古一首：『年來十度遊聖湖，聖湖秀甲東南區。雲山四週水環合，青玻瓈浸千芙蕖。江東周郎有奇氣，窮餓出門作遊戲。突兀相看兩布衣，放眼茫茫極天際。桃花李花吹滿天，逋仙一去千餘年。西湖處士世何有，醉舞不放春風顛。一朝奇境落吾手，等是湖山重回首。長堤幾見停翠華，半是先朝舊栽柳。柳絮溟濛江之濱，長安極望無好春。羽書絡繹報烽火，帶甲一片黃河塵。百戰艱難得遊覽，淚眼對花不能泫。鼙鼓中含蕭管聲，樓臺猶作迎鑾樣。嗚呼！我聞湖水可灌錢唐城，守土碌碌誰繫情。強忍窮愁事登眺，措大憂國遑憂生。雖然故鄉岩壑亦無恙，鑑湖之水可以釀。病中擬築千糟丘，年年爛醉滄江上。看君縛絝兩當衫，意氣結客風塵間。往來苕霅有君子，爲賦淮南招隱篇。』眉批：《武林別季貺歸即送其遊吴興》。時季貺將詣湖州，且有仕宦意，故及之。

二十五日甲子　晴，下午大風，微有雨。辰刻從琴子處喚肩輿渡江。是日季貺本約琴子與余同訪孫娘。余以無力買花，不忍平視，力辭之。孫娘者，武林人，幼弄觚翰，早工黹針。珠輝映中，潔蘭茝之好；藻韵流外，佩珩璜之華。（此處塗抹）比鬻身於董承，願助箎於薳氏。順親有道，典盡釵裙；

悦己者容，敢忘膏沐。春風識面，蘭爲孝子之花；弱絮隨人，柳是女兒之樹。（此處塗抹）丁藍叔以余有買妾意，勸以三百鍰納之。嗚呼！金錢無樹，誰憐沈約之多愁；博山有香，竊效玉溪之婉謝。因即江船中賦《浪淘沙》詞以寄意云：『釃酒問東風。何事匆匆。人天容易水西東。輕把蓬山拚一擲，頃刻千重。　莫唱負情儂。芳訊難通。傷春人在暮春中。不解留春偏惜别，春肯從容。』上午抵西興，乘肩輿至丁韵琴處，因韵琴將赴吾鄉社會，遂留與同行。午飯後，陳荃譜來，遂同訪陳仲芳孝廉羲，茗談久之。晚與韵琴進城，遍遊江寺、祇園寺、凌氏藕園諸勝。夜歸，爲佩芬女史代題花卉手卷三絶句。卷内牡丹、海棠、望春花三種，皆著意渲染，仿惲南田院本，係女史匝月所成者。韵琴强余立題，因口占應之。僅記其一云：『好花相倚更便娟，一樹垂絲映日妍。不寫玉環嬌貴態，千秋遺恨李青蓮。』（此處塗抹）

二十六日乙丑　晴。上午與丁韵琴通譜。韵琴長予二歲。午飯後偕韵琴買舟至山陰賞村。夜抵岸，晤叔子，因出其近日《和東坡課姪》二律，《題園中景物》十五絶句見示。復閲令兄文之明府駢體文。抵掌快談，不覺天曙，方共疑月出也。（此處塗抹）

二十七日丙寅　晴。早與叔子、韵琴試彈丸，甚樂。二君又爲余合畫扇面。早飧後偕（此處塗抹）買舟赴社會，韵琴亦同舟，頗有倦色。余與叔子縱談至洲山，抵吴園。子九、雪鷗、寄凡已先到。俄頃，漁蕢亦至。遂遍遊園中。碧鸛翠禽，藥欄花架，景物頗饒，而布置殊俗。憶余十年前曾兩至其地，迄今如不相識矣。午宴後，社長孫子九出題，文題爲『擬明故相膠州高公祠堂碑記』，詩題爲『姚宫保啓聖象鼓歌』，寫單分課。諸子從主人乞花，園中牡丹、黄紫、薔薇諸花采摘一空。旋同下舟送韵琴回蕭山，余附叔子舟至柯山。一路山色蒼鬱，林樹濃霽，夕陽中晃晃作金碧色。余與叔子顧而樂之，謂此地可偕隱焉。旋別叔子上岸，抵沈宅宿。

邸鈔：正月初三日，賊陷太平府，據之。

二十八日丁卯　晴。余在沈宅。午飯後偕瘦生買舟至曇釀村觀演劇，即歸。晚間寂坐，忽有所感，懊惱傷懷，殊不可解。僕本恨人，方惜春去，遘此恨事，愈益無俚，因即近日來未成小詞，或爲改易，或爲續完，更乘興來率製新闋，静中默數，得十二首，眉批：諸作皆太落南宋以後風調，删存八首，其中字句亦有尚須商酌者。録附於此：『年來領略東風意。賺人嚐盡愁滋味。吹得客愁濃。東風又別儂。　眉痕春未洩，無處傳消息。莫爲落花顰。花還憐惜人。』《菩薩蠻》。『爐烟裊盡纏綿字。鎮日書難至。斜陽莫去倚層樓。知道小屏山外幾重愁。　湘簾那有巫雲影。有亦無從認。簫聲吹出晚凉天。無奈一鉤新月又簾前。』《虞美人》。『鞦韆静日欹芳樹。春好誰珍護？鶯寒鸚鵡却憐花。報道杏花多處要簾遮。　彈棋鬥草人都倦。親把茶團碾。翠鐺煎倚碧窗紗。又看茶烟漾作幾重花。』前調。『記曾相見。簾裏驚鴻留一盼。待得重逢。腰瘦眉濃兩病中。　懨懨春悶。帶一分愁偏有韵。恁地聰明。假作無情更有情。』《减字木蘭花》。『春歸有信。曾遣鶯兒來問訊。莫怨東風。鶯語週遮自惱儂。　欲傳心事。怎不教他雙燕子。無奈匆匆。人在長愁短夢中。』前調。『柳眼朦朧醒曉烟。亂頭模樣不禁憐。燕來商略垂簾地，鶯未惺忪上笛天。　思往事，畫欄前。玉爐寒閣水沉烟。小梅殘燭紅窗雨，中酒心情又一年。』《鷓鴣天》。『望春歸。送春歸。底事鵑聲故故催。春歸聲亦悲。　烟霏霏。雨霏霏。誰捲湘簾楊柳西。簾前絮又飛。』《長相思》。『陌頭長憶蹋青期，湘裙春草齊。鈿車停處夕陽低。鷓鴣金縷衣。　瑶笛趁，翠甖攜。風光歸路迷。門前楊柳緑成蹊。誰家郎馬蹄。』《阮郎歸》。

邸鈔：正月十五日，賊再入楚，攻黄州，兩湖總督吴文鎔迎剿，敗死。臬司唐樹義沉於江。

二十九日戊辰　晴。早飯後偕瘦生買舟歸家。瘦生即欲返柯山，余固留之。下午偕瘦生暨琴舫、勉齋兩弟詣花園館茗飲。晤家哲庵秀才，細問余捐納事。（此處塗抹）阿堵無靈，將伯莫助。家慈復以世亂故，再四阻留。及抵省後，見時事日非，道途四阻，（此處塗抹）且名心未死，不忍棄諸生，由是中輟。嗚呼！爲貧而仕，冀作南陔之蘭羞；出門不歸，轉勞北堂之萱樹。幾年林下，屢見歸人；從此長安，少添飢朔。塵軀三斗，還予初衣；囊有百錢，再供負米。自問殊可發一笑也。然族人聞予歸，過問者不一。呵呵，鬼方笑於路，賀者已在門矣。燈下偶得四句：『終身事業惟耕稼，滿眼河山獨倚欄。處境奇窮如我少，論才輓近讓人難。』惜未續成。

四月初一日己巳　晴。沈瘦生留余家。

下午偶擷徐鐵孫太守《懷古田舍詩集》，摘數則於此：『山含舊雪迎人出，風引新雲著樹遲。』『苔依古幹已成葉，藤勉折枝猶放花。』『自有溪聲來入枕，衹須山色與排衡。』『寒不求官衣，飢不求友哺。各自謀其生，而謂官父母。』山谷《枸杞》詩、《送鄭彦能》詩母皆入虞韵。『二分雲起倏移山。』『湖受兩溪夾。』『天作陰晴娛隴麥，雲來子午應江潮。』『地偏亂石據，門險衆流奪。青山如癡聾，終古遭恫喝。』《樟樹灘》。『排篙指亂石，一一與水戰。一船犯而奔，百舵莫敢先。遥從壁上觀，驚唾不敢噍。』《裕溪灘》。『欲合未合間，有山當其衝。相見不玉帛，遂乃尋兵戎。是時正雷雨，濤頭助洶洶。我船天上來，凛若觀軍容。一笑解其紛，送汝東朝宗。』《楊山度灘》。『回頭怕看來時路，拂袖猶飛未了雲。』《洋塢里至梭溪》。『官與老猿争屋住，雲隨候吏上堂來。』『雲不離城爲雨易，山將赴海作峰勤。』《萬象山》。『水横常争路，雲疏不滿林。』『松竹厭鸛呼，尋詩別問途。緑楊通一徑，紅藕帶雙湖。風遠鷗波净，雲深鶴夢孤。野帘拼小醉，却訝酒錢無。』《由聖因寺昭慶寺入城》。『狂奴猶故態，薄宦衹風塵。』《寄友》。『道有干城寄，天生禦侮人。片言取卿相，一矢悟君親。墓木青留柏，池花潔有蘋。玉峰山下路，千古見精神。』《錢司寇唐墓》。『北風吹浪作軍聲。』『亂雲濃似三春水。』『春到寒江無著處。』『柏山飛翠入城來。』『書法千秋難諱篡，功名十族盡成仁。』《方正學墓》。『江上有奇遇，人間無此青。』《渡江得青石》。『汝解憐吾病，天難貸客閑。兩年叨禄入，多事屬時艱。』《遣淮兒還廣州五律》上半首。『一角樓飛面海城。』『涼雨孤舟入楚天。』

夜飯後侍家慈赴蕭山，與詩舫弟同舟。過紅橋聞笛，口占一絶云：『畫帆遥逐水迢迢，兩岸春痕尚未消。又是霞川風月夜，笛聲吹出小紅橋。』二更至柯橋，就寢。

初二日庚午　晴。早起推篷，已抵蕭山西菱洲。重霧不曉，淺河欲潮。烟柳兩行，牽纜皆白；遠山萬疊，黏天失青。因占五言一絶：『行程入霧天，不辨西興樹。濛濛烟柳邊，人影淡于鷺。』俄頃，進東門，出北門，抵東嶽廟泊舟。早餐。上午回棹進城，重遊祇園寺。旋辭寺僧，放舟出城。泊東門外午飯。擬訪藍叔、荃譜，不果。擬遊湘湖，又以取道不便而止。乃解維，溯下江至山陰。一路倚船脣濯足，高咏左太冲詩。亂山凸青，曲水拗緑。橋鎖仄港，時浮落花；塔逐去舟，若接高樹。麥翠淺而弄日，藤紅欹而受月。水勒岸迴，以作峰勢；帆隨林轉，忽見村影。老柳支屋，漁舟在門。鳴機韵花，春杵隔竹。竊謂桃源、輞川，不過爾爾。乃生長越中廿餘年，今日携舟讀畫，始悟山陰道上應接不暇光景，未免令王家流寓客千載笑人矣。俄而夕陽揖客，凉波罨人，已過下瀝橋、中村諸處，抵江塘泊舟，即上越王峥水埠也。拭足披襟，登岸流睞。溪狹環墅，岩凹納雲。晚磬忽流，疏柳將夢。花氣千丈，釀爲暝烟；樓陰百尋，表以孤樹。徘徊久之，已迫曛黑，遂下舟夜飯。因憶途中景，成《虞美人》詞一首云：『扁舟行盡山陰道，曲曲青山抱。幾重云樹幾村莊，但見汀洲無數入斜陽。　　松杉遮斷來時路，舟載濃陰渡。湖山晴緑滿年年，知否落花芳草怨江南。』是夜頗有戒心。

初三日辛未　早大霧，地濕如雨，上午晴，下午陰，大風。早膳後偕詩舫上越王峥。平地行三里許，梅林夾道，緑陰如畫。上山行約五里，山色蒼鬱，溪磴環抱。兩岸高松古柏，中通石路一綫，盤陁直上。野花紅紫，綴滿高下。攀蘿緩行，殊愜幽賞。以氣喘足軟，與詩舫採松花半斗，遂促步下山，登舟午飯。山人謂此地山絶奇秀，惜今日大霧，不能豁雙眼一攬遠近諸勝，他日當偕諸同人裹飯作竟日遊也。下午解纜回里，路經湖塘，愛其山水之佳，有卜居意，因倚聲《行香子》以見意云：『十里平山，十里平川。更平林、萬緑濃天。酒家花裹，書舍橋邊。擬買鷗沙，買云樹，買漁船。　我本蕭閑，偏嗜林泉。羡村居、真樂陶然。今朝蓑笠，暫作神仙。正看斜陽，看飛瀑，看炊烟。』旋至柯山，詣蘿庵，視寓齋書史無恙，即下舟急行，至夜抵家。

初四日壬申　雨。下午沈瘦生來。作札與息鷗。

初五日癸酉　雨。沈瘦生在余家。下午觀巷陳伯母來。

初六日甲戌　晴。是日青油湖競渡。上午接息鷗信，即作回札交去。陳薌鄰師來，留午飯。午後魯蓉生、陳閑谷同來，蓉生有事相商，因留過夜。夜與蓉生、閑谷至霞川梅樹牌坊看戲，夜半歸。

初七日乙亥　晴。早膳後偕蓉生、閑谷買舟訪孫子九處，子九留午飯。適徐葆意以陶宅祭文囑子九撰，子九、葆意遂同以此事囑余捉刀，余固辭不獲。晚獨買舟歸。

初八日丙子　晴。訪平水。作陶宅祭文。爲芸舫弟改制藝二篇，題『而難説也説之』『爲其可以言也今既數月矣』。

初九日丁丑　晴。作書與子九。

初十日戊寅　晴。早膳後周雪鷗來，訂十二日小雲栖僧寺之會，即去。上午詣族中拜六世祖妣樊安人忌辰，散胙後歸家。下午樊秀山秀才秉杰來訪，極道欽慕之意，謂自壬子榜發後，見余落卷傾倒，即欲一見，今積懷三年，造訪兩次，始得相見，一慰宿願，不勝欣忭。余自笑生平事之塗飾，至帖括一道，尤不關心，不意竟有此知己也。客去後，詣藥皇廟看戲，夜歸。聞三月十六日，賊陷山東臨清州，屠之。知州張積功全家殉。巡撫張亮基革職録用。時勝帥及諸路官兵俱救臨清，相持十餘日，卒破。

十一日己卯　晴，午後微有雨，即霽。上午詣家哲庵處，賀乃弟之婚。下午藥皇廟看戲。

十二日庚辰　曉陰，辰刻微有雨，巳刻晴，午後有風。早餐後陳韵珊孝廉源來訪，息鷗、寄凡亦偕來。遂同附息鷗舟至小雲栖，赴寄雲和尚之招。是日同會者，孫子九、周叔雲、季貺、林蘧卿、徐葆意、何叔航孝廉肇楨、余曉雲明府承普。逮午，寺僧設伊蒲饌，與子九、叔子、季子、雪甌縱飲快談。下午沈寄凡刻寺園新竹紀今日之遊。余口占一絶云：『幽尋憩修竹，一徑已斜暉。但覺好風至，不知雲滿衣。日長禪味淡，世亂酒徒稀。擬續東林社，相招入翠微。』眉批：寄雲上人澈凡招同孫子九、周雪甌孝廉（光祖）、周叔雲、季貺兄弟、徐葆意明經（虔復）、何叔航別駕（肇楨）、余曉芸學博（承普）、陳韵珊孝廉（壽祺）、沈寄帆上舍（昉）集興教禪院精舍，即事有作，同雪甌、季貺七古一章，在此後第十九葉，六月十四日作；飯後遊寺後竹院口占，即下五律。因即屬寄凡擇佳幹刻之。諸君頗稱其敏。子九亦作一絶，并鐫焉。時夕陽在山，返映叢竹，緑陰晚開，十畝如畫。諸君或衣紫，或衣緑，倚石藉草。好風徐起，稚枝嫩篠，娟娟拂人。此景殊不多覯也。薄晚，仍與雪甌、韵珊同舟歸。夜大風拔樹，屋震動樓，居者皆惶怖起。俄大雨雷電。附子九絶句：『老屋四圍竹，清暉挹翠微。涼風倏然至，吹上酒人衣。』是日季貺始自武林歸。爲予道孫娘有將屬沙叱利之恨，因即燈下再寄《浪淘沙》詞，并用前韵：『頃刻恨重重，悶倚東風，傷春天氣酒初中。燕子不如人意懶，一半惺忪。

飛絮太匆匆，做盡迷濛。天涯極目畫樓東。芳訊乍傳人已醉，何况相逢。』

（整段塗抹）眉批：此段記結益社事。其時周蜮病狂喪心，與杭之輕薄士若蔣坦某者游，遂顧合江浙噉名惡客百餘人，結大社於西湖，先刻條約及姓氏，遍達三吴。來請余爲監社。予頗惡其事，屢謝不得。此處尚有『自愧謏聞動衆，且性落莫，不妄交游，恐蹈標榜門户之習，遜詞謝之』等語，字跡隱隱可辨也。自歎見機非不早，而姑息養奸，不能决絶，遂爲鬼蜮所陷，可痛也夫！

十三日辛巳　晴，有風，夜，雷雨，又大風。

十四日壬午　晴。上午家慈詣柯山。季貺來，以益社規約見商。午飯後附舟詣周雪甌。又拉雪甌至子九家夜飯。（此處塗抹）二鼓附季子舟歸家。月色甚好。夜半又大風雨，有雷。

十五日癸未　上午雨，下午霽。上午家慈歸家，并邀觀巷陳伯母、柯山沈瘦生暨七弟新婦同來。下午偕瘦生至藥皇廟看戲。聞賊由黄州復陷漢口、漢陽，分陷黄陂、孝感、通城、沔陽。三月初十日，陷安陸府，繼陷德安府，連陷京山、雲夢、隨州、應山、棗陽、當陽、荆門矣。

十六日甲申　雨，午稍開朗，即雨。上午瘦生回去。下午陳伯母回去。作札與季貺。

十七日乙酉　雨，午略晴，下午又雨。接孫子九札。

十八日丙戌　陰，下午微有風。午刻叔子、季貺偕林蘧卿來。魯蓉生亦來，遂同午飯。季子以益社請帖見交，并以請平子帖相屬。旋與叔子下舟，先至雪甌處相待。余附蓉生舟至雪甌處，遂與季貺步至子九家。子九他出，季貺自歸。余詣閑谷家宿。

十九日丁亥　晴。在陳宅早飯，後偕閑谷詣蓉生，復同詣子九。余因偕子九至會稽學署，請程老師世兄子實秀才廿二日相地，爲柯山沈宅代請也，不值。下午别閑谷，至雪甌家，談甚暢。夜雷雨。

二十日戊子　辰刻雨，午晴，有風。早接季貺札。憶前日叔子爲予言，庚戌公車北上時，遇淮上江太平船户陳石庵以詩一卷求閱，内多佳句，因爲跋而歸之。今僅記其一聯云：『流水聲中詩境遠，亂山陰裏酒旗低。』又有『夕陽紅過大江來』七字，亦佳。今不知何若矣。又有女子某者，忘其邑里姓字，與其外兄某，以才相愛慕。後父母他字之，女知不可諫，即自縊，臨死以詩寄某，有云：『命薄何難拚一死，情多轉恐誤三生。明歲棠梨花似雪，小墳一慟待君來。』某得詩，即和其生字韵云：『薄倖自知非我輩，報恩只好待來生。』亦一宿而絶。嗚呼！其事可戒，其情實可傷也，因并附記於此。

二十一日己丑　晴。上午爲芸舫弟改制藝題『匹婦蚕之』至『匹夫耕之』。下午至藥皇廟看戲，晤子九、息鷗。晚歸。夜閲《祁忠惠公集》中《越郡園名記》，以壺觴村爲山陰山水最佳處，余以爲不及湖塘也。飯後，柯山沈表姑母暨瘦生來。聞賊陷湖南岳州府，據之。（此處塗抹）

二十二日庚寅　清晨陰，上午晴，中午晦，旋大風雨，下午陰，薄暮雨。辰刻子九偕程子實秀才炳暹來。子九即去。余請子實坐沈宅舟，至項里爲沈宅擇地。船上瘦生待早飯。巳刻，抵項里茅畹生司訓湘家。即同畹翁、沈雨岩上舍、瘦生陪子實看地。平地行二里餘，四山環繞，一溪盤迤，平野松樟數百株，緑葉濃蔚，與嵐光峰色相掩映。人行碧陰中，衣上成紫翠痕。渡溪橋，經竹籬一帶，尤鮮秀欲滴。將至卜葬地，則松柏交互，崗阜隆起。初拾級上，後漸無路，攀蘿葛穿樹隙行。余著高底履，躑躅欲躓。子實謂地不甚佳，因少延眺，即呼山人扶掖下山。遊項王祠，村中奉爲土地神矣。祠前有樟，大數百圍，其中空可藏人。又經清溪十八橋，溪淺且污。欲遊翠峰寺，不果。乃回至畹翁家午餐。俟雨過，落船。天色青晦，夾岸樹色尤蒼鬱。旋至壺觴，倚篷望遠近山景，與雲光相上下，竊謂此處村莊頗秀，惟太散漫，僅可爲遊賞地。他年當築一二楹於此爲别業焉。俄經畫橋、杏買橋、衆香國、快閣、跨湖橋諸處，晉偏門至酒務橋，送子實换舟返署。余同瘦生回里。薄暮送姑母、瘦生返柯山。夜雨達曉。

二十三日辛卯　陰，微有雨，下午風。早餐後詣蕙蘭橋拜蓉生老太太七十壽誕。晤陳閑谷、孫馥生三兄，子九五兄。中午回家。下午至賞村晤叔子、季貺，因留過夜。季貺以近作詞四闋見示。茹君連來兩次，不值。

二十四日壬辰　晴，甚暖，下午地潮。早飧後偕叔子、季貺、筱泉買舟至家。陳薌鄰師亦來，因同款午飯。下午以肩輿送叔子至山陰縣署。薄暮叔子回余家夜飯。二更送叔子、季子、筱泉返賞村。

二十五日癸巳　雨。上午許梅仙孝廉俊魁偕息鷗來，中午去。作札與(此處塗抹)。

二十六日甲午　陰。上午携舟至賞村，晤叔子、季貺。接丁韵琴札并屏幅箑扇。夜自賞村歸，已二鼓矣。

二十七日乙未　陰。上午息鷗來，即去。叔子來，旋即進城。中午來午飯，薄暮去。

二十八日丙申　晴，甚暖。早接息鷗信，即作答。上午同倪允嘉母舅進城至花園館茗飲，復至信和酒樓喫炒麵，藥皇廟看戲。晚歸。夜雨達旦。

二十九日丁酉　雨，午後霽。

日間閱陸子淵先生深《儼山外集》，摘數則於此：

周《詩》：『有周不顯，帝命不時。』毛氏訓曰：『不顯，顯也。不時，時也。』《集傳》亦因之。不字當是丕字。《清廟》之『不顯不承』，即《書》之丕顯丕承。

孟子所論明堂在泰山，天子巡狩之地。古明堂神農作之，名曰天府。黄帝曰合宫，虞曰總章，商曰陽館，周始曰明堂。明堂者，明諸侯之尊卑也。

『子所雅言，《詩》、《書》、執禮。』執字當是埶即藝字。之誤。隸書埶、執字相類。埶，槷也，是即春秋教以《禮》《樂》，冬夏教以《詩》《書》，與四教亦是四事。

『爲長者折枝』，枝、肢古通。肢，四支也。腰亦曰肢，折枝猶折腰也。古詩云折腰載拜跪，陶淵明以五斗米折腰，蓋即爲長者揖拜耳。

三代公族，有親未絶而列于庶人者。

世言三尺法者，蓋用三尺竹簡書律法。詔書謂之尺一，亦以一尺版書詔。囊封加璽，又謂之璽書。

楊德祖與曹孟德讀《曹娥碑》。娥，上虞人。今曹娥江在寧、紹兩界中，孫權據越，當時孟德何緣得至江滸耶？

《水經》有三疑。桑欽能著書成一家言，《後漢·文苑》何不爲立傳？欽之名姓，又别無考見，一疑也。《水經》所具，至到源委，遍及夷夏，非一人一生所可窮極，一疑也。所稱酈道元注，道元後魏時人，其書該洽浩博，後來引用者，但稱出《水經注》而已，不知經注復何所出，又一疑也。偶覽《通典》，亦載《水經》郭璞注三卷，酈道元注四十卷，皆不詳撰者名氏，亦不知何代之書。且云所作詭誕，全無憑據，擬于《吴越春秋》《越絶》之流，其論當可信與？

唐補闕薛謙光上疏，謂戎夏不雜，自古所戒，夷狄無信，易動難安，故斥居塞外，不遷中國。至謂冒頓彊盛不能入中國者，非兵力不足也。其所以解平城之圍而縱高帝者，爲不習中國之風，不安中國之美，生長磧漠之北，以穹廬堅於城邑，以氈罽美於章紱，既安其所習而樂其所生，是以無窺中國之心者，爲心不在漢故也。豈有心不樂漢而欲深入漢者乎？劉元海五部離散之餘，而卒能自振於中國者，爲少居内地，明習漢法。非惟元海悦漢而漢亦悦之。一朝背叛，四方響應，遂鄙單于之號而竊帝王之寶，賤沙漠而不居，擁平陽而鼎峙者，爲居漢故也。向使元海不内徙，止當劫邊人繒彩麯蘖以歸陰山之北，安能使王彌、崔懿爲其用耶？言甚剴質。嘗觀遼、金、元與五季、二宋相終始，卒爲中華患者，亦坐燕雲之外棄耳。故曰前事之不忘，後代之龜鑑也。

今衢州即古之太末，其山與武夷山石理大類。予未能周履其地，觀其起伏脉絡，即一山所分也。曾子固記道山亭，亦謂粤之太末，吴之豫章，爲其通路。今廣信古之豫章，上饒諸山自武夷發，而龜峰尤類武夷，豈其左右臂耶？

《禹貢》八州皆有貢物，而冀州獨無之。冀即今之山西，土瘠天寒，生物鮮少，蓋自古爲然。

予嘗謂後世文章之快暢者，若阿房亂辭，陽冰篆贊，可謂千古如新，百過不厭者也。《贊》曰：『斯去千載，冰生唐時。冰今又去，後來者誰？後千年有人，吾誰能待之；後千年無人，篆正於斯。嗚呼郡人，爲吾寶之！』此劉中山禹錫之作。

地綢，吴璘作於天水、長道二縣之間，於平地鑿渠，每渠八尺，深丈餘，連綿不斷，如布綱然，以礙虜騎，亦能制勝。

蕭齊衡陽王鈞好學，嘗細書五經置巾箱中，謂之巾箱五經。宋博學弘詞科，許士子持書入試，故巾箱板行書甚多。巾箱蓋始於六朝。

是日地甚潮。夜雨達旦。

三十日戊戌　雨。早作札與叔子。接季貺札。拜本生祖司馬公諱辰。

偶翻《槎庵小乘》，劄記數則：

今人稱佳子弟爲鳳毛，以爲始於謝超宗，因超宗父名鳳，故稱曰鳳毛。不知王邵風姿似其父導，桓大司馬曰：『大奴固自有鳳毛。』其事已在超宗前。

《孟子》『膏粱之味』，趙注：『膏粱，細粱如膏者也。』朱注：『膏，肥肉；粱，美穀。』按膏粱對下文繡，當是二物，朱注較優。後魏孝文帝遷洛，差第士人閥閲姓氏，有八氏十姓三十六族九十二姓之制。凡三世有三公者曰膏粱，有令僕者曰華腴，尚書領護而上者爲甲姓，九卿若方伯者爲乙姓，散騎常侍大中大夫者爲丙姓，吏部正員郎爲丁姓。凡得入者謂之四姓。據此，則膏粱之稱，乃極尊貴者也。

《爾雅·釋親》篇妻黨有云：『女子謂晜弟之子爲姪。』郭注引《左傳》姪其從姑，故姪字從女。今男子稱兄弟之子曰姪，失之矣。夫兄弟之子當稱從子，謂從子而別也。

《尚書·康誥》曰：『若保赤子。』傳云：『孩貌。』然未詳赤字何義。愚按：尺字古通用赤。尺牘古作赤牘。《文獻通考》：『深赤者，十寸之赤也。』是知赤子者謂始生小兒僅長一尺也。古人多以尺數論長幼，如三尺之童，五尺之童，成人曰丈夫，是也。

女之幼者曰嬰，男之幼者曰兒，故嬰字從女。今人不分男女，凡始生者皆謂之嬰兒，欠分別矣。

古人酒以紅爲惡，白爲美。蓋酒紅則濁，白則清。故謂薄酒爲紅友，而玉醴、玉液、瓊飴、瓊漿等名，皆言白也。梁武帝詩云『金杯盛白酒』，正言白酒之美。今詩詞家不敢用白酒字，誤矣。

法律律令，今人多習用，究未詳律字何義。一説律呂萬法所出，故法令謂之律，亦欠精確。愚按：古人以竹爲器者皆名曰律，故黄帝截竹爲管，謂之十二律；又筆曰不律；又理髮篦亦曰律。然則法律律令，當是書其法於竹簡上，如孔子所云布在方策者耳。故古稱三尺法，謂律長三尺也。而《鹽鐵論》

則曰二尺四寸之律。蓋周尺短，秦漢尺長。周尺一尺，秦漢尺止八寸。三尺，三八二尺四寸，其度適相符矣。

宋玉《招魂》：『菎蔽象棋，有六簙兮。』所云象棋，乃是以象牙爲棋子，蓋即圍棋之戲，非後世之象棋也。後世象棋之制，不知所起。《事物紀原》引牛僧孺《玄怪録》所記，唐肅宗寶曆初，民人岑順於陝州吕氏故宅掘得古冢金象局，即今時之象棋。又引劉向《説苑》云：『雍門周謂孟嘗君曰，足下燕居鬬象棋，亦戰鬬之事乎？』故謂戰國時已有之，然究不知起自何時。《太平御覽》又謂象棋乃周武帝所造，有日月星辰之象。此復與今之象棋不同。

《漢書》韓安國謂田蚡曰：『君何不自喜？』自喜，猶云自愛也。師古注：『何不自謙遜爲可喜之事。』似欠直捷。景帝曰：『魏其沾沾自喜耳。』張晏曰：『沾沾，自整頓也。』正自喜意。師古曰：『沾沾，輕薄也。』亦非。

《説苑·善説》篇：『吴人入荆，召陳懷公。懷公召國人曰：「欲與荆者左，欲與吴者右。」』周絳侯入北軍，行令曰：『爲吕氏右袒，爲劉氏左袒。』正祖懷公之策。然古人尚右，懷公右吴而左荆，絳侯右吕而左劉，皆有低昂之意。且不明目張膽以發號令，而徒聽衆心之向背以爲去就。其心皆可誅也。

偃鼠飲河，不過滿腹，今人皆能道之，蓋出《莊子》也。然《埤雅》引古牋云：『偃鼠飲河，止於滿腹；鷦鴣銜葉，才能覆身。』下二句頗少引用。《埤雅》曰：『鷦鴣畏霜露，早晚稀出，有時夜飛，則以木葉覆其背。』

《藝苑卮言》曰：『學書諱丙日。』云蒼頡以丙日死也。

俗稱夫婦之少年諧婚者曰結髮，謂於髮初結起勝冠笄時即訂盟約也。此與李廣云臣自結髮與匈奴戰同義。

妾一名傍妻。《漢・元后傳》曰:『王禁好酒色,多取傍妻。』

處士亦稱處子,范蔚宗《後漢書・逸民傳》序曰:『處子耿介,羞與卿相等列。』

漢成帝時有兩王章:其一河平三年由太僕爲右將軍,陽朔三年遷光禄勳卒。其一陽朔元年以京兆尹忤王鳳下獄死。又有兩王莽:其一天水人,字稚叔,昭帝時以衛尉爲右將軍,蓋長主與燕王旦通謀造反,云獨患大將軍霍光與右將軍王莽,此一王莽也。平帝時篡漢者,又一王莽也。又有兩張禹:前漢成帝時爲丞相,封安昌侯,此一張禹也。後漢和帝時爲太傅,安帝時以定策功封安鄉侯,又一張禹也。

下午接叔子札。夜雨達旦。

五月初一日己亥　雨。下午接沈寄帆札并壽山石印章三枚,係余所托刻者。作札與叔子。

邸鈔:三月二十六日,勝帥、德貝子及將軍善禄、巡撫崇恩等收復臨清,追至清水鎮。賊火攻突圍,燒官兵營帳殆盡。

初二日庚子　陰。上午詣雪鷗,暢談,留飯,并以近作《王貞女詩》見示。詣陳薌鄰師,晤談。詣沈寄凡,不值,因書一紙留示,并還買書洋一元。詣孫子九,不值,晤令兄馥生。詣陳閑谷,不值。晚歸。是日,子九、寄凡來余家,俱不晤,去。叔子寄所畫扇四張來。爲芸舫改制藝題『風乎舞雩詠』。

初三日辛丑　晴。早間樓蓮舫秀才遣僧人奉書來,還越縵堂壬癸詩詞集及沈寄帆詞集、素庭秀才詩集,并惠贈七律五首、五律二首。《春日見懷》云:『風雨茂陵常卧病,關山庾信每哀時。牙慧久嗤明七子，頭銜仍署魯諸生。』（此處塗抹）《答余就醫虎林時付貽書通問》云：『春來眠食近何如？落月停雲想望虛。吴市聞攜遊客屐，越山重接故人書。沈腰舊爲吟詩瘦，潘鬢新因抱病疏。剩有憂時兩行淚，茫茫百感到村居。』以余去年曾作《村居雜感》十首也。題拙集云：『笑我成傖父，如君洵謫仙。詞高姜白石，才壓李青蓮。文社聯時彦，騷壇讓少年。焚香花下讀，綺語不須捐。』『憶昔逢君日，亭亭玉立身。問年纔舞象，出語已驚人。别後竟千里，相思隔兩塵。幾時重剪燭，風雨續前因。』余壬癸兩年詩詞曾屬叔雲（此處塗抹）點勘，凡稍涉風懷者，俱删去，故蓮舫有『綺語不須捐』之語。爲沈素庭詩集作跋。上午詣孫子九，晤談久之。復至寄凡處還詩詞集。寄凡爲余焚龍腦香、試鶴嶺茶。以有惡客至，不久留。眉批：惡客者，趙之謙也，今與周星譽往還甚密，將爲都下之患。安得一賢京兆一頓杖殺之。同詩舫雇舟歸家。接薌鄰師札。

初四日壬寅　晴。上午拜本生曾祖忌辰。（此處塗抹）聞雪甌家昨晚被竊，失去春衣十餘件，約計直十千。此固盗之拙者，而寒士捨去萬錢，亦爲大布施矣。余以嗾門拒索負人，（此處塗抹）不暇趨視，遣詩舫弟往問之。

初五日癸卯　晴。上午閲陸儼山外集《古奇器録》，因摘於此：

張説爲宰相，有人惠説一珠，紺色有光，名記事珠。

龜兹國進一枕，色如瑪瑙，枕之則十洲三島四海五湖盡見於夢。玄宗名爲遊仙枕，以賜楊國忠。

内庫有一酒杯，青色，而有紋如亂絲，其薄如葉，於杯足上有鏤金字，曰自暖杯。上令取酒注之，温温然有氣相吹如沸湯。

開元二年冬至，交趾國進犀一株，色黄如金，使者請以金盤置於殿中，暖氣襲人。上問其故，使者對曰：『此解寒犀也。』

内庫中有七寶硯爐一所，曲盡其巧，每至冬寒硯凍，置於爐上，硯冰自消，不勞置火。冬月玄宗常用之。

葉法善有一鐵鏡，鑒物如水。每有疾病，以鏡照之，盡見腑臟中所滯之物，後以藥療之，竟至痊瘥。

王元寶家有一皮扇子，製作甚質。每暑月燕客，即以此扇置於坐前，使新水灑之，則颯然風至。巡酒之間，客有寒色，遂命撤去。明皇曾命中使取視，愛而不受曰：『此龍皮扇子也。』

學士蘇頲有一錦文花石，鏤爲筆架，嘗置於硯席間。每天欲雨，此石架即津出如汗，逡巡而雨。頲常以此爲雨候，無差。

虢國夫人有夜明枕，設於堂中，光照一室，不假燈燭。

岐王有玉鞍一面，每至冬月則用之，雖天氣嚴寒，而此鞍在坐，如温火之氣。已上俱見《開元天寶遺事》。

東方朔得西域國玉枝以進武帝，帝賜近臣年高者云：『病則枝汗，死則枝折。』老聃得之，七百年不汗；偓佺得之，三千年不折。見《洞冥記》。

高祖初入咸陽宫，周行府庫，金玉珍寶，不可勝言。其尤驚異者，有青玉九枝燈，高七尺五寸，下作盤龍，以口銜燈。燃則鱗甲皆動，爛炳若列星。復鑄銅人十二枚，座皆高三尺，列於筵上，琴筑笙竽，各有所執。筵下有二銅管，上口高數尺，出筵後。其一管空，一管内有繩，大如指。一人吹出，一人紉繩，則琴筑笙竽等皆作，與真樂不殊。有琴長六尺，安十三弦二十六徽，用七寶飾之，銘曰璠璵之樂。有玉笛，長二尺三寸，六孔，吹之則見車馬山林，隱隱相次，吹息則不復見，銘曰昭華之管。

積草池中有珊瑚樹，高一丈二尺，一本三柯，上有四百六十二條，是南越王趙佗所獻，號爲烽火樹。至夜光景常然。

余尚書靖慶曆中知桂州，境窮僻處，有林木延袤數十里。每至月盈之夕，輒有笛聲發於林中，甚清越。土人云：『聞之已數十年，終不詳其何怪也。』公遣人尋之，見其聲自一大柏木中出，乃伐取以爲枕，笛聲如期而發，公甚寶惜。凡數年，公之季弟欲窮其怪，命工解視之，但見木之文理，正如人月下吹笛之像，雖善畫者不能及。重以膠合之，則不復有聲矣。

又《中和堂隨筆》摘録：

孫權有舸名馳馬，曹真有騎曰驚帆，正堪作對。

曹子建號繡虎，王仲宣泥下潛蛙，鄧艾伏鸞，陸雲隱鵠，皆喻其文也。

唐以雄、緊、望三等分别内郡縣，以上、中、下三等分别外郡縣。

余往來漕渠，未嘗不三致意焉。通塞者，天幸也。使北方無惰農，有此焉而不恃可也。國家詳於講漕，而略於講農，豈未之思乎？

五帝三皇之法，後世所存者無幾。秦始皇極不道，而其所爲，後世有不能改者三事：稱皇帝一也，郡縣二也，長城三也。

陛下用人如積薪，後來者乃居上耳。此汲黯語也。長孺在漢廷號不學，何其言之悲壯明快若是？萬世而下，讀者如新。

陸機赴洛，船裝甚盛，爲戴淵所掠。及在洛，乃云有屋三間，士衡住東頭，士龍住西頭，史書若此矛盾與！眉批：戴淵字若思，南渡歷官散騎常侍、驃騎將軍，爵秣陵侯，爲王敦所害。敦誅，贈右光禄大夫，謚曰簡。《晉書》以避唐高祖諱，稱其字。鄭樵《通志》亦不改，今皆稱戴若思矣。

正午，家慈設端陽宴。時索逋人畢去，門庭寂寂，日影正圓。艾旗蒲劍，插滿窗户間，四顧皆緑。更映以五色桃符，遂覺塵樞破屋，綺麗改觀。家人戴釵符、佩繭虎，喧笑圍坐，飲青蒲酒，食黄魚羹，解竹葉粽。（此處塗抹）飯後，家人以俗例煨芷朮於卧室，遍薰之。午枕一覺，腹内亦氤氳有藥香，勝服一帖雲母散矣。

初六日甲辰　晴。上午詣雪甌，復詣薌師。朝京廟看戲。聞勝克齋侍郎收復臨清州。

初七日乙巳　晴。閲陸儼山外集，又摘數條：

土圭之法，六尺爲步，步百爲畝。秦廢井田，漢興，始以二百四十步爲畝。唐開元二十五年，令田廣一步、長二百四十步爲畝，畝百爲頃，至今版圖皆準之。一云商鞅佐秦，以一夫力餘，地利不盡，於是改制二百四十步爲畝。

立步制畝，經土設井，使八家同之，自黄帝始，世儒多謂難行。予行東西南北皆萬里，自吴越外田多荒廢，水利不修故也。井田亦徒擾。昔在山西按察時，嘗與于布政使湛議，欲於京城外仿菜園之制，每三十畝鑿井一區，用以澆灌黍麥，庶幾歲穫可期，而亦不失井田之名，欲上其事于朝而不果。漢時龍首渠田，亦鑿井有深四十餘丈者，往往井下相通行水，蓋古法也。

自古取民之制計歲，故謂之歲辦。貢助徹皆什一。漢法最輕，史稱三十而税一。文帝十三年六月詔除民田租。且古者十一而税，以爲天下之中正。今漢人田或百一而税，可謂鮮矣，當時民力可想也。兩税三限作自楊炎始。《唐書・食貨志》兩税具載，並無三限條格。蔡介夫云：『夏税盡六月，秋税盡十一月。』如此止是兩限爾。想兩税俱限以三次徵輸，亦有緩徵之意。雖然，炎固萬世罪人也。

已上三條，皆關于國計民生之大者。憶昨與季貺論井田，謂此法爲聖賢政治首務，何不能經久若是。今日吴越間即湖濱峰末，一弓隙地，無不開墾種作，而丁口之數尚倍差于田，復何能一夫百畝，按數均給？季貺謂往時行山東燕趙間，有荒蕪數百里不見禾黍者，且西北萬山曼衍，皆可墾辟。試思顧寧人流寓所至，皆能耕鑿致富，非明驗耶？予因謂吾鄉之無閑田，皆以水利不修之故。使更有司牧如漢馬公臻築南塘浚鑑湖故事，將水有所歸，如邑中青沺湖、贏石湖、瓜渚湖、盎觴湖、白洋湖諸巨浸，皆可壅障增填，此均田所以必兼治水也。今閱陸公語，恍若先得我心矣。

午刻，作札與薌翁、雪甌、叔子、季貺各一。下午蓉生來，暢談達晚，始去。時蓉生方以訟事新自武林歸也。夜月暈，半夜有風，旋雨。

初八日丙午　雨。上午閱陸儼山集，又摘數則：

天下之務，日開而未已。如茶，古所無，今則不可闕。茶之用，始于漢。著《茶經》始于陸羽，榷茶始于張滂。《爾雅》：『檟，苦茶。』茶之名始見於此。《吴志》孫皓密賜韋曜茶茗以當酒，飲茶始見於此。

注：以早採者爲茶，以晚採者爲茗，又名荈云。

今世所用摺疊扇，亦名聚頭扇。吾鄉張東海先生以爲貢於東夷，永樂間始盛行於中國。予見南宋以來詩詞，詠聚〈頭〉扇者頗多。予收得楊叔子所寫絹扇面，摺痕尚存。東坡謂高麗白松扇，展之廣尺餘，合之止兩指許，正今摺扇，蓋自北宋已有之。倭人亦製爲泥金面烏竹骨充貢。出自東夷，果然。

北齊文宣天保七年築長城，東至於海，前後所築東西凡三千餘里，率十里一戍。其要害置州鎮凡二十五所，是役頗大。明年又於長城内築重城，自庫洛拔而東至於烏紇，凡四萬餘里，高洋備邊如是。

長子羊頭山秬黍可以纍律，河内葭莩灰可以布琯，非其地則無驗。今長子與河内地相連屬，豈天地之氣鍾於此耶？

唐制宰相不正名。初因隋制，以中書令、侍中、尚書令共議國政，此宰相職也。其後以太宗（常）〔嘗〕爲尚書令，臣下不敢居。由是僕射爲尚書省長官，與侍中、中書令皆號宰相。然不輕授，故常以他官居職，而假以他名。自太宗時杜淹以吏部尚書參議朝政，魏徵以秘書監參預朝政，其後或曰參議得失、參知政事之類，皆宰相職也。貞觀八年僕射李靖以疾辭位，詔疾小瘳，三兩日一至中書門下平章事，而平章事之名始於此。其後李勣以太子詹事同中書門下三品，謂同侍中、中書令也，而同三品之名始此。然二名不專用，而他官居職者假他名猶故。自高宗已後，宰相必加同中書門下三品，雖品高者亦然，惟三公、三師、中書令則否。其後改易官名，而張文瓘以東臺侍郎同東西臺三品，東西臺三品入銜自文瓘始。永淳元年以黄門侍郎郭舉、兵部侍郎岑長倩等同中書門下平章事，平章事入銜自倩、舉等始。自是以後，終唐之世，訖不改焉。

宋承唐制，以同平章（寺）〔事〕爲宰相之職，無常員，有二人則分日知印，以丞郎已上至三師爲之。其上相爲昭文殿大學士，監修國史。其次爲集賢殿大學士。或置三相，則昭文、集賢兩學士并監修國史并除焉。太祖乾德間，以趙普爲相，爲置參知政事以副之，謂參庶務以毗大政，其除授不宣制，不押班，不知印，不預奏事，不升政事堂。至道元年，詔與宰相體例並同親王，而樞密使留守節度使兼中書令侍中同平章事者，則謂之使相，不預政事，不書敕，惟宣敕除授者在敕尾存其銜而已。神宗新官制，於三省置侍中、中書尚書二令而不除人，以尚書令之貳左右僕射爲宰相，左僕射兼門下侍郎，以行侍中之職；右僕射兼中書侍郎，以行中書令之職。復别置中書門下侍郎、尚書左右丞，以代參知政事之職。徽宗政和間，左右僕射爲太宰、少宰，仍兼兩省侍郎。靖康間復爲左右僕射。高宗建炎間，改尚書左右僕射各同中書門下平章事，門下、中書二侍郎並改爲參知政事，廢尚書左右丞。乾道間，又改尚書左右僕射爲左右丞相云。按：唐、宋置相，沿革如此。元儒馬端臨謂宰相總百官，弼天子，既不當儕之他官，而其上不當復有貴官矣。唐自開元以來，郭元振、李光弼相繼以平章事爲節度使，謂之使相，而宰相之職儕於他官自此始。宋自元祐以後，文潞公、吕申公相繼以平章國家重事序宰相上，而宰相之上復有貴官自此始。然郭、李以勳臣名將爲之，宜也。自此例一開，於是田承嗣、李希烈之徒，俱以節鎮帶同平章，事非一人，極而至於王建、馬殷、錢鏐之輩蜂起盜地者，皆欲效之，蓋鄙他官而不爲，而必欲儕於宰相，以自附於郭、李，則唐中葉以後所謂平章者如此。文、吕以碩德老臣爲之，宜也。自此例一開，於是蔡京、王黼相繼以太師總知三省事，三日一朝，赴都堂治事。以至於韓侂胄、賈似道皆欲效之。蓋卑宰相而不屑爲，而必欲求加於相以自附於文、吕，則宋中葉以後所謂平章者如此。其感歎於世變者深矣。

下午雨住。買舟至雪甌處，并晤薌鄰師。薌師旋去，與雪鷗快談，至晚歸。

初九日丁未　陰，微有雨。上午接叔子信。拜本生曾祖忌辰。接雪鷗信。下午作札與子九。偕芸舫弟進城，即歸。

初十日戊申　雨，午後霽。早偕孫子九、徐寶意至賞村，拜叔子、季貺母夫人壽。夜談甚暢，寶意二更後回家。余與子九留住。夜達旦不寐，余頗倦。

十一日己酉　晴，昧爽，大風旋止。余偕子九歸家。上午熟睡。午後詣江橋看戲。晤丁韵琴。陳君實司馬强留余至家，旋辭歸。韵琴來余家，不值，去。連日郡中被劫家甚衆。

十二日庚戌　陰，午刻雨達夜。早飯後韵琴來，即去。樊畏齋秀才來，即去。至大寺看戲。

十三日辛亥　雨，午後陰。作札與叔子。午後詣雪鷗，并晤薌師，以余有事相商也。蓉生至余家，余已出門，因尋至雪鷗家相見，旋去。余至晚歸。家星橋大兄來。

十四日壬子　陰。上午樊畏齋來，不晤，去。星橋大兄來。接叔子書。下午畏齋又來，又不晤，去。雪鷗來，不值，去。詣山陰縣署看戲。晚詣寄帆，即歸。星橋兄宿予家。作札與胡小海典史。

十五日癸丑　雨。上午畏齋來，即去。作札與叔子，并餉以枇杷、文杏。作札與雪鷗。叔子惠油酥一合。是日族叔柏塍自台州回，爲余言三月間臨海杜瀆場民變事。杜瀆地濱海，多盜，向設鹽課大使一，兼理民事。署之前後皆盜巢。盜分八旗，每旗之渠領數百人。大使傅垣，廣東人，已以杭城防禦功保舉知縣，去年十二月抵任，年少喜立功，每單身往捕賊，屢有所獲。後偵得白旗賊首在村寺飲博，夜擒之。次日選土兵健役百餘人，親押解至郡。路逢賊黨數十人，持長槍，争戮垣。時防護兵已押盜先行矣，垣自恃勇力，即持刀與鬭。賊以火槍攻之，中彈丸，即死。役人皆環立視不救。賊即乘夜至鎮焚署，搜殺垣眷屬。族叔佐其幕，星夜逃而免。次日，賊豎五色大旗一，上書玄天上帝敕封掃北大將軍，聚衆至數千。台州郡守副將急發兵，至相距數十里，不敢進，并請撫軍益兵。迨撫軍調撥軍餉甫定，郡守已報解嚴，蓋賊黨以無食自散云。（此處塗抹）星橋兄宿余家。

十六日甲寅　晴，午後雨。上午樓蓮舫來，即偕進城，至酒樓吃鷄絲麵。晤莫星石孝廉、馬步青秀才。旋詣府署看戲。遇雨，蓮舫别去，予冒雨至賣珠橋僱舟，詣薌師處，少坐即歸。

十七日乙卯　雨。辰刻聞郡城決盜五人。令圬人理書室瓦。

十八日丙辰　雨。令圬人修竈。上午接季貺書，知安徽全省陷没。買舟至五雲門外看競渡。下午看戲。至晚，擬拔舟歸，被他舟横截不能出，因留看夜戲。雨甚厲，優人爲之停唱，與諸弟倚篷聽雨。是夜水驟長二尺。

十九日丁巳　雨，下午陰。上午作札與季貺。連日梅雨，地潮濕，心緒頗惡。聞賊攻荆州，將軍官文擊敗之。

二十日戊午　上午陰，中午雨，下午陰。早間季貺以書來，索借叢書數種，上午作答。

二十一日己未　晴。晨起看雛燕試飛。家慈赴洞磐湖元女廟燒香。陳君實司馬招觀劇，午後偕芸舫赴之。坐間有張某者，年六十餘，曾以佐大僚幕得貲，作縣尹歸家，頗饒，有傲睨座客意。與余並坐觀戲，出語皆令人噴飯。余值其顧問時頗揶揄之，乃終場默然矣。晚刻主人苦留飲，力辭歸。至北海橋晤薌師、雪鷗，遂同詣上真坊酒樓小宴。有俗客四五人，邀徽班一小伶至隔座，喧噱甚，厭之。更餘罷飲，同至薌師處少坐。雪鷗邀予至其家，談論達曙，甚快。是日晚間叔子來予家，附致季貺一函，并惠借杭大宗《詞科掌録》、徐菊莊《詞苑叢談》、吴梅村《詩話》凡三種。叔子以余出門，即去。

二十二日庚申　晴，午後陰。徹曉偕雪鷗至新河巷吃點心。即至子九家叩門，久始啓，子九尚酣卧，大呼迫之起，嚼茗劇談。上午回家，作札與叔子。下午至芸舫書室。

二十三日辛酉　雨。是日甚倦思卧。

二十四日壬戌　晴。午後至斜橋看戲。遇唐秀才際虞、諸文學開第。晚至會稽縣署，由大街歸家，已更鼓動矣。令坧人理影堂瓦。

二十五日癸亥　晴。早餐後接小雲栖寺僧寄雲書并詩二首。上午進城詣薌師談。中午由日輝巷過興文橋詣司馬温公祠，訪友不遇。歸時方卓午，烈日滿街，行甚苦。夜爲芸舫改制藝，題『雖違衆』。是日甚熱，獨坐始裸身。

二十六日甲子　晴，下午陰，微有雨，即霽。早起進城至觀巷問陳閑谷疾。旋至蓉生家少坐，即偕詣子九。蓉生旋去，子九留余飲。以天熱，俟日暮回家。時郡城連日演徽班，名陽春，亦梨園中下駟，惟一生演養由基穿七孔、趙雲戰長阪、薛仁貴征突厥諸劇，頗可觀。一旦名桂齡，貌亦平平，稍有風致，演唐昇平公主怨郭曖，并小説中拾鐲、哺藥、會廟諸劇，頗旖旎。而廣場一曲，舉國皆狂。往往演一永日，費至百金，甚且贈衣飾者争先恐後。因與子九論此慨然，謂邇來郡中餓殍載路，盜警日發，乃紈絝子弟，猶浪擲纏頭如是，設有以拯濟事，勸其出分文者，鮮不摇首吐舌，獨至歌舞場中，則守錢虜皆可造鄧家銅山矣。紹俗金錢出納，多聽命閫中。豈飛鳥依人，固由深閨憐惜故耶？一笑。接季貺書，并以文東川方伯所刻《蠶桑合編》見惠，趙雲松《控隨園文》見示。是夜甚暖，始裸卧。聞賊自岳州，連陷寧鄉、湘陰，進襲湘潭，據之。

二十七日乙丑　晴。是日長至，祀先。

二十八日丙寅　晴，下午陰，微有雨。晨起澆花。是日至縣署，完國課南米計五石九斗，當即上倉。邀族人祀關帝。夜雨，頗凉。

二十九日丁卯　雨，甚凉。課弟輩制藝題『子路問聞斯行諸』兩段。夜大風。聞山東賊由清水鎮退至冠縣，爲勝帥所敗。追至莘縣，死亡略盡。勝帥加太子少保銜。

六月初一日戊辰　雨，下午稍駐，晚大雷雨。作札與季貺。是日甚凉，可著重棉。夜雨。

初二日己巳　晴，稍燠，地又潮。下午進城，即歸。晚刻瘦生來，即留宿。

初三日庚午　早陰，上午微有雨，午後晴，又暖。瘦生留予家。上午作札與叔子。作札與薛春岩縣尉。下午作札與胡小海。瘦生遁去。

初四日辛未　清晨微有雨，上午陰，下午霽。早接胡小海回札。作札與季貺。早飯後進城詣雪鷗、薌師，晤張梅岩秀才。旋至吴三陽綢店，買春夏衫料兩件，白越紡綢二丈，計直三千〇二十四文，白細苧二丈半，計直弍千九百六十文。詣府署看戲，晤王秀才英瀾、李秀才翰藻、杜秀才暹榕（此處塗抹）。晚歸。是日季貺連寄兩書，知湖南軍事甚急。

初五日壬申　晴。是日高祖妣周太孺人諱辰，予家值祭。作札與季子。夜閱《宋史》。

初六日癸酉　晴，大暖。

閱杭大宗《道古堂文集》。大宗學問貫串淹洽，以詩古文負重名。詩學少陵，僅得其腔調。古文亦少剪裁。而證據辨博，自非讀破萬卷者不能。其論王充《論衡》，謂充悉書其祖父之劣行，且創或人問答，揚己以醜其先，甚至謂『母驪犢騂，無害犧牲；祖濁裔清，不牓奇人』，是直名教之罪人。書雖奇，無足取。而范史稱之爲孝，殊無識見。近時臨川陳際泰，小慧人也，作書誡子，而以村學究刻畫其所生，其端實自王充發之。

其論許劭，謂劭以月旦評重汝南，而不能知太史慈，致劉繇恐用之爲笑。諸葛誕與陸遜書，稱許子將輩更相謗訕，或至于禍，惟坐克己不能盡如禮，而責人專以正義。又許文休爲劭從兄，私情不協，擯之，不得齒敘。是劭之評論，特以聳動汝南一時之人，非灼然有真賞，而謝承、范曄《漢書》推之太過。

其論荀爽，謂爽恐李膺名高致禍，欲令屈節以全亂世，爲書貽之，而書辭曰『久廢過庭，陟岵瞻望』，竟至以父爲喻。夫常人之於周公、孔子，相去萬萬，亦不過以師尊之，而爽之言若此，是其壞倫喪己，失莫大焉。東漢氣節固高，然皆傲於宦官而諂於名士。孔融之於鄭玄，韓融之於陳寔，李豐、郭冲之於杜畿，皆執子孫之禮。若爽者，又特浮慕而已。初，爽與北海公沙孚相約不事權貴，後爽依違董卓之世，九十五日而至三公，孚相見時乃至割席而坐。使膺尚在，有不麾之門墻之外哉！

其議朋友制服，謂《喪服傳》曰朋友麻。漢郭有道碑，朋友如韓子助、宋子浚服心喪期年者二十四人。後漢張劭死，范式爲服朋友之服。晉京兆韋泓受應詹生成之惠，詹卒，遂製朋友之服。唐裴佶與鄭餘慶特相友善，佶歿後，餘慶行朋友之喪，而史不言其服制何若。唯戴德撰《喪服變除》，有云朋友有同道之恩，加麻三月。然今日必不可行。或朋友死於外，無親者爲之主。《儀禮・喪服》記曰：『朋友皆在他邦，袒免歸則已。』此猶可遵也。

其辨牛耕，謂於經無所證。《周禮・大司徒》言任地者備矣，獨弗及是。鄭康成注閭師云，掌六畜數者，農事之本也。賈疏：『六畜惟牛可爲農事。』注：『《里宰》云「以歲時合耦於鋤」，合人耦則牛耦亦可知也。』據此二言，則似六典未設以前，已有牛耕之事。至《考工記》賈公彦疏，謂後漢用牛耕種，故有歧頭兩脚耜。據此則似古無牛耕，牛耕始於漢也。漢平都令光教趙過以人輓犁，始見於班書《食貨志》，後遂以爲牛耕之肇始，宋之學者多不信之。浚儀王氏引《山海經》，謂后稷之孫叔均始作牛耕。夫《山經》出於伯翳，與后稷並時，焉知其孫叔均之事乎？此爲後人所羼入可知。平園周氏據賈誼、劉向，以爲飽牛而耕，出於邾穆公之語。水心葉氏以孔子弟子冉伯牛、司馬牛皆名耕，若非用耕，於牛何取？夫《新書》《新序》掇拾舊聞，皆出於秦火之後，不可爲據。孔子弟子之有字，非據史遷之列傳，即文翁之《學堂圖》。而《家語》一書，又出於王肅之增加，皆不能確鑿。若謂春秋之世已有行之者，當時功利之臣無一言及此，非心計疏也，蓋徵發繁興，人車牛輦，悉以供戰鬥之用，其所以不得兼者，勢也。杜元凱上疏云：『古者匹馬丘牛，居則以耕，出則以戰。』其言似可聽，其實一無所據。余以爲牛耕之制，蓋自秦始創之。平原君云『秦以牛田之水通糧』，其明證也。故吕不韋作《月令》云，季冬出土牛示農耕早晚，亦因其國之所利言之也。故太史公《律書》言牽牛，云牛者耕植種萬物也。夫牽牛本於《星經》，《星經》本於甘石，甘石之徒生於戰國，然則耕植種萬物之語，非秦之制乎？若趙過之以人輓犁，則漢世遂以爲常法，而非其所特創者歟？

下午作札與陳閑谷。作札與徐小池秀才。是日食楊梅半斤，味甚佳。連日甚疲倦。

初七日甲戌　晴，午後陰。下午徐小池秀才來，暢談至晚，去。作札與叔子。

初八日乙亥　晴，下午陰。下午詣薌師、雪甌，晚歸。庭前鳳仙花盛開。是日有流人九百餘聲稱安徽難民，無衙門齎送文書，且携有兵器，勢洶甚。郡守以兵防護出西郭門，夜率邑令暨都司、守備、丞倅分守諸門達旦，守令巡警西郭尤嚴。居人頗惶惑。

初九日丙子　上午陰，下午雨，頗凉。上午作札與季貺。下午接季貺回札，知皖省學政孫侍郎銘恩殉難。是日服李試鷗藥。夜雨，甚凉。孫侍郎先以乞假養親，上疑其詭避，詔假滿後以三品京堂降補，代之者爲沈司業祖懋。未至，而賊陷太平，侍郎朝服駡賊，被禍最慘。

初十日丁丑　昧爽，大雨至晡。早起復倦，卧至巳刻，頭作痛，旋愈。請薌師、雪甌看戲。詩舫待夜飯。夜晴有月，復同看戲，甚暢。聞阜城賊於四月間突圍至速鎮，據之。又分兵襲陷高唐州。僧王、勝帥分圍之。

十一日戊寅　陰。遲明薌師、雪鷗回去。接叔子札。夜大雷雨，甚凉。

邸鈔：四月初三日，湖南巡撫駱秉章、提督塔齊布、在籍禮部侍郎曾國藩克復湘潭。

十二日己卯　雨，下午陰。接嚴菊泉師札。接息鷗札。接叔子札。

十三日庚辰　上午雨，下午晴。午後詣薌師談。至試院前問學使落馬日期。晤嚴菊泉師、王春亭、蓉舫師。晚詣雪甌，即歸。是日青沺湖競渡。夜與弟輩觀戲，更餘歸寢，甚憊。

十四日辛巳　晴，晚有雷，少雨即霽。補記四月十二日同人宴集小雲栖詩，緣季貺、息鷗皆有作故也。詩録右：『鑑湖病客惜春去，日日閉門苦索句。故人約我蓮社遊，隔岸招提買舟渡。寺門高枕湖之濱，古樟十畝開緑陰。禽聲窅窅水雲活，花氣郁郁鐘磬深。上人好客設蒲饌，玉版禪參婁尾宴。十年離合滄桑身，一尊風日山河歎。天門虎豹鬱烟霧，大澤龍蛇變朝暮。乾坤太窄浮生寬，四顧登樓不能賦。座客聞言淚莫傾，丈夫豈合羈浮名。麻鞋穿壘亦何事，鉏犁便足消吾生。時同集者何叔航孝廉自泰州歸，余曉雲大令自覃懷歸。中年青鬢忽蕭索，吾道艱難此身托。回頭試問拈花人，佛亦無言早心諾。門前山色何沉沉，斜陽極目無遐心。浮波拍拍解維去，誰與結屋弄沙禽。』眉批：題見前。

十五日壬午　晴，盛暑。是日叔子偕杜太史聯詣小雲栖，爲位哭孫蘭檢侍郎，邀予與子九、雪鷗同集，并賦一詩，予以事不得去。晚詣雪甌，更餘乘月歸。

十六日癸未　晴。早偕詩舫詣春亭師寓居。詣樓蓮舫寓居。遂拉至倉橋對山樓吃茶。復同詣寄凡，談次知虎林孫娘已歸陶琴子矣，爲啞然者久之。同蓮舫詣王平子，平子方於昨晚歸也，遂同至上真坊酒樓小宴。復詣花園館吃茶，談甚暢，論至唐宋以來諸名家詩，頗有異同。同平子詣沈素庭。晚別諸君，獨與詩舫歸。

十七日甲申　晴。夜膳後放舟入城至薌師處。旋下舟寢。月甚好。夜半起，入試院應科舉試。提學爲萬侍郎青藜，江西人。

十八日乙酉　晴，昧爽。學使出題，爲『至於心獨無所同然乎』一句。辰末，余手忽戰，不能成一字。至午刻，始可力疾運指，惟不成筆畫耳。申初納卷。是日酷暑，出場後又無人接考，乃冒熱至樓蓮舫寓所少息。薄暮買舟歸。

附試藝後半篇示諸弟：『夫非所謂心耶？蓋心之有所不同者，以陷溺其心之後言之也。而心之無所不同者，以口、耳、目三者之相似知之也。而何人之獨致疑於心乎？物必神其用，而後可合至不一者以歸於至一。若心，則尤當盡其神矣。故口可爲心用，而口之靈不能盡夫心；耳可爲心用，而耳之聰不能窮夫心；目可爲心用，而目之明不能竭夫心。此急賴有善用其心者，乃能合天下而歸於同然之域也。夫形體之興於外者，尚順其本然矣，豈至於虛靈不昧之地而反漓其性乎。物必精。』整理者按：此文底稿下闕。

十九日丙戌　晴。晚詣雪鷗。庭前盆荷開花。

二十日丁亥　晴。是日完稅。早買舟赴柯山至青澱湖，頗有風。舟子甚怯，迂道由湖桑村清水閘曇釀村至南湖山。此係出偏門便路，今自西郭霞川赴之較遠三四里。幸小舟中茶壺、酒杯、椒袋、藥囊，色色俱備。予素不飲，借以辟暑，且臥看《李穆堂集》，頗有會心。午初抵沈宅。午餐後，偕瘦生詣南湖山蘿盦。時夕陽初斂，晚烟忽深，樹緑作陰，萬蟬響夕，風快成陣，一磬導人。爲徘徊者久之。旋進寺，詣寓齋書廚，被鼠所穴，詩稿齧去大半，顔魯公《争坐位帖》亦被殘毁。因亟收拾整理，且屬瘦生另日代爲搬回，以此地湫隘，夏日不能居也。薄晚，回至沈宅宿。

二十一日戊子　晴。早餐後偕瘦生至石城避暑。地有泉名蝦蟆泉，深僅半尺，大旱不涸。村人挈瓶抱甕，相繼不絶。予掬之，其凉沁骨。上有寺，旁爲古祇園洞，皆供不祀之主，歲久，頗著靈驗，香火甚盛。洞側有一穴，勢甚下深，廣可二畝許，入之寒竦毛髮。予謂此處易於受病，非久駐所，乃回至泉側倚石坐。姑母遣人送午餐來，余與瘦生對食，箕踞盤礴，甚洽幽賞。薄暮回至沈宅宿。

二十二日己丑　晴。早買舟歸家，稍有風。薄暮屬詩舫詣學署，代畫試册認换保押。閲《資治通鑑·唐紀》。

二十三日庚寅　晴。上午王春師、樓蓮舫來，留午飯，薄暮去。下午予忽身熱，頭作痛不止，兼發痧，夜稍愈。

二十四日辛卯　晴。下午接季貺札。閲《唐紀》。

二十五日壬辰　晴。予大發熱，兼作寒戰，請醫診視。至夜身稍凉，遍體酸楚，蓋痧症兼寒疾也。是夜學使試山會童生。余認保十二人，以病不能唱保，乃屬府學唐老師、會稽學程老師轉禀學使，請以薌鄰師代唱。琴舫、勉齋應試。

二十六日癸巳　晴。作札與季貺。

二十七日甲午　晴，下午大風有雨。予發瘧。是日酷暑。中午身大熱，無汗，幾不省人事。夜稍平復，頭甚痛。

二十八日乙未　晴，微陰，稍凉。是日山會童生案發。予認保獲雋一人。張念慈。

二十九日丙申　晴，微陰。作札與平子，即得回字。作札與薌師。是日稍作寒熱，即愈。

三十日丁酉　晴。接雪甌札。接季貺札，并以止瘧膏藥三貼見惠。是日完納秋税，共計夏秋兩税完銀四十五兩弍錢零。核錢數九十八千六百零。

七月初一日戊戌　陰，中午風，微有雨，薄暮又雨。早間雪鷗來，并以譜帖見惠。遂同坐舟進城，詣平子快談。旋同訪楊漁蕢、嚴孝廉岳森，俱不晤。遂詣魯蓉生，暢談至晚。別蓉生、平子，偕雪甌詣沈寄凡。夜自西小路買舟歸。

初二日己亥　晴，下午大風雨。家慈詣下方橋，下午歸。

初三日庚子　雨。作字數千。

初四日辛丑　雨。作字數千。接季貺書。作札與平子。是日聞御史某奏請監生許捐訓導，惟未曾鄉試者不准。嗚呼！訓導亦賓師之屬，士習文風所繫，非老師宿儒不能副其職。自廉恥道喪，以冷官爲漁利之所，誅索寒士，幾同攫金，人亦由此賤之。至附生亦許捐充，後生豎儒，佻達尤甚。今上初政停止，嗣以權時變法，復開其例。今某御史求國家涓埃之利，而貽風俗根本之禍。我朝育才重士，超越前代，豈小腆自作不靖，而教化凌夷，遂至於此？人臣薄待其君，莫此爲甚。憶壬子歲，廷臣有納鍰入學之議，吾鄉俞侍郎長贊時督學河南，上疏力争，事遂得寢。凡讀其奏稿者肅然動容，士氣爲之一振。儒臣謀國，所繫者大，不當以非道之事上陳也。夜涼。

初五日壬寅　大雨。作札與季子。晚雨止，有月，旋晦。夜涼，可蓋夾被。（此處塗抹）

初六日癸卯　上午陰，下午大雨，夜大雨達旦，甚涼。

初七日甲辰　晴，稍暖，下午熱暑如常。拜先府君誕辰。午後陳薌鄰師來，申刻去。是日本約蓉生、雪鷗、平子放舟出偏門作終夜遊，後以連日大雨中止，乃今日忽晴霽，夜月甚好，而此遊竟左矣，惜哉。

初八日乙巳　晴。早詣平子，旋偕詣徐小池，留飯暢談。午後別小池，偕平子至大善寺看戲。旋詣孫子九，不值。復詣陳閑谷，留宿。是日倪允嘉母舅來余家，次早去。聞廣東猺人、苗人作亂，外通海寇，五月十八日陷佛山鎮，省城頗危。廣東艇匪與英夷鬥於寧波海口，夷人多傷，焚其大舶二，鎮海關内外洋房悉毁，署寧紹道段公光清和解之。

初九日丙午　晴。早偕平子詣寄凡，即回家。季貺專函招作竟日談。上午作書復之。作札與雪甌。食西瓜一枚，味頗佳。

初十日丁未　晴。早作札與瘦生。下午樊畏齋來，不晤，去。

十一日戊申　晴，下午陰，發風即霽。是日成長調三闋。

《永遇樂·詠史》云：『如此乾坤，歎菰蘆裏，竟無人出。投筆封侯，請纓繫頸，此輩成何物。英雄惟有，使君與操，把酒何堪論列。奈鄧禹，笑人寂寂，中流空擊江楫。天涯回首，黄巾銅馬，荆棘縱横行跡。帝不負卿，通侯使相，虎韔貂冠屹。奈無頗牧，用之爲將，馬腹鞭長難及。堪惜此、鸞飛鳳舞，一帶山色。』

《沁園春·感事》云：『慷慨登高，四顧蒼茫，黄塵漲天。歎蕃臣入衛，縱横鎖騎；將軍下瀨，黯淡樓船。炮火移山，角聲沸月，回首王師吊伐年。感今昔，聽大風歌罷，慘遇烽烟。布衣夢繞刀鐶。奈日日、終南射虎還。笑數奇李廣，偏當大敵；書生劉秩，争著先鞭。筑吊雍門，杯澆趙塚，江左如卿孰比肩？憑欄外，剩斜陽荒草，滿眼關山。』

《百字令·寄叔子》云：『中年到也，歎封侯骨相，難屯如此。三十馬周當富貴，報道先生休矣。衛霍奴才，董龍鷄狗，早冷人間齒。風流老去，雖佳何與人事？幾輩高閣貽嘲，蒼生失望，難洗吾曹耻。豎子成名非易易，太息可兒今死。勳業羊頭，文章牛後，短盡英雄志。古來何恨，從頭且讀青史。』眉批：此首已入《松下集》。

薄暮，雪甌、平子來，留飯，暢談徹曉，始就寢。聞湖北賊陷宜昌府，有窺蜀意。川省戒嚴。

十二日己酉　早陰，中午又陰，下午風，略雨即霽。早餐後，雪甌、平子回去。接季貺札。是日平子以姚江寄懷鄮人養病蘿庵詩見示，因録於此：『朋輩愁君死，窮經志獨遐。山居總寥落，世事况咨嗟。修短關吾道，文章必大家。相期葆真樂，天意惜芳華。』又近作寄季貺七古一章：『夜與李白語，聞君責我懶。春歸未及旬，如鳥脱罾罕。手爲阿姊縫嫁衣，偶向人間賣黄犬。城南沱雨逢孫五垓，相憐後約星辰短。出門莽莽江流渾，春寒岑寂山齋昏。遠聞故人半羸卧，我亦布被呻鬱魂。讀書得力饑寒日，鬼妒難平例灾疾。一身百罅已莫補，滿地干戈更何術。秋風牢騷哦楚辭，願君强起張羸師。山河枯燥寺見骨，世事鬱怫形爲詩。蘿庵詩人病不死，吾道堪行卜於此。會須同上叉魚船，來向斜陽話烟水。』余素患羸疾，今春正月間與諸社友會飲，陳荃譜孝廉爲余診脉，大驚駭，謂失此不治，殆不可救。諸子戚，爲余危之。（此處塗抹）聞湖南賊陷常德府及澧州，旋復還岳州。巡撫駱秉章、提督塔齊布、侍郎曾國藩攻不克。

十三日庚戌　晴。得季貺書。作書與平子，約明日同詣叔子。

十四日辛亥　晴。早起平子來，方買舟欲行，子九適至，因少坐茗話，旋去。余偕平子下舟，上午抵賞村，晤叔子、季子，留飯暢談。叔子以近作詞四闋見示。季子以贈藍叔詩四首見示，叔子并爲余作畫。下午下舟，至柯山已迫曛暮，偕遊七星岩，覺數月以來，山水竹樹、風亭、月館次第改觀。平子初至此，甚樂之。旋回舟看晚霞，紅麗非常，惜不多時，抵丁港已月上矣。至魯墟大湖，頗有風，甚快。出青甸湖，看月尤佳。更餘抵里，平子另僱小舟回去。聞皖省徽州府附入浙江，添設徽嚴巡道一員。

十五日壬子　晴。上午祀拜先府君忌辰。夜大風即止。露坐甚凉。

十六日癸丑　晴。閲叔子日記，内載五月間有自揚州軍中歸者，言雷尚書以誠駐防揚州，創捐釐法，市肆貨船，雖薪柴等物亦税之，數甚鉅，而于軍鑲無毫釐之益。嗚呼！淮徐被賊以後，又遭重斂，民不堪命，其不去而爲盗者幾何！劉隱并禁月明，錢瓘榷及鷄卵，古今一轍，可爲浩歎。

十七日甲寅　晴。作書致雪甌、致平子。得平子、雪甌復書，知雪甌昨日又舉一子。次韵平子寄季貺作即贈平子兼寄叔雲、季貺：『百病攻腐儒，成我一生懶。日月迫黍炊，文字避天罕。掉頭去訪桃花源，偶向仙山侣鷄犬。余寓蘿庵，山中桃花數百株，爲吾鄉之冠。日飯青精髀肉生，夜讀丹經壯心短。溪流倒激江水渾，錢江曹江烟雨昏。入山未深又狂走，余自三月間遊武林後，不復至蘿庵。夢君東渡燈魂魂。歸來蒙頭卧白日，故人無多各羸疾。天遣貧病一旦兼，從此讀書鬼無術。秋風君唱歸來辭，欲尋石隱無導師。商聲滿地草木怨，孤憤一卷幽并詩。謝敷名高不戒死，寥落風騷聚於此。會訪城西大小山，跂脚江頭釣秋水。』眉批：今春予攝疴蘿庵，（此處塗抹）入夏諸子皆病，平子自姚江病歸，以詩寄季貺并及鄙人，因次其韵，復之兼寄芝村兄弟。

十八日乙卯　早陰，上午晴，中午風。夜卧甚憊。

十九日丙辰　晴有風。早間子九來，吃早飯去。作札與平子。作札與季貺。

二十日丁巳　晴，略陰。閲楊文憲慎《升庵全集》，偶記數則：

《公羊傳》云：『葵丘之會，桓公震而矜之，叛者九國。』九國謂叛者多耳，非實有九國也。宋儒趙鵬飛必如數求之，謂葵丘之會惟六國，會鹹牡丘皆七國，會淮八國，并無九國。真痴人説夢矣。古人言數之多，止於九，此猶《漢紀》云叛者九起耳。《楚辭·九歌》乃十一篇，《九辯》亦十篇，宋人不曉此耳。

《僖十六年》『己卯晦震夷伯之廟』，《公》《穀》皆言晦冥也。愼按：晦非冥也，月之三十日也。《春秋》書晦者，此及成公十六年甲午晦晉侯及楚子、鄭伯戰於鄢陵是也。《公羊》乃曲爲之説。于是月六鷁退飛過宋都。傳曰：『是月何？僅逮是月也。何以不日？晦也。晦則何以不言晦？《春秋》不書晦也。朔有事則書，晦雖有事亦不書。』《公羊》之言，何其野哉。善乎劉原父之言曰：『晦朔天之所有，取朔書晦，乖僞之深者。』甲午書晦則無説矣。左氏曲説，以爲陣不違晦，故敗。噫，楚以晦而敗，晉不晦而勝乎！是皆勦説之無理者也。

《左傳》：『齊、燕平之月，注：此年正月。公孫段卒，國人愈懼，其明月，注：此年二月。子産立公孫洩。』明年、明日，則有之矣，明月僅見此耳。

涑水曰：『左氏書荀息之死，引《詩》「斯言之玷，不可爲也」，荀息有焉。杜元凱以爲荀息有此詩人重言之義，元凱失左氏之意多矣。獻公溺於嬖寵，廢長立少，荀息不能諫正，遽以死許之，是其言玷於獻公未没之先，而不可救於已没之後也。左氏之言，貶也，非褒也。』

宋陳襄《郊義》云：『祀圜丘必以冬至日者，以陽復也。故宫用夾鍾，於震之宫，以帝出乎震也；而謂圜鍾者，取其形以象天也。祭方澤必以夏至日者，以陰萌也，故宫用林鍾，於坤之宫，以萬物致養乎坤也；而謂函鍾者，取其容以象地也。』

呂不韋《月令》自東風解凍至水澤腹堅，後魏始入曆爲七十二候，其所載與《夏小正》《淮南·時則訓》互有出入。又見王冰注《素問》，亦引呂《令》七十二候，與今不同。如桃始華爲小桃華，雷乃發聲下有芍藥榮，田鼠化爲鴽下有牡丹華，王瓜生作赤箭生，苦菜秀作吴葵華，麥秋至作小暑至，半夏生下有木槿榮，皆可以資博雅者。

《周禮·天官》：『以九職任萬民，一曰三農，生九穀。』鄭司農衆曰：『三農，平地農、山農、澤農也。』鄭玄曰：『三農，原農、隰農、平地農也。』孔穎達附會鄭説曰：『積石曰山，鍾水曰澤，不生九穀，故鄭玄不從之。』可謂康成之佞臣矣。慎觀《地官·司徒·掌葛》，徵絺綌之材於山農，徵草貢之材於澤農，是山農、澤農，《周禮》本有，非鄭司農杜撰。而鄭玄原農、隰農何所本乎？

《禮記·月令》冬祀行，《淮南·時則訓》冬祀井。《太玄數》曰冬爲井。《白虎通》曰：『春祭户，夏祭竈，秋祭門，冬祭井，六月祭中霤。户以羊，竈以雉，中霤以豚，門以犬，井以豕。』唐《月令》亦冬祀井而不祀行。愚按：井即行也，蓋行者井間道也。古者八家同井，由家而至井，井有八道，八家所行也。是祭井即祭行，《月令》與《時訓》互言之，非有異也。

劉歆逢王莽之惡，欲以威刦群臣，遂僞作《周禮》，云誓大夫曰鞭，附於傺狼氏。夫刑不上大夫，焉有周公制禮鞭撻大夫者乎？此金元夷狄之所不爲，而謂周公爲之乎？歆其可勝誅哉！

《周禮·秋官》有屋誅之文，鄭玄注曰：『夷三族也。』古者罪人不孥，豈有夷三族之令典？蓋屋誅者，即漢人下蠶室之類耳。鄭玄此説，誤天下而陷人主，得罪名教大矣。

《考工記》曰：『大圭首終葵。』注：『終葵，椎也，齊人名椎曰終葵。』蓋言大圭之首似終葵耳。其後訛爲鍾馗，俗畫一神像帖於門，手執椎以擊鬼。好怪者便傅會作鍾馗元夕出遊圖，又作鍾馗嫁妹圖。文人又戲作傳，托言見夢於明皇，尤爲無稽。亦如石敢當，本《急就章》中虛擬人名，本無其人也。俗立石於門，書泰山石敢當，文人亦作石敢當傳，皆虛辭臆説也。

季文子相三君，其卒也，無衣帛之妾，無食粟之馬，左氏侈然稱之。黄東發曰：行父謀去公孫歸父，掃四大夫之兵以攻齊。方公子遂弑君立宣公，行父不能討，反爲之再如齊納賂，又帥師城郚之諸鄆二邑以自封殖，其爲妾馬金玉也多矣，是亦公孫弘之布被，王莽之謙恭也，然則小廉乃大不忠之飾乎？時人皆信之，故曰季文子三思而後行。夫子不然之，曰再斯可矣。此言微婉，蓋曰再尚未能，何以云三思也？朱注不得其解。

朱文公談道著書，百世宗之。愚詳觀其評論，誠有違公是而遠人情者。王安石引用奸邪，傾覆宗社，乃列之《名臣録》，稱其文章道德。文章則有矣，焉有引用奸邪而可名爲道德耶？蘇文忠公文章忠義，古今所同仰也。乃力詆之，謂得行其志，其禍甚於安石。不惟此也，秦檜之奸，人欲食其肉者也，文公稱其有骨力。岳飛之死，天下垂涕者也，文公譏其横。漢儒如董賈之流，皆一一議其言之疵。諸葛亮則名之曰盗，又譏其爲申韓。陶淵明則譏其爲莊老。韓文公則文致其大顛往來之書，亹亹千餘言，力詆之必使其不爲全人而後已。蓋自周孔以下，無一人逃其議。或者門人記録之過，朱子無忠臣，遂至此歟？

李密《陳情表》有『少仕僞朝』之句，責備者謂其篤於孝而妨於忠。嘗見佛書引此文，僞朝作荒朝，蓋密之初文也。僞朝字，蓋晉改之以入史耳。

《左傳》言羿射日落九烏。烏最難射，一日落九烏，言射之捷也，而後世不得其説者，遂以爲射九日矣。

眉批：有明博雅之士，首推升庵，所著如《丹鉛録》《譚苑醍醐》諸書，證引賅博，洵近世所罕有。惟議論多僻，又喜杜撰附會，以英雄欺人。其論理學則極詆陸、王，論經學則力詆鄭康成。論文則雖喜左氏，而亦文致其失。論詩則極詆許渾，謂無異張打油、胡釘鉸。而於少陵亦有微詞。率多逞其臆説舌鋒，不可爲據。如以《左氏傳》謂裨諶謀於野則獲，謂以《論語》草創一言而附會之；孔父之妻美而艶，謂以孔父正色而立朝一語誣之，此皆全無情理。左氏好浮夸，亦不至若是。詆許渾《凌歊臺》詩有宋祖歌舞三千之語，謂史稱高祖清儉寡欲，而渾誣之若此，是目不見書。不知宋世武帝、文帝、孝武帝三世稱祖，《凌歊臺》乃世祖孝武帝，非高祖武帝也。其論正統，謂女主、夷狄、篡逆不得爲統，因謂中國當絶元代之統，不當帝之。夫女主、篡逆固已，若絶元而不帝之，則統不中絶乎？且其言曰：中國爲五帝三王之所自立，夷狄豈得而有之；而以文中子之帝元魏爲可誅。夫通生於元魏，不帝魏而將誰帝乎？且舜生東夷，文王生西夷，然則舜與文王，亦當絶之中國乎？其論之偏多若此。且又影撰古書以欺後世，尤不足以爲據。即其譏鄭康成杜撰三農名目而鄭司農之説爲正。夫以司農、山農、澤農之名爲非杜撰則可，若其説爲確則非。蓋地官明言於山農徵絺綌，於澤農徵草貢，其與九穀固無關涉。康成亦知其不可通，故更撰原農、隰農二名。升庵讀書博而不精，即此可見。升庵以力諫大禮，廷杖謫戍，生平風節，本有足觀。而其後居滇時，嚴介甫以詩屬點定，遂與酬和訂交，因痛詆夏文愍爲小人，而以河套之議爲不度時勢。夫桂洲誠有可議，然其與曾襄愍謀復河套，則社稷至計也。嵩文致之，而升庵亦巧詆之，可知其徇私隱而違公是矣。即其父子俱以大禮議忤世宗，放棄以死，直聲震一時。然當時張桂之議，以犯盈廷衆怒，天下争詬之。迄今是非論定，張桂所言，實爲允協；楊文襄早有張生此言聖人不易之語。升庵父子力持濮議，亦由讀《儀禮》不細故也。勝國考據之學，遠不能望昭代，惟文憲與陸文裕爲一朝弁冕。文裕《儼山外集》，余亦摘記之，雖博奧不及升庵，而議論較正。余又感二公生同時，又相爲友，亦一時盛事。而文裕在朝恩眷最厚，踪跡亦與介甫尤密，卒後，介甫爲作神道碑；而生平自守確然，不爲所污，是其遇固優於升庵，而人品亦勝之也。然以二公之才之學，而皆爲嵩所結納，奸雄之牢籠賢智，又何如哉！

晚飯後露坐，始見新雁。

二十一日戊午　晴。早起入城詣平子，旋同詣子九，晤雪甌，兼晤余曉雲大令。上午疾發歸家，負烈日行十里，生平未嘗此苦。下午，閲《升庵集》，又記數則：

世之説者曰：三代而下天下一統者，漢、唐、宋而已，秦、晉及隋不得比之。余謂漢、唐可稱一統，宋僅與晉比爾，不得並漢、唐也。宋自太祖開基，僅得五代疆土，而河東、江南、閩、蜀、嶺南十國未平，史氏未嘗以一統例書之。至太宗，諸國始平，至真宗而納幣於契丹矣，四傳至神宗而割七百里地以獻遼矣。靖康以後，稱臣稱姪，更不足言，而其一統之日，曾不得如西晉之久。及南渡以後，享國差長於典午，而氣息奄奄，不啻倍焉。余嘗謂宋之得國，非有深仁厚澤，大烈顯功，幸取於孤兒寡婦之手。而趙普佐命，不足比周之王朴，况敢望張良、李靖乎？故以方興之師，而不能克久疲之遼；仗全勝之勢，而不能制蕞爾之夏。景德之際，寇準之謀不盡用，而有靖康；靖康之中，李綱之策不肯行，而有江左。始也太祖、太宗之時，則奉夷狄如驕子；繼而真宗、仁宗之世，則敬之如兄長；至南渡則事之如君父矣。晉之東猶振刷磨淬，滅慕容，滅姚秦，滅李蜀，是蟲死不僵，虎斃猶立也。以此言之，宋尚不得比晉，而況漢、唐乎？

小説載李泰伯不喜《孟子》，非也。泰伯未嘗不喜《孟子》，即考其集知之。《内始論》引仁政必自經界始，《明堂》引明堂王者之堂，《刑禁論》引瞽瞍殺人舜竊負而逃，《富國策》引萬取千焉千取百焉、楊氏爲我墨氏兼愛，《潛書》引萬取千焉千取百焉，《廣潛書》引男女居室人之大倫，《省欲論》引文王以民力爲臺爲沼而民歡樂之，《本仁論》引以至仁伐至不仁，《遥平集序》以子思、孟軻並稱，《送嚴介序》稱章子得罪於父，出妻屏子，而孟子禮貌之，《常語》引孟子儉於百里之制。由是言之，泰伯蓋深於《孟子》者也。古詩《示兒》云：『退當事奇偉，夙駕追雄軻。』則尊之亦至矣。今之淺學，舍經史子集而勦小説，以爲無根之遊談，故詳辨之。

今帝王廟，元世祖亦得與祀，蓋以國家統緒所承也。按：世祖之立國，貶孔子爲中賢，第儒流於倡後。國有大事，華臣仕於其朝者，雖大臣不得與聞；臺省正官，非其族類則不任。尊事沙門，其稱帝師者，正衙朝會，百官班列，而帝師專席於座隅，與其君同受群臣朝賀。凡攻城不降，矢石一發，得則屠之。征日本則十萬之師棄於海島，遣使括雲南金，責安南陳氏以金人代身，其惡如此。然則史之稱謂，皆溢美也。按第儒流於倡後者，元制以樂工爲雲韶大夫，職正四品，在儒臣上也。

唐人目武后之世爲牝朝。

唐郭、李二將齊名。子儀持重，光弼勁捷，各有所長。以詩喻之，郭如子美，李如太白。以文喻之，郭如韓，李如柳。論雅正，則子美、昌黎；若倚馬千言，放辭追古，則杜、韓恐不及太白、子厚也。

周有八士，馬融以爲成王時人，劉向以爲宣王時人，他無所考。《汲冢周書·克殷解》乃命南宮忽振鹿臺之財，乃命南宮百達遷九鼎三巫。疑南宮忽即仲忽，南宮百達即伯達也。《尚書》有南宮括，疑即伯适也。則八士者，南宮氏也。以爲成王時人，近之。又蕭穎士蒙山詩，有『季隨躡遐軌』之語。蒙山有季隨隱跡事，未知所出，亦奇聞也。

孔北海大志直節，東漢名流，而與建安七子並稱。晉金谷二十四友有劉琨，唐八關十六子有劉栖楚，其亦中行獨復者乎？

漢光武渡呼沲河，俄頃(兵)〔冰〕合，真有神助矣。其後帝命其處爲危渡口，示天幸不可恃，以戒子孫，此其大度何如也。石勒擊劉曜，濟自大堨，以河(兵)〔冰〕泮爲神助，號爲靈昌津，此其去光武遠矣。

黄鄮山嘗曰：『考亭於介甫愛而不知其惡，於東坡憎而不知其善，然特激於汪玉山一時往復之書耳。玉山極口稱東坡，考亭力辨之；玉山再護東坡，考亭乃深求其短，遂有寧可取介甫之説。考亭有性氣，此一時有激之言，非平日議論之正也。然其苗脉，亦從爲伊川護法中來；甚至介甫作詩駡昌黎，而考亭亦以其詩爲是。蓋因爲門庭起見，遂有此焉，偏處亦不自覺也。』鄮山，朱子門人之門人也，其言如此，可謂朱子之忠臣矣。然朱子此論，非特有激於汪應辰。余觀張南軒《與朱元晦書》曰：『聞兄在鄉里，因歲歉請於官得米儲之，而春秋償其所取之息。或者妄有散青苗之譏，兄聞之作而言曰：介甫獨有散青苗之一事是耳。奮然作《社倉記》以述此意，某以爲過矣。是乃意之所加，不自知其偏者也，不可作小病看，異日流禍，恐不可言！』南軒此論，可謂朱子之諍友矣。夫朱子學孔孟者也。孔孟平日之論，曷嘗譽驩兜而貶元凱耶？

于公異露布，爲德宗所歎賞。陸贄忌其才，誣以家行不至，賜《孝經》一卷，坎壈而終。惜哉敬輿而有此也。

辛甲爲商紂太史，七十五諫而去。其後周人封之，著書一篇，見《漢書·藝文志》。

韓文《諱辯》，漢有杜度。按庾肩吾《書品》，杜操字伯度，非名也。韓公亦誤用。何不曰春秋有臯仲，戰國有騏期？

唐人謂中書舍人爲小鳳，翰林學士爲大鳳，丞相爲老鳳，蓋以中書省有鳳池也。宋時猶襲其稱。以荀卿大儒，而弟子有焚書坑儒之李斯；以李斯爲師，而弟子有治行第一之吴公。人之賢否，信在乎自立也。

倉頡、沮誦共造文字，今但知有倉頡，不知沮誦。

盧懷慎身爲上相，家無擔石，孜孜體國，至死益堅。屬疾則念明皇倦勤，將有憸人乘間之患；遺言則薦宋璟諸賢，以爲社稷無窮之謀。豈區區才智之士，矜眩目前，以爲功必己出者能爾耶？史以伴食譏之，誤矣！

黄東發曰：自知其必能相而相者，古今一伊尹也。自知其必不能相而不相者，古今一鄭五也。人皆曰必不能相，己獨曰必能相者，滔滔皆鄭五之罪人也。嗚呼，伊尹吾不得而見之矣，得見鄭五，斯可矣！又曰：棨之初相，獨驚怪而固辭，其進甚明也。唐末諸相，率植黨與以持之，棨之既相，獨致仕而速去，其退甚明也。進退如此，不賢而能之乎？又跡其生平，守廬州而盜不入境，留緡錢而盜不敢犯，亦有過人者，不謂之賢不可也。

荀彧沮曹操受九錫，唐裴樞持朱温除一太常卿。文中子以彧及其子攸，比殷之三仁；歐陽永叔以樞一卿尚惜，其肯以社稷與人乎？嗚呼，文中、永叔可謂愚矣！荀、裴二人，既與曹操、全忠同爲逆謀，非一日矣，其靳九錫，惜一卿，欲微示異同，以掩時人之耳目，其心必曰：『吾已許其大，其細者不許，彼未必怒也。』操與全忠之意，必疑曰彧與樞之意中變矣，細者如此，況大者乎？遂逞其忿，殺之不恤也。而文中、永叔之論，毋乃爲所欺乎？

殷之德，陽德也，故以男書子。周之德，陰德也，故以女書姬。

《墨子·尚賢》篇：『文王舉閎夭、泰顛於罝網之中。』

趙師羃爲趙千里從子，尹京有政聲，戮杭州奸僧事尤奇。而諂附韓侂胄，至學犬吠以爲迎合。

宋贈鄂王岳飛謚忠武文曰：『李將軍口不出辭，聞者流涕；藺相如身雖已死，凛然猶生。』又曰：『易名之典雖行，議禮之言未一。始爲忠愍之號，旋更武穆之稱。獲睹中興之舊章，灼知皇祖之本意，爰取危身奉上之實，仍采戡定禍亂之文。合此兩言，節其一惠。昔孔明之志興漢室，子儀之光復唐都，雖計效以或殊，在秉心而弗異。垂之典册，何嫌古今之同辭；賴及子孫，將與山河而並久。』今天下岳祠，皆稱武穆，此未定之謚也，當書忠武爲宜。

夜卧甚憊。

二十二日己未　上午陰，中午微有雨，下午晴。清晨小雲西興教寺寄雲和上來訪，并携叔雲書見交，余尚卧未起，留書而去。作札與平子。晚至芸舫書室。薄暮雨，夜雷電。

二十三日庚申　晴。早起甚疲倦，看書不數頁則偃卧。午後汪韵珊秀才偕平子、閑谷來劇談至晚，吃飯後去。

二十四日辛酉　陰，稍凉。閲《升庵集》，又劄記數則：

陳文惠公堯佐《吴江》詩云：『平波渺渺烟蒼蒼，菰蒲纔熟楊柳黄。扁舟繫岸不忍去，西風斜日鱸魚香。』後人於其地立鱸鄉亭。又《碧瀾堂》詩云：『苕溪清淺霅溪斜，碧玉光涵一萬家。誰向月明中夜聽，洞庭魚笛隔蘆花。』二詩曲盡東南之景，後之作者，無復措手。

蕭遇《春日》詩：『水堤烟報柳，山寺雪驚梅。』唐人賞之，謂不減庾子山。

詩盛於唐，其作者往往托於傳奇小説、神仙幽怪，以傳於後。而其詩大有絶妙今古，一字千金者。試舉一二：『卜得上峽日，秋來風浪多。巴陵一夜雨，腸斷木蘭歌。』又：『雨滴空階曉，無心换夕香。井梧花落盡，一半在銀床。』又：『舊日聞簫處，高樓當月宫。梨花寒食夜，深閉翠微中。』又：『命笑無人笑，含嬌何處嬌。徘徊花上月，空渡可憐宵。』

鮑照詩『秋霜曉驅雁，春雨晴成虹』，佳句也。杜子美詩『朔風驅胡雁』，本此。又庾信詩『秋風驅亂螢』句，亦甚奇。

古人殿閣檐棱間有風琴風箏，皆因風動成音，自諧宫商。元微之詩『鳥琢風箏碎珠玉』是也。今名紙鳶曰風箏，非。

陸賈《南中行紀》云：『南中百花，惟素馨香特酷烈，彼女子以綵絲穿花心，繞髻爲飾。』梁章隱《詠素馨花》詩云『細花穿弱縷，盤向緑雲鬟』，用陸語。

王右丞詩『楊花惹暮春』，李長吉詩『古竹老梢惹碧雲』，温庭筠『暖香惹夢鴛央錦』，孫光憲『六宫眉黛惹春愁』，用惹字凡四，皆妙。

孟東野詩云：『花嬋娟，泛春泉。竹嬋娟，籠曉烟。雲嬋娟，不長妍。月嬋娟，真可憐。』其辭風華秀艷，有古樂府之意。余嘗令繪工繪此爲四時嬋娟圖，以花當春，以竹當夏，以月當秋，以雪當冬。

《唐書》武后之世不見有征雲南事。余觀《駱賓王集》，頗見其事，今具録其略。《疇昔篇》云：『膏車秣馬辭鄉邑，縈轡西南吏邛僰。』此駱賓王亦從宦於蜀也。其《行路難》云：『去去止哀牢，行行入不毛。』又云：『交趾枕南荒，昆彌臨北户。川原饒毒霧，谿谷多淫雨。』則從征之事也。其《姚州道破逆賊諾波弄楊處露布》云：『浮竹遺胤，沉木餘苗。』又云：『三朏崙鎮，此山即南中巨防也。』又《破蒙儉露布》云：『俗帶白狼，人習貪殘之性；河淪赤虺，川多風雨之妖。水積炎光，山涵毒霧。竹浮三節，木化九隆。鄭純之化不追，孟獲之風愈扇。』又云：『營開巂穴，旆轉邛川。峻岐折板之危，滇池漏江之固。』又云：『城接祠鷄，竟無希於改旦；山多神鹿，終未見於擇音。』又《代姚州道李義祭趙郎將文》云：『滇浦挺妖，昆明習戰。致令王師失律，凶狡憑陵。亭候多虞，故有負於明代；春秋責帥，豈無慚於幽途。』合此觀之，始雖小勝，終亦敗師，史不書者，蓋當時不以聞也。唐之敗於南詔，不止楊國忠而後隱蔽，武后之世已然矣，故詳著之，以表史氏之遺云。

王勃《益州夫子廟碑》云：『帝車南指，遁七曜於中階；華蓋西臨，藏五雲於太甲。』《酉陽雜俎》謂燕公讀碑，自帝車至太甲四句，悉不解。訪之一公，一公言北斗建午，七曜在南方則無位，聖人當出。華蓋以下，率不可悉。愚按：《晉書·天文志》華蓋杠旁六星曰六甲，分陰陽而配節候，太甲恐是六甲一星之名，然未有考證。以一行之邃於星曆，張燕公、段柯古之殫見洽聞，而猶未知焉，姑闕疑以俟博識。

楊誠齋云：『李太白之詩，列子之御風者也；杜少陵之詩，靈均之乘桂舟駕玉車也。無待者神於詩者與。有待而未嘗有待者，聖於詩者與。宋則東坡似太白，山谷似少陵。』徐仲車云：『太白之詩，神鷹瞥漢；少陵之詩，駿馬絶塵。』二公之評，意同而語亦相近。余謂比之文，太白則《史記》，少陵則《漢書》也。

韋蘇州《對殘燈》詩云：『獨照碧窗久，欲隨寒燼滅。幽人將遽眠，解帶翻成結。』梁沈氏滿願《殘燈》詩云：『殘燈猶未滅，將盡更揚輝。惟餘一兩焰，猶得解羅衣。』韋詩實出於沈，然韋有幽意而沈淫矣。

陳張正《見鄰舍詩》云：『檐高同落照，巷小共飛花。』符載詩：『緑迸穿籬笋，紅飄滿户花。』于鵠詩：『蒸藜嘗共竈，澆薤亦同渠。傳屐朝尋樂，分燈夜讀書。』劉長卿：『鷄聲共林巷，燭影隔茅茨。』徐鍇詩：『井泉分地脉，鄰杵共秋聲。』眉批：按：鄰字當作砧。鄰字不誤。梅聖俞詩：『籬根分井口，壁隙透燈光。』總不如杜工部『相近竹參差，相遇人不知』一首之妙。

李端《古别離》詩云：『水國葉黄時，洞庭霜落夜。行舟聞商賈，宿在楓林下。此地送君還，茫茫似夢間。後期知幾日，前路轉多艱。巫峽通湘浦，迢迢隔雲雨。天晴見海檣，月老聞鐘鼓。人老自多愁，水深難急流。青霄歌一曲，白首對汀洲。與君桂陽别，令君岳陽待。後事忽差池，前期日空在。木落雁嗷嗷，洞庭波浪高。遠山雲似蓋，極浦樹如毫。朝發能幾里，暮來風又起。如何兩處愁，皆在孤舟裏！昨夜天月明，長川寒且清。菊花開欲盡，薺菜泊來生。下江帆勢速，五兩遥相逐。欲問去時人，知投何處宿？空冷猿嘯時，泣對湘潭竹。』此詩端集不載，《古樂府》有之，然題曰二首，非也，本一首耳。其詩真景實情，婉轉惆悵，求之徐、庾間且罕，況晚唐乎？

《麗情集》載湖州妓周德華者，劉采春女也，唱劉禹錫《柳枝詞》云：『春江一曲柳千條，二十年前舊板橋。曾與美人橋上别，恨無消息到今朝！』此詩甚佳，而劉集不載。

古樂府《清溪小姑曲》云：『開門白水，側近橋梁。小姑所居，獨處無郎。』唐李義山詩：『神女生涯原是夢，小姑居處本無郎。』小姑，蔣子文第三妹也。楊炯《少姨廟碑》云：『虞帝二妃，湘水之波瀾未歇；蔣侯三妹，青溪之軌跡可尋。』

古樂府有《朱鷺曲》，解云因飾鼓以鷺而名曲焉。徐陵詩有梟鐘鷺鼓之句。蓋鷺色本白，漢初有朱鷺之瑞，故以鷺形飾鼓，又以朱鷺名鼓吹曲也。

太白詩：『羌笛横吹阿䩺迴。』阿䩺迴，番曲名，《張祜集》作阿濫堆，蓋飛禽名也。明皇御玉笛，采其聲翻爲曲子，番人無字，止以聲傳，故隨中國所書人各不同耳，難以意求也。

唐鄭嵎詩：『春遊雞鹿塞，家在鷓鴣天。』詞名《鷓鴣天》，本此。

玉女行觴，神仙留客，皆煬帝曲名。

江淹《詠美人春遊》詩：『白雪凝瓊貌，明珠點絳唇。』詞名《點絳唇》，本此。

王荆公好解字説而不本《説文》，妄自杜撰。劉貢父曰：『《易》之觀卦，即是老鸛；《詩》之《小雅》，即是老鴉。』荆公不覺欣然，久乃悟其戲。又問東坡鳩字何以從九，東坡曰：『鳲鳩在桑，其子七兮，連娘帶爺，恰是九個。』又自言『波者水之皮』，坡公笑曰：『然則滑是水之骨也。』

高歡立法，盜私家十備五，盜官物十備三。備，償補也，音裴；今作賠，音義同，而賠字俗，從備爲古。

朱文公書，人皆謂其出於曹操。操書傳世絶少，惟《賀捷表》元時尚有，文公所學必此。劉恭父學顏魯公《鹿脯帖》，文公以年代近遠誚之。劉云：『我所學者，唐之忠臣；公所學者，漢之簒賊耳。』此又見文公之書出於操無疑也。

郝陵川論書云：『太嚴則傷意，太放則傷法。』名言也。元人評書畫皆精當，遠勝宋人。

梁武帝詩『瑟居超七净』，瑟與索同，蕭索字一作蕭瑟，則索居亦得作瑟居也。蓋瑟索皆借用，正字作㩁。

眉批：增鈔詩話六條。『忽見寒梅樹，開花漢水濱。不知春色早，疑是弄珠人。』此王適《梅花》詩也。《唐音》選之，開元以後無此句法矣。《李益集》有樂府《雜體》一首云：『藍葉鬱重重，藍花石榴色。少女歸少年，光華自相得。愛如寒爐火，棄若秋風扇。山岳起面前，相看不相見。春至草亦生，誰能無别情。殷勤展心素，見新莫忘故。遠望孟門山，殷勤報君子。既爲隨陽雁，勿學西流水。』此詩比興，有古樂府之風，唐人鮮及。或云非益詩，乃無名氏代霍小玉寄益之詩也。《續南部烟花録》有劉綺莊《揚州送人》詩云：『桂楫木蘭舟，楓江竹箭流。故人從此去，遠望不勝愁。落日低帆影，歸風引棹謳。思君折楊柳，淚盡武昌樓。』綺莊，不知何許人。詳詩之聲調，必初唐也。『霜月夜徘徊，樓上羌管催。曉風吹不盡，江上落殘梅。』此貫休絶句也。休在晚唐有詩名，然無可取，獨此首有樂府聲調，亦猶惠休之碧雲也。『門外猧兒吠，知是蕭郎至。剗襪下香階，冤家今夜醉。扶得入羅幃，不肯脱羅衣。醉則從他醉，猶勝獨睡時。』此唐人小詞，前輩言觀此可知詩法，蓋八句而四轉摺也。宋詩信不及唐，然如張南軒《麗澤》詩云：『長吟伐木詩，佇立以望子。日暮飛鳥歸，門前長春水。』《西嶼》云：『繫舟西岸邊，幅巾自來去。島嶼花木深，蟬鳴不知處。』有王維輞川遺意。

早飯後沈寄凡來，談至午去。下午接子九書。夜雷電雨。聞賊陷安徽寧國府，湖州大震，杭郡戒嚴。

二十五日壬戌　晴。拜太高祖司馬公諱辰，散胙後同楚材買舟歸。下午陰，有雷，略雨即霽。

二十六日癸亥　晴。早起摘録《楊升庵集》：

酈道元《水經注》形容水之清澈，云分沙漏石，又曰淵無潛甲，又曰魚若空懸，又曰石子如樗蒲。

皆極造語之妙。

說者云宋人小説不及唐人，是也；殊不知唐人小説不及漢人。如華嶠《明妃傳》云：『豐容靚飾，光照漢宫；顧影徘徊，聳動左右。』伶玄《飛燕外傳》云：『以輔屬體，無所不靡。』郭子横《麗娟傳》云：『玉膚柔軟，吹氣勝蘭；不欲衣纓拂之，恐體痕也。』此豈唐人可及？

《拾遺記》曰：『禹治水所穿鑿處，皆有泥封記，使玄龜升其上，此封堠之始。』又《山海經》，黄帝遊幸天下，有記里鼓，道路記以里堆，則堠起軒轅時也。

嘗有人問蘇文忠公曰：『公之博洽可學乎？』曰：『可。吾嘗讀《漢書》矣，蓋數過而始盡之。如治道、人物、地里、官制、兵法、財貨之類，每一過專求一事；不待數過，而事事精覈矣。』此言也，虞邵庵嘗舉以教人，誠讀書之良法也。

唐杜暹聚書萬卷，每題其後云：『清俸寫來手自校，汝曹讀之知聖道，墜之鬻之爲不孝。』其言似矣，然而未達也。司馬温公云：『積書以遺子孫，子孫未必能讀。』此興廢之常理也。余嘗愛趙子昂書跋云：『聚書藏書，良匪易事。善觀書者，澄神端慮，净几焚香。勿捲腦，勿折角，勿以爪侵字，勿以唾揭幅，勿以作枕，勿以夾刺。隨損隨修，隨開隨掩。後之得吾書者，并奉贈此法。』真達者之言哉。

袁宏《與范曾書》『四海鼎沸，天轡將移』，『天轡』字奇。《續錦帶集·迎賓啓》云：『水候錦纜，陸遲華鑾。』

褚亮詩『彤騶出禁中』，蓋伍伯戴紅帽以唱騶，自唐已然矣。

禊，水上祓除也，有春禊、秋禊。《論語》『浴乎沂』，注：『上巳祓除。此春禊也。』劉楨《魯都賦》曰：『素秋二七，天漢指隅。人胥祓禳，國子水嬉。』此用七月十四日，指秋禊也。

子鼠丑牛十二屬之説，朱子謂不知所始。余以爲此天地自然之理，非人所能爲也。日中有金鷄，乃酉之屬；月中有玉兔，乃卯之屬。日月陰陽互藏其宅也。古篆巳字作蛇形，亥字作豕形，餘可推而知矣。眉批：此亦臆説。按《北齊書》文宣帝母有『長子羊兒年，次子狗兒年』之語，則南北朝時已有之，然終法不得其解耳。

點與玷通，古詩多用之。束晳《補亡》詩『鮮侔晨葩，莫之點辱』，陸厥詩『既叨金馬署，復點銅駝門』，杜子美詩『幾回青瑣點朝班』，是也。

文章有似歇後語處，如淵明詩『再喜見友于』，杜詩『友于皆挺拔』『野鳥山花吾友于』。《南史》到藎從武帝登樓，受詔賦詩立成。帝謂其祖蒧曰：『藎實才子，恐卿文章得無假手於貽厥乎？』又稱故鄉爲維桑之里，稱師曰在三之義，稱子曰則百之祥，皆此類也。

早飯後作札與平子。

上午閲叔子日記，内載與孫助教廷璋倡和《金縷曲》詞十四首，皆疊漏字韵，争奇鬥巧，然終爲韵所窘，於本色亦少減矣。詞係助教首倡，叔子初次和，即柬予養痾羅庵詞也。詞云：『夜雨床床漏。鎮垂簾，匆匆悶過，踏青時候。打鼓斫球南鎮路，閑了嬉春烟九。有多少、鶯孱燕僽。落盡湘桃池館冷，正凄涼、天氣人中酒。情緒惡，自搔首。　聞君昨病愁依舊。料無聊，抛盡慵枕，垂楊左肘。十里湖南山畔寺，滴翠湖光如繡。寺以外，萬松風吼。苔徑日長人不到，但緑蘿、雲静啼仙狗。還許我，掉船否？』此詞甚穩。然細味之，下半闋押吼、狗處，與前半氣體稍别矣。其他可喜者，如《讀玉井滿江紅詞有感》云：『月黑驚殘漏。把吴鉤、振衣起舞，荒鷄啼候。借問昇平臺閣彦，可有少年陸九。千古事、幾多孱僽。北府浪傳兵可用，笑諸公只飲京江酒。烽火色，黯牛首。　傳聞仗鉞多勳舊。歎連營、一朝自斷，長淮左肘。九道出師同拜命，衛士戰袍新繡。痛半壁、江濤怒吼。此日中流誰擊楫，盡通侯、羊胃儀同狗。平賊檄，汗顔否？』《月夜聽令茗琵琶》云：『畫槅蕉陰漏。悄深深、曲瓊簾子，夜深時候。閑搭香綃調紫鳳，新譜霓裳第九。聽入破，四弦僝僽。一院鞦韆花影鎖，蘸羅衫、斜月黄於酒。吴苑夢，乍回首。楓香一曲傳名舊。恁玲瓏、轉關護索，紅蓮雙肘。憶昔善才傳指法，壓倒王香吴繡。漸夜静、銅龍初吼。簫局香殘纖玉凍，蘚苔陰、撼起波斯狗。銀篦子，碎應否？』二詞驚才絶艷，然如波斯狗句，亦强押矣。余於今人詞，最喜叔雲，而此數首，殊不滿意，足見疊韵之難也。其他押狗字穩者，叔子贈蓮士云：『我坐長貧君落第，歎一般身世儕屠狗。』又云：『索米金門慳一飽，剩緇衣驚吠楊家狗。』蓮士《將納荀姬柬東漚》云：『屈膝銅鋪春待鎖，預花間潛制金鈴狗。』皆佳。

助教詩學晚唐，在本朝雅近厲樊榭。如《贈人》云：『輕碧簾櫳香串雨，嬌紅弦管酒飛霞。』《漫興》落句云：『合爲美人漂泊死，茂陵風雨太湖船。』《題壁》云：『名場易忤由工傲，詩派難高總病纖。』《曉行》云：『衰柳河梁猶有月，荒蘆野港不能潮。』又：『荒村苦竹啼山鬼，故國梅花薦水仙。』又：『飄蓬身世無長物，傳箭關河有戒心。』又：『感事能增詩骨格，降寒須録酒功勞。』五古如『冉冉孤雲飛，疏樹不能蓄』，亦雋語也。叔子間作小詩，效六朝體，亦極工，如《丁韵琴大碧琴銘》云：『東山桐，文斑斑。天風來，十指間。松聲自碧瑶水寒。江雲蕭蕭玄鶴語，我若成仙定携汝。』《秦雲女史琴銘》云：『青琅之徽翠作尾，三十六鸞應弦起，我心如雲不可理。紅蘭花落菖蒲芬，美人不來秋已深，瓊思瑶語烟紛紛。』真齊梁人語也。

作書與叔子、季貺。

二十七日甲子　晴。早飧後侍家慈至新嶽廟前洪梵庵禮佛。尼僧供香積饌，甚精潔。飯後展竹席卧地，喫西瓜，甚凉，惜欠甜。傍晚步詣平子，不值。詣寄帆，則已偕周季貺詣余矣。因草一書留其案頭。（此處塗抹）眉批：此處載所留書，寥寥數言，殊率傲無謂。爾時頗染六朝輕倪之習，每作牋尺又盡仿閣帖中語。今偶一展過，汗流沾背，始塗去之。至五霞巷口，遇子九，言季貺以曛暮不及久等，已剌舟去，子九亦自歸，因立道旁少談，即分道歸家。

二十八日乙丑　晴。作札與雪鷗。作札與沈瘦生。作札與季貺。

邸鈔：六月初二日，賊復陷武昌署，臬司李卿穀等死之。

二十九日丙寅　晴。早起詣雪鷗，交譜帖。雪鷗以近詠蚊蠅五言古各一首見示。（此處塗抹）詣星橋大兄家，唁雪樵六嫂之喪。憶去年六月雪樵以暴疾亡，今僅一稔，又遘此厄，二孩草擲，四壁水空，繐幃凄寂，爲之慘然。雪樵兄伉爽有志節，頗落拓，不事生産，性穎悟。喜涉獵書史，亦不求甚解，以一衿潦倒死。嫂自于歸即善病，奩貲皆爲醫藥費，雪樵殁後益窘。其父胡春農大令復以藁城失陷獲嚴譴，煢煢無依，病遂不起，亦可傷已。是日從族處借錢四十貫。年來十金之券，屢銷屢署，計可高一尺矣。然踵門稱貸，其不作宣明面相，向者幾人。書此以誌，不次。思諸同人見之，當相視一笑也。下午接子九書，并還全謝山《鮚埼亭集》，即復。晡時微雨即止，夜雷雨。連日疲倦，卧不安枕，夜半稍涼。

三十日丁卯　陰。上午瘦生來，拜大伯父誕辰。瘦生留過夜。

閏七月初一日戊辰　陰，中午雨，下午晴，晡時大雨即止。瘦生在余家。是日，新生迎送入學，張君念慈、鮑君謙、張君冠傑、奕君福堃俱以試卷見惠。接季貺書。

初二日己巳　早陰，上午雨，午後大雨，晡時晴，夜又大雨。與瘦生手談。作書與平子。平子今日赴姚江矣。是日稍凉。

初三日庚午　早晴，上午雨，又大風，中午大雨，下午陰，晡時大風雨。與瘦生手談。作書與叔雲、季貺。

偶閱《楊升庵集》，又録數則：

山林窮四和香，以荔枝殼、甘蔗滓、乾柏葉、黄連和焚，又或加松毬、棗核、梨核，皆妙。

印色，古方用萞麻油，或用煎糊油，皆未爲佳。近傳用川山甲油，取其不滲。試之良妙。

劉聰以婢爲后。王鑒諫曰：『不可以污玉簀而塵瓊寢。』

茨檐賤士，見《晉書》。葦庵漁父，見《廣異記》。

《中朝故事》云：『天街兩旁槐木，俗號爲槐衙。曲江池畔多柳，亦號爲柳衙，以其成行排立也。』

《海物異名記》：『密丁魁，蛤之子也。江瑶池，海月也。天臠瓦隴，蚶子也。膏葉盤，海鏡也。西施舌，鱣子也。西施乳，河豚腸也。』

吐綬鳥謂之錦帶功曹，即《詩》所謂『邛有旨鷊』也。可對金衣公子。

梁黄門侍郎明少遐曰：『狐性多疑，鼬性多豫；狐疑猶豫，因此而傳耳。』乃知猶即鼬也。

《尹子》曰：『詩詠流離，史書梟鏡。』流離鳥名，少好長醜，蓋毛、鄭舊説也。

鄒衍言九州之外復有九州，載於《史記》。其説曰：『東南神州曰旦音晨。土；正南邛州《隋書》作迎。曰深土；西南戎州曰滔土；正西弇州《隋書》作拾。曰開土；正中冀州曰白土；西南柱州一作桂。曰肥土；西北玄州《隋書》作營州，一本作宮州。曰成土；東北咸州曰隱土；正東揚州曰信土。』其言本荒唐，漢人作《河圖括地象》，全祖其説。隋代郊天，遂以其名入從祀之位。史炤《通鑑釋文》曰：『此九州其崑崙統四方之九州乎？』或曰神農地過日月之表，蓋神農之九州也。

道經言海外蓬萊閬苑有五岳靈山。一曰廣乘之山，天之東岳也，在東海之中，上有碧霞之闕，瓊樹之林，紫雀翠鸞，碧藕白橘，主歲星之精，居九氣青天之内。二曰長離之山，天之南岳也，在南海之中，上有朱宫絳闕，赤室丹房，紫草紅芝，霞膏金醴，主熒惑之精，居一氣丹天之内。三曰麗農之山，天之西岳也，在西海之中，上有白華之闕，三素之城，玉泉之宫，瑶林瑞獸，主太白之精，居七氣素天之内。四曰廣野之山，天之北岳也，在北海弱水之中，上多瓊樓寶闕，金液龍芝，主辰星之精，五氣玄天之内。五曰崑崙之山，天之中岳也，在八海之間，上當天心，形如偃蓋，上有瓊華之闕，光碧之堂，瑶池翠水，金井玉彭，主鎮星之精，居於中元一氣天中焉。東海之别有渤海，南海之别有漲海，西海之别有青海，北海之别有瀚海，猶五岳之外有五鎮焉。

鄒衍書『四海之外有裨海環之』，《説文》：『以小益大曰裨。』《西域傳》有裨王，《漢書》有裨將，書名有《裨蒼》《裨雅》，皆以小益大之義。

唐詩『天子三河募少年』，三河：黄河也，折支河也，湟河也。蜀之三江：外水岷江，中水涪江，内水沱江也。

又録文集《答重慶太守劉嵩陽書》：『走之仰止足下久矣，所傳聞於永昌張愈光者尤悉。癸卯之秋，愈光北上，走則暫歸，約同謁執事於渝，此彦會也。張以病不果行，走以獻歲甲之亀，路貫貴治，竟逢其違，匆匆匆匆。留手箠付馬生以答前款，區區拳拳，未蔵萬一。童永昌來，乃辱賜盪櫛，豐逾千言，始則善誘之太甚，中則相知之已深，末復相期之極摯。走雖昏髦，敢忘酬旃。下走賦質愚戇，天禀倔强，不能以過情接物，虚言定交；獨重欽下風，景睠高躅，緊有由矣。自昔文人，類略細謹，仰高明則濯纓清泠，牽絲壁立，不依禾涓，不謁黄馘，不近冰峰。此固鄙人之飫聞鏤膺者也。邇者霸儒，創爲新學，削經剗史，驅儒歸禪。緣其作俑，急於鳴儔，俾其易入。而一時奔名走譽者，自叩胸臆，叵以驚人彪彩，罔克自售，靡然從之，紛其盈矣。蜉蝣撼樹，謂游、夏爲支離；聚蚊成雷，以舒、雄爲小伎。豪傑之士，陷溺實繁。執事則獨復不染，特立無緇，此又鄙人之飫聞鏤膺者也。走少而多疾，長也無奇，然竊有狂談，異於俗論。謂詩歌至杜陵而暢，然詩之衰颯實自杜始；經學至朱子而明，然經之拘晦實自朱始。此非杜、朱之罪也，玩瓶中之牡丹，看擔上之桃李，效之者之罪也。眉批：不可不知此等議論。何仲默亦謂古詩之法，亡於謝玄暉；古文之法，亡於韓昌黎。雖才人好爲高論，然亦足以增廣識見。夫鸞輅生於椎輪，龍舟起於落葉，山則原於覆簣，江則原於濫觴。今也譬則乞丐沾其剩馥殘膏，猶之瞽史誦其墜言衍説，何惑乎道之日蕪而文之日下也。竊不自揆，欲訓詁章句，求朱子以前六經；永言緣情，效杜陵以上四始。斐然之志，確乎不移。而影頽昊泉，昏及趙蔭，迹類愚公，力疲夸父矣！束髮以還，頗厭進取。幸兹荒戍瑟居，得以息黥補刖。回維千鈞之弩，一發不鵠，則可永謝，焉復效枉矢飛流，嚆箭妄鳴乎？故無寧效昔人放於酒，放於賞物。且又文有仗境生情，詩或托物起興。如崔延伯每臨陣則召田僧超爲壯士歌，宋子京修史使麗豎爇椽燭，吴元中起草令遠山磨隃麋，是或一道也。走豈能執鞭古人，亦聊以耗壯心，遣餘年，若所謂老顛欲裂風景不自洗磨者，良亦有之。不知我者不可聞此言，知我者不可不聞此言，尊諭托忘（機）〔譏〕忌之教，則豈敢當也。然借以逃尺寸之負俗，斯則受貺良厚，不敢文過。末復以見志垂載爲勖，此叔達汲王無功盛心也，愈益不敢承焉。壯膏之炷欲燼，遊岱之魂將至，捧誦良書，深負德愛爾。』眉批：劉繪與升庵原書謂：足下脱略禮度，放浪形骸；陶情於艶曲，躭意於美色；抱尺寸者從而譏訕，以爲困躓夷險，降志辱身，厭溺嗜欲，不超玄遠。其略知足下者，又爲足下之才之惜。以僕之愚蒙，乃知足下之微。夫人情有所寄，則有所忘；

有所譏，則有所棄。寄之不縱，則忘之不遠；譏之不深，則棄之不篤。忘之遠則我無所貪，棄之篤則人無所忌；無所忌而後能安，無所貪而後能適；足下之所爲，將求夫安與適也。古人卧酒家，買田宅，擁聲伎，皆豪傑蓋世之才，豈獨無抱尺寸者之見也。

《與金鶴卿書》：『自七月之變，分手非所，不面之闊，藐焉五年。斷金睽于參商，渴瓊發於寢寐，如何其可聊也。惟別之後，兩枉珍翰，一投嘉藻，啓緘伸紙，喜與忭會。既睹手跡，兼照心素。滯荆之跡，雖同仲宣；投沙之懷，夐異賈傅。欣恫欣恫，幸甚幸甚。亟欲嗣音，仍闕便驛。遷延至今，傾翹益勤。走孱弱之軀，不耐瘴癘，戊午春月，忽中末疾，篤癃沉痼，行動仰人。窮荒絶域，乏醫鮮藥，閉門抱影，越歲逾時。近兵燹甫定，而扎瘥大侵。繼之蓬心摇兀，難以托根；波臣涸轍，又復轉徙。孤懸浮寄，望鄉益遠，無悰寡侶，較頃彌甚。儋石同栗里，而室無阿舒之愉；遲暮如子雲，而門無好事之問；僻遠視瓊、儋，而館無白鶴之假；寂寞均柳、永，而遊無黄溪之適。時復静言，追維疇曩，承清塵於俊造，厕華景於英流；桑梓芝蘭之契，宴笑過從之雅；微言疑義之析，酒賦琴歌之懽。炳焉服膺，宛猶昨暮；忽而影響，曠若隔世！存者如辰星之望，逝者有宿草之悲；老子芻狗之談，釋氏露電之喻，其最得乎？獨居多暇，感集悲來，輒藉此言詮，以濯情素。款襟其遼，覼縷莫罄，時有南風，更冀良訊。』

眉批：升庵議論之可取者，如論天則謂邵子有天地自相依附之言，而朱子遂云天外更有軀殼甚厚，所以固氣。然則天之軀殼，誰見之也？而莊子六合之外聖人存而不論之言爲切要。論嫦娥則以爲常儀占月之訛。論新、舊《唐書》，則以爲姚崇要説十事，《舊書》備載問答語；而《新書》裁節之，全失語氣，小宋之割裂類如此。論范少伯載西子遊五湖，則謂越王滅吴，浮西施於江，曰使從鴟夷以終。杜牧誤會浮字，且以范蠡號鴟夷子，而忘夫差以鴟夷沉子胥於江，遂有『一舸逐鴟夷』之句，而後人訛傳至今。論西海之祭，則稱丘文莊公謂滇之極西，百夷之外，聞有大海，通西南島夷，即西海也，宜於雲南城望祀之，今望祀於蒲州爲非。論小説則以《汲冢周書》爲害義傷教，首爲誣聖之書。其後《十洲記》、《漢武帝内傳》、《洞冥記》、王嘉《拾遺記》、王仁裕《天寶遺事》，宋有《碧雲騢》《雲仙散録》《清異録》，皆淺陋虚妄，可以焚棄。論班史《古今人表》，則譏其有四謬。列曾子於冉閔、仲弓之下；列魯隱於下下，而葛伯及於上中；列嫪毐於中下，而陳仲子與之同等；此識見之謬。以夔、后夔爲二人，而一在上下，一在下上；以韋、豕韋爲二人，而一居下上，一居上下；鄖無恤與王良並著，范武子與士會俱垂，此荒略之謬。鴻荒以來，非漢家之宇；上古群佐，非劉氏之臣。固作《漢書》，紀漢事耳，乃總古今以著《人表》，既乖其名，復亂其體，此名義之謬。有仲尼之聖，然後可以裁定前人，憲章後世。固何人也，而高下古今之人？使其自署，當在何等？此妄作之謬。論陳壽蜀無史職故灾祥靡聞之語，謂壽因父受髡辱，加兹謗議。按黄氣見於秭歸，群鳥墮於江水，成都言有景星出，益州言無宰相氣，若無史官，此事何由而書？《蜀志》又稱王崇補東觀，郤正爲秘書郎，廣求益部書籍；又按後主景耀元年，史官奏景星見，大赦改元：壽自書之而自戾之，爲不可解。是皆足以備稽考，非一味偏謬者比。

升庵編成後，世廟猶念之。乃以狎妓自污，至綰角髻、簪花、穿緋衣，令妓舁之行。内侍有自滇回京者，以聞，世廟以爲病風，乃得免。是其佯狂避禍，同於袁海叟之對使者唱《月兒高》一曲，亦古之智士歟！詩文皆宗六朝，苦少真意。文更有貌爲高古者，率割裂補綴，不足當方家；且議論多偏駁。嘗作《二伯論》，謂春秋稱霸，惟桓與文，而五伯之説，起於戰國策士，而孟子述之，不足爲據。因以秦穆公之穆，爲惡謚之繆，引董無心言暨《史記·蒙恬傳》爲證，且謂古之得繆謚者，秦、魯以之。夫春秋以來無惡謚，惟廢弑者間有之。秦穆雖未得比桓、文，然在秦則創霸者也。且其置晉君，服鄰喪，用孟明，皆人所難。而勤王則先出師，攘楚則願從役，其心術較晉文爲正。孔子亦録其言爲《秦誓》，是即在中國，亦令主也，豈有康公爲其子，而加以惡謚者乎？升庵以其置晉君而先惠、懷爲幸禍，三良之殉爲穆公遺命，其何所見而云然乎？至論道學，則痛詆象山、慈湖、白沙、姚江爲僞學，而於朱子亦力攻其短。論政事，則以王荆公爲奸邪之尤。論詩，則伸六朝，屈三唐；而於同時何大復屢有微詞。且以蜀人而專右鄉曲，皆其失也。

傍晚寐坐，成紀夢詩四絶：『瑶環瑜珥憶趨庭，携手花前幾度經。夢裏飛瓊愁再見，可堪潘鬢也凋零。』『鬥草迷藏事宛然，蓬山一隔便登仙。不知風絮輪中物，何日紅塵又劫年。』『當年愛唱玉瓏玲，蘭畹花間聽未真。今日重撏紅豆譜，記曾錯處倍沾巾。』『忽聽鷄聲送彩鸞，茫茫雲海見應難。蓬萊清淺無多水，莫作生前淚點看。』第二首初欲改之，恐見之者以爲讖語也，繼思休文懺病，非綺語之爲灾，長吉夭年，豈奇詞之無理，遂并存之。嘗謂詩讖説，如讀史者以成敗論人。試取古來諸名家詩讀之，衰颯不祥語，比比皆是，何僅於文人無命者，摘其一二語以助談柄耶？憶辛亥歲倪先生春潮館余家，爲余言其族子某者，少年瘵亡，嘗有句云『殘花寒士面，枯木老僧頭』，譏者皆以爲讖。去歲樓蓮舫言，錢塘許滇生大司馬冢子諸生某嘗咏棺云：『即此已爲身外物，須知都是個中人。』人咸憂之，後果夭折。然二語甚藴藉，何爲不祥耶？夜與瘦生弈。是夜風雨達旦。

初四日辛未　大風，時有驟雨，凉。與瘦生弈。倪允嘉母舅來。夜，風雨達旦。聞賊入溧陽東壩，浙臬黄樂之率兵防平望，以初一日行。撫軍又檄台州知府張玉藻防四安，後平望之師亦移駐焉。

初五日壬申　大風雨。侵晨瘦生遁去，母舅亦自歸。下午整理書籍，頗勞頓。夜，大雨達旦。

初六日癸酉　雨仍不止，風略息。是日聞郡守禁止屠宰，爲風損禾稼并棉花也。今歲沿海沙地極豐稔，稻有兩歧者，棉花亦極好。乃時已薄收，爲連日風雨所虐，應損十之四五矣。門前水已上岸。作書與雪甌、與寄凡。夜仍大風。

初七日甲戌　微晴，上午略有雨，午後大風。早飧後詣雪甌，不值，即至味經堂買書，逢族弟開先，旋至開先家少坐即歸。是日再祀先君子。先君子誕于七月七日，今適逢閏，故又設祭。按生日之祭，本非古，今舉世行之，亦以見報本之萬一，從宜從俗，聖王勿禁。昔謝山全氏嘗言，生日不必祭，生日而逢閏日，則百年一遇，不可不祭。今吾家自贈中翰公以下累七世，皆生卒日兩祭，奉行數百年，無敢怠。倘逢閏而不祭，是忘先人也，是重不肖之罪也。憶歲甲辰是月，亦閏，先君子以閏七夕爲題，命擬五排一首。及呈稿，塾師贊不容口，而先君子怒之，謂吾所望于孺子者，不止是也。今十易寒暑，庭訓渺然，遺書滿楹，塵棄莫讀，窮愁落寞，不克自振，悚對几筵，淚透重裳矣！夜與詩舫、琴舫兩弟買舟至昌安門外朱翁子祠看戲，次早歸。

初八日乙亥　早晴，旋陰，上午風，午後雨，甚涼。早飯後詣雪甌談。晤許梅仙，少坐即歸。得季貺書，即作復。夜雨達曉。聞賊舟駛入嘉興界，黄撫軍調台州鄉兵堵禦，杭州大震。

初九日丙子　雨，甚凉。作書與瘦生。薄暮得季貺書、瘦生復書。夜可蓋棉被。

初十日丁丑　晴。久雨得霽，秋陰頓開，如失沉痼，因憶明儒吴康齋言，積雨之後，紅日一出，萬物欣然，吾肺腑中亦若有其照耀，乃知隨處領會，無非天機。程子吟風弄月，固别自一番境界，然凡事油然能自得于心，孔、顔真樂，不待他求矣。吾輩質本凡陋，嗜欲固多，重以身世寥落，憤悒詫傺，到處觸忤，惟賴風日，鼓動幽滯，匪但遣興，亦可養生也。傍晚偶出門首，見兵船絡繹西去，皆台州鄉兵也。憶歲庚子，英夷擾寧郡，時吾鄉杜比部寶辰練土兵爲防堵計，督師伊里布過境，見之曰：『國家今日豈需此！』先君子嘗謂伊公此語，不愧大臣。乃歲僅十稔，而湟池騷擾，兵不知戟，中華全力，受制跳梁，至借鄉兵以應急，而湘鄉曾侍郎國〔蕃〕〔藩〕、福建侯官林文忠公子翰林汝舟，皆練義兵守鄉土。前安徽巡撫江公忠〔元〕〔源〕，以鄉兵自隨，屢獲奇捷，遂繇縣令不一年致位開府。嗚呼！世變從可見已。聞部議，明歲乙卯鄉試後，各省提學仍如舊制歸提學道，不更簡京負。夜月甚好。

十一日戊寅　早雨，上午漸開霽，中午晴。初聞賊至湖州長興，紹郡人大懼。後知是訛傳，其實賊亦未嘗至寧國，惟官吏俱散走，徒存空城耳。聞曾侍郎國藩、雷尚書以諴皆革職。

十二日己卯　上午大雨，下午又大雨，地潮濕。聞向帥驅賊出東壩，副將傅振邦、參將張國樑力焉。

十三日庚辰　陰晴不定，時有雨，稍和。是日郡守以久雨，禁屠宰并魚蝦鰻蟹等物。早飯後，雪甌來，邀余同詣叔子。叔子病，方起，留飯暢談，至晡時回家。（此處塗抹）勝都統禦賊高唐州，十三戰皆敗。夜卧甚憊。

十四日辛巳　陰。沈瘦生代搬蘿庵書廚來。啓視之，内經史集數十種爲蟲食，書皆累年所購佳槧。寒士之厄，於斯極矣。余今歲二月，養疴蘿庵，本作久居計，故書籍多携去。嗣以訟事牽連，不得避静，以其地潮濕，屢屬瘦生代爲携歸，瘦生未得便而止。六月杪，余親往視之，尚無恙也。乃相距數旬，盡遭蟫劫。酷哉！

十五日壬午　上午雨，下午陰。是日以閏中元，再祀先并祭先君子諱日。夜甚憊。聞御史呼延振奏禁銅器，自衣釦外悉納官，下至重一二兩者，限兩年不繳，概以違法論。

十六日癸未　晴。曬書。得叔子書。

十七日甲申　晴。曬書。上午詣味經堂賈書。旋詣寄凡，少坐。至閑谷家晤蕭山葉芝楣縣佐，劇談至晚歸。

十八日乙酉　晴。曬書。作書與叔子。

十九日丙戌　晴，又暖。得叔子書。

二十日丁亥　晴。曬書。午後洗澡，嗣是漸凉，可無須此矣。今歲余頗苦熱，計浴已十二次。詣雪甌談，晚歸。作書致子九。

二十一日戊子　晴。上午雪鷗、季覞來。留飯快談，抵夜去。夜卧甚憊。

二十二日己丑　晴。聞湖北巡撫青麐以武昌失守，奉赴湖南，移師就餉，再圖收復，奉旨就于荆州正法。上諭有『若不將伊正法，何以對死節諸臣』語，至哉王言！凡百臣僚有不忠義激發者耶！又聞七月初三日，駱秉章、塔齊布、曾國藩收復岳州。

二十三日庚寅　晴間陰。得季貺書，即作復。

二十四日辛卯　晴。上午許眉仙偕其叔某來，旋去。得雪甌書。下午舅氏來。夜大雷雨。

二十五日壬辰　早雨，上午陰，下午晴。舅氏在余家。薌師來，旋去。聞是月初旬，督師琦善卒於軍，命都統德興阿代爲欽差大臣。時琦善方領水師攻瓜州，屢聞奏捷矣。

二十六日癸巳　早雨，上午晴，稍凉。舅氏回去。得叔子書。

二十七日甲午　早雨，上午陰，下午微雨，凉。上午詣承恩坊社廟看戲，下午歸。夜看書甚快。

二十八日乙未　雨，甚凉。早起甚憊。郡城决盜四人。夜雨達旦。

邸鈔：給事中袁甲三辦理安徽滁鳳一帶軍務。

二十九日丙申　雨。作書致藍叔、致平子。夜雨達旦。

八月初一日丁酉　早雨，上午霽。早飯後詣雪甌，薄午歸。聞閏七月廿二日，向帥大破賊。時向帥駐鍾山，距江寧城五里，有獻計賊首者請併力攻江浙，於是僞東王楊秀清以精卒六千分三路出，一圍前鋒張國梁，一繞出鍾山後搗大營，一自句容下長洲繼搗大營者，偵知有備，不進。官兵自東壩撤回者，至句容，賊猝遇之，遂潰。張國梁亦單騎突圍出，合各路兵夾擊之，賊一軍殲焉。南軍以此捷爲第一，國梁力焉。國梁，廣東人，初名嘉祥，與洪秀琭偕起廣西爲盜，繼降于向帥，爲易今名，頗得其死力云。

夜讀《漢書·霍光傳》。書其後云：昔人以霍光輔幼主，任天下之重，廢昏立明，與伊周比。嗚呼，光誠社稷臣，不當牽於私愛，匿妻之弑君母。既匿矣，不當復納女後宫以圖寵利；然則光廢昌邑之私心見矣。夫昌邑雖非賢，亦無大惡跡，何至并從官而誅之也？既廢之公矣，何至引延年，要楊敞，以劫制爲也。昔固有疑昌邑與從臣有密謀，光因之廢立者。余讀《楊敞傳》，至敞妻語敞曰：『君不從，禍且不測。』輒廢書歎曰：『當日情勢如此，光之罪其足疑耶！』然則光特以權術挾主者耳，廣樹子姓，不以盛滿爲懼，仇怨浸盈，自取夷滅。史稱光不學無術。嗚呼，其術也，其不學也！哀哉！

先儒謂五臣獨庭堅無後，以其理刑故。夫虞夏之刑，詳刑也。漢世重刑法，酷吏輩出，而張湯、杜周爲最，生平枉殺者以萬計，而二人後嗣寖盛，爲漢世臣。天道之明昧，固不可知。而儒生好爲高論者，亦適形其識見之小爾。眉批：宋代制科策題有『湯周福祚之同』，亦謂張湯、杜周也，當時士子不知，多以三代爲對。

初二日戊戌　陰，中午雨。是日秋分。上午買舟詣賞村，赴季貺添丁湯餅會，同席者子九、雪甌、叔航、寶意、藍叔、琴子、李琴山孝廉、傅節之上舍。夜膳後附琴子、節之舟歸家，已二鼓矣。

初三日己亥　雨。讀《漢書》。夜閱宋詞。

初四日庚子　雨。閱宋詞，終《張玉田集》一卷。

初五日辛丑　早微雨，上午陰，下午霽。閱六朝駢文。

初六日壬寅　陰，微晴。侵晨小雲栖寄雲和上來，茗談少時，去。傍晚瘦生來，留宿，次日去。

初七日癸卯　晴。

閱六朝文。竊歎自來帝王能文，無如梁武帝，少以文士知名，著書至數百種，顧以英武之姿，手創基業，而晚境潦倒如是。諸子如昭明、簡文、元帝，皆負異才，而夭殁僇辱，無一令終，在南北朝中，亂爲尤甚，得非文字之厄耶？先儒謂高貴鄉公深通經術，而死於司馬昭，帝王之學問，洵與文士異。余謂梁武帝亦然。至擅辭賦之美者，則推陳長城公、李隴西公兩亡國主。余讀簡文、元帝諸賦，艷思綺抱，觸緒紛來，亦何嘗不獨經耶？

是日桂始華。

邸鈔：七月十四日向帥遣傅振邦、張國梁克復太平。

初八日甲辰　陰，下午略有雨。上午祀曾大父誕辰。家慈詣城中禮佛。得叔子書。夜大雨徹曙。

初九日乙巳　晴，夜月甚好。賦《秋月篇》云：『秋月何皎潔，秋花何鮮澄。秋花雖云好，不能留兩情。亭亭結綺樓，寶帳流蘇盤。滅燭看明月，徘徊玉闌干。闌干外何極，河漢西南流。湘江楓葉冷，巫峽猿啼愁。思君不可見，知君苦行旅。估客夜行舟，思寄尺書去。寄書終不成，順風且寄音。今夜停砧杵，知君不忍聽。秋風隨處到，秋月知人老。桂樹俟冬榮，芙蓉怨霜早。早晚人成故，月圓知幾度。但願月長好，不計容華暮。坐對漸生憐，回頭掩鏡奩。待郎歸有日，拜汝一開簾。』此詩次日奉似雪甌，以爲絶似六朝人作，余則未敢，惟不弱李益輩耳。

初十日丙午　晴，午後微陰。早起秋爽襲人，得五古一首柬諸同好：『老桂忽然華，四山得秋清。幽人夜無寐，晨起事屏營。髮亂不知櫛，遑治俗士名。凉風滌塵垢，朝霞映高情。萬事法乎肅，守道戒志盈。秋水念之子，蒼葭改歌聲。薄寒視衣帶，持以道平生。宋玉悲戚多，欲贈心怦怦。』下午詣薌師，不值。詣雪甌，久坐晚歸。

十一日丁未　上午陰，下午雨。作札與叔子。

十二日戊申　早雨，旋止，終日陰。詣大伯母家，唁大姊之喪。月夜開窗，讀《漢書》一卷。連夜卧起甚憊。

十三日己酉　晴。上午季貺偕武林李試鷗來，余屬其診脉，爲授一方，以六脉遲細無力，重按則氣不傳送，用滋水以補木、抑木以扶土法治之。七弟新婦亦請其診脉，爲擬兩方。午飯後同至味經堂，買《陰符經》。沈素庭以近作詩數十首出示，并晤寄帆、陳韵珊。晚歸。試鷗、季貺别去。夜月甚佳，獨步庭中，二更歸寢。

十四日庚戌　晴。夜月甚佳。

十五日辛亥　晴。夜月甚佳。下午同諸弟詣寨下村看戲。夜復乘月出，詣戲場，晤奕山來秀才濤，暢述舊悰，并敘今闊，露坐終夕，不知首之如沐。侵曉歸家，看遠村曉烟吞吐平林，甚適意也。是日上午星橋兄來，久坐方去。

十六日壬子　晴。上午蘿案族叔來，即去。作札與瘦生。夜陰無月。是日傍晚陳薌師來，即去。

十七日癸丑　上午陰，下午雨。早間瘦生來，即去。上午茹子薌來，旋去。夜雨達旦。

十八日甲寅　陰，微有雨。小寒。下午偕詩舫進城，詣族弟開先，不值。詣大街，晤鏡人族伯。夜歸。夜晴有月。

十九日乙卯　晴。聞向帥復太平，擢張國梁副將。是役也，國梁以兵三百破賊數千焉。見邸鈔，向帥爲故粵撫鄒鳴鶴請恤。初，鳴鶴撫廣西，賊圍桂林急，鳴鶴堅守得全。洎全州陷，廷議落職歸。癸丑春，奉命賫江寧軍，鳴鶴已老病，力疾至，方與諸大臣議城守，而總督陸建瀛遽率師自九江遁還，執鳴鶴手曰：『事亟亟矣，君非封疆臣，毋及於難。』鳴鶴大恚曰：『鳴鶴重負國恩，常愧悔無地，今正自贖時也，公以我爲全軀報妻子者耶？』因歸館賦絶命詞二章，作書付其子令歸。城陷，遇賊，手刃數人，爲所執，罵不絶口，賊支解之。事聞，未得恩命，向帥以廣西同官誼爲之請。及克太平，於賊中得孫侍郎銘恩死事狀甚慘。向帥并奏之。嗚呼！我朝褒崇節義，超越前古，純皇帝時，特旨大録勝國忠臣，分别賜專謚、通謚以吠堯之頑民，而後發潛闡幽，搜及遐僻，况如孫、鄒諸公食禄不避難，其哀榮當更何如也。然余謂贈蔭祠謚者，朝廷勸忠之禮然耳，若人臣以死明節，而作爲詩歌以自表異，若不勝其矜重者，在君子爲失言，在小人爲沽譽，皆非人臣事君之義。往論宋文信公參政之死，爲士魁增重，而文公書衣帶曰『成仁取義』，陳公臨死，指其腹曰：『此皆節義文章。』不特爲書生習氣語，亦見其沾沾自喜，未必能從容就義也。若鄒中丞者，謂其善補過則可矣，而絶命詞乃有忠盡仁純之語，自許者與。或曰賊攻桂林時，中丞私以錢二百萬賄賊，得解，朝廷亦知之，故恤典不及云。

邸鈔：琦善追贈太子太保協辦大學士銜。授江寧將軍托明阿爲欽差大臣。

整理者按：傳録本《甲寅日記》此後尚有如下文字。

《七弟新婦挈僧慧歸寧靈床展别涕不能(仰)〔抑〕既痛逝者更念孤露率賦二律以當一慟》：『亂世飢寒强自寬，無多骨肉勸加餐。五年差長憐勤學，一事無成竟蓋棺。積善兒孫摧折早，就衰門户保持難。傷心剩有孤雛在，盈尺麻衣忍淚看。』『阿母辛勤爲汝婚，携持病婦望生孫。共欣寶誌初摩頂，誰料巫陽已在門。冷雨五更聞哺乳，春暉廿載竟孤恩。敝衣書卷封塵篋，處處空房淚涕痕。』《晚際以事至門外風浪浩然臨流獨立頗有江湖之思成五言一章》：『長風吹獨立，蒼莽墮邊愁。山壓孤村暝，城掀濁浪秋。奇貧逢患難，多病誤恩讎。滿目關河思，平分浩蕩鷗。』其原作云：『長風吹獨立，恨逐大江流。濁浪吞孤岸，危雲立戍樓。奇貧多事始，衰病壯懷休。未了恩讎感，蒼茫起暮愁。』

秋夢

（生巾服上）病骨西風怯倚欄，梧桐葉上月鉤殘。客中剩有思親淚，無事緣卿一再彈。用舊句。小生莫嶠，羈旅京師，已逾一載。自聞寇警，久斷家書。游子難歸，十二時思親腸斷；故園何在，三千里作客神傷。文高有窮鳥之怨，金盡作枯魚之泣。目下秋風又起，病體未瘳，遥念栗里親朋，瀼溪弟妹，是誰驅迫，致此分離？錯鑄眥郎，怨叢浪子，以故琴調瑟愛，久絶言私，惜玉憐香，尤從懺悔。只是日非耶，偶遇嬰娘，生小相憐，私懽永馨。錦箋有句，曾蒙才子之呼；玉鏡無臺，空憶老奴之謔。鴛鴦宿債，情天自有三生；蘭絮因緣，慧果何妨再劫。不免淚珠洗面，心字燒香。觸物添愁，因時結瘖。當此凄凉天氣，行坐無聊。你看落照沉山，夕烟上樹，風簾露簟，滿院秋聲。這情緒好難消遣也！

【月兒高】露下秋痕淺，湘簾倚花卷。魆地凄凉夜，獨自個閑行遍。恁多事黄昏留得閑庭院。可是影兒，分付相伴。

咳！看這碧空萬里，絳河一泓，已是星期將近了。（起立介）

【前腔】何處是，巫山現。鵲橋兒，問誰管。月裏瑶簧澀，雲深瓊樓掩。偏則是紅顔薄命生天慣，但人間天上總孤眠。恁相思，有誰見？

聽這啼螿絮恨，暗葉敲愁，露氣漸深，夜已近午，不覺身子困倦起來，只索去睡呵。（場上設床帳介）（生轉坐介）（內打二更介）

【懶畫眉】這銷魂時候早涼天，便待要訴盡孤淒也枉然。（欠伸介）知否今宵，好夢阿誰邊。倩孤燈證我相思券。又索是被冷香殘要獨自憐。

（睡介）（內三更介）（旦素妝上）紫玉原烟化，靈芸是夜來。奴家柳枝，小字嬰娘，幼與（李）〔莫〕郎，花前一諾，自乖素願，遂判雨塵。荏苒十年，情根不爛。今日謫期已滿，將返兜率宮中，爲司花侍女，特來與（李）〔莫〕郎話別一番。他日毗藍劫盡，蕊苑蓉城，再圖永聚。咳！一路行來，千山萬水，滿目烽烟，好不辛苦人也！

【前腔】爲甚步虛飛下萬重山，可只爲玉女投壺一笑緣。是生生不換有情天，則合恩情美滿由人戀。偏奴與（李）〔莫〕郎呵！恁初地團圓便爾慳。

（望介）前面鳳城南畔，花木幽深，已是莫郎寓室，不免徑入則個。（作進介）你看書幌燈昏，琴囊塵漬，可知近狀，兀自傷心。（淚介）

【忒忒令】多則是日夜思親淚漣，那更爲著柔情牽轉，瘦書生慣受天公賺，一封封鴛鴦柬，一椿椿鸚鵡禪，轉傷心這迷暌一面。

（揭帳介）莫郎莫郎，奴家在此。（生作起介）是誰？（旦）則奴嬰娘來也。（生驚認介）果然是我嬰娘。怎生來此？（相持泣介）（生）

【尹令】赤緊熱，齊年美眷。驀決絶，山遥水遠。則等海枯石爛，有這天從人願。看月樣身兒，花樣龐兒，還似往年。

（旦）想當時呵！

【品令】曾記共携手，密誓在鏡臺邊。我和你無猜兩小，常鎮日并香肩，燕後鶯先，葉底花前，是處瞞他見。到後日呵！恁忽地裏愛癡分判，只珠淚雙雙，没個紅絲一處穿。（生旦携手行，作登高指點介）（生旦合）

（生）趁此良夜，和你歸家去，尋那時蹤迹。（旦）你家在那裏，只索同去一望罷。（生旦携手行，作

【豆葉黄】那莽天涯是鬖鬖亂樹帶平烟，傍著個俏湖山粉畫兒周垣，霎時間把一座小陽臺齊現。那邊歌院，那邊舞簾，這一答軟丢丢的楊葉兒繫情絲那年，這一答艷生生的花影兒證情詞那年，是我兩人呵，結下了没頭的恩怨。

（内鼓吹，小生、貼旦各繡衣携花燈，雜四五人各色衣執花燈上，旋繞喧笑下）（生）鳳簫聲動，玉壺光轉，看我兩人又在東風燈影中也。（生旦合）

【玉交枝】又早是蛾兒鬧宴，忽吹落銀花滿天。省可是東風便把全身現，生受這羅帕金錢。顫茸茸厮並著花勝，妍月纖纖，屧兒印遍舞胡旋。賺得嬌嫌，越顯出那小春人笑靨。

（内簫鼓，小生、貼旦各簪花執柳枝携手緩步。雜旦四人扮侍婢，分執酒壺、花瓶、團扇、書卷雜摇船上，旋轉下）（旦）畫船紫燕，團扇流鶯，又是嬉春時候哩。（生旦合）

【月上海棠】最繾綣，全家畫舸春風軟。那波光洒盞，鬢影詩奩都戀。恁的的花兜團扇滿，更雙雙燕繡生衣蒨。水裏青春，畫裏青山，回頭天上神仙眷。

（内鑼鼓，雜扮龍船跳舞上，小生、貼旦雜撑船隨上同下）（生）嬰娘，看此錦標競渡，鷁舞雲垂，魚飛浪織，好不熱鬧也。（生旦合）

【二犯么令】還恁張水嬉樓艦，亂魚龍飛舞青天。紅獵獵旌旗影，攪碎一湖烟。錦蒸霞變，驀忽地山川盡轉旋。（生）我與你呵！遊戲這刹那間，算莫負湖州少年。

（旦）（李）〔莫〕郎，往事如塵，勿勞更憶，俺送你回去者。（生旦同下介）（生旦合）

【江兒水】是何年，能割斷兩情挂牽。没來由，前生孽債頭陀願，今生罪過閻羅案，更來生因果菩提讚。一會價迷離夢幻，碧落黄泉，守這個情長愛短。

（内四更介）（旦）（李）〔莫〕郎，此會難長，只索别去，前途保重，後晤有期。（生旦各淚介）（旦）

【前腔】恁流連，難剖辨恨緣愛緣。但願你呵，從今後蒲萄莫負當歸券，蘼蕪莫誤情癡傳，更芙蓉莫結迴文怨。（旦携生手至床前介）且暫返邯鄲枕畔。（生仍睡，旦放下帳介）去路漫漫，又獨自凄凉消遣。（掩淚下）

（生作醒介）嬰娘那裏去？（四顧呆介）（内五更介）唉，原來是一場大夢。（生）

【川撥棹】看這月栖梁，露通簾，聽聽這亂蛩聲幽草邊，分明是燭影現嬋娟，分明是燭影現嬋娟。祇餘一縷秋風紫玉烟。空爲伊長恨天，空爲伊死挂牽。

【前腔】看這枕和衾，淚熒然，想想是玉人兒燈下彈。方纔夢中之語，説是後會有期。果許了結下再生緣，果許了結下再生緣，便教世世曇花不羡仙。空爲伊長恨天，空爲伊死挂牽。

（内鷄鳴介）（生作開門望介）呀，門外宿霧迷漫，曉星慘淡，遠遠荒鷄唱曙，你看嬰娘從此一路去呵！

【前腔】你這路途遥，珮環寒，看看這瘦魂兒來復還。那一座露草小墳邊，那一座露草小墳邊，祇宜冷月空山吊病鵑。空爲伊長恨天，空爲伊死挂牽。

【尾聲】恁盈盈生長畫堂前，勞夢裏家園指點，恨不得倩寄平安紙一械。

舊作：

忽聽鷄聲送彩鸞，茫茫雲海見應難。蓬萊清淺無多水，莫作生前淚點看。（下）

越縵堂日記乙集

咸豐五年正月初一日至九月十五日(1855年2月17日—1855年10月25日)

卷中詞大須删改。論史及時事間有佳者,然亦多小説家言,寫景處頗可觀。其時讀書不多,故所就止此。辛酉三月自記。

咸豐五年(一八五五)

皇帝五年乙卯元旦 晴。是日乙丑。清晨起祀神,拜列祖像。上午詣族中賀年,又詣宗祠聚拜。是日族中齊來拜像及賀年。得五古一章,録後:『春入隔年夢,鷄聲醒茆屋。睡起日高春,病後萬事足。祀神暫衣冠,頭面辭櫛沐。賀客不到門,嘻游恣童僕。静看廚烟生,東風蕩成緑。豈識廛市囂,此中有空谷。但恐明朝來,俗事又相逐。一笑視床頭,柏葉酒初熟。小飲向斜陽,出門試游矚。春貼偶分眙,醉墨遍鄉曲。幸作昇平人,今年飽新穀。』題係《元旦即事效香山體》。

初二日丙寅 晴。詣宗祠,以是日族中眷屬聚拜也。余宅表叔來。周息鷗、陳韵珊兩孝廉來,不晤,去。午刻,家慈率弟妹詣三山石堰村看戲,晚歸。閑谷兄來。

初三日丁卯 雨,下午晴。陳元仁宅表姑弟來。孫拜軒表姊倩來。上午胸胃作惡,午飯、夕飧俱不進,頗不耐看書。是日雨水。

初四日戊辰 晴,甚和,地潮。張藹翁表姑父來,不晤。王平子來。陳君實丈來。薛宅表弟來。

下午大風。

初五日己巳　晴。詣城中各親友賀年。張方生兄來。下午祭神，俗例了新年也，拜列祖像。是日以勞致氣逆，夜半始平復。夜間鼠銜去書五本，裂其二。

初六日庚午　晴。陶琴子來。薛春岩經歷來。以薺筍和麵并作餃，壽家慈先生辰五日也。夜微雨。

初七日辛未　陰。沈瘦生來。聞官軍元旦克復上海，劉賊平。眉批：大事曰平者，劉逆終不獲也，或云遁入海矣。（星誠）是役也，英吉、佛郎機、花旗三夷同效順云。夜，（此處塗抹）。

初八日壬申　早微雨，即霽。徐山羅君來訪，詩舫内兄也。道墟章宅族姊倩來。沈寄凡來。詣謝墅拜殿纂公墓。聞台州黄岩有警，即樂清餘賊也。夜七弟新婦以蔬餃、桂花糖餃、桂花糖粉團、細砂糖吉餅，薺麵壽家慈。

初九日癸酉　晴，甚暖。聞曾侍郎自湖北蹙賊出江西九江，至饒州，合兵圍之。

初十日甲戌　晴，甚暖，晚雨。早起買舟，將詣東浦謁周總戎公、分宜公、秦帥公像，高祖母母家也。以天氣燠，恐卒遇風，不果去。又欲詣梅墅謁祁忠惠公暨奕喜公像，亦不果。以茶葉、鴨蛋四十遺騰譽，便道往餉祁宅。上午詣閑谷，少坐，同往子九家賀年。子九留午飯，徐小池亦來。下午别諸君，詣沈寄帆，晤周季貺及寄雲和尚，遂同詣陳韵珊。天適雨，遂乘季貺舟至余家，入門重道賀。傍晚，寄雲别去，季貺留飯。更餘，雨更甚。余以次早有樊浦之行，乃别客就寢。夜半，周叩門入，余已熟睡，家人亦不聞，遂促季貺起，告閽者而去。五更大風，舟人促余出門，以風辭之。是日蓉生兄來，不晤，去。皋埠屠夢岩姑父來，亦不晤。

十一日乙亥　陰，大風，終日夜不息。家慈生日。周雪甌偕寄公冒風來，略談，去。下午微雪。

十二日丙子　晴，甚寒，風稍息。得子九、蓉生書。晚赴蓉生招，子九、平子、汪韵珊同集。更餘席散，詣子九家宿。月夜對談，得五律一首録後：『一年幾高會，行樂故鄉寬。酒到春宵暖，談深月色寒。賤貧知己在，烽火别家難。相對增悲感，勞勞二鳥看。』眉批：正月十二日偕子九、平子夜集蓉生家，酒罷與子九夜話。

十三日丁丑　時有風，下午止。早起與子九、傅節之登舟，并邀平子、雪甌、寄雲和上同詣汴人周譽芬，午刻抵賞村，見（此處塗抹）所作元旦七律，（此處塗抹）詩有『到門賀柬半詩人』之語，余戲曰：『東浦酒鄉有許多詩人耶？』（此處塗抹）曰：『正待諸君來實此言耳。』滿座大噱。是日并晤杜五樓大令人鳳、余孝廉潢。傍晚同雪甌、子九、釋寄雲返棹，至大樹港泛月，仿坡公體成七古一章録後：『春初訪客東浦鄉，東浦十里吹酒香。出門一笑二三子，已見樹杪懸斜陽。輕舟拍拍解維去，鷗鳧四散同飛翔。大湖千頃净如練，頓見月色生滄浪。纖雲走影入山際，露髻環列開新妝。空中倒影啓瑶闕，叢林盡吐晶珀光。天公先日作元夜，銀花火樹紛成行。春星璀璨落如雪，蛟潭不教潛鱗藏。汀洲縷縷雪痕起，黿湖冰窟寒相望。舟中孫楚更周燮，惠休上人亦同杭。俯身掬水弄空碧，馮夷匿笑驚清狂。沆瀣飽飲得冲舉，置身忽在渤澥旁。鐵笛一聲裂空起，吸取萬象歸渾茫。安得諸君約明月，夜夜此地飛千觴。』眉批：上元前二日，偕諸子過芝村兄弟，傍晚同子九、雪甌、凡公返棹至大樹港泛月有作。酉刻抵家。

十四日戊寅　晴又風，稍和。作《癸丑蘭亭秋禊詩序》，存《越縵堂文集》中，兹不録。

十五日己卯　晴，甚和。道墟章宅從姊倩來。大營趙宅從姊倩來。夜拜列祖像。是夕月甚明，十年來罕遇此燈節，欲棹舟詣朱翁子祠觀劇，不果。吾鄉燈市，首數陶堰，明張岱《陶庵夢憶》言其山物、陸物、水物無不備至，燈樂之盛亦稱是。蓋風景不免呆俗，而太平氣象甚有足觀。近年來民物貧儉，惟陶堰及道墟、東關、潞莊尚盛衰不常。自正月十三日始至十八日止，遊人紛沓，舉國若狂。余家世嚴禁嬉遊，二十年來，嘗一至潞莊，然星火圍繞者，惟一歌臺，僅高五尺，闊尋丈耳。餘則城市間五里一吹唱，十里一燈毬，支吾點綴，祇益蕭條，求如《陶庵夢憶》中所謂紙燈竹棚者亦不可得。然則陶庵謂紹興紙賤、竹賤、燭賤，故燈市甲天下者尚足。明季風氣，縉紳富家好尚熱鬧，近則求田問舍之外無餘事焉。

十六日庚辰　陰。下午寄雲來談甚久。得陶琴子書。

十七日辛巳　陰。作書致子九、致蓉生、致閑谷。得子九復書。下午進城詣文淵堂書坊，觀儀徵阮氏仿宋刻《列女傳》圖像，甚不佳。

十八日壬午　上午祭列祖，送栗主上影堂，藏曾祖以下像。作書（此處塗抹）致瘦生。夜改舊詩，二更就寢。月甚好。五更大雨。是日驚蟄。

十九日癸未　雨，午後霽，地潮。夜有月，三更忽大風，有雷。

二十日甲申　上午陰，午後晴。置酒招（此處塗抹）蓉生、子九、閑谷、雪甌、平子、釋寄雲小集。（此處塗抹）平子以在蕭山不至。是日座間談詩，諸君皆有異同，子九、雪甌皆以五古自負，然子九學陶，未免遠韋而近儲，擬之明人，殆高典籍、高景逸之流。雪甌如王貞女諸詩，嫌其以理語增色，均未至也。總之，同輩中稱詩者，叔雲之才藻，子九之品格，雪甌之（此處塗抹）之氣局，平子之心思，窮其所至，皆足上掩古人。而諸君精神不逮，業又不勤，以故不能成大家。然皆能本性情以用其所長，固非餘子所能及也。若僕則頗以五七律爲諸子所推，然自問諸體，皆有佳處，亦皆有惡處，意欲籠罩一切，而涉獵馳騁於諸大家，皆排其户、闖其藩而卒不能入其室，是則所自知者也。雪甌謂余近體，懸之國門不能易一字，而古體獨未滿意。又（此處塗抹）謂余於七律，出手即工，足以獨立一代，而最不喜余七古。皆非深知余者。又吾輩近來好爲高論，五古必稱《十九首》，稱陶，次則稱三謝；七古必稱杜。余始亦不免此，頗描摹蕭《選》、盛唐，今頗自悟。蓋凡事必陶冶古人，自成面目。嘗言唐之白，宋之蘇，到底是詩家本色，而諸君頗不然之。余謂吾輩眼力意境，皆出明以來詩人上，而究之不能大越尋常者，資質有限，讀書不多，氣太盛，心太狠，出句必求工，取法必争上故也。子九以爲確論。下午諸君歸。聞楊賊分兵陷寧國，浙撫何桂清守湖州、長興及四安。

廿一日乙酉　晴

廿二日丙戌　上午晴，中午大風，即陰，下午雨。上午詣隱修庵禮佛。夜雨頓寒，半夜又大風，徹旦止。

廿三日丁亥　雨，寒。

廿四日戊子　陰，午後雨，夜雨達旦。

廿五日己丑　雨。星橋兄弟來談，逾刻去。

廿六日庚寅　晴和。作書致雪甌，得雪甌復書。甡之來，午刻去。楚材以屋典於張漊胡氏，邀余署押。

廿七日辛卯　晴，地甚潮濕。上午詣寄帆族伯家，即歸。下午瘦生來，即去。詣味經堂，買得胡處士渭《禹貢錐指》歸。船户姚阿十支錢一千。是日甚暖，可脱棉。聞郡太守迎花燈，邑宰顧君獻龍燈於郡署，其父故村官某親率之，觀者如堵。眉批：書法簡盡而光景畢見。（弟誠）

廿八日壬辰　上午陰，大風，地收潮，頓寒，午後雨，晚雨霰，旋雷電大雨。上午詣味經堂購御纂《詩經》《春秋集説》（此處塗抹）《省吾堂四種》暨《管子》《荀子》《淮南子》諸書。赴鏡人族伯招，傍晚歸。家慈率弟妹詣柯山遊七星岩，以風阻，不歸。是日寒可着重狐，夜彌甚。五更雪積寸許。

廿九日癸巳　清晨雪，上午晴，下午雨。星橋兄來談，歷時去。家慈歸。是日午刻地動。夜雨達旦。

二月初一日甲午　雨，夜雨達旦。

初二日乙未　雨，陰晦尤甚。拜本生祖母誕辰。夜雨達旦。

初三日丙申　晴。是日早起，有寨下人茹某僵卧門首，初不知爲誰，族人議令地總報縣，後知爲某，其兄浼鄰人來乞錢四千爲棺斂費。余不忍其暴露，爲質衣付之，并告之同居者，與以掩埋錢二千。某故無家，遊蕩失業，其死也，或言以鴉片烟失癮故。其尸卧處，正對余門，且居道中，無少偏。昨夜甚雨，而尸赤足無泥污，蓋是他家移置此者。諸弟咸欲究之。余謂畏禍而嫁人，尚非大過惡，可以情恕。自分於鄰里中素無怨惡，當非有意陷害之者。且欲究此事，必責里胥，其人貧而無能，亦不足較。凡事置之而已，逆來順受，處晚世固宜如此。

初四日丁酉　陰。是日春分。詣宗祠，祭先，散胙。時族叔月波秀才爲余言謝子澄天津死節事。謝公，四川新都人，由舉人任直隸天津縣。癸丑冬賊北犯時，楊慰農沛爲鹽運史，奉命總諸軍事，稔其才資，以兵禦賊，屢戰皆捷，城得完。事聞，以知府用。月餘，賊復來攻城，復却之，知賊有詐，不敢追。楊强之出，遂戰死郊外。君宰縣得人心，每戰必單騎先，士卒故樂爲之用。及其死，無不涕泣者。族叔在圍城中，蓋目擊其事云。眉批：越縵最留心忠義事，名山之藏，他日國史有待也。（弟王星誠）下午，子九、叔雲來，薄暮去。瘦生來止宿。

初五日戊戌　晴。祭曾王母誕辰。作書致（此處塗抹）。瘦生留余家深談，至鷄鳴始就寐。

初六日己亥　晴。買舟至常禧門外遊快閣、環翠閣諸勝，傍晚歸。瘦生留余家。夜改舊詩。

初七日庚子　晴，下午風。詣容山直步上七世祖伯和公墓，傍晚歸。瘦生留余家。

初八日辛丑　陰，下午雨。瘦生回去。下午鏡人伯來談，逾時始去。夜雨徹曙。

初九日壬寅　雨。上午附周雪甌、沈寄凡舟詣小雲栖，壽凡公五十。晚詣雲娘家宿。

初十日癸卯　雨。夜附孫子九、陶琴子舟歸家。

十一日甲辰　雨，下午陰。上午鏡人伯來，傍午去。是日始聞徽州警報。自昔年夏六月，據安慶賊僞翼王石達開分兵窺祁門，浙兵守徽者與接仗。適向帥遣張國梁來援，賊遂退。兵有輕賊意。迄今正月間，賊據饒州者，焚曾侍郎兵八十艘，得間竄九江。會徽州黟縣土賊陷城，賊因之，連陷祁門。至是月初四日，進陷休寧。前杭州知府、協辦徽嚴軍務徐榮戰死於徽州城外之漁亭，知縣某亦被難。徐公，漢軍人，丙申進士，以縣令起家，守越多年，值己酉、庚戌小灾，憂勤有惠政。喜詩畫，愛禮文士，雖蘭艾不擇，然郡中名士多見延引。余時膺童子試，獨被黜，然心許其詩，嘗推爲乾嘉後作手，所著《懷古田舍詩集》，高幾盈尺，駁雜亦時見，然佳處可覆按也。向聞其在軍中，有膽略，敢與賊戰。是月之變，君已陞福建汀漳龍道，無守土責，可退保徽郡及嚴州，乃能慷慨仗節死，可爲難矣。君治越亦有失之儒者，故民之思不深，然予每聞胥吏輩道及君，則肆口罵，至隸役，亦惴惴恐其復至，乃知君者，固亦今之循吏也。而又能潤飾以文采，宜其一死增重已。眉批：君柩至杭州，妾何氏次日縊而死。夫死忠，妾死義，亦罕事也。傍晚，瘦生邀余及勉齋弟至柯山。

十二日乙巳　晴。遊七星岩，得五古一章，并綴跋語，書贈主人沈箕生丈：『靈根孕機星，太末聳初萼。中郎肇嘉名，玆鄉匯岩壑。翳歟五丁力，保此斧斤鑿。危梯拔地起，絶壁及天縮。積鐵吐奇紫，元氣故不薄。千鬟銜佛頭，萬劍淬霜鍔。谽谺怒虎踞，睢盱奇鬼搏。飛蹤絶猱緣，墜石瞀雕落。主人東陽胄，岩栖結構宿。懸崖勒雲奔，孤亭絜松卓。花開仙麛馴，潭鏗大魚愕。旦夕改佳觀，林泉恣揮霍。平生健腰脚，濟勝此堪托。餘情貸烟霞，清夢破寥廓。紀詩壽珉玦，匠石不能斲。』眉批：《遊柯山七星岩贈主人沈某》。附跋：『甲寅春，偕同學十數人飲於蘿盦，因遊七星岩。時靈宇初闢，山花未春，以寄薖懷，莫發濠詠。今歲二月，因赴沈瘦生招，復來此。剪裁丘壑，驅使雲樹。疏泉得橋，因花作屋。顧而樂之，興斯在焉。乃來歸憩，率占是詩。未識空山猿鳥，亦有聆其吟嘯以答我者乎？噫！』下午遊寓山。

十三日丙午　晴。上午復遊七星岩。下午遊湖南山。時桃花盛開，與瘦生花間覓徑行。拾級直上，忽已至頂，蓋去平地二里許。頫視州山、蔡堰諸村，菜畦麥隴，錯翠散金，烟水如繪。前面花林，高下接繞，真湖山勝絶處也。聞越王峥、前江塘、中村諸處桃李更繁，中有芝塘湖，烟景尤勝。惜今春花事將盡，已不及往觀矣。吾鄉名勝，首推會稽山。自平水市口登岸，至平陽雲門，一路曲折，引人入勝，即覆黼山陽明洞，道書所稱第十一洞天者，亦不能及。然明秀總不如山陰道上。嘗謂會稽諸山如名士，山陰諸山如美人。余家西郭，每携舟出青電湖中，即岩壑羅列滿前，澄波萬頃中，如十萬長眉遠黛列侍明鏡。由是溯湖桑埭、清水閘、曇釀村、柯山、州山、湖塘以至越王峥，飽餐酣卧，真令人足一世流連也。人事牽擾，終年不得一二遊，苦惱欲絶。然不能結屋，亦當浮家。山水有知，終券斯語。眉批：先生許携我遊乎？瀼西草堂邊亦當留王翰一席地矣。（弟星誠）是日，（此處塗抹）詣余家謝，不晤，去。

十四日丁未　晴。上午遊鑑湖第五橋，憩坐久之。下午復詣寓園，謁祁忠惠公像。像向供四負堂，有屋三間，今寺僧移其像於旁楹，背池臨流，向門而坐，爲寺所從入處，而塞四負堂門，使内向供佛像，人皆駭歎。聞有柯橋人李刺史焕者，自言爲祁氏甥，憤詈寺僧，欲全還舊觀，而僧泄泄若不知也。余祖爲忠敏孫婿，今族中食指三百餘人皆其出，中亦不乏强有力者，然能知忠敏者鮮矣。余去年至此，見亭館傾圮，欲告之士夫共修葺之，而諸公聞余言，多目張口哆，不識四負堂爲何名，修之爲何事。今已假手緇徒，非痛懲之不可矣。嗚呼！忠敏當日極池館臺榭之美，越中稱勝地者以此，與倪文貞衣雲閣並稱，迄今門閥衰落，曩時遺跡，掬爲茂草，惟留此破屋一椽，以供憑吊，而寺僧復奪之，將來讓鷗池畔爲當年正命處者，誰復顧一泓清絶而留其碧血跡耶！因念倪文貞故宅在郡城東雙橋，曾奉明禁子孫不得私鬻。近有一學究，竟賤價質其半，且改造之，使其必不能贖也。而學究猶揚揚對人言，自誇非我不能辦。嗚呼，異哉！

十五日戊申　晴，午後陰，傍晚風，微有雨。下午偕瘦生至湖濱，眺望遠近諸山。瘦生刺瓜皮舟至隔岸折柳枝，望之，衣楫皆緑，不辨爲樹陰山色也。眉批：抵得一幅春遊圖，令人神思駘蕩不盡。（弟星誠）夜雨。

十六日己酉　晴，有風。下午附張䂮翁員外舟歸家。

十七日庚戌　晴。遊禹廟及南鎮。晚歸。

十八日辛亥　晴。上午作書致瘦生，即進城至味經堂閲季彭山《春秋私考》。書闕有間，然議論甚新奇也。午刻至青藤書屋見陳閑谷母夫人。閑谷已於初六日赴富陽矣，以不及送爲恨。旋詣鎮將署前觀劇。是日郡城迎觀音會，因隨之至大路口，畏熱遽歸。下午作書致雪甌，約明日清明爲郊外之遊。聞徽郡被陷，杭州大震，何撫軍擬閉城拒守。休寧、祁門間，萬山叢繞，險隘處一夫可守，最爲兩浙門户要害處。今既失之，徽郡自不可保，然自徽之東境，陸路至浙昌化，山路崎僻，不能遽達省垣，惟由新安江入七里灘，則錢江關隘既失，順流而下，一日夜間，杭、紹皆在掌中矣。此際惟當分兵屯昌化，以重兵守嚴州瀨口，疆臣或駐富陽城以作聲援，尚可爲也。若計守省城，則策之最下者矣。

十九日壬子　清明。陰晴相間。早飯後雪甌來，因買舟偕詣僧（此處塗抹），不值，即返家。雪甌別去。午刻接余曉雲孝廉一紙，則（此處塗抹）。在雪甌處相待，以叔子舟來迓。比至，則沈寄帆與一湖北舉人褚姓者亦在焉。少坐，同出門，路遇陳韵珊珊士，拉之偕行，復找王平子，合隊至子九家，晤何楚翁、徐葆意、陶琴子。知嚴州危急，江船不得開，西興、義橋皆設兵防禦，浙東一隅，危如累卵矣。傍晚，寄凡、韵珊暨何、褚二君俱去，葆意邀七君子至大路酒樓小集，更餘至花園館茗飲，夜分各散。余偕（此處塗抹）詣雪甌家。（此處塗抹）三人談兵事達旦。

二十日癸丑　晴。早偕叔子出城，即送其歸家。上午詣亭山展先大父殯宫，回至塘埭展先君子殯宫。泊小雲栖門首午飯，下午歸家。夜偕勉齋弟買舟詣柯山，夜半抵沈宅，泊門首熟寢。爾日心常慴慴作痛，始覺作詩看書之勞。

二十一日甲寅　晴。早起謁沈表姑母，晤瘦生。早飯後同瘦生歸家。作書致（此處塗抹），得（此處塗抹）回書。是日訛言四起，有傳昌化陷者，有傳臨安被圍者，有傳於潛陷者，杭城晝閉者，賊艤舟錢江者。郡守出示慰諭，言西興等處，兵力可恃，且勸募鄉兵自衛。下午大風。

二十二日乙卯　晴。瘦生回去。是日聞燕，賦贈二絶：『又聽呢喃到畫檐，舊巢重待絮泥添。主人爲爾嫌春早，閑過花時不捲簾。』『碧雲芳草思悠悠，鎮日梁間解説愁。爲問江南經過處，夕陽曾見幾紅樓。』眉批：《聞燕》。下午，聞閑谷自富陽歸，以賊氣甚逼故也。閑谷讀書不得志，家日落，因就其姻於富陽，習申韓名法，乃未兩旬，遽以寇難歸。計其行時，爲扉屨資糧計者，幾及六萬錢，皆稱貸得之。天之侮弄寒士如此，因口占贈之云：『一肩行李返江濱，從此依然奉老親。出有烽烟居有債，爲君歡慰又酸辛。』眉批：《聞陳閑谷以賊警歸自富春》。噫！余於諸同人中，與王平子交最早，次則閑谷也。然一切家境性情相知之深，惟君爲最。去年余病危間，閑谷聞信，爲乘夜急往請醫，復急奔至余家視疾。君素羸弱，怯步行，而此時往返二十里，不憚勞，古人於生死之間見交情，益信。

二十三日丙辰　晴。早睡甚熟。起填《虞美人》詞一闋：『連宵夢是誰呼至？顛倒成愁字。覺來欹枕乍惺忪。恰是燕兒説與夢重重。瞢騰過了清明未？總覺春無味。故園花事又闌珊。不信人生消得幾回看。』眉批：《虞美人》。晝漏初長，東風已懶。春光半無，花事蕭然。感人事之相侵，惜良辰之既往。尋鶯問燕，祇益無俚，廢酒慵書，真成何物。爰賦長調，以寄我懷：『是誰攪散楊花，教伊故泥春消息。一番做雨，一番催霽，陡經寒食。試扇心情，燒香庭院，宜眠時節。更嫣紅落後，清陰如許，便怎地、消魂得。　任是江郎華髮，且將伊、恣情憐惜。年年芳草，天涯緑遍，東風無跡。滿樹啼鵑，盡情惱亂，個人離別。祇斜陽嫋盡，遊絲似寫，我愁腸結。』調寄《水龍吟》。眉批：《水龍吟》，結句從東坡體。又《浣溪沙·書所見》：『陌上歸來坐鈿車。遊蜂争繞鬢邊花。兜鞋生怕畫裙遮。珊檻繡苔圓印釧，鈿窗晴絮細分茶。緑陰門巷是兒家。』眉批：《浣溪沙》。

二十四日丁巳　晴。大善橋鄭宅來請長妹庚，以番錢八元折禮物受之，犒以錢六百四十，給媒婦二人錢四百，舟錢二百。連日天氣晴綺，暖風撲綿，間以嫩陰，旖旎如畫，正一年最佳日。惜今歲節候殊早，桃李衝寒盡發，迨寒食、清明間問鏡湖春色者，惟有黃花散金，供村莊婦女喬畫。殊覺滿地韶光，皆作離別，可憐之色，薄倖司勳，難爲懷抱。詠老杜『一片花飛減却春』之句，知此公真善傷春人也。眉批：雜花滿樹，群鶯亂飛，此中殆難爲懷。（王星誠）掩幃端居，見瓶中插殘桃一枝，即景有念，賦得《四字令》云：『香霏粉霏，山宜水宜，驀然經雨紅稀。負東風是伊。　賣花巷迷。嬉春舫移。畫樓人懶薰衣，怨枝頭鳥啼。』眉批：《四字令》。下午得季貺書。偶坐門首，見上塚船絡繹如織，得《菩薩蠻》一闋：『屏山鶯勸尋春駕，窺窗綺日眉初畫。妝罷捲簾齊，曉風吹繡衣。　江城花未嫁，湖舫如潮下。何處約鄰姬？前村楊柳西。』眉批：《菩薩蠻》。夜閱季貺來札，言遭此亂離，溝壑性命，吾輩令考未可必。欲合同人詩爲《浙江十子集》，傳之後人，冀昌吾道，以救越中詩教之敝。嗚呼！興言及此，亦足悲矣。爰倚聲《壺中天》以寄感：『少年意氣，按吴鉤豈料、如斯南北。華髮蕭蕭今未老，偏比烏頭先白。魚釜生涯，燕巢花月，醉死人還直。憑高四望，渡江誰假舟檝。　休説夢想凌烟，笑虚名誤我，竟成何物。寂寞文章身後事，償得草間偷活。千載公評，一生心血，不墮華嚴劫。英雄末路，竹根如意敲折。』眉批：《壺中天》。

二十五日戊午　早雨，上午霽。接徐鐵孫觀察訃狀。買舟至快閣賀柏塍族伯遷居，傍晚歸。快閣在常禧門外，雖非放翁舊址，然頗極湖山之秀，面對小隱山，千岩萬壑，無不羅列左右。自任武承太守居此，時與江浙諸名士唱酬宴集，爲一時之盛。今不百年，由任而謝，而汪，而黄，而陳，已五易其主，而主人亦不識詩酒爲何物矣。得非林泉之福，固造物所忌，而名區得主，尤爲其所深忌耶？登眺之餘，因誌一律：『高閣幾登臨，湖山閲世深。憑闌今昔感，對酒亂離心。漁浦分殘照，人家帶遠林。祇憐城市跡，未得愜幽尋。』眉批：《登快閣》。

二十六日己未　早雨，上午陰，下午又雨。詣閑谷不值。晤寄凡，又晤珊士，少談，歸。下午閲曾南豐《隆平集》。自來文章家推歐、曾兩公有史材。歐公《五代史》及《唐書》，人已議其疏略。若南豐

《隆平集》所載北宋五朝事，尤一意主簡。至於諸帝，僅述其世次年歲，而另列名類以紀其事，雖落小樣，然可爲本朝臣子書美不書惡之法。夜雨。

二十七日庚申　清晨大雨，上午止，下午又雨。寄帆族伯來，談至晚去。夜作詩不成，倦甚就寢，得『夜色慵於夢，春燈倦似人』二句。

二十八日辛酉　早雨，上午霽。詣漓渚拜掃曾大父墓，傍晚歸。是日閑谷來，不晤去。得（此處塗抹）書。

二十九日壬戌　陰。下午元仁陳宅表姑夫來，爲寓山僧擅移祁忠惠像事。夜閱吴駿公《復社紀事》、杭大宗《諸史然疑》。夜雨，有電。

三月初一日癸亥　陰，微雨，上午晴，甚暖，地潮濕。作書致季貺。詣謝墅拜掃本生祀殯屋。山色初霽，上塚者正盛，迴舟至九里馬家埠，遊徐山羅氏百獅墳，窮極工力，葬者一五品捐職封君，而奢靡如是，可笑。傍晚歸家。傍晚大風，有雷，夜大雷雨。

初二日甲子　陰。是日得小詞二首。《一絡索》：『可是清明纔度。等閑春暮。燒香重做杏花寒，吹不斷，屏山霧。待把東風扃住。不教歸去。垂簾天氣病眠人，又點點，桃花雨。』眉批：《一絡索》。（此處塗抹）『芳草長堤青未了。夕陽無處好。』《謁金門》末二句。眉批：《謁金門》。兩詞初就時甚不愜意，逾五六月始改定，幾盡一日之力，從來無此澀滯，然竟得『夕陽無處好』五字，亦不負苦心也。自記。上午，寄帆族伯來，談至晚去。夜雷雨更大，不能安寢。

初三日乙丑　清晨雨，上午陰。詣木客山鸜哥尖拜掃高祖蕪園公墓。迴舟至快閣少談，薄暮歸，遇雨。燈下成鑑湖《柳枝詞》十章：『東風幾度賺流年，縱不攀條也惘然。自惜長堤芳草色，那堪今日又如烟。』『垂楊門巷正啼鶯，取次輕陰未放晴。不惜窗前飛絮影，紅樓今日作清明。』『澹沱春光薄醉天，雲容澹澹雨如烟。板橋楊柳湖南岸，不到清秋已可憐。』『城南古恨已迢迢，無復行人問舊條。歲歲流花溪水至，不應還恨柳名橋。郡南門有柳橋，下通若耶溪。』『柔情比夢更無痕，倩影依稀落月昏。流水聲中人去遠，不聽横笛也消魂。』『虹橋驛路又飛花，濯濯新枝爲雨斜。知否畫帆船泊處，有人簾底惜韶華。』『學畫眉兒傍綺樓，剪刀風不剪春愁。征人一去無消息，多少湘簾不上鉤。』『纖腰不解舞楊枝，珍重東風已嫁時。生愛湖雙伴郎住，飛花休到柳姑祠。』眉批：湖雙村在偏門外十里，柳姑祠在焉。自注。『猶是靈和殿裏人，曉風殘月倍傷神。昔年張緒今憔悴，贏得紅樓怨暮春。』『唱罷風前金縷詞，柔條踠地盡牽絲。流鶯老去無人問，來聽烏啼落照時。』眉批：鑑湖《柳枝詞》十首。夜雨。

初四日丙寅　清晨陰，上午大雷雨，下午陰，夜雨。家慈詣爐峰燒香。是日大爲族棍所窘。

初五日丁卯　雨，上午大雷，下午陰。是日縠雨。夜雨，有雷。

初六日戊辰　清晨雨，上午微雨，旋止。柏塍伯、寄帆伯來，談竟日去。蘇撫吉爾杭阿奏請江南人就浙江貢院鄉試，改期十月。浙撫何公奏有不便者七事。

初七日己巳　早間大雨，上午稍止。天樂鄉李秀才孝先來談逾頃，去。夜雨達旦。

初八日庚午　早間大雨，至午漸小，午後又緊，逮夜不止。得季貺書。下午寄帆伯來，傍晚去。連日苦雨，故人不來，小窗黯然，殊有秋意。既不能著屐出門，把卷忽忽，又苦無緒。岑寂之況，殆難言喻。憶昔歲春暮時，雨中書一紙寄雪甌，旋得復書，言雨中苦無良友，得手示如獲奇珍。余嘗低佪誦之，謂非素心人不能作此語也。夜雨達旦。眉批：日暮碧雲合，佳人殊未來。此事何能向外人道耶？（小弟王星諴）

初九日辛未　雨，至下午止。作書致雪甌，得雪甌復書。下午進城，傍晚歸。孫子九來，不值，途遇於西小路。

初十日壬申　上午陰，下午晴。得子九書，以蕭山陳荃譜孝廉葬其母夫人索同人挽聯。子九約余及雪甌、寄凡、楊漁薲公，具綾對一副、紙盤一副，屬余撰聯語。下午寄帆伯來。遣騰雨進城買秋領。夜有月。

十一日癸酉　上午雨，至夜不止。作書致漁薲并對語，以對托漁薲承辦也。寄雲和尚來即去。買舟侍家慈暨七弟新婦詣張翯翁員外家就醫，不值。晤厚齋兄少談，即出城詣賞村，就（此處塗抹）壽秀才煊醫，又不值。家慈歸，余（此處塗抹）晚附傅節子舟歸。是日也，以七弟新婦咯血急藥故。弟婦，柯山沈氏女，余祖姑適澄港陳氏者之外孫女也。自歲壬子歸余叔弟，明慧端婉，不愧世家女，事我母柔順，又能和妯娌，一家內外無間言，余最重之。（此處塗抹）得瘦生書。

十二日甲戌　陰，微見日，地極潮濕，黷氣不可耐。沈素庭之弟來，即去。寄帆伯來，（此處塗抹）談頃許。柏塍伯來，招觀明日偏門競渡，并訂寓硯快閣之期，午飯後去。是日本約（此處塗抹）詣蕭山，竟以事不果。思孟調、豹卿諸君，遼若秦越，古人千里命駕，真是可兒。聞賊陷弋陽，廣信郡城被圍。

十三日乙亥　上午陰，下午雨，地更潮，至無駐足處。上午寄雲來，即去。得季貺書，即作復。

十四日丙子　上午陰晴相間，下午大雨，地潮如故。上午買舟暨七弟新婦詣賞村就李試甌山人醫。（此處塗抹）下午歸。

十五日丁丑　晴，地收潮。作札致沈瘦生。書片紙致張翯翁。下午，（此處塗抹）李試鷗來，爲七弟新婦復診，試翁旋别去。余（此處塗抹）進城，詣雪甌暢談，復詣味經堂，晤沈素庭、子彭兩秀才，暮歸。（此處塗抹）是日始食櫻桃。

十六日戊寅　晴，下午陰。張髯翁來，旋去。鏡人伯來，談甚久去。許眉仙孝廉來，少談去。李試翁來，爲七弟婦復診，薄暮去。夜半大雨。

十七日己卯　晴，地又潮。得季貺書，并以秋石一方見惠。寄帆伯來，談竟日去。作書致季貺。陶湘帆族母舅來，乞撰顧姓壽詩。傍晚陰晦，疑有大雨，竟不果，夜有月。燈下題錢塘蔣藹卿秀才坦《秋林著書圖》二律：『爾亦勞勞者，窮年一卷書。抱殘生計拙，好學故人疏。吴越誰同調，文章正起予。相憐共無謂，身世老蟲魚。』『三徑家風在，秋心不可尋。亂離商著述，寒餓惜光陰。捲幔碧天遠，到門黄葉深。茂陵長卧病，留取對床吟。』藹卿，余同社友，居有巢園，余去年曾賦詞記之。所著《息影堂詩集》，已三易梨棗，殊能爲樊榭、雲伯諸公生色。配關氏，亦能倚聲，有《秋英女史夢影樓詞》，余極賞其《簾影》一闋，不減『山抹微雲君』，亦吾家易安嗣音也。附記之。

十八日庚辰　清晨晴，巳刻後急雨，至夜不絶。鏡人伯來，逾頃去。家慈詣柯亭寺、普照寺燒香，夜歸。

十九日辛巳　晴。上午詣研香伯家，回拜陶湘帆。（此處塗抹）下午進城至大街，晚歸。

二十日壬午　晴。得季貺書。作書致季貺，又得回書。

夜閲《吴梅村詩話》，不盈一卷，皆紀明末人佚詩遺事者，摘録數則：

萊陽宋玫，號九青，年十九登乙丑進士，官至户侍，以枚卜遇譴歸，城陷不屈死。《過南中》有云『草迷三國樹，水改六朝山』，嘗曰：『天下之山，未有不由水改者。』其用意精刻如此。

華亭陳子龍字卧子，年二十，與臨川艾千子論文不合，面斥之。其詩好推崇右丞，後又摹擬太白，而於少陵微有異同，要亦倔强語，非由中也。余嘗問曰：『卿何詩爲第一？』卧子曰：『「苑内起山名萬歲，閣中新戲號千秋」，此余中聯得意語也。「祠官流涕松風路，回首長陵出塞年」；又「李氏功名猶帶礪，斷碑落日海雲黄」，此余結法可誦者也。』余贊歎久之。

臨江楊廷麟，字伯祥，别字機部，爲文排宕峭刻，在韓、蘇間。詩則好用奇思棘句，不甚合律。嘗憶其《渾河》詩中聯曰『春至軍中草木冤』，亦奇句。眉批：此語拙劣已極。乃梅村賞之，蒓客録之，得毋以忠義重之耶？（弟星誠手跋）機部後守贛州，隆武朝進兵部尚書、東閣大學士，有詩十餘首，多高渾深麗之作。《寄李尚書》云：『朝聞驛使向江樓，虎韔魚文耀列侯。戎服晝消南浦雨，漢家雲護北陵秋。崆峒山下看雙節，天柱灘頭領八州。今日傳呼新僕射，臨江依舊擁貂裘。』《丙戌元日》云：『黄華嶺外瑞雲齊，白鶴洲前戰馬嘶。五道將軍臨直北，三江父老望征西。春風斗帳降銅馬，細雨戈船闘水犀。此日建昌二字疑。應拜舞，近臣還解賦鳧鷖。』又一首：『朝元帳下領高班，稽首春風動百蠻。九葉雲雷開萬國，一時江漢擁三山。宫中勝帖盤龍出，仗裏芳樽藉草頒。從此鎬京傳盛事，年年虎豹度天關。』《丙戌九日》云：『河西獵火照高樓，五嶺風光異昔遊。木葉屯雲寒戍晚，菊花宜雨漢宫秋。山城野幔開三市，江表輕裘署九州。旦晚功成萸釀熟，憑君一笑舊田疇。』又次首但記其中聯云：『將軍話嘯多文史，群盗縱横半舊臣。』想見戎服賦詩從容慷慨氣象。後至十月初四日，城陷，從城上投濠死，門人寧都彭同匿其子山中，彭後以諸生從金王舉事，授職方郎，監順慶兵，復寧都州。至己丑正月大兵克城，與妻皆死難。機部子被掠，職方之弟士望以三百金贖得之。

梅村詩取材六朝，樹骨老杜，而鎔鑄香山、玉溪、飛卿、冬郎諸家，以自出面目，故一再讀之，哀感頑艷，使人意消。余偏嗜之，常推爲雲門嫡嗣外一大宗。獨其文集，殊多六朝駢儷中膚語，遠不及詩。而雜著如《綏寇紀略》《復社紀事》諸書，簡潔有法，又未嘗不能剪裁也。

二十一日癸未　晴。立夏。作書致（此處塗抹）。是日成《暮春寄懷樓蓮舫秀才山居》七律四首：『種樹年年不濟貧，思量未穩水雲身。卸綿天氣新占雨，量藥光陰又餞春。絮粉碎鋪飛燕徑，楝風寒避課蠶人。江頭爲報鰣魚上，留取櫻紅葚緑辰。』『知爾長貧日掩關，鹿門眷屬擅清閑。堆床酒滿常邀客，倚樹詩成静對山。杜老草堂新愛築，陸家茶具未全删。何因得就鷗鄰約，泉石都爲一鳥頑。』『婪尾筵開正惱公，睦州新舉桔槔烽。塵飛澤國流星騎，江斂漁艘試水龍。亂裏山林鶯共占，春深城郭樹初濃。天涯芳草髯蘇曲，又恐朝雲唱未終。』『記否當年長爪生，傷春依舊卧江城。鵓鳩啼裏逢梅雨，桑柘陰中放麥晴。執爨妹兼奩婢役，應門兒識故人聲。期君買夏無多事，同訂瓜經補邵平。』眉批：《寄懷樓蓮舫秀才山居》。余近年七律久不爲此種詩，今强筆以合格，尚覺大曆十子去人不遠。然以視放翁諸佳句，則瞠乎後矣。輕薄子可輕議宋詩耶？得叔雲書。

二十二日甲申　晴。詣賞村晤叔雲、季貺，適陶琴子亦來，飯後邀李試翁及琴子、季貺同舟至家，請試翁爲七弟新婦診脉。遂同進城，至遺經堂晤寄凡，傍晚至琴子家吃餃子，談至四鼓就寢。是日覺頭脹、氣悶甚，身亦微熱，蓋以寒熱不調所致。余近來頗節飲食，而善病如此，保生之道難哉！有賊陷常山之謡。

二十三日乙酉　早風，陰晴相間。卧起將午，樹影當窗，竹聲滿院，因憶此地爲余姻馬刺史舊宅。余繦褓時，隨大母倪孺人謁祖姑，老嫗抱余戲庭前桂樹下，大母指余曰：『此數百年物，兒識之，城市間不易得也。』余仰視落葉，以手摩蒼苔久之。迨歸陶氏，蹤迹不至此者二十餘年矣。迄今重返，清除宛然。顧念身世孤露，喬傾蔭頽，蒲柳之姿，亦將望秋而落。桓司馬漢南流涕，當無此酸惻也，况刺史子孫耶？起步階下，累唏不能自已。因促季貺起，呼琴子出共談。琴子出肉麵供客大嚼畢，遂别琴子行。同季貺詣閑谷，并晤魯蓉生、丁吉庵秀才汝謙。傍晚同季貺至倉橋買舟歸。（此處塗抹）得叔雲書。半夜後大雨。是日甚暖，余著重棉，頗患熱，夜呼村人掐痧。

二十四日丙戌　晴。拜高祖考誕辰。詣東嶽廟拈香。是日郡人迎嶽神會，因少停閲，即歸。夜雨。

二十五日丁亥　雨，下午更甚，夜雨達旦。得叔雲書，即作復。

二十六日戊子　雨。作書致閑谷、致蓮舫。得閑谷復。

二十七日己丑　晴，極燠，地潮。作書致（此處塗抹）。瘦生來即去。傍晚詣雪甌，適他出，坐齋頭待之歸，茗話良久，乘夜歸家。

二十八日庚寅　上午晴，午後雨。買舟詣賞祊村，（此處塗抹）以彩蛋兩簍、月餅兩簏餉試鷗，即請試翁坐南街船至余家爲七弟婦診脉。余留叔子家，閲叔子舊作詞。適楊漁薈來，遂同午飯畢，詣賞村社廟看徽班演劇，薄暮（此處塗抹）歸。夜談至四鼓就寢。大雨達旦。

二十九日辛卯　雨，寒可裘。睡至傍午始起。（此處塗抹）下午歸家。賊復陷湖北漢陽，進陷武昌，巡按會稽陶恩培死之。眉批：湖廣督楊霈逮問。

三十日壬辰　陰。得季貺書。上午詣張魯翁員外家，并晤厚齋、方生，談至午後，歸家。作書致（此處塗抹）、致瘦生。

四月初一日癸巳　陰，下午雨。上午携書箱一、書廚一詣快閣。飯後步詣閑谷，不值，遇雨，遂僱舟歸家。陳君實司馬來招觀劇，辭之。賊陷江西玉山縣。

初二日甲午　上午陰，午後陰晦，大雨至夜。（此處塗抹）去。作書致開先族弟。遣騰礜持書至柯山托瘦生僱大船。夜，雨聲甚厲。連日地潮，是日更甚，天氣亦極悶。

初三日乙未　大雨終日，地潮更甚。比日以訟事牽涉，聒擾不堪，斗室醋甕，中氣鬱黯，如釜上蒸。户牖津津汗滴，坐卧無地，眠食俱減，真備受諸苦毒矣。夜雨。

初四日丙申　清晨雨，上午陰，午後微有日，晡時又雨，門前水已上岸。今歲麥本甚好，乃遭霪雨熱風，損壞大半，菜子亦傷，深可憂也。得閑谷書。

初五日丁酉　晨際雨，午初晴，極燠，不可堪。得雪甌書。以燈燭四斤、爆鞭一千賀子九娶新婦。上午，肩輿詣子九家，蓉生、雪甌、叔子、季貺、葆意、曉雲、漁蕢、琴子俱在，合宴快談。至晡刻，同舟至漁蕢家，坐逾刻，別諸君歸家。是日，閱叔子日記，内有友評一則，謂古今名流，雖性情學術有不同，要其源不外一清字。因稱許太眉名棫，陽湖人。清遠，子九清和，雪甌清豪，孫蓮士名廷璋。清超，平子清雋，（此處塗抹）〔一〕而以清剛目予。予自謂未確，而（此處塗抹）叔子謂余作事作文，無一不剛。真不知何以得此美名也。余曉雲近亦有友評，則專論其面目，多滑稽之辭。謂端木小鶴名百禄，青田人。書生，子九學究，雪甌酒徒，季貺公子，葆意暴客，平子斯文，漁蕢美人，蒓客才子，而自居遊説，其餘頗近謔虐。余自分近年來頗不羨才子兩字名目，至於體統間，則迂拙樸陋，極似羌博士，而諸子謂諸評中惟雪甌、

〔一〕校《鷗堂日記》，塗抹處應爲『素人清奇，季貺清爽』。

季貺殊未當，餘則寫照宛然。叔子謂余極有才子意致，殊足資嘔噱也。晚間沈表姑母暨瘦生來，余與瘦生同榻。賊陷衢州常山。

初六日戊戌　晴，極暖。諧瘦生詣青田湖廟觀競渡，叔雲、季貺、雪甌至余家，不晤，途遇之。（此處塗抹）蓉生、閑谷來，柏塍伯、寄帆伯來，張厚齋、方生兄弟來，厚齋爲遍度居宅方向，至午共留飲，傍晚各回去。夜，姑母洎弟妹至村口觀劇，余與家人談古來瑣事可感發者，并及世故家計，至夜分方罷。是日始袒裸。

初七日己亥　晴，更暖，下午地收潮，甚快。午後姑母暨瘦生回去。卧看書，極樂。夜月甚好，晚風倏然，在若近若遠間，宛已夏景矣。眉批：眼前領略受用處，偏誰寫得到此。（弟誠）是日小滿。

初八日庚子　早間大雨，上午晴。作《唐宣宗論》，存《文集》中。余於晚唐諸帝，極喜武宗，而最不喜宣宗，於論中列數之。夜卧時，月甚好。三更醒，聞雷雨達旦不止。是日稍清和。常山賊退，出玉山境。

初九日辛丑　雨，至下午略霽。得閑谷書。凉可著棉。

初十日壬寅　陰又潮。薄暮偕弟輩詣村中酒樓小飲。憑窗望會稽、秦望諸山，夜色隱現，水聲潺潺過檻下。酒家爇巨燭進，客開襟痛飲。聞行舟邪許聲，亦鄉居樂事也。余生長市廛，頗自好，踪跡不入屠沽家。今日思之，使我有身後名，不如即時一杯酒。眉批：真能用《世説》者。初更大雷雨。

十一日癸卯　晴，收潮，又暖。寄帆伯來，午刻留喫肉麵，下午去。諧村口荷花塘觀劇，以雨歸。傍晚大雨，上燈後又大雨。今日頗鬱悶，得雨後如入清凉世界，守時待天，隨事知足。人能種種作如是觀，何有居心不净者耶？浮躁子强穢太清，地獄之設，正爲此人耳。夜雨達旦。

十二日甲辰　上午微雨，下午陰。

閲尤西堂《院本四種》，甚惡之，尤不耐其所謂《鈞天樂》者。人生升黜有命，亦何足恨，即伏獵入省，曳白登科，皆非意外事；乃必刻畫無鹽，窮極形相，夫亦誰不知之而煩豐干饒舌耶？其間淺陋可笑處，尤不勝指駁。西堂人品，余素薄之。其初注名社籍，馳騖聲氣，全不爲根柢之學。及鼎革時，叫囂詛駡，一以俳諧蕪鄙之詞，寓其假飾忠孝之意。迹其所著，似非懷沙抱石，即披髪入山矣。未幾而列仕籍，膺徵車，終以真才子、老名士之煌煌天語，炫耀鄰里。立身若是，無怪其文章之浮薄也。余幼時閲其詩，已不喜之；然頗喜觀其曲。頻年落第，鬱伊易感，亦喜其劉四駡人澆自己磊塊矣。乃今日復之，至不能終卷，殊足徵邇來心地中進境也。然亦陋矣！眉批：此語并可針砭我輩，自記。

午卧得惡夢，甚不快，因起至門前眺覽。積雨嫩晴，萬緑怒出，覺山水草木一片大地，俱不足供其發洩，因悟人生到極得意時，方是可憐。

十三日乙巳　上午詣張䄂翁，縱談經史。（此處塗抹）䄂翁説《左傳》，亦亹亹可聽。又談及家望樓叔祖立嗣事，䄂翁（此處塗抹）苦勸予成全之，且以危言相慫慂，（此處塗抹）然予實無能爲力，辯論甚喧。䄂翁與方生强留飯。（此處塗抹）晤其西席陳雨田兄。䄂翁以舟送予至水澄巷。詣鏡人伯家，不值。由大街至草藐橋，逢開先弟，同至藥皇廟觀劇，旋邀至其家晤鏡人伯，談至晚歸。周素生刺史自軍中假回，偕季貺來尋予，不值，暮復來，遂强拉登舟至賞村。夜閲素生日記，大有名理，中有《王某徵銘録》《上海書事》兩文尤佳。與素生同榻。

十四日丙午　陰晴相間。孫子九、傅節子來，不晤，去。上午附素生舟歸家。下午進城至江橋觀劇，晤王題仙别駕。遂逢漁蕢，邀至其家，談至曛暮歸。遣騰雨至快閣搬書廚、衣箱回。去住無定，可笑。

十五日丁未　陰晴相間。薄暮素生、叔雲、季貺偕寄公來，即去。夜微雨，即晴。

十六日戊申　陰，下午雨。陶湘帆族母舅來，余尚卧，即去。

十七日己酉　陰，微雨。作書致漁蕢。下午進城買團扇兩柄、檀樹扇骨一柄，楹帖一聯，即歸。雪甌來談，逾時去。讀柳文。

十八日庚戌　上午雨，下午晴，終日風。作書致子九、致閑谷、致季貺、致味經堂。下午素生偕寄公來，不晤，去。得張厚齋書、子九書。詣息寧齋見硯香二伯母，久談。是日午後驟晴，天無粒雲，清快不可名狀，最好掩幃讀書。而俗事牽擾，忽忽至晚，又失去半日佳致，大可惜。須知如此佳日雖亦難得，然一年尚數遇之，所難遇者，吾今日之心之閑耳。吾今日事極忙，而心極閑，又極欲讀書。意今日讀書，必另有一種領略處，乃竟不克如願。然此中亦有定數，不可强也。書此爲古今有志讀書人惜之。味經堂主人言季彭山先生《詩説解頤》已他售矣，恨恨。

余每見人折一草一木，必力阻之，即不言亦心恨之。或疑是程伊川萬物各暢其生之意，然余素無此頭巾氣，顧不解萬緑叢雜中何以折其一枝一莖。須知此一枝一莖，即爲萬木萬草真命脉所繫，能折其一枝一莖之人，即能折盡萬草萬木之人。乃世以我爲癡獃，爲覺悟，我俱不受者，蓋以他草他木俱不爲我見，而此一枝一莖獨爲我所見，我之情即寄此一枝一莖中。且若萬木少此一枝，即不足以爲木；萬草少此一莖，即不足以爲草。夫當天之生草生木時，豈知此一莖一枝獨爲我所憐，而我便自憐之，此佛氏所謂機緣也。然當我之憐此一枝一莖時，豈即爲草木之所知，而我亦不求其知，此尤佛氏之所謂機緣也。而不知即吾儒隨處發見之真性情也。書此以質諸同志者。眉批：一語挽得有千鈞氣，佩服！（弟誠）

十九日辛亥　晴。上午茹芝香來，久坐始去。作書致素生。得漁賓書、素老書。叔子、季貺來，余遇之門首，遂拉登舟，至前觀巷上岸，步至南街，晤素生暨館師李花農，即試鷗之子也。（此處塗抹）爲素生詩，造語奇峭，字字求工，終非大家。素生謂吾輩作文，必須求前人所未有者，自成一種面目，爲天地間不可磨滅之真氣。倘泥於格律，未免呀呀學語，可惜此一點靈光矣，且毋乃近於技歟？叔子謂茹子之矜奇詭異，正所謂技；吾輩之則古稱先，乃所爲道也。余甚然之。三人争論甚力，余謂素生詩自是一種文字，亦不必强其從我，但傳之後世，名不著則人必搜求而稱道之，名過盛則詆排者肆口無忌矣。蓋珠玉錦繡，非不貴且美也，然以之施貧乏，不若一斗粟、一尺布也。况過求珠玉，必有以僞亂其真者；貪著錦繡，必有以色速其舊者。眉批：『色速其舊』四字，真形容得出。可見靈光絶頂人，甚言語都能造老。某向來會造句，却自愧不及。素生深於古文，有直到河東、廬陵妙處。夫文不能有密而無疏，而詩乃欲反之，是明知其非而姑爲異論以欺人者也。吾輩無私好私惡，此言可與天下見之。傍晚偕諸君登怪山，夕陽中望會稽、天柱、香爐、秦望、鵝鼻、富盛諸山，脉絡曲折具見。余最不喜爐峰，奇而無理。其奇處，正是極庸劣處。玲瓏深秀，莫若秦望，因踞石磴久觀之。叔子謂看是遠近高下一片緑意，其實淺深濃淡，無一雷同。余謂萬物皆有一定之理，即有一定之法。眉批：此乃天地自然之法，所謂道也。以淡襯濃，以淺間深，即是緑之法。其不雷同，正是極雷同也。談次暮色漸迢，乃入清凉寺。至應天塔前，以足力疲不登，即下山。至捨子橋，别素生。復至觀巷登舟，出西郭，（此處塗抹）歸。

是日素生處借得《荆駝逸史》二十八本，其四本叔子携去。所收共五十種，皆紀明末喪亂事由。惟《東林本末》《平蜀紀事》《榆林城守紀略》《揚州十日記》《東塘日劄》《江陰城守記》六種曾見過，深愧弇陋。然根柢之學，尚有荒於此者。

夜閲桐城錢飲光澄之《所知録》三卷。飲光通籍於閩，入粤爲翰林，所紀爲隆武、永曆事。内載隆武之死，或云於福州，或云不知所在。永曆事至駐南寧止。又姚江黄梨洲先生宗羲《行朝録》六卷，極有史筆。其紀隆武死，與錢氏同。且謂朱成功屯鼓浪嶼時，嘗遣使存問諸臣，云爲僧於五指山；惟傳曾后被執至九龍潭投水死，二家皆同。然則楊陸榮《紀事》言隆武與曾妃駢斬汀州者，未確也。梨洲論隆武之亡，謂天實爲之，若帝則不可謂非天生之令主。論者譏其不能出閩，乃勢所不能。鄭芝龍習海島無君之俗，據有全閩，豈帝所能制？黄道周、蘇觀生雖有儒者氣象，亦何能爲？論蘇觀生之立紹武，謂啓釁於肇慶，以滋外患，固不得逃罪；然觀生受思文特達之知，而立其弟，與荀息之不食言，可以並稱。若紹武之從容遇難，追配毅宗，亦亡國而不失其正者。紹武爲大兵所獲，李成棟使人饋食，帝不肯，曰飲汝一勺水，何以見先帝於地下？遂縊。論周鶴芝之乞師日本，謂無異張孝傑之海外借兵，忠臣義士，窮思極計，而余煌恐其爲吴三桂之續，以利害相權，真書生之見，皆確論也。又稱鄭成功爲朱成功，以隆武曾賜姓故，亦極得體。惟梨洲扈從魯監國至海外，官至九列，此書序中亦自稱副都御史，而還里以後，聚徒講學，與我朝公卿相通問。至仁皇帝時，有舉以鴻詞者，亦甚非遺民逸老之所爲，有愧李二曲、徐昭法多矣。又崑山顧亭林先生炎武《聖安本紀》六卷。眉批：《聖安本紀》載《明季稗史》中，僅二卷，此乃足本。聖安者，隆武所加弘光尊號也。内以王之明一案爲真太子。又貴池吴忠節公應箕《剥復録》二卷，紀啓、禎兩朝附璫逆璫事，天啓四年甲子起，至崇禎元年戊辰止；謂己巳以後，逆案定矣，不書者，不敢書也。蓋先生此書，作於南都擁立鉤黨將起時，其記載極謹嚴，關係處綱挈目舉，間附論斷亦極確，卓然史筆。眉批：其書起於楊應山之劾魏奄十四大罪，以此爲消長之玄機。是月即杖殺屯田郎中萬燝，乃逆璫肆虐縉紳之始，即此以覘外廷者，逾月而福清去國矣，終於倪文焕、劉志選、梁夢環、曹欽程四人之提訊，以倪、梁在逆璫五虎之列，而曹允元惡也。

又復《揚州十日記》一過，悚然增溝壑性命之感。

二十日壬子　陰晴相間，微有風。早起，以是日偕素生、叔子、雪甌、漁蕢、寄公遊山陰道上，期清晨畢集余家登舟也。久之不至。（此處塗抹）嘗謂人做一件事，即須專心致志此一事上。無論清遊不易選，同志不易聚，即以嬉戲論，既出空得此一日，則此一日中凡一切身心利害、衣食嗜好，皆宜屏去，但把此一事做得極暢，一日内不使留一分不足，一日外不使留一分有餘，方是做事，方是做人。（此處塗抹）眉批：觀此一段，知異日蒓客必能做一番事業，書以爲券。日加巳矣，及諸君來，遂登舟，繇青電湖、桑村、清水閘、曇釀村至柯山，泊舟遊七星岩。余至沈宅見姑母暨瘦生，即會諸君於石佛寺前。素生、雪甌攀蘿登峭石，諸君皆不能從。旋同下舟，至寓山青蓮院，謁祁忠敏公像。素老庖人已具酒肴候於禪室，遂縱飲至午後。呼寺僧，告以復四負堂故址事，且限以日，僧唯唯。遂下舟解維至州山，漁蕢自棹小舟回。素老欲遊柯亭，又聞州山九峰寺尚遠，乃迂道至柯橋，泊舟修塘寺，至柯亭。恭讀純皇帝御製詩，即迴棹至中梅。叔子換舟回去，余與素老、雪甌快談，看遠山暮烟極綿邈，又謂暝色在水，極艷不可畫。眉批：此艷字，却如何看來？是真解好天色者。更動至余家，送諸君歸。

二十一日癸丑　晴，極暖。星橋兄來，久談去。酉刻移書案於内室，臨池坐。寓山寺僧靜馥來求緩其事，余不允，乃去。

閲京口錢邦芑《甲申紀變録》，不五頁。又無名氏《遇變記略》一卷。此人自號聾道人，乃從逆御史涂必弘幕友，所載即偕涂從逆及逃出事。言同奔時，龔鼎孳夫人美而艷，即舊院顧眉生也，常俯拾塵土自污。蓋龔以受僞直指使職，聞賊敗，與涂同逃者。又程端伯正撰《滄州紀事》一卷。王度《僞官據城記》，僅二頁，紀和州攻殺僞官事。又《歷年城守記》，不二頁，紀泰安陷賊事。又陳洪範《北使紀略》一卷。洪範爲明總兵，偕左忠貞使大清，左公仗節死，而洪範南旋，後執潞閔王以杭州降者。其書中自言仗義不屈，對大學士剛林言，侃侃有氣節，殊不足信。然極表左部院忠義，不加一字污蔑，亦天良未昧者。又桐城戴田有《弘光朝僞東宮僞后及黨禍紀略》一卷，以王之明、童氏爲假冒，以張捷、楊維垣二奸爲真殉節，以光時亨爲並未從賊、因沮南遷論殺者，皆不足據也。眉批：《聖安本紀》載有弘光責法司連結逆案上諭，謂光時亨力阻南遷，致先帝蒙難，周鍾以詞臣降賊，乘馬不下梓宮，武億爲賊僞官任事，三人即便處決云云，是乃於從逆諸臣中，以三人罪加重，故首誅之。餘皆降等。然則時亨之誅，以嘗阻南遷，故益其罪耳，非時亨未嘗從賊也。又《揚州城守紀略》一卷，載史忠正被執，見豫王，不屈，王使左右兵之，屍裂而死。又許重熙《江陰守城記》一卷，較韓慕廬《江陰城守記》特簡。

二十二日甲寅　晴，更熱。是日芒種。

二十三日乙卯　晴，甚和。詣張魯翁不值，適許眉仙亦在，並晤陳雨田兄及方生。少談，偕眉仙出。余至漁薋家，寓山僧亦在，并晤陳十五丈。魯翁复來請，遂偕漁薋及僧靜馥同過之。靜馥先去，魯翁留余二人午食畢，遂同漁薋至藥皇廟看戲。晚別漁薋歸。夜茹子薌偕鮑老五來，更餘始去。

二十四日丙辰　晴，下午陰。早得魯翁書。陳薌師來爲息訟事。得漁薋書。下午詣藥皇廟看戲，晚歸。

二十五日丁巳　晴。詣許眉先，午後歸。

二十六日戊午　晴。詣藥皇廟看戲，晤閑谷。下午遇漁薋，談至晚，歸。得魯翁書。平子來，不值。

二十七日己未　晴。張魯翁偕寄凡來，以舟邀余至寓山寺。旋至沈宅午飯，見姑母、瘦生暨七弟新婦。望樓叔祖來，請明日繼書署押。

二十八日庚申　上午陰，下午有日。漁蕢來談。作書致（此處塗抹）。作書致望樓叔祖，謝招飲。上午詣漁蕢，并晤静僧及祁茂園。午飯後同漁蕢詣杜晴佳員外，并晤少文明經，遂於晴佳家作書致瘦生，交静僧帶去，抵暮歸。是日於晴佳家晤陶琴子，得素生革職、家被查抄之耗，蓋以前人（此處塗抹）宰常熟時虧累也。素生兄弟家徒壁立，監抄官亦無如何，已詳撫軍移文江蘇矣。是日望樓叔祖立緦麻姪爲嗣，即族叔安甫秀才也。

二十九日辛酉　陰晴相半。作書致素老、季子。詣洪梵庵，以先大父三年吉祭，設壇於此也。傍晚歸。素生、季貺、雪甌來，爇燭快談。諸子尚未飧，余無以飯之，索麵又不得，以湯圓充饑，荒儉可笑。更餘各歸去。

五月初一日壬戌　晴，下午陰。

初二日癸亥　晴。午後素生來談理，甚快，逾時去。作書致雪甌，告以度節之艱。自問一衣十年，每食半器，寒儉亦無以過，無乃今年光景更甚昔年，終未識何故也。

初三日甲子　晴。寄帆伯來，議給考費、學費條款，以教習公僅捐田百畝也。得雪甌書，教以每日早出夜歸避債之法。

初四日乙酉　晴。

初五日丙寅　晴，午後大雨，即止。索債人俱懊喪去，居然又過端陽矣。余不勝杯勺，亦快飲半戹。夜，隔鄰火，里中大噪，舉家驚起，火已逼窖粟所，其積尚支三月餘，且稅所出，未輸也。急呼移之，人望火不敢入。大窘，火忽止。不費一手一足力，復得百餘日爨，又免爲國逋矣。非望之喜，亦天之憐吾道也。

初六日丁卯　早晴，上午雨，下午又雨至夜。子九來，余尚卧，即起談。遣騰雨以燭楮吊昌安孫宅之喪，余姑表姊有姑憂也。開先弟來慰問昨夜之驚，旋去。雪甌來邀余及子九同舟詣賞村，晤素生、叔雲、季貺三昆，傍晚歸。夜雨達旦。

初七日戊辰　陰雨不時，做梅，夜大雨。

初八日己巳　如前。傍晚晴霽，甚喜。作《送周素生司馬之常州序》，存文集中。食楊梅，大佳，芝塘湖出也。

初九日庚午　晴，下午雨即止。長至。祀先。作書致素生、叔雲、季貺。下午寄公來，以素老所作《募梅亭記》出示，旋去。安甫叔來，請明日署繼書押，并招飲。素人、叔雲偕孫蓮士來，蓮士持予去年日記去。叔子兄弟亦棹舟歸，已曛暮矣。夜雨。

初十日辛未　陰晴相錯。詣望樓叔祖，賀立嗣并署押。安甫叔因留飲，下午席散。詣開先談，旋歸。丁藍叔來，不值，以絹扇一柄留贈，扇書藍叔《見懷》七律一首、平子《見懷》七律兩首，皆佳。録平子後一首云：『忽忽已成三月別，故人道爾苦吟詩。傷時涕淚狂猶昔，倚樹光陰病倘支。下潠有田供著述，上春多雨足相思。商量載酒湖南路，擘脯彈箏定幾時。』繾綣之思，令人一日九迴腸也。

十一日壬申　上午晴，下午陰，傍晚雨，有雷。買舟詣味經堂，晤素庭，復詣寄帆，晤王蘭言、文明經、樊秀山秀才。飯後晤沈子彭秀才，談久之，乃别諸君。詣青藤書屋，見陳伯母。出縣大街至張鶴翁家，晤厚齋、方生兄弟。傍晚歸，及門而雨。是日以牙章兩方、黄石一方托寄凡刻『越縵堂主』并款識。在寄凡家遇一不知輕重人，出妄言，不免辭色俱怒，歸而思之，亦自招侮耳，于人何尤？聞陶問芸中丞得予謚文節。中丞亦凡材，以昔年守衡州功，不一年致位開府，死又得所幸矣。吾鄉之仕者，被寇難以百數，哀榮備至，惟中丞耳。即舉天下計之，使臣、疆臣獲謚者：常大淳中丞死武昌，謚文節；馮光禄培元死武昌，謚文介；梁星沅布政死武昌，謚敏肅；瑞元廉訪死武昌，謚端節；吕賢基侍郎死舒城，謚文節；江忠源中丞死廬州，謚忠愍；吴文鎔制府死漢陽，謚文節；孫侍郎銘恩死太平，謚文節。及是不過十人焉。他若死江寧者，則有陸建瀛總督、鄒鳴鶴中丞，陸以爲欽差大臣，轉棄九江，已革職逮問，并籍其家；鄒以撫廣西時全州失事革職，歸奉詔辦江寧軍務。故其死也，陸僅復總督銜，照例賜恤，旋爲御史論罷。鄒以向帥爲之請，以原官賜恤。死安慶者有蔣中丞，亦止予恤典，皆不得謚。人以爲當我朝重易名，一字之褒，榮於九錫，視前代遠矣。或曰文節之撫湖北也，久留常德府不進，抵任數日，城陷云。眉批：名山史案，可畏如是。（王星誠）夜雨。

十二日癸酉　晴間陰。安甫叔來謝，不晤，去。酷熱。初浴。收拾小室中書籍，移一廚於内。夜大雷雨，烈風怖人。作書致瘦生。

十三日甲戌　晴，極悶，下午陰。閑谷來，以予延課季弟約其今日上館也。得素生、季貺書。更餘月甚好。

十四日乙亥　晴。作書致（此處塗抹）、致子九。夜與閑谷坐中庭納凉，風月俱好，蚊蝱不來。坡公詞云『明有清風我尚輸』，今日得兩閑人也。二鼓就寢。

十五日丙子　晴。得季貺書。夜與閑谷至雍樂橋步月。

十六日丁丑　晴。閲宋樓宣獻公《攻媿集》。宣獻名鑰，字大防，四明鄞山人，嘉定中官至參知政事。四明博學推王伯厚，文章推宣獻。集中内外制居半。近體詩格律莊雅，亦宋人中錚錚者。宣獻著名黨籍，生平大節皎然。真文忠序其集，謂南渡文章推李漢老、汪浮溪與公爲三大家。今按其文，詔誥諸作，莊重簡當，極得王言體。奏疏亦明暢。他文率多記山水寺觀，不甚生色，殆亦以人重者與？

十七日戊寅　晴間陰。得《懷蘭叔并寄平子》七古一首：『今我不樂事遠遊，出門烽火生百憂。天公愛人醉不死，朝朝散髮嬉江頭。江頭估船日邪許，羽檄西來更旁午。饑寒餘事猶賦詩，拔劍唏嘘不堪舞。坐無王郎誰得豪，丁生好客真吾曹。驛置通賓井投轄，意氣脱贈千金刀。兩君之思日無已，試問西江往來水。貧來生計在閉門，誰謂窮途絶知己。山齋剪燭經年期，承平如此况亂離。吾人聚會亦細故，埋頭甘受群兒羈。荷戈負耒兩難即，此身位置竟無術。菰蒲葉長瓜苗肥，夜卧沙磯抱凉月。海人鮒魚玉尺鮮，楊梅入市珍珠圓。長安炎熱不進御，豎儒坐享徒自憐。嗚呼！感時寓物思故交，行樂遑恤蒼生嘲。江干吴姬白如雪，相期同醉錢唐潮。』眉批：《寄懷王孟調丁藍叔蕭山時孟調客藍叔家》。得叔雲書。夜無月，早寢。

十八日己卯　陰，午後雨。早起日未出，偕閑谷至村口看白蓮。曉風極清，野趣自緑，俯仰遠山近水間，曠然無塵俗氣。作書致叔雲、致藍叔、致平子。詣村中觀劇半晌。薄暮大雨，有雷，夜雷雨數次。

十九日庚辰　陰，午日出。漁賫來，談至午方去。下午詣村中觀劇。得孫子九書、傅節子書，即作復。夜又觀劇，有一旦演《入夢》《尋夢》頗佳。夜歸寢。

二十日辛巳　陰雨。下午又觀劇。

二十一日壬午　晴。詣大路本家，唁哲庵族兄喪弟之戚。得漁薲書即作復。作書致鶡翁，即得復。瘦生來。作書致漁薲、致雪甌、致寄帆。寓山僧静馥來，請明日祭謁祁忠惠公。得漁薲復、雪甌復。夜同閑谷、瘦生門前觀劇達旦。演《鐵冠圖》，至思陵逼后殺女時凄然作變徵聲，幾爲泣下。思陵庸而愎，其没係人思者，以死之慘耳。顧事隔二百餘年，尚唏嘘不能自止者，當不僅讀古之感也已。眉批：小小筆墨，而寄懷深遠如許，必傳之文也。（弟星誠）郡城决盜二人。

二十二日癸未　晴。早食後漁薲、寄凡來，漁薲以舟往寓山，遂偕閑谷赴之，同舟者尚有一封君、一畫客，共六人。上午至寓山，茗後祭忠惠公，寺僧設香積相款。下午迂道至賞村。（此處塗抹）夜飲於芙蕖花側。（此處塗抹）同諸君歸。瘦生去。

二十三日甲申　晴，酷熱。早間張厚兄來，爲視書室方向，去。（此處塗抹）是日以賽火神演戲，班名群玉，越伶中推上駟，能崑曲，因命演《歲寒松》《一捧雪》諸劇，頗可觀。《歲寒松》爲楊忠愍事，寫本起至監斬止，共八齣，殆脱胎于王鳳洲《鳴鳳記》者，内有鳳洲求救鈐山一節，慷慨激烈，大爲文人增色。據史傳及《忠愍集》，皆言求救者係司業王材，介溪門生。鳳洲乃畫策者耳。此竟歸之鳳洲，極有識。又問官爲尚書何鰲，抹花面坐刑部堂，觀者萬人唾之，其實《忠愍集》言，執筆者吏侍王用賓，附會成獄者刑侍王學益，何不遇同之耳。嗚呼！君子小人之利害，觀此可知矣。更有異者，吾邑峽山村何氏，巨族也，禁不演此戲，違者力治之。鰲之惡不至與嵩比，然已孝子慈孫百世不能改，迄今三百餘年，禁愈嚴，顧罵益甚。豈非欲蓋彌彰，其孝子慈孫之過歟？眉批：一瑣事耳，隨筆記載，乃議論正大有關係如此，大家不苟爲文，於此可見。（誠）夜復觀劇達旦。

二十四日乙酉　晴更熱。門前觀劇終日，從弟輩屬余點戲，見其目中有所謂《千忠會》者，異其名，令演之，乃建文事也。演時帝與程濟爲僧山寺，濟他出，一老將率兵擒帝，濟追而哭之，一軍皆涕泣散去，率兵者遂縱帝自刭。事雖無稽，亦足感也。惠帝遜國事，朱竹垞力闢其妄，故欽定《明史》從《實録》，後人不免疑之，然《從亡》《致身録》諸書極無謂，此必小説家造此以慰人心者，豈知國君死社稷，正以一炬重耶。眉批：老將自稱嚴震直。按：震直，湖州人，《文皇實録》載：命工部尚書嚴震直等分往山西、陝西巡視利弊。震乃至山西澤州，病卒。而《致身録》言，震直督餉山東，爲北兵縛至京，後使安南，遇建文帝於滇，吞金死。至南都擁立，顧九疇爲禮書，題請贈謚，其後人自辨無此事，乃止。是則震直吞金者事既不足據，而今乃以老將當之，且有帶起做忠臣之語，震直亦不幸矣。夜复觀劇，至四鼓歸。戲雖不經，然演者極佳，一旦名（此處塗抹），尤賞之。越俗高腔最古，蘇人嗤爲蝦蟆腔。余閱《東坡集》，言黄州人群聚謳歌，不中律吕，但宛轉其聲，往返高下如鷄唱。今高腔乃場上一人唱起，而場後偕聲續之，末一字必高而長，正合坡老所謂鷄鳴者。素不喜之，然唱者極難，知音者言崑曲胎息於此，余終不信。去年深秋卧病，半夜後醒不能寐，墻角蟲吟唧唧，萬緒難理，近村有演戲者，聲達枕畔，殊覺激烈，入破，愴然淚下，自是喜聽之矣。嘗謂風清月白時，選佳優静地，演《尋夢》《拜月》諸劇，亦令人唤奈何不置。

二十五日丙戌　是日小暑，上午晴，下午大風，有雷，即霽。阿戎言：『太上忘情，最下不及情。情之所鍾，正在我輩。』余謂鍾情中亦分三等：彈箏勸爵，千金媚花，其情從熱腸出；拾釵藏舄，一笑訂緣，其情從柔腸出；緑酒紅燈，廣場獨賞，其情從愁腸出。余每當歌筵舞席，見有一顰一笑可人憐者，即唏嘘感觸，若心繫之不置，其殆深於愁者與？眉批：亦似袁籜庵、李笠翁一輩人語。我蒓客雖學道，亦頗傷於情，此其證矣。（弟諴妄語）閱平子日記。

二十六日丁亥　上午晴，午後風雨即霽。素人、叔雲來，逾時去。素人即以是日行矣。詣水澄巷本家，晤鏡人族伯，薄暮歸。邑令顧準被越峴師參奏十三款。

二十七日戊子　晴。已刻浴。午刻祀關帝。飲胙，盡四五爵，頗醉。郡城决盗三人。夜熱甚。

二十八日己丑　晴。早進城，視星橋兄，病甚，憂之。再祀關帝。午刻飲胙，罄十卮。近年來久不作此强飲矣，然頗不覺醉。得漁薈書，即復。

二十九日庚寅　晴。得星橋兄凶問。兄爲芋町從伯長子，讀書得家法，未冠入京，補博士第子，屢薦不售，失意南歸，繼遭大故，竟偃蹇死，年五十四，悲夫！兄面目古拙，冠服破陋，見人雖傭豎走卒，必罄折盡恭。其出也，兒童或喧笑隨其後，不爲意。顧性方嚴，不苟合，京中故人，及先世門下士，多列清要，竿牘不一通。眉批：芋町先生，先子經師也，終身嚴事之。越人仰其品學，如泰山北斗云。（王星諴）今副憲王公履謙督學湖北時，延入幕，以一言不合，束裝歸，王君謝之不得。所至類如此，故益貧。與余家最相關，有事即趨赴如己事。余每與之論古今，甚得也。其學通五經，涉獵諸史傳，尤熟於《漢書》《明史》。論斷識見，雅與余合。又留心本朝文獻故事，族中可與言者兄耳。今已矣！月之十一日，兄來視予，予叩以《禮·玉藻》『士佩瓀玟』句，兄忽不憶玟字，予怪之，其將死而神明衰耶！嗚呼！昔芋町先生以孝廉講學，名傾淛東西，年老秉鐸青田，卒之日，一邑之士，哀慟奔走，以爲失父母師保也。柩之歸，山水崎阻，不得前，執紼者，篙者牽衣，挽者携舟，送者擔簦躡屩緣山行，哭者聲呱呱，數百里相屬不絕。眉批：似柳子厚。（諴）其在家，薄田二百畝，半以周族黨戚友，暨積俸所得，尤微矣。顧求者無不應，至今鄉里稱善人。然則兄固善，今後也又非不克負荷者也，而至此，豈非命與？眉批：凄咽。（諴）兄名庚，星橋其字云。

三十日辛卯　晴。早食後進城送星橋大兄斂。閑谷回去。是日稍清凉。夜卧可單衣，五更尚覺凉，須薄被。伏中得此，大奇。

六月初一日壬辰　晴。連日似中暑，不快，眠食亦減。下午呼鑷人薙短髮，忽昏暈，耳目俱不聞知，神色遽改。蓋積暑既深，痧筋一提，邪氣上攻，通體俱不能自主矣。伏几頃許，始少定，令掐痧遍體，皆黑。諸從兄弟皆惠痧藥，至初更後少安，始得寢。乃知人生時時可死，方暈絶時，去死一間耳。然則安穩過得一日，豈非大福分；閑蕩過得一日，豈非大罪過。

初二日癸巳　晴。少安。閑谷來。得叔子書，爲孫蓮士屬其代約初六日會飲小雲栖也。

初三日甲午　陰，極悶，午後風起，有雨數點，稍凉。作書致雪甌。下午改舊詩數首。夜夢，做得幾件極快意事，醒來已漸忘之，我亦便不念之。夫夢者，思之境。獨我輩心緒紛雜，晝之所思者，夜偏不能夢。往嘗恨此事不能自主，然究係那個作主？獨今日夢境歷歷，皆我意中所欲得者。但平日之夢，我皆不能作主，今日之夢是那個我作主？佛氏言人世間有因緣，此即因緣也，非我也。然究因我之有所思，而始有此因緣也。然而我已漸忘之，我已便不念之，是已無夢中之我矣。無夢中之我，便已做得無我一半工夫矣。人世間皆作夢觀，皆作因緣觀，則其造得無我二字者，正完得我一字也。然則夢也，覺也，固何一非我自主者耶？眉批：此等未免近小説家言。看似有旨，實歸於切實學問，然爲金聖歎輩掉古破壞久矣。（誠）

初四日乙未　晴，酷熱如前。終日無事。追述夢中境，重觸舊懷，成小詞兩闋，各有一影事系之。然國人共保展禽，酒肆無疑阮籍，玉溪感托，遥有同情矣。詞録於此。

一剪梅

心字濃香爇夜深。碎語惺惺，碎夢星星。玉闌干影忒瓏玲。瘦霧冥冥，瘦月亭亭。一紙紅鸞悔未盟。待訂他生，已誤今生。憨嗔憨笑總無憑。纔似多情，又似無情。眉批：刪。

減蘭

俏垂雙鬟。窣地行來花有影。不怕生疏。一點靈犀慣喫虛。再三臨鏡。偏是何郎工傅粉。十斛明珠。抵得當筵一笑無？眉批：刪。

吟興未闌，復得《金縷曲》無題一首，并録之：『紅豆拋殘矣。正花前、鬢絲禪影，泥人如此。十萬春風誰管領，甘爲雪兒愁死。偏零落、鴛央名字。争道羅横難脱白，證香盟、未辨黄金紙。這場錯，鑄誰是？同年碧玉纔彈指。半相逢，鈿箏瑶阮，招摇過市。願種護門千本草，穩卧嬰桃花底。都不羨、盤龍帳子。巧借青蛾消骯髒，拼償他、輕薄生生債。擲鉛管，淚如水。』眉批：可爲多情，然老顛欲裂風景耶？呵呵！（誠）

初五日丙申　陰悶，下午雲合仍散，稍有風。得孫蓮士書，即復。夜半大風有雨。

初六日丁酉　晴。早起甚爽。看《漢書》一卷，即飯。少許，買舟至小雲栖，子九、叔子已先在，談甚樂。遲蓮士至午方携行廚暨周孝廉慶榮來，寄上人設竹席佛殿西隅，遂各據地飲，諸子俱不勝杯勺，亦無抗聲高論者，但笑言啞啞，不識誰爲主賓而已。酒闌，寄凡忽來告即日金匱之行。曛暮各散，子九同舟至郊門登岸去。余反西堂上，已初更矣。是日約共次少陵《宿贊公土室》第二首韵，詩云：『結夏求古懽，魚鳥悦禪静。移舟就深緑，竹寫定中影。素襟遂所期，杯酒淡彌永。調琴鶴馴座，浮瓜鴿窺井。生愛蓮社遊，烟思各能秉。涉境忘險夷，盟心泣孤迴。流水息我機，舉足見箕潁。徑曲爐烟深，林密岫雲屏。悠然足相對，開幢揖諸嶺。一磬裊詩心，摇摇暮松頂。』眉批：《孫蓮士助教廷璋招同子九叔雲集小雲栖寺凡公房同次少陵宿贊公土室第二首韵》。

初七日戊戌　晴，下午大風雨，即止。早起胸作惡，不食。偕閑谷及諸弟登舟，至柯山石佛寺，复至七星岩，晤瘦生，遂飯於龕側精舍。下午偕瘦生下舟，忽遇急雨，蹲匿篷底。少頃至瘦生家省姑母，（此處塗抹）飲瓜茗後复喫玫瑰粥半碗。遂辭姑母，拉瘦生同歸。至魯墟大湖，忽雲合，風雨驟至，泊舟浪綢橋。四望諸山，驅走烟霾間，變滅萬狀，砰訇所至，惟見萬緑飛舞，一白混茫而已。頃許解維，夕陽見西，群沐齊出，濕雲所經，時有斷雨。出青電湖，則雲脚所屬，石火隱隱，莫名其處矣。眉批：筆墨下有烟雲變幻雷電起滅，乃能狀此奇景。（誠）曛暮至家。夜與瘦生談至四鼓，始寢。

初八日己亥　上午晴，下午大雨，暮止，甚清快。早食後甚悶，頭目時作眩，睡少時，略定。晚間戲以『寫日記』，命季弟對，應聲曰『讀時文』，不覺大噱。

初九日庚子　晴，下午陰。傍晚偕瘦生及兩弟赴柯山。舟至青電湖，看山際落霞，異樣光彩，入水尤奇艷。一路樹多於山，蟬多於樹。環舟行送者，秦望、天柱、會稽諸山歷歷見暝烟起伏處。梅里一峰尤若遠若近，追隨三十里不去。俄頃月上，舟子不識途，迂道繞出柯山背，復折而之前，抵瘦生家，已初更盡矣。叩門入，姑母起見客，食以諸品物，至夜半就寢。

大暑　初十日辛丑　晴。在沈宅同姑母及七弟新婦談瑣務竟日。夜與單君葉封門前坐凉。

十一日壬寅　晴。上午閱王次回《疑雨集》。此書瘦生得之舊書肆者，上有評語，時有道著處，字亦工楷，未知誰氏也。又閱閨秀馮蘊昭《碎錦集》詩二卷，後附詞數闋，係抄本，近體亦可采。下午與瘦生手弈。夜至單君門前坐凉，地去沈宅里許，左爲湖南山，右爲半山，山有彤仙觀，故又稱彤山。對門高樹疏立，月影娟娟，水面菱葉，光浮晶晶然。主人携大椅坐客，快風四來，幾忘返。更餘，始偕瘦生歸。

十二日癸卯　嫩晴，有風，午後略有雨。與單君弈。家中納南米。

十三日甲辰　晴間陰。昧爽促兩弟起，辭姑母買舟歸，至丁港日出，抵家時尚未早食也。晤閑谷，知初十日叔子、蓮士、子九來，半日始去。并知丁吉庵家於是日失火，屋貲幾盡，可爲扼腕。王平子以病甚歸里，明日當走問之。閲叔子來書、子九來書并十日留函，讀子九、蓮士、叔子、寄上人來祝節同集詩什，皆佳。得季貺書，作書致叔雲、季貺。是日村中迎平安福主會神，黄姓，不知其名，世代亦無考，不列命祀，越人甚尊事之。相傳神司瘟疫，禱之極有驗。婦孺言及神，輒震懼，不敢褻。今年四月，余偶至其廟，見門帖報條稱貴府大人黄欽陞瘟部副元帥，駭爲絶世奇文。而民間紛紛争傳此封號，且有言係御史某公奏請者。余不之信，繼晤張魯翁，言此五字固出自某公口，爲真爲妄，固不必論，竊思小民無知，借此以恐懼之，亦聖王所弗禁。歲時鼉鼓龍船賽神爲樂，奚必計淫祀無福耶？吾鄉競渡，向以四月六日青田湖爲最，亦黄神會也。届時西郭門至湖中，畫簾歌舫，擁雜如蟻。霞川五里，不生一波。而兩岸衣香人影，复高下接之。嚮晚萬篙争道，西郭門不能入，則折而至常禧門。一鷁甫開，錦帆魚貫續進，轉瞬又萬花簇擁矣。兒時侍家大人讀書，至夜半，聞邪許聲尚未絶也。迄今二十年來，漸即寥落，然尚不下數百艘。至今日之會，行之僅十餘年，尤屬支吾點綴。而每歲兩舉，凶年不廢，亦足徵人心之太平已。閑谷言初九日余出門，頃刻風大起，家慈憂甚；而小舟中四人對蹲，竟不知也。下午詣村廟看戲，复至會龍堰前看群玉班戲。夜月甚好，飯後仍詣會龍堰看戲，至四更歸。

十四日乙巳　晴，午後雨，即止，連日暑稍差。得季貺書。作書致子九，得复。夜月甚凉。三更後家慈病暑忽迷，家人驚呼盡起，逾時稍定，乃就寢。

十五日丙午　早起微雨，似做梅，終日陰靄，少見日。柏塍伯來，屬爲嘯岩作伐，求瘦生從妹憐姑也。與閑谷及諸弟弈。夜月甚好，看至鼓三中始寢。

十六日丁未　晴，午後酷暑如常。晤薛春淵，爲友人事。作書致季貺。與諸弟弈。擬往柯山，以暑止。夜無月。

十七日戊申　晴雨不定。作書致瘦生，爲求姻事，遣騰雨專去，餉以西瓜、燕鴨。閑谷回去。作書問平子疾，托閑谷代致。子九兄來，傍午去。得瘦生復。是日頗減熱意，夜尤凉。

十八日己酉　晴，頗凉。家慈詣金龍四大王廟拈香，午飯於村庵。

上午閲李義山《樊南文集》。義山詩律雅鍊，固不待言，古文亦齊名孫可之、皇甫持正、杜牧之諸家，四六尤爲中唐後一大宗，論者謂不特非宋人所及，即王楊四子亦覺遜之。余嘗謂四六雖大家所不經意，然初唐後竟失傳。蓋六朝人整鍊者如百戰健兒，流麗者如簪花美女，其氣息神韵，俱不可及。又能不見堆垛之迹，如徐熙畫梅，無一瓣複衍。王楊四子稍滯矣，然如王謝子弟，揮麈談笑，總饒俊逸。燕許二公更弱矣，而短衣勁服，猶有古裝。至陸宣公、李樊南全以氣行文，大開宋人門徑，如法師參禪，武將賦詩，時露山野氣、風雲色，自鄶以後無譏矣。樊南尤長者，推祭誄諸文，然概以四字成句，率多浮詞套語。余雅不喜此體，近周叔子極詆之，謂其出語庸劣，有并不及宋人者。今日細看數篇，乃知國朝陳伽陵、吴薗次諸家，直胎息於此，一經傳法，已墮惡道矣。惟小文如《李長吉傳》《與令狐拾遺書》《虱賦》諸作，固自佳；爲王茂元檄劉稹文，亦不弱陳孔璋輩。義山極推崇昌黎《平淮西碑》，其作《李衛公會昌一品集序》，力仿之，而才實相遠，蕪詞支語，銜口即出，稱頌處雖極用意，亦時有失體語，與鄭亞改本相較，相去遠甚，此君固非大手筆也。《序》作於宣宗大中元年，時文饒已三貶爲太子少保分司，亞亦由中丞貶外。未幾以吴湘獄，貶文饒司户崖州，亞以審是獄時爲御史知雜，亦再貶循州刺史，而《序》中尚極意推重，擬之天之春秋，地之秦洛，人之伊周，足見衛公當日聲望之隆，而朋黨之固結不可解也。然不以失勢反面，如鄭公者，亦君子人與！

下午課弟輩制藝，題爲『周急』二字，爲嘯岩評文一首，題爲『魯頌曰』。今辰看書，終日天氣亦爽，伏中極難得。然總覺心緒忙迫，鮮有得處。傍晚雨，不久止。夜更凉，楚楚作秋意矣。

十九日庚戌　晴，侵晨起，甚凉。出門訪雪甌，尚卧，呼起談頃許。由新河巷至清風里問王平子病，其家人延余至榻前，視之尩瘦殆甚，幸已進稀粥矣。旋出詣徐小池，爲設早食，且固留飯，辭之歸，家人尚未饔也。族人有告乏，午炊乞米一斗者，爲之作保，貸諸米肆中。是日作制藝兩篇，附録。

道聽而塗説德之棄也

無所得而騰口説者，聖人深警其自棄矣。夫子非禁有德者以言也，乃無所得而即説者，是先自棄其德矣，曾何異道聽而塗説乎？若曰：『琴書息坐之際，君子其有思乎？』夫思之事亦渺矣，舉古今來不可究竟之端，遥遥焉而求其必得，而一身之外常若有不可相質者，則以此時爲我之心，未暇及乎爲人之心也。而務乎人者，先失其我已。眉批：悠然而來，惟歸、陳兩太僕有此妙境。近人管韞山能髣髴之。（誠）今天下人自爲説矣，夫有德者必有言，而今何如者？蘊靈機而閟私得，則胸襟先自隘，昔賢之睨我必不深。若人而善爲説也，不可謂非後人之幸也。而無如迫以餉人者，竟若取非己有矣。悟至道而拙語言，則窒礙未全融，至味之入人必尚淺。若人而好爲説也，不可謂非吾道之助也。而無如泛以嘗人者，竟若不堪自怡矣。噫！是之説也，直聽之道而説之塗者也。夫天下之自棄，有甚於道聽而塗説者乎！學士高談心性，源流未正，則往往專持師説，而黨同伐異，惟欲廣其説以見吾道之不孤，乃有心人静挹藏脩，深歎其獵取空言以自爲附會，未嘗不窺其本原之甚淺也。眉批：沉漫濃郁，氣粹以清。（誠）異我者固不暇深求同我者，亦初無實獲，是直自棄於道誼中也，而習其説者益愈趨而下矣。眉批：宋學之弊。經生探索圖書，往往隱僻相誇，據異文而務欲申其説，勝先儒之舊義，迨有識者折衷至當，深慨其掇拾單詞以自雄辨，未嘗不憂其根柢之不固也。在今者固未平心而集益，在古者亦未按籍而參稽，是直自棄於學問中也。眉批：漢學之弊。而没其説者更以訛而傳訛矣。謂非德之棄也耶？萬不至挾異論以聳人，干言僞而辨之禁，即此一知半解，而采摘詞華，借文章爲弇陋資者，皆德之賊也。眉批：小儒破膽，名言謹當書紳。（誠）凡事欲以炫人，則審問、慎思皆有所不暇。蓋其欲聽之心已不勝其欲説之心，是未説時先自棄也。大道之由也，盡人而聽之，即盡人而説之。夫固過而不留爾，更不至摭浮言而欺世，滋人心世道之憂。即此一得驟矜，而輕言著述，相期許爲名山業者，皆德之害也。眉批：讀至此，汗流舌結矣。（誠）平生好作聰明，則志慮精神皆有所不壹，蓋其聽也已爲説計，其説也又早爲聽計，是并未聽時亦自棄也。塗人之衆也，我所聽者，亦由聽而來；我所説者，即隨我而説。夫固罄無不吐爾。不然，予欲無言，豈禁有德者以立説哉！

道聽途説，殆是當時俗語，夫子引以戒學者。但題中既無比喻字面，則道塗兩字，衹得輕輕點過。且夫子此語，自爲無所得而喜立言者發。德者乃有得於心之謂，題義所包甚廣。文於講中提出思字，補題之腦，入後爲古今學人痛下針砭，正是當下灼見通弊語氣，無一枝説也。頃閲周犢山此文，語甚膚雜，當少遜鄙作否。我輩近日頗蹈明季社學之弊，心雖非之而不能絶，拈此亦以自警爾。自記。

閔子侍側一節

記諸賢之氣象，而聖人之樂可傳矣。夫閔子諸賢之氣象，於侍側見之，而子之樂亦即于侍側時傳之，誾誾如，行行如，侃侃如，真樂不在是哉？吾黨記夫子于燕居曰申申如，曰夭夭如，誠以吾子備中和之氣，涵位育之量，微窺之猶有得其形似者，而及門諸人，復得其一體，以各呈光明正大之觀，蓋子於是神遠矣。即如閔子，袪裘旃羽，蓋之浮慕，著父母昆弟之孝稱，固温温恭人也，而乃著以誾誾如，殆詩所謂柔嘉維則，和惠且直者歟？至於子路，著三善，屏惡言，有人自洙泗來者，聞鼓瑟之聲，凛然以厲曰，是行行如仲由氏也。剛而塞，彊而義，其性然耶？若冉有，若子貢，一則用矛示勇，一則結駟修儀，皆侃侃如不可犯君子也。《易》曰剛健篤實輝光，是之謂矣。而要當于侍側時窺之，大當于子樂時窺之。緇帷片席，空山無人，而相與有吾徒，油油然各呈其熏陶之氣，不啻三代同堂也，而諸賢不覺也。眉批：眼界空闊。删訂窮年，斯人不出，而英才有繼起，落落然獨儲其用世之資，是亦千載一時也，而夫子不言也。吾黨於是微會之，旁察之，而知子之樂矣。眉批：篇如股，股如句，長句刀揮不斷，此等文純是天機。（誠）蓋嘗觀之天也，四時代嬗，不言化成，而春之爲春，夏之爲夏，秋者爲秋，冬之爲冬，皆各秉至正之氣，以昭造物之公，爲天之心早慰矣。又嘗觀之帝也，群后致治，垂拱無爲，而治水有人，治火有人，治兵有人，治刑有人，皆各秉至剛之體以成南面之治，爲帝之喜可知矣。此子樂之志也，而獨惜侍側諸賢，或辭費歸汶，終身高蹈，或説齊請衛，他日相思，而用於私室者，則又煩鳴鼓之攻，致覆醢之痛，而吾子老矣。眉批：泠然善也。成此不及炊許，文不加點，純是一片天機凑泊而成，正不知其于時文何如。自記。

連日頗凉，傍晚立湖邊，風翛然來，幾不能禁，盛暑時不宜有此，匪特瘦人易病也。夜卧，醒時見月色在枕，沁沁作冰雪痕，凉透肌理，比曉則蒙袂被局縮如凍鶴矣。

二十日辛亥　晴。早起著棉短襖，飯後始脱，尚恐受寒也。閑谷來。中午暑氣又盛，檐際蒸然不可逼，然身尚未汗。下午有雨數點即霽。

二十一日壬子　早起陰，旋見日，午刻雨，即霽，申初又雨，至夜。

北宋書家稱蘇、黄、米、蔡。蔡乃蔡京，而人多以君謨當之，豈知君謨時位先于蘇、黄，即書法亦在其上，東坡極推奉之，評爲宋代第一。賢奸混淆，亦同姓之不幸矣。嘗怪當時蔡氏不知何以，地靈人傑，一時并趨，京與卞兄弟同時執政，而京子攸踵繼之。不特交相害于國，且交相害於家。而入相稍先者，復有蔡確，奸亦相等，真極盛難繼者矣。君謨當英宗初立時，亦以有異言爲當寧所疑，數問近臣以襄何許人，韓、歐不能爲之解。今梨園演戲，有扮襄抹花面，附國戚陷狄武襄，爲英宗痛駡者，則又不幸之尤者也。

午後天正晴，忽有震雷，聲甚逼。適寄凡伯在齋中，因以論雷殛之怪，謂天之誅有罪，無顯假于雷之理。凡死于雷者，蓋因雷出地中，人適當其起處，爲所震而死也。往嘗見一書，有言及遇大雨不可避匿樹下，以凡雷之起，必擇土之鬆者，地有大木，則其土必浮，故往往有致死者，言甚有理。予因思雷殛之見於古者，殷王武乙、周臣南宫極，皆言震而死。然則周文、秦始想是不該遭雷劫耳。否則殺陵及泰山五松，爲人君所必戒之地矣。滿座大噱。

二十二日癸丑　晴，上午微有雨。代人作制藝一首，題爲『誠者不勉而中不思而得從容中道聖人也』。夜半家慈詣緑葭埭外氏家。夜舊疾大發。

二十三日甲寅　陰晴相間，時有斷雨。改弟輩課藝。夜與閑谷庭中坐凉。星光甚皎，雲態易奇。

露卧時，清風習習作凉，間有零雨，灑然增爽。仰視河漢間，玉繩低户，娟月將上，黑雲如朵者，已指顧移去，真夏秋之交極好風景也。二更後家慈歸，乃各就寢。

二十四日乙卯　陰晴如前。早起閲張曉樓、王墻東、方樸山諸名家制藝各數篇，甚適。時藝最是錮人，雖所造如諸公，終是小技，乃今日覺别有會心，蓋朝來爽氣，有以致之也。得瘦生書。與諸弟弈。

二十五日丙辰　晴，稍暑熱。早食後買舟至快閣，見柏塍伯，留飯。申刻爲予呼快舟至柯山沈宅，爲嘯岩姻事見姑母，已夕飧矣。執柯已成，遂請訂昏之期，涓吉於二十七日，主人以速辭，予力贊之。乃止宿姑母家，與瘦生同榻。

二十六日丁巳　晴，暑更甚。午刻立秋。早飯後，别姑母，坐舟至快閣，見柏塍伯及伯母，告以訂昏日，即歸家。子九來，不值。得季貺書。連日往返城鄉，稍覺中熱，兩日不飯矣。作書致（此處塗抹）。

二十七日戊午　陰晴相間，無風，頗鬱悶。清晨柏塍伯以舟來接予及勉齋弟，炊許至快閣，爲書昏帖。早飯後放舟至柯山，已午矣。衣冠登岸，主人盛服逆。頃許設宴，酒初巡，予忽中惡不食，至席散，稍差。晡時携其族長秀才其觀允姻書。回舟至快閣，柏塍伯設夜宴。更餘，酒闌歸家。比日往來山陰道上，曉夜風景，幾無奇不出。雖時有觸暑之苦，然所得較多。今晚出湖雙村，至畫橋一路，尤領會不盡。無論山也、水也、樹也、橋也、寺也、村舍也、亭也，天之雲也、霞也，晚烟也、風也，色色凑泊，成一幅絶好畫圖。即一人、一船、一漁竿、一桔槔、一樹邊馬牸、一淺灘立鳧、一網叉、一笠帽、一鷄、一犬，顛顛倒倒，隨意位置，而正襯反襯，近襯遠襯，皆似造化匠心，烘染無不到恰好處。人到此地，乃覺伎倆無所施耳。惜自來文人無參透個中消息者。眉批：出力寫得景出，然嫌似李卓吾、唐子畏及吾鄉張陶庵、王遂東一輩人語，此明季小文習气也。（誠）

二十八日己未　晴，又酷暑。今日以無關係事，爲人所觸忤，聞惡言。此人甚猥鄙，且事極瑣小，一笑置之。又爲友人幹一事，亦甚不如意。雖受人愚，亦爲謀不忠，故耳反躬自責到處汗顔矣。唏！夜偕閑谷至雍樂橋納凉，踞石當快風，樂不可言，更餘歸。橋載郡邑志，本名永樂，嘉慶初修葺之，時茹古香大司馬以殿撰家居，先曾王父與爲同年，屬其書橋頭柱聯，茹公以永字爲睿皇帝原名上一字，因改爲雍。臣子敬君，虚位必式，固宜爾也，記之於此，後人知鄉閭故事，并識避諱之法。

二十九日庚申　晴。清晨以子九兄事須復，疾發不能行，托閑谷代述。終日酷暑不可耐，几席皆熱，揮汗不暇。今年伏中第一苦日也。上午正弈，忽頭脹身熱，又似中暑，逮夜不食。

三十日辛酉　晴，酷熱如前。晨起即汗不止。閑谷到館。得孫蓮士書。上午弈。讀杜牧《樊川文集》。牧之詩，力求生新，亦講古法，故晚唐諸名家中，尤爲錚錚。子九論詩絶句云：『若向生新論風格，就中尤愛杜司勳。』真知言也。午後陰曀，晚大雨雷電，逾時不定，夜頓凉。與弟輩弈，三鼓方罷。

七月初一日壬戌　晴。早起聞昨夜雷震死族中一人。此人居郭婆漊，離西郭門不三里，余祖居也。自前明萬曆間七世祖茂才公以鄉老重德，郡守欲其時至學校，率後生讀法，因請居城中，乃移家郭門外，今横河舊第，而族人皆留祖居，以耕爲業，漸即寥落。此人名四一，素無惡於鄉。昨夜偕其子卧草間守田，子忽震而醒，從火中躍出，顔已焦。急呼父，不應，草皆焚，號村人共救之。滅焰出屍，面炭不可識，一足落。異哉！柏塍伯、寄帆伯偕來議義田事。柏塍伯并謝余作伐。

午後讀樊川文。予自己酉冬于《唐文粹》中讀牧之文數篇，不過謂其生峭便學，如孫樵、劉蛻之徒。今日復之，乃知才學均勝，通達治體，原本經訓，而下筆時復不肯一語猶人，故骨力與詩等，而氣味醇厚較過之。所著如《罪言》《原十六衛》《守論》《戰論》諸篇，前惟賈太傅《治安策》《過秦論》，後惟老蘇《幾策》《權書》，可以鼎立，固爲最著；他如《李飛墓誌》《盧秀才墓誌》《李賀集序注》《孫子序》《杭州新造南亭記》《上李司徒論用兵書》《上李太尉論江賊書》《黄州刺史謝上表》《進撰韋寬遺愛碑文表》《塞廢井文》《題荀文若傳後》諸作，皆奇正相生，不名一體，氣息亦直逼兩漢。長篇如《韋寬遺愛碑》，尤見筆力。《燕將録》《竇列女傳》亦卓然史才。雖取境太近，然一展卷間如層巒疊嶂，烟景萬狀；如名將號令，壁壘旌旗，不時變色；如長江大河，風水相遭，陡作奇致；又如食極潔諫果，味美於回，真韓柳外一勍敵也。至若《送薛處士序》，則諷以處士二字之難副；《上昭義劉司徒書》，則勉以討賊之忠義；《上高大夫書》，則論取士之不可以資格；《與人論諫書》，則戒直言之激怒致禍；《投知己書》，則告以不急人知之素；《答莊克書》，則規以求人作序之非，具見生平風節。唐史言其以從兄悰貴顯常悒悒不樂，亦未可信矣。又考牧之雖稍見用於大中初，其時職史秉筆，未免於會昌朝事，稍形指斥，此亦君相之意。其微詞見義，如《奇章公墓誌》中直載劉從諫入朝還鎮月日，及《杭州南亭記》言武宗毁佛寺事，固曲直甚明爾。

夜坐涼，以雨即寢。

初二日癸亥　晴。終日弈。漁賚來邀議事，約以明日。夜雨即止。始棉。

初三日甲子　陰，微有雨。作書致漁賚，辭以疾。又作書致稒翁、至瘦生。下午偕閑谷及諸弟至鍾山寺觀群玉班演戲，晤謝星橋秀才，邀至其家茶話，少時歸。夜買舟復至鍾山寺觀劇達曙。

初四日乙丑　陰曀如前。早間徐小池來，久坐去。得鶡翁書。得姑父屠夢翁書并惠先君子忌辰燭楮，即修復。下午雨，夜又雨。

初五日丙寅　陰，間有雨。終日弈。夜又雨。

初六日丁卯　早起日出，旋陰，午刻雨至夜，甚涼。作文一篇，附録。

君子去仁惡乎成名

去仁有出於君子者，其成名可危矣。夫君子亦何至去仁，而吾謂有君子之名者，則每易於去仁，人亦足成其名哉。今於儔類中而獨尊其名者，往往以名自恃，而欺世之心反甚於庸衆，蓋其平時之矯飾，既有以取信於人，而其自便之陰私，實不堪内問諸己。惟察其所欺，以奪其所恃，而後兢兢自愛。其惕然於身世名實之際，固如此也。非道者不處不去，是仁也，是君子也。君子宅心澹泊，常若隱微之地，在在有降觀屋漏者，以勘我神明，故千駟萬鍾，辭榮死分，而鼎銘竹帛之榮我者無窮，則跬步所必争，不屑以一得蝕百年之氣。君子處事周詳，常若進退之交，息息有敗我功修者，以日相餂誘，故簞瓢疏水，取享一身，而禮義廉恥之享我者無盡，則艱屯所勿計，不僅以小節入獨行之書。然則君子之仁，君子之成其名也。而吾謂君子其名者，竟往往去仁。何哉？其譸張爲幻，一若口堯舜之言，躬夷齊之行，洎乎仁聞動衆，憂蒼生者，卜其出處，睹小效者，慨想謨猷。斯人天德自尊，已屢辭萬乘徵求之詔矣，眉批：爲殷深源、王介甫一輩人發。而乃名山堅卧，或陰希大用以要君；時會可乘，或亟赴徵車以攘位。卒之倡狂自肆，而身名潰裂，矯誣之心跡，終昭著於人間。是貌爲君子而於富貴貧賤早失其本心也，而究之名，能倖成乎？其刻苦自甘，一若好惡不能亂其中，利害不能奪其外，洎乎仁聲廣被，慕義者欣爲執鞭，見賢者自慚負乘。

之子天懷自好，已足增四方耕釣之光矣。而乃贄幣争投，假公卿以市重，屬車得幸，飾輿服以夸人。卒之恣睢日甚，而名節兩虧，詭異之本懷，終顯揭於後世，眉批：爲种放、魏野一輩人發。是僞爲君子而遇富貴貧賤皆喪其故我也，而究之名，可倖成乎？眉批：陳眉公或亦名教罪人。是蓋才智過人，其巧遁之方，有非人所能料，即令其果不去仁也，而此自謂不去之心即非君子之心。乃歎君子者，先聖先賢固不意此名一立，反開小人以假託之門也。吾惟嚴核其名，而凡處去間失其道者，即日用間失其我矣。先失其我者，而君子也，惡乎名？亦必精神習用，其掩著之迹，有非人所及窺。即令其果君子也，而此自謂成名之心，即爲去仁之心。乃歎君子者，斯世斯民，萬不敢盛名之下，輕以僞士待吾道之人也。吾惟嚴核其成名，而凡處去不足以爲道者，即身心不足以爲人矣。夫不足以爲人者，而君子名也惡乎成？人亦思成其名哉！

去仁，即非道之處去。作塵腐理語，固自可厭，但豈有君子而去仁之理？且去仁自不能成名，亦何消説得？文坐獄君子，不特題中八字，併作一團。聖人語言，亦固如此也。自記。

初七日戊辰　上午晴雨不定，下午甚雨。祭先君子誕辰。夜卧悶雨，忽若有情。得詞一首，《鳳凰臺上憶吹簫》：『葉墮初鴻，花留宿蝶，巫雲低擁屏山。望紅樓一抹，無限情天。禁得這般風雨，便銀河，有淚難填。想都是，前生薄倖，負得天錢。　年年。倩雙星作證，捧一炷心香，蘭夜同燃。奈露華雲態，倏送嬋娟。漫對針筵瓜果，比黄壚，一慟尊前。但祝得，玉簫生也，情願無鹽。』眉批：玉田所謂質實清空者。結韵真欲爲情死矣。（弟誠）始褥。

初八日己巳　晴雨如前。作書致（此處塗抹）。得平子書，并示《病中見懷》詩録後：『積病秋猶滯，危時死反艱。涼風起星宿，念子動心顏。薄植憐同命，餘生署古還。健來定相過，促席話遥山。』哲庵來。夜月出，與閑谷露坐久談。是日成長調二解，附録。

賀新涼 柬王平子病中

誰喚天公醉。歎人間，遍遭白眼，鬼猶如此。駭絶玉棺還未下，争説巫陽行矣。君病劇時，有傳已死者。欲鏟盡、窮途名字。便是王嘉真債了，問去來，何與痴兒事。此間樂，恐非是。年來我亦工逃死。正慇勤，通天奏表，緋衣休使。君本靈芝宫裏客，隔水猶呼時未。算暫讓，仙家十賚。忽地秋風迴服鳥，再從頭，料理千秋計。故山色，爲君起。』眉批：此首已選入《松下集》。眉批：他人尚不可聞，況僕耶？（誠）

春從天上來 秋日强酒

何物書囚。問麴部諸公，可解悲秋。登山臨水，儘意綢繆。人生作達都休。恁滑稽劉阮，能消得、幾斛牢愁。奈壚邊，待朝朝换酒。未辦鷫裘。漫道沙場食肉，便醉鄉論賞，李廣難侯。書試澆晨，月龍耦夜，瞢騰總是前修。更蓴羹鱸膾，付齋娘，點檢廚羞。任兒曹，惜吾家僕射，勿築糟丘。眉批：此首已選入《松下集》。

初九日庚午　早起日出，巳刻微雨，午初大雨，至申刻止，夜風雨達旦。五更欹枕不寐，萬緒叢集，因次王平子韵柬閑谷：『偃蹇生何稟？饑寒道更艱。故人幸無死，相對一開顔。身有老親重，窮猶故我還。淡交真可念，落落對秋山。』眉批：《次平子病中見懷詩韵時君已漸起矣》。

初十日辛未　風雨不止。改琴舫課藝一首。

十一日壬申　晴，稍熱。子九來。得徐小池書即复。浴。是日齋。哲庵來。夜月甚好，偕閑谷及諸弟買舟至昌安門外朱翁子祠看戲。大湖宵泛，得少佳趣，二更後歸。

處暑　十二日癸酉　晴雨不定。作書致鏡人伯。下午偕閑谷詣平子，即其榻前久談，將晚别閑谷歸。齋。

十三日甲戌　晴雨半。早飯後進城詣寄帆伯，即同至大路晤月波叔、喆庵兄，久談歸。齋。

十四日乙亥　晴。延僧禮梁王懺三日，爲先君子資冥福。雪甌來。

十五日丙子　陰雨。中元節。祭列祖，拜先君子忌日，計棄不肖孤十周矣，几筵肅對，曷禁泫然。是日同居曁比鄰族中俱惠楮資，惟師周叔祖房、秉虔叔祖房不至，戚屬亦多惠燭楮，惟薛氏姑母家不至。子九來，爲代借瘦生錢六十千，按月一分起息。

十六日丁丑　早起陰雨，上午尤甚，下午稍霽。

十七日戊寅　晴，又熱。夜讀，見月出，（此處塗抹）皎甚，即起推户獨坐庭下，高詠東坡《水調歌頭·中秋對月》詞數遍。冥然睡去，風來近人，醒時疑足之在濯也，惜索解人不得，且有以寒疾箴我者。

十八日己卯　晴。閑谷來館。連日讀《漢書》。夜卧憊甚，比曉不熟寐。

十九日庚辰　晴。得季貺書，言婦病甚亟。得節子書即復。作書致季貺。下午雨至夜。

二十日辛巳　晴。詣陳君實同知，唁其子之喪，遇李琴山、趙老德。

二十一日壬午　晴。叔雲來，聞季貺夫人之訃。（此處塗抹）午後試翁來，少談，偕叔子返賞村。

二十二日癸未　晴。作書致平子。雪甌來，即偕至賞村唁季貺，夜歸。得平子書。

二十三日甲申　晴。子九來，即去。

二十四日乙酉　晴雨不常，下午大雨至夜。閑谷詣下方橋叔弟，同去。作書致季貺。夜雨達旦。

二十五日丙戌　大雨終日。得雪甌書。作書致季貺并燭楮、挽聯，遣騰雨專齎去。閑谷叔弟歸。得季貺復書。夜風雨達曙。填《虞美人》一解寄友云：『冰窗敲雨心先碎，莫怨芭蕉脆。孤衾短燭儘温存，知道天涯幾個慣黄昏。　金梟烟重纏愁住，影事將人絮。風聲終夜在高樓，做得一番兒夢一番秋。』聞貴州賊楊鳳陷貴陽。

二十六日丁亥　風雨終日，午刻稍止。閑谷回去，夜雨。

二十七日戊子　白露。雨。早得平子書，言爲其從叔禁，不得赴試。閑谷來。雪甌來即去。

二十八日己丑　晴。收拾行李。下午雪甌偕徐芸臺秀才來，夜飯後辭家慈，即同芸臺、閑谷登舟赴省。剪燈促談，更餘就寢。

二十九日庚寅　晴。侵晨至西興驛。作書致叔弟，遂僱肩輿渡錢江。未半，渟不前，渡者皆下助推輓，邪許沓雜，逾頃一步。遂回至王家堰，折行十餘里。棉雪墮白，桑烟帶青，綴以野花，艷稱其潔，殊覺黄塵席帽，耳目頓怡。亭午又度江，至寓所已未刻矣。寓在臬司署前，衆安橋右，主沈氏，其屋後連故相梁文莊公第，園亭荒圮盡矣。蓉生、小池已先在，并晤張竹舫秀才。下午至忠孝園喫茶，即銀瓶井故址。秋花正開，映以疏竹，婉静便娟，大有幽致。夜雨。

八月初一日辛卯　雨。

初二日壬辰　雨。早偕徐芸臺詣浙一館喫茶，風景大似銀瓶井前，而稍寬敞，饒木石之勝。晤孟湘秀才。下午稍霽，偕蓉生、芸臺、竹舫出錢塘門。湖水方溢，買舟至湖南净慈寺，濕陰如罨，凉波乍肥，望蘇堤柳烟，蔚然深緑，裹湖山色，亦倦沐作態。余酷嗜越中巖壑，嘗唐突西子湖。然氣質深秀，固不及吾鄉，而遊屐所至，駘心蕩目，真此間樂不思蜀矣。蓋吾鄉如嵇阮風神，翛然塵坌之外，而面目或有古拙處。若武林山水，則如王謝子弟，麈拂犢車，服物脩整，自覺流麗可喜。眉批：妙筆能寫畫家所不到。評騭新穎，而實允當。周素人言西子湖是絶好一篇六朝駢文，真知言也。晡刻抵寺，丹漆剥落，庭宇半圮，佛殿中一二老衲，煮茶待客而已。憶歲己酉秋至此，猶巍然大刹也。頃許返棹，雨聲在篷，烟景畢見。全湖境界，如海上神山，出没雲霧間，若近若遠，正未許熱遊人領略耳。曛暮登岸，雨已止，遂促步回寓。

初三日癸巳　雨，下午略止。寓中又有客來居亭，詢其姓字，爲孔鐵香，亦鄉人也。聞安甫族叔二十八日回紹，翼日病故。

初四日甲午　晴。閑谷回去，遣騰雨送之。下午偕蓉生、小池、芸臺、竹舫復至西子湖閘橋，怒瀑如撞百石鐘，心目爲之眩。少停，緣裏湖山徑至段家橋，飲於平湖秋月軒，晤任理君秀才起元。俄至蘇公祠，進謁白公祠，茗於瀛舟，故相阮文達所構也。欄外荷池數百畝，清芬掬人。遂登望湖樓，出詣孤山放鶴亭，山徑幽峭，古緑盎然，紅芙就零，遺艷獨絶。傍晚回至段家橋，夕景忽明，秋烟自媚，湖光萬頃中，覺汀雲、洲樹、沙鳥、行舟歷歷變滅，其蒼艷不可繪。遠山深處，白氣如沍，林宇隱然，絶似越中州山諸勝地，而清迥過之。年來過此十餘度，未得親切見真處，如今日無恨矣。眉批：目之所至，意亦隨之；意之所至，筆亦隨之。似此方當得一工焉。曛黑回寓。夜小雨。

初五日乙未　晴。下午偕諸子至溝兒山敘宜樓茶館看雁來紅，食餅，殊不佳。武林花草，雖未遠勝山陰，然吾鄉勤於紡織，龜手灰面，多不以膏沐爲事，即有世家富人，盛自熏飾，終爲村夫子賣骨董，雖誇列青彝緑鼎，而俗氣可掬。若杭人則如波斯小賈，尺球片玉，楚楚有致。此吴越風氣之分也。往時初渡江，覽其山水人物，與越郡僅隔一帶，而判若千里。嘗有詩紀之，憶其一聯云：『山如魯酒清能醉，人比吴鹽白漸匀。』蓋實語也。今累驚風鶴，遷徙者歲三四，故都市蕭寂，而湖山秋色，亦不逮杜牧初遊時矣。

初六日丙申　晴，又暖。偕竹舫觀迎簾。杭城風俗，至此日，士女擁堵，大家皆施幃箔觀之，真陋習也。今年主試者爲光禄卿長沙周玉麒編修、貴筑景其濬，撫軍何桂清以軍警故，不能監科場，學使閣學吴式芬代之。夜雨。

初七日丁酉　陰晴相間。薌師來。騰雨至杭，得家書。韵珊來。

初八日戊戌　晴。五更起飯，黎明偕諸子入闈，擁擠特甚。晤漁蕢、季貺、節子、韵珊、蓮舫、王春亭師、蓉舫師，其餘相頷不交談者不記。號舍甚湫隘，睡不容足。

初九日己亥　晴，甚熱。黎明得題，爲『子曰道不同不相爲謀』兩節，《詩》云『伐柯伐柯』三句，『爲是其智弗若與』三句。申刻首藝謄完，上燈後作次之藝。

初十日庚子　晴。黎明號舍門啓，虞田來，季貺來，竇衣來，蓮舫來，韵琴來，韵珊來。傍午繳卷出。

十一日辛丑　晴，更熱。黎明又入闈，諸子畢晤。號舍稍寬，余微覺感邪穢，不能食。

十二日壬寅　晴，熱不可耐。五更得經題，《易經》爲『祐者助也』三句，《書經》爲『克勤於邦』三句，《詩經》爲『其笠伊糾』一句，《春秋》爲『仲孫貜會邾子盟於祲祥』一句，《禮記》爲『一獻質』三句。至晚成四藝。上燈後謄抄，抵三更畢。復作《禮經》文半首。

秋分　十三日癸卯　晴，有風。上午出闈。作家書。

十四日甲辰　陰晴相間。辰刻又入闈。號舍更敞，諸子畢來酬應，喧沓終日。仁和譚滌生獻秀才介季貺來訪。晚大風，頓寒。三更得策題。

十五日乙巳　陰，下午雨。午後繳卷出闈。夜雨達旦。

十六日丙午　雨。作書致（此處塗抹）。韓秀才蘭喜來。

十七日丁未　陰。韵珊偕朱文組昆弟秀才來。

秋社　十八日戊申　晴。薄遊終日，至種德堂藥局觀鹿。季貺來不值，留書而去。

十九日己酉　傍午偕芸臺、竹舫出錢塘門，至裏湖，遊石佛寺。佛及肩而止，泥多於石，莊嚴不及吾鄉下方寺，高大不及柯山普照寺，以大佛名，過矣。寺亦荒圮。僧以沁雪泉煮茶酌客，味不佳。尋出，至瑪瑙寺，前望葛仙祠，在嶺半，不及登。買渡至西泠橋，小飲於平湖秋月亭，遂歷聖因寺、六一泉，至風林寺聽鐘聲。寺旁爲李文襄祠，欲入不得，謁岳鄂王墓，出拜其廟。夫人：秦國李氏。按《金陀粹編》：秦國名娃字孝娥，後又晉封楚國。五子：繼忠侯雲、紹忠侯雷、績忠侯霖、緝忠侯震、纘忠侯霆。子婦：相德夫人鞏氏、介德夫人溫氏、助德夫人陳氏、翊德夫人劉氏、贊德夫人蕭氏。女：至一正烈清源妙行仙官銀瓶娘子。孫：通城縣開國伯贈鄴侯珂。及太保楊公再興、烈文侯張公憲、輔文侯牛公臯，皆祔焉。將詣春神祠，諸子以夕陽告，乃返步謁高宗行宫，瞻文瀾閣，出循外湖歸。按：宋理宗景定二年，敕封鄂王爲太學土地，改王謚曰忠文，佐神張憲等六人封侯，亦皆用『文』字，故有烈文、輔文諸稱號。又按鄂王尚有一女，名安娘。銀瓶祔祀，始于元至正中。

二十日庚戌　晴。早起束裝，偕諸子登輿至江岸，無舟，緣江行二里得渡。風日恬利。讀《莊子·逍遥遊》篇兩過，已抵西陵矣。飯於市店，買舟頓裝，偕諸子憩坐其上，傍晚出蕭山東門，訪韵琴，不值，其如夫人佩芬見名片，傳語固留，因少待，觀齋頭所懸湯大冢宰書《君牙》篇畢，辭出。頃許，解纜歸。

二十一日辛亥 晴陰各半。早至西郭，整裝起見家慈，諸子别去。晤閑谷。始煮菱食之。

二十二日壬子 陰有雨。康慈太后哀詔至紹興。太后，宣宗静貴妃也。初，宣宗之二十年，孝全皇后崩，上尚幼，慕陵以祖制，三后外不更立，命貴妃某總攝六宫，尋以事降貴人，以所生皇五子出繼敦親王，而静貴妃遂代總六宫，且撫上焉。上即位，册爲康慈皇太妃，居壽康宫，問安如朝太后禮，而述遺詔，封所生皇六子爲恭親王。至是六月某日，又奉册尊爲康慈皇太后。越月初九日，太后崩。詔至浙，守土者以鄉試大典，用嘉禮，不發喪。月之十七日試畢，開詔易縞素，禁民間鼓樂嫁娶，蓄髮百日。紹郡以今日開讀。模謹按：《禮記·曾子問》曰：『慈母無服。』『喪慈母自魯昭公始。』鄭康成注謂惟大夫之子爲庶母慈己者服。而《儀禮·喪服》齊衰三年章『慈母如母』，小功五月章『君子子爲庶母慈己者』，鄭注皆以爲爲大夫言之，國君則否，况天子乎？自梁武帝定議，以爲《禮》言慈母，凡有三條：一則妾子之無母者，使妾之無子者養之，命爲母子，服以三年，《喪服》齊衰章所言『慈母如母』也；二則嫡妻之子無母，使妾養之，慈撫隆至，但嫡妻之子，無以妾爲母之義，而恩深事重，故服以小功，《喪服》小功章所云『庶母慈己者』也；其三則子非無母，而擇賤者視之，義同師保，故亦有慈母之名，此《曾子問》所謂『無服者』也。《儀禮》小功章言『君子子』者，此雖起于大夫，明大夫猶爾。自斯以上，彌應不異，故傳曰：『君子子者，貴人之子也。』總言曰貴，無所不包，由是永制，嫡妻之子，母没爲父妾所養，服之五月，貴賤并同。至今儒者，未能有異。蓋所謂禮非天降地出，人情而已。至宋之仁宗，始在乳褓，章獻后使楊淑妃護視，恩意勤備，及妃薨，仁宗服小功。蓋仁宗雖爲李宸妃所生，而章獻取以爲子，又繼真宗爲天子，固宜從庶母慈己之服，而不得援慈母如母之條矣。今上，孝全成皇后出也，於康慈所謂庶母慈己者也。今天子權禮以從厚。噫！其以仁孝治天下也至矣！作書致季貺。

二十三日癸丑　晴。叔雲、季貺、寄公偕李試翁來談，逾時即偕詣雪甌，不值。詣漁蕢，又詣節子，久談。寶衣、子九亦來，至晡刻別節子，孫、徐兩君送至水澄橋，别去。予與諸君步歸予家，夜飯後去。

二十四日甲寅　晴。寧國復陷，湖州戒嚴。

二十五日乙卯　晴陰相間。作書致瘦生，并還息錢兩番金。詣嚴菊泉師、家鏡人伯、陳薌鄰師。連朝天氣清曠，桂樹畢華，最宜散步。

二十六日丙辰　薄陰斷雨，時見曦景。得平子書。作書致小池，致平子，致季貺。閑谷回去。

二十七日丁巳　陰晴相錯。雪甌來，旋去。早飯後詣平子，談逾頃。詣閑谷家，見陳伯母，留午飯。閑谷作書招丁吉庵來，笑言促晷，悲忻集懷。遂偕詣韵珊，不值。回至吉庵家少坐，復偕詣蓮士，以日暮不能久譚。即詣閑谷家，吉庵别去。閑谷復招蓉生來，尊酒罄悰，百感雪涕，賤貧兄弟，離亂天涯，正不知身世何若也。夜半，蓉生去，遂與閑谷同榻。夜雨。

二十八日戊午　陰雨，傍晚雨更稠。早飯後偕閑谷詣蓉生，呼之始起，閑谷别去，遂飯於蓉生家。復偕詣子九。子九見余闈作，謂數十年不見此等作手。如果以此掄元，真是壓倒一切，吾越文風自此振矣。但恐衡文者無此識見，未免明珠抵鵲耳。子九宿於文，亦累舉不得意者，然生平恬退，從不作骫䯨語，評騭詩文，無同我異我之見，（此處塗抹）獨少所許可，於一二知己尤矜慎。今推重予文若此，雖不敢當，然自問亦不肯與噲等伍。闈中季貺首見之，即決爲越中第一，諸子亦多謬推。菊泉師評語且有『棘闈莫能兩大』之稱，然不若子九之傾倒備至也。坐逾時，復偕蓉生詣平子，以昏黑不久留，買舟歸家。

二十九日己未　雨，至午後霽。閑谷來。

三十日庚申　晴。作書終日。得顧春園表叔書。

九月初一日辛酉　上午晴，下午略雨即止，有風。得瘦生書。下午詣快閣，舟出偏門，山意親秋，湖痕熨雨，渺然一葉，如見故人。頃許抵岸，見柏塍伯，爲柯山請庚事也。曛暮歸家。

初二日壬戌　上午陰，午後雨。早食後偕閑谷詣張㶷翁，并晤厚齋、方生，方生以病不下場。（此處塗抹）㶷翁讀予闈藝，謂國初諸老無此切實，（此處塗抹）且謂衡文者以此掄元，庶可激勵多士。予甚不敢當。（此處塗抹）傍午歸家。茹子薌來，飯後去。夜大雨達旦。

初三日癸亥　密雨終日。作書致小池即得復。夜雨至三更稍止。

初四日甲子　晴。詣城中戚屬助祭。午後詣竹舫，又詣寄凡、素庭，并晤朱厚川。晚歸。

初五日乙丑　晴。小池來，午後偕至素庭處，晤子彭及王杏泉廣文、柴礪堂孝廉，晚歸。夜偕閑谷、勉齋步至寨下村看戲。

初六日丙寅　陰，夜雨。

初七日丁卯　綿雨終朝，入晚更急，點如綆縻。白魚潭佃人張學修來，還錢一千。戲即潘大臨『滿城風雨近重陽』句，演成一絶云：『滿城風雨近重陽，日日湖菱計斗量。更是老饞消不得，市橋人帶玉鱸香。』又續成《太常令》一解云：『滿城風雨近重陽。門巷水雲凉。到處似瀟湘。誰分别，鷗鄉雁鄉。　孟家狂客，陶家醉客，此輩又當場。無酒莫思量。喜老屋，團成稻香。』夜坐，忽落一當唇牙，是相家所忌者，因填《沁園春》長調以解嘲：『吾問牙■，何事干卿，無端合離。記免懷學語，常膠香餌；成童毀齔，屢繫輕絲。拾慧難防，笑人易冷，深悔年來欠護持。消磨久，更珠璣咳唾，撞擊多時。　頭童纔豁非遲。奈欲掩、吟唇尚少髭。笑未經枕石，漱先難用；儻逢罵賊，嚼竟何施。蔗滓勤勞，齏根身世，待報紅綾已若斯。從今後，但投梭善避，不廢歌詩。』眉批：此首已選入《松下集》。雨終夜有聲。

初八日戊辰　晴雨相間。梅墅佃人程天禄來還錢一千五陌。拜二伯父忌辰。

初九日己巳　薄晴終日，烟霧霏潔，水木清華，正東坡所謂人生最不可放過者。以囊空足病，不能出遊，悵惜久之。閑谷回去。得季貺書。下午子九來，屬題張君《讀書秋樹根圖》，且云今日無事無客，獨能不出門，是最難得物。因問不出之故，余啞啞而已。茶話至晚，别去。作七言長句寄雪甌：『越山雲物逼秋清，細雨黄花趁曉晴。落葉與人争野渡，斜陽隨雁下江城。無多朋輩艱求食，如此窮途未悔名。念爾閉門誰送酒，登臨應解遣遥情。』眉批：《乙卯九日寄雪甌》。又用前韻寄寄雲：『結就蒲團世外清，花間寒梵裊初晴。霜痕近水秋歸樹，山色連雲夜出城。詩境參玄含道氣，危時習懶借禪名。打鐘掃地平生願，合向祇林證古情。』眉批：《又用前韵寄凡公》。又次前韵寄叔雲、季貺：『三間老屋水雲清，對卧桑麻課雨晴。浦鳥帶波銜岸樹，漁帆如雪落江城。宦途多厄聊充隱，世路招尤爲嗜名。枉説登高能作賦，茱萸珍重弟兄情。』夜月甚凉，色艷而潔，獨步久之。

初十日庚午　晴，寒。摘録成容若德《納蘭詞》。

赤棗子

驚曉漏，護春眠，格外嬌慵只自憐。寄語釀花風日好，緑窗來與上琴弦。

訴衷情

泠落繡衾誰與伴？倚香篝。春睡起，斜日照梳頭。欲寫兩眉愁。休休。遠山殘翠收。莫登樓。

天仙子

好在軟綃紅淚積，漏痕斜罥菱絲碧。古釵封寄玉關秋，天咫尺，人南北，不信鴛鴦頭不白。

長相思

山一程，水一程，身向榆關那畔行，夜深千帳燈。風一更，雪一更，聒碎鄉心夢不成，故園無此聲。

生查子

鞭影落春堤，綠錦障泥捲。脉脉逗菱絲，嫩水吴姬眼。蠶膝帶香歸，誰整櫻桃𪏭。蠟淚惱東風，舊壘眠新燕。

又

惆悵彩雲飛，碧落知何許？不見合歡花，空倚相思樹。總是別時情，那得分明語。判得最長宵，數盡厭厭雨。

浣溪沙西郊馮氏園看海棠有感

誰道飄零不可憐，舊遊時節好花天，斷腸人去自今年。一片暈紅疑著雨，晚風吹掠鬢雲偏。倩魂銷盡夕陽前。

浣溪沙

淚浥紅箋第幾行，喚人嬌鳥怕開窗，那能閑過好時光。屏障厭看金碧畫，羅衣不奈水沉香。遍翻眉譜只尋常。

又

誰念西風獨自涼，蕭蕭黄葉閉疏窗，沉思往事立殘陽。被酒莫驚春睡重，賭書消得潑茶香。當時只道是尋常。

又

五月江南麥已稀，黄梅時節雨霏微，閑看燕子教雛飛。一水濃陰如罨畫，數峰無恙又晴暉。湔裙誰獨上漁磯。

又

五字詩中目乍成，儘教殘福折書生，手挼裙帶那時情。別後心期和夢杳，年來憔悴與愁并。夕陽依舊小窗明。

菩薩蠻宿灤河

玉繩斜轉疑清曉，凄凄白月漁陽道。星影漾寒沙，微茫織浪花。金笳鳴故壘，喚起人難睡。無數紫鴛鴦，共嫌今夜涼。

又

榛荆滿眼山城路，征鴻不爲愁人住。何處是長安？濕雲吹雨寒。絲絲心欲碎，應是悲秋淚。淚向客中多，歸時又奈何。

又

黄雲紫塞三千里，女墻西畔啼烏起。落日萬山寒，蕭蕭獵馬還。　笳聲聽不得，入夜空城黑。秋夢不歸家，殘燈落碎花。

又寄梁汾苕中

知君此際情蕭索，黄蘆苦竹孤舟泊。烟白酒旗青，山村魚市晴。　柁樓今夕夢，脉脉春寒送。直過畫眉橋，錢塘江上潮。

又

晶簾一片傷心白，雲鬟香霧成遥隔。無語問添衣，桐陰月已西。　西風嗚絡緯，不許愁人睡。只是去年秋，如何淚欲流。

又

闌風伏雨催寒食，櫻桃一夜花狼藉。剛與病相宜，瑣窗薰繡衣。　畫眉煩女伴，央及流鶯唤。半晌試開奩，嬌多直自嫌。

眉批：他如『記得别伊時，桃花柳萬絲』，『冰合大河流，茫茫一片愁』，『消得一聲鶯，東風三月情』，『人在玉樓中，樓高四面風』，『楊柳乍如絲，故園春盡時』，皆佳語也。

一絡索

過盡遥山如畫，短衣匹馬。蕭蕭落木不勝秋，莫回首，斜陽下。　别是柔腸縈挂，待歸才罷。却愁擁髻向燈前，説不盡，離人話。

清平樂

風鬟雨鬢，偏是來無準。倦倚玉闌看月暈，容易語低香近。　軟風吹過窗紗，心期便隔天涯。從此傷春傷別，黄昏只對梨花。

又

塞鴻去矣，錦字何年寄？記得燈前佯忍淚，却問明朝行未？　别來幾度如，飄零落葉成堆。一種曉寒殘夢，凄凉畢竟因誰。

阮郎歸

斜風細雨正霏霏，畫簾拖地垂。屏山幾曲篆烟微，閑庭柳絮飛。　新緑密，亂紅稀。乳鶯殘日啼。春寒欲透縷金衣，落花郎未歸。

眼兒媚

重見星娥碧海槎，忍笑却盤鴉。尋常多少，月明風細，今夜偏佳。　休籠彩筆閑書字，街鼓已三撾。烟絲欲裊，露光微泫，春在桃花。

謁金門

風絲裊，水浸碧天清曉。一鏡濕雲青未了，雨晴春草草。　夢裏輕螺誰掃，簾外落花紅小。獨睡起來情悄悄，寄愁何處好。

南歌子

翠袖凝寒薄，簾衣入夜空。病容扶起月明中，惹得一絲殘篆舊薰籠。　暗覺歡期過，遥知别恨同。疏花已是不禁風，那更夜深清露濕愁紅。

秋千索淥水亭春望

藥闌携手消魂侶，争不記，看承人處。除向東風訴此情，乃竟日，春無語。　悠揚撲盡風前絮，又百五，韶光難住。滿地梨花似去年，却多了，廉纖雨。

浪淘沙

夜雨做成秋，恰上心頭，教他珍重護風流。端的爲誰添病也，更爲誰羞？　密意未曾休，密願難酬。珠簾四捲月當樓。暗憶歡期真似夢，夢也須留。

鷓鴣天

别緒如絲睡不成，那堪孤枕夢邊城。因聽紫塞三更雨，却憶紅樓半夜燈。　書鄭重，恨分明，天將愁味釀多情。起來呵手封題處，偏到鴛鴦兩字冰。

又十月初四夜風雨其明日是亡婦生辰

塵滿疏簾素帶飄，真成暗度可憐宵。幾回偷濕輕衫淚，忽傍犀奩見翠翹。　惟有恨，轉無聊，五更依舊落花朝。衰楊葉盡絲難盡，冷雨西風冪畫橋。

鵲橋仙

倦收緗帙，悄垂羅幕，盼煞一燈紅小。便容生受博山香，銷折得、狂名多少。　是伊緣薄，是儂情淺，難道多磨更好。不成寒漏也相催，索性盡、荒鷄唱了。

南鄉子搗衣

鴛瓦已新霜，欲寄寒衣轉自傷。見説征夫容易瘦，端相，夢裏回時仔細量。　支枕怯空房，且拭清砧就月光。已是深秋兼獨夜，凄凉，月到西南更斷腸。

又為亡婦題照

淚咽更無聲，止向從前悔薄情。憑仗丹青重省識，盈盈，一片傷心畫不成。　別語忒分明，午夜鵝鵝夢早醒。卿自早醒儂自夢，更更，泣盡風前夜雨鈴。

臨江仙永平道中

獨客單衾誰念我，曉來涼雨颼颼。椷書欲寄又還休，個儂憔悴，禁得更添愁。　曾記年年三月病，而今病向深秋。盧龍風景白人頭，藥爐烟裏，支枕聽河流。

蝶戀花夏夜

露下庭柯蟬響歇。紗碧如烟，烟裏玲瓏月。並著香肩無可説。櫻桃暗解丁香結。　笑卷輕衫魚子纈。試撲流螢，驚起雙栖蝶。瘦斷玉腰沾粉葉。人生那不相思絶。

水調歌頭題岳陽樓圖

落日與湖水，終古岳陽城。登臨半是遷客，歷歷數題名。欲問遺蹤何處，但見微波木葉，幾簇打魚罾。多少別離恨，哀雁下前汀。　忽宜雨，旋宜月，更宜晴。人間無數金碧，未許著空明。淡墨生綃譜就，待倩橫拖一筆，帶出九疑青。仿佛瀟湘夜，鼓瑟舊精靈。

念奴嬌宿漢兒村

無情野火，趁西風燒遍、天涯芳草。榆塞重來冰雪裏，冷入鬢絲吹老。牧馬長嘶，征笳互動，併入愁懷抱。定知今夕，庾郎瘦損多少。　便是腦滿腸肥，尚難消受，此荒烟落照。何況文園憔悴客，非復酒壚風調。回樂峰寒，受降城遠，夢向家山繞。茫茫百感，憑高惟有清嘯。

水龍吟 題文姬圖

須知名士傾城，一般易到傷心處。柯亭響絶，四弦才斷，惡風吹去。萬里他鄉，非生非死，此身良苦。對黄沙白草，嗚嗚卷葉，平生恨、從頭譜。　應是瑶臺伴侣。只多了、氈裘夫婦。嚴寒觱栗，幾行鄉淚，應聲如雨。尺幅重披，玉顔千載，依然無主。怪人間厚福，天公盡付，癡兒騃女。

沁園春 夢亡婦

夢冷蘅蕪，却望姗姗，是耶非耶？悵蘭膏漬粉，尚留犀合；金泥蹙繡，空掩蟬紗。影弱難持，緣深暫隔，只當離愁滯海涯。歸來也，趁星前月底，魂在梨花。　鸞膠縱續琵琶。問可及、當年蕚緑華。但無端摧折，惡經風浪；不如零落，判委塵沙。最憶相看，嬌訛道字，手翦銀燈自潑茶。今已矣，便帳中重見，那似伊家。

金縷曲 贈梁汾

德也狂生耳。偶然間、緇塵京國，烏衣門第。有酒惟澆趙州土，誰會成生此意。不信道、竟逢知己。青眼高歌俱未老，向尊前、拭盡英雄淚。君不見，月如水。　共君此夜須沉醉。且由他、蛾眉謡諑，古今同忌。身世悠悠何足問，冷笑置之而已。尋思起，從頭翻悔。一日心期千劫在，後身緣、恐結他生裏。然諾重，君須記。

又 簡梁汾時方爲吴漢槎作歸計

灑盡無端淚。莫因他、瓊樓寂寞，誤來人世。信道癡兒多厚福，誰遣天生明慧。就更著、浮名相累。仕宦何妨如斷梗，只那將、聲影供群吠。天欲問，且休矣。　情深我自拼憔悴。轉叮嚀、香憐易爇，玉憐輕碎。羨煞軟紅塵裏客，一味醉生夢死。歌與哭、任猜何意。絶塞生還吴季子，算眼前、此外皆閑事。知我者，梁汾耳。

又亡婦忌日有感

此恨何時已。滴空階、寒更雨歇，葬花天氣。三載悠悠魂夢杳，是夢久應醒矣。料也覺、人間無味。不及夜臺塵土隔，冷清清、一片埋愁地。釵鈿約，竟拋棄。重泉若有雙魚寄。好知他、年來苦樂，與誰相倚。我自終宵成轉側，忍聽湘弦重理。待結個、他生知已。還怕兩人都薄命，再緣慳、剩月零風裏。清淚盡，紙灰起。

又

未得長無謂。竟須將，銀河親挽，普天一洗。麟閣才教留粉本，大笑拂衣歸矣。如斯者，古今能幾。有限好春無限恨，没來由，短盡英雄氣。暫覓個，柔鄉避。東君輕薄知何意。盡年年、愁紅慘緑，添人憔悴。兩鬢飄蕭容易白，錯把韶華虛費。便決計，束狂休悔。但有玉人常照眼，向名花美酒拚沉醉。天下事，公等在。

青衫濕悼亡

青衫濕遍，憑伊慰我，忍便相忘。半月前頭扶病，剪刀聲、猶在銀釭。憶生來，小膽怯空房。到而今、獨伴梨花影，冷冥冥、盡意凄凉。願指魂兮識路，教尋夢也回廊。咫尺玉鉤斜路，一般消受，蔓草斜陽。判把長眠滴醒，和清淚、攪入椒漿。怕幽泉、還爲我神傷。道書生薄命宜將息，再休耽、怨粉愁香。料得重圓密誓，難禁寸裂柔腸。

憶桃源慢

斜倚熏籠，隔簾寒徹，徹夜寒如水。離魂何處，一片月明千里。兩地凄清多少恨，分付藥爐烟細。近來情緒，非關病酒，如何擁鼻長如醉。轉尋思、不如睡也，看道夜深怎睡。幾年消息浮沉，把朱顔頓成憔悴。紙窗淅瀝，寒到個人衾被。篆字香消燈灺冷，不算凄涼滋味。加餐千萬，寄聲珍重，而今始會當時意。早催人、一更更漏，殘雪月華滿地。

憶江南

江南好，虎阜早秋天。山水總歸詩格秀，笙蕭恰稱語音圓。誰在木蘭船。

又

江南好，何處異京華。香散翠簾多在水，緑殘紅葉勝於花。無事避風沙。

又

新來好，唱得虎頭詞。一片冷香唯有夢，十分清瘦更無詩。標格早梅知。

浣溪沙

身向雲山那畔行。北風吹斷馬嘶聲。深秋遠塞若爲情。　一抹曉烟荒戍壘，半竿斜日舊關城。古今幽恨幾時平。

菩薩蠻

朔風吹散三更雪，倩魂猶戀桃花月。夢好莫催醒，由他好處行。　無端聽畫角，枕畔紅冰薄。塞馬一聲嘶，殘星拂大旗。

又

飄蓬只逐驚飈轉，行人過盡烟光遠。立馬認河流，茂陵風雨秋。　寂寥行殿鎖，梵唄琉璃火。塞雁與宮鴉，山深日易斜。

減字木蘭花

相逢不語，一朵芙蓉著秋雨。小暈紅潮，斜溜鬟心隻鳳翹。待將低喚，直爲凝情恐人見。欲訴幽懷，轉過回闌叩玉釵。

又

斷魂無據，萬水千山何處去。没個音書，盡日東風上緑除。故園春好，寄語落花須自掃。莫更傷春，同是懨懨多病人。

采桑子

嚴宵擁絮頻驚起，撲面霜空。斜漢朦朧，冷逼氈帷火不紅。香篝翠被渾閑事，回首西風。數盡殘鐘，一穗燈花似夢中。

太常引

晚來風起撼花鈴，人在碧山亭。愁裏不堪聽，那更雜，泉聲雨聲。無憑蹤迹，無聊心緒，誰説與多情。夢也不分明，又何必，催教夢醒。

滿宮花

盼天涯，芳訊絶。莫是故情全歇。朦朧寒月影微黄，情更薄於寒月。麝烟銷，蘭燼滅。多少怨眉愁睫。芙蓉蓮子待分明，莫向暗中磨折。

少年遊

算來好景只如斯。惟許有情知。尋常風月，等閑談笑，稱意即相宜。十年青鳥音塵斷，往事不勝思。一餉殘照，半簾飛絮，總是惱人時。

浪淘沙

雙燕又飛還，好景闌珊。東風那惜小眉彎。芳草緑波吹不盡，只隔遥山。花雨憶前番。粉涙偷彈。倚樓誰與話春閑。數到今朝三月二，夢見猶難。

鷓鴣天

雁帖寒雲次第飛，向南猶自怨歸遲。誰能瘦馬關山道，又到西風撲鬢時。人杳杳，思依依，更無芳樹有烏啼。憑將掃黛窗前月，持向今朝照別離。

又

冷露無聲夜欲闌，栖鴉不定朔風寒。生憎畫鼓樓頭急，不放征人夢裏還。秋澹澹，月彎彎，無人起向五更看。明朝匹馬相思處，如隔千山與萬山。

又

小構園林寂不嘩，疏籬曲徑仿山家。晝長吟罷風流子，忽聽楸枰響碧紗。添竹石，伴烟霞，擬憑尊酒慰年華。休嗟髀裏今生肉，努力春來自種花。

滿庭芳

堠雪翻鴉，河冰躍馬，驚風吹度龍堆。陰磷夜泣，此景總堪悲。待向中宵起舞，無人處、那有村鷄。只應是，金笳暗拍，一樣涙沾衣。須知今古事，棋枰勝負，翻覆如斯。歎紛紛蠻觸，回首成非。剩得幾行青史，斜陽下、斷碣殘碑。年華共，混同江水，流去幾時回。

容若爲納蘭太傅明珠之子，少年侍衛禁廷，好學能文，與國初諸名士相角逐，著有《通志堂集》二十卷，多説經之書。而詞特傳，華峰顧貞觀首刻之，其後楊蓉裳又爲續刊，所謂《飲水》《側帽》■■■

恒不得見，所見者《昭代詞選》及《詞綜》所載數闋耳。幽情側艷，心焉繫之。去年秋，季貺自禾中歸，以全帙示余，蓋婁東汪氏所刻者，共三百二十三闋，殆搜輯無遺矣。今摘其尤者於此。

余嘗論作詞之道，固另有一種婉麗軟媚之致，必性情近者始足語此，然亦須書卷富，才力厚，《草堂》骫骳，元明淺陋，豈彼之人皆性情拙歟！國朝譚詞推朱、陳兩家。伽陵病在熟，竹垞病在陳，顧伽陵勝於竹垞者，筆意靈也。餘子不足數。求與伽陵鼎峙者，其容若及金風亭長乎？

余於詞非當家，所作者真詩餘耳，然於此中頗有微悟。蓋必若近若遠，忽去忽來，如蛺蝶穿花，深深款款。又須於無情無緒中，令人十步九迴，如佛言食蜜中邊皆甜。眉批：予爾時實能辨他人之工拙，而獨未能辨己所作之工拙。蓋所悟者在下筆之先，而思力俱未至也。自記。古來得此旨者，南唐二主、六一、安陸、淮海、小山及李易安《漱玉詞》耳。屯田近俗，稼軒近霸，而兩家佳處，均契淵微。本朝董文友小令最佳，惜不見其集。次則厲樊榭，真宋人滴髓，而太近白石、草窗。蘭荃遺韵，敻乎邈矣！納蘭詞在當日如伽陵、[redacted]、徐菊莊、吴薗次輩皆推許之，今則鮮有舉其姓氏者。其詞絃絃掩抑，令人不懽，洵有如顧梁汾所謂非文人不能多情，非才子不能善怨者。然根柢太淺，每露底蘊，長調尤時若不醇，此不讀書之故。徐健庵、韓慕廬作容若墓志，言其所作多於扈蹕侍獵時得之，容或然也。余嘗見其所著《渌水亭雜識》，固不見佳，而詞獨哀怨騷屑。以承平貴公子，而憔悴憂傷，常若不可終日，雖性情有獨至，亦年命不永之徵也。

大約詞與詩之别，詩必意餘於言，詞則言餘於意，往往申衍[redacted]以盛氣包舉之，詞則不得遊移一字，故異曲同工。詞之小令，猶詩中五絶七絶，須天機湊泊，不著一字；以字句新雋見奇者，次也。或以小令爲易工，是猶作七絶者，但觀摹晚唐、南宋諸家，而不知有龍標、太白也。長調須流宕而不剽，雄厚而不競。清真未免剽，稼軒未免競，東坡則或上類於詩，或下流於曲，故足以鼓吹騷雅者鮮已。伽陵詞如絲竹迭奏，廣場繁響中時作淵淵金石聲。納蘭詞如寡婦夜哭，纏綿幽咽，不能終聽。近來汴人周譽芬《東漚詞》則如兒女子花前月下喁喁私語，温麗聞薌澤。故雖未能盡兩家之長，而實爲兩家所未有也。余詞非叔子所服，顧嘗自謂如松竹間語，清婉無凡響，眉批：此實未見得，爾時所作，殊鮮悟入處。自記。不肯一語同東漚，而心實喜之。或有譏其不醇者，雖未必知言，然能再加洗伐，則五代、兩宋無人矣。因論容若詞及之。

十一日辛未　晴。閑谷來。寄雲偕季貺來，少談去。樊畏齋來即去。下午，[redacted]閲納蘭詞，摘其斷句，如『瘦盡燈花又一宵』『雨歇春寒燕子家』『不辨花叢那辨香』『燕蹴風絲上柳條』『雕外寒烟慘不開』，真花間語。又如『甚日還來同領略，夜雨空階滋味』，雖山抹微雲君不能道也。

十二日壬申　晴。終日弈。

十三日癸酉　晴。作書致季貺。偕閑谷訪雪甌，談逾晷，即拉雪甌同詣寄凡，復詣平子，不值。詣子九，談至晚，又拉子九偕詣蓉生。蓉生方病瘧，少坐即出。子九新嗜酒，興豪甚，遂偕至雪甌家，已月上矣。雪甌烹蟹，出佳釀供客，開軒水明，易燭[redacted]間發。主賓兩忘，此時持螯風味，正不知世上有琉璃匕内豚也。二更食畢，子九去，予偕閑谷踏月歸家。是日平子偕竹舫來不晤。眉批：《重九後四日偕子九閑谷夜飲雪漚水軒别後用孟調江橋步月韵寄雪子》：『月出人影静，霜嚴候蟲嘿。北户攬浮雲，寒喧倏改色。時艱類斯聚，日短夜逾惜。之子舊儔侣，清尊永今夕。冷局謀古懽，深談剖真識。脱巾俯暗水，淡如鑒予魄。行歎暮鳥飛，一枝佹難得。如何學道人，蓬蒿未甘寂。骨肉珍一言，衣食生百别。天涯散客蹤，春草不能迹。我衣雅難緇，亂緒借詩櫛。宵央警柝調，寒重薄簾納。酡顔戀分袂，餘興向誰説。歸途揖瞑山，鐘聲帶烟白。』

十四日甲戌　霜降。晴。爲子九題張君《讀書秋樹根圖》五律兩章。作書致季貺，致平子，致子九。

以後爲十五日乙亥，天晴。早起，周雪鷗偕丁吉庵來，俄報榜至，無名。戚屬中，余暉亭外兄恩照得雋。交誼中，屠石麟、張冠傑皆捷，徐小池、王元辛中副車。驢好爲之如汝者皆令僕矣，况區區科名乎。下午，周叔子、季况來，持予日記去，久不見還，遂至畢歲不復記，亦無可記者。惟冬日偕雪鷗、平子送友人葬，至富盛山，夙起看曉烟，極娟好。畢事，肩輿登寶山，謁宋諸帝陵，惟阜陵有享殿，思陵、崇陵、茂陵尚繚以土墻，其徽宗祐陵、理宗穆陵、度宗紹陵及孟后攢宫，不復可辨。去崇陵數武，有土隆起，斷石之碑者仆其前，蓋亦弓劍處也，[redacted]歸途至瓦窑村，偕二子登岸，步行十餘里，溯昌安門，一路看會稽山，恨若有速其步者。遇一村庵，坐水檻看風，尤有意致。立危橋上，回望陶山一髻，攝入夕陽中，通紅可愛。瞬息，紫翠縷起，大好晚色。入城，戒珠寺晚鐘矣。近寺見當門者一雛鬟，布衣靚首，甚可人意。此一日遊大暢，頗足誌，誌之。丙辰元日書。

附九月至十月詩：

酬孟調用予九日詩韵

藥裹茶囊點檢清，菘畦抱甕課新晴。黄橙香淺初登市，紅樹秋深漸近城。窮享家居惟病日，賤招人妒尚詩名。嗟余遲暮加君甚，領取王融擊座情。又作：相憐木雁同無謂，醇酒離騷此日情。

深夜讀書有作再用孟調江橋步月韵 前柬雪謳詩用此韵見上

途窮忘時艱，衆喧掩孤嘿。弟妹守恒饑，盡作苦吟色。午餔三句偶，宵杼一燈惜。匪琴永春朝，止酒淡秋夕。終年讀我書，陳編若新識。趣到有深悟，文字特其魄。忻忻遲夙好，躊躇罄私得。相視忽無言，靈機對之寂。輟業或暫時，契逾執友別。吾心如駿馬，萬卷鍥馳迹。名理牛毛繁，不學豈能櫛。取舍量厥近，高下恣所納。拈花待微會，持向廣場説。掩書步空庭，秋月中天白。

顧華峰寄吳漢槎金縷曲二首

季子平安否？便歸來，平生萬事，那堪回首！行路悠悠誰慰藉，母老家貧子幼。記不起，從前杯酒。魑魅擇人應見慣，總輸他，覆雨翻雲手。冰與雪，周旋久。淚痕莫滴牛衣透。數天涯，依然骨肉，幾家能彀？比似紅顏多命薄，更不如今還有。只絶塞，苦寒難受。廿載包胥承一諾，盼烏頭馬角終相救。置此札，兄懷袖。

我亦飄零久！十年來，深恩負盡，死生師友。宿昔齊名非忝竊，只看杜陵窮瘦。曾不減，夜郎僝僽。薄命長辭知己別，問人生，到此凄凉否？千萬恨，爲兄剖。兄生辛未吾丁丑。共些時，冰霜摧折，早衰蒲柳。詞賦從今須少作，留取心魂相守。但願得，河清人壽！歸日急翻行戍稿，把空名料理傳身後。言不盡，觀頓首。

華峰名貞觀，一字梁汾，爲明吏部侍郎，端文公賢成曾孫，少與吳江吳兆騫齊名。兆騫戍寧古塔。作此寄之。成容若見之，而後遂力任其事，請之太傅而解騫以辛酉入關，真詞壇嘉話也。華峰著有《彈指詞》三卷，格韵老成，頗鮮足資吟諷者，此二詞亦不免有率句，然讀之足增長義氣。容若擬之山陽思舊、都尉河梁，殆不虚也。越縵識。

越縵堂日記丙集上

咸豐六年正月初一日至九月十四日（1856年2月6日—1856年10月12日）

咸豐六年（一八五六）

皇帝六年丙辰正月大建庚寅朔己未　晴。連歲元日晴麗，年穀大豐，喜占七古一首，比於里巷歌謡，不足云詩也：『索逋人去債臺撤，長鬚灑掃徹夜畢。爆竹聲裏雙扉開，先生依然敝裘出。鄉閭童叟皆恬熙，衣冠相習揖讓儀。婦女迎門鷄犬静，陋巷到處生光輝。逢人説晴喜相賀，但願年豐甘力作。去聲。春意散滿千村皋，誰信閉門有長餓。我生不睹熙皞天，百里以外多烽烟。衢歌里遊有今日，吁嗟此亦唐虞年。』眉批：《元日喜晴》。早起視先祖前供設，整衣冠祀神，拜先祖像。詣族中各家賀年。族人齊來拜年。詣宗祠行禮。循俗例送神。蚤寢。眉批：同社諸君皆卓犖，惟蓴客以績學著史學經學，其初年已然，觀日記所引證則信矣。

初二日庚申　晴。再詣宗祠。（此處塗抹）周雪甌兄來。陳閑谷兄來。孫子九兄來。

初三日辛酉　晴。諸戚屬來。不能盡記。季弟詣漓渚曾大父母墓告歲。是日風。

初四日壬戌　陰。買舟詣澄港陳氏祖姑家，晤張魯封員外、王蘭言明經、兩表姑倩、張方生秀才、沈瘦生兩中表。（此處塗抹）下午與魯翁同舟歸。是日仍有風，略小。王孟調來不值。茹子薌來不值。作書致家開先弟。

初五日癸亥　雨終日。進城往各戚屬知交家賀年，夜歸。得王杏泉廣文書。陳君實司馬來，不答。循例了新年。

初六日甲子　雨，下午雪。瘦生來賀年。其鄰人丁某附舟來謝并饋酒兩石，以去年余薦其子至族人質庫習學故也。

初七日乙丑　雪積平地尺許，有風。侵晨平子來，茶話許久。顧春園秀才表叔來，并爲王杏泉代訂上館日，以今歲爲薦至杏泉家訓其子弟也。早飯後子九、沈寄帆、孫蓮士、傅節子以兩舟來，邀余至賞祊村晤周叔雲、季貺兄弟，公餞叔子入京，（此處塗抹）至夜未畢，余以次日有事，偕寄帆先歸。

初八日丙寅　陰，午後略雨。蚤起作札致叔雲并贈以詩一章，存集中。買舟詣皋步屠氏姑母家，見姑父、姑母及表兄妹，計余不至此者十年矣。留宴至薄暮，辭歸。經遶門山看殘雪，更餘歸家。有戚屬來。澄港陳氏中表、昌安孫氏僚婿、草藐橋薛氏姑表。

初九日丁卯　晴。晨起作《送雪甌計偕入都》五律兩首，録此：『故鄉三日雪，送爾萬重山。官樹隨雲改，征途帶雁還。奇才經戰地，吾道自田間。此去期良晤，嚴生衹閉關。』『欣然別妻子，一騎發長安。豈不恤烽火？其如高卧難。危時輕出處，行色壯饑寒。我亦長貧者，交情握手看。』眉批：『輕』字下得好，『壯』字嵌得好。　又送陳珊士七律一首，録此：『緑醅紅燭早梅天，雪裏湖山計吏船。樂府新翻溫助教，江南人識柳屯田。夢分遠水隨鷗去，客避東風在雁先。老我送君青草碧，鳳城迎看杏花韉。』眉批：《送陳珊士壽祺計偕入都》。　三詩書就，即買舟至朝京弄送雪甌就道，并以致叔子、珊士兩函托寄。頃許，別雪子。至倉橋晤沈素庭秀才。旋詣陳閑谷，晤聞人邕生秀才，并見陳伯母及戴石嫂。薄暮著屐歸家，頗憊。得叔雲、季貺兄弟書，告以退宜、平子均有贈詩，而叔子誤書平子爲越縵，匆遽如此，足見出門惘惘也。

初十日戊辰　雨有風。偕叔弟詣柯山沈氏賀年，見姑母及瘦生，并晤陳雨田秀才，夜歸。是日午刻雨略止，推篷看山陰諸山，積雪濃淡，各具層理，甚賞之。眉批：僕看山亦往往然，正欲相商，山之層理，不過石雜土而已，何以望之如肌膚者，且又滑融光膩，何也？　人言上古時天地皆水，山自水漩洑而出之，是耶非耶？（霞曼）

十一日己巳　晴。家慈生日，有戚屬來，不晤。

十二日庚午　晴。步至荷花塘，看越中諸山積雪，村人皆指顧竊笑。時初日炫射，不能辨山態淺深，惟見峰嵐晶采奇發而已。半晌回家。有戚屬數家來，午陪戚屬宴。陳麗生蹉尹來，不值。眉批：此三日也，僕在鳩江賊壘下，望見相殺，江干上雪、人血染山，紅白間之，亦自晶采奇發。等雪也，而閑忙判矣。嘗思天地間人苦不得見者，曰山川間阻，僕又嫌室宇太多。向使浄蕩之地，則東西南北相距萬里，可望見此人面也，彼時又恨我無此好目力耳。（霞曼）

十三日辛未　晴。嘯岩從弟婦來謁見。嘯岩，余舊徒，其婦柯山沈氏女，乃去年余媒定者。下午步詣荷花塘數十武，得一村橋，左頭一庵，脩竹百本，望夕陽中山雪，彌覺可愛，逾時歸家。魯蓉生兄來，久談去。孫蓮士來，訂余今歲假館其家，課其中表兩人、子姪兩人，并約十八日上館，諾之，去。

雨水　十四日壬申　雨。作書致季貺。

十五日癸酉　雨霽。侍家慈至緑葭埭外大父家，夜歸，計不至此亦三年矣。汪韵珊秀才來，不值。眉批：是日賊陷江西吉安。

十六日甲戌　陰。季弟詣塘埭先君子殯室拜掃。先君子棄不肖孤十年，尚浮厝淺土，不及安窀穸。既褻先靈，復干典禮。古律親死不葬者杖六十。南北朝猶有未葬不許服官之禁。趙宋時士子赴舉，亦間有以停喪發覺廢棄者。本朝徐健庵、顧寧人、張稷若、萬充宗、柴虎臣、許典三、秦樹峰諸公諄諄言之，至比若禽獸弒逆。先儒司馬文正有言：『停喪不葬，不如暴露原野，猶有仁人君子，憐而埋之。』痛言切至，幼所習聞。顧貧窶怠廢，偷延視息，有靦面目，實爲罪人，因記至殯室二字，不覺悚然汗出，筆不能下。用備述之，以當痛責，庶幾省覽知警云爾。孟調來，小飲至下午，偕進城，詣會邑城隍祠看燈，得觀陳老蓮《仙翁煉藥圖》及朱砂畫竹，皆極佳。夜歸。

十七日乙亥　晴。季貺來賀年即去。得蓮士書即復。更餘又得蓮士書，即復。謝星橋秀才來賀年，不值。

十八日丙子　晴，甚暖。蚤起詣影堂，拜奉曾王父以下栗主，歸寢。卷藏曾王父以下像。蓮士以舟來接，即以書數篋隨至咸歡河，見諸生率以上學。

十九日丁亥　晴，甚暖。下午傅節子來。得杏泉書即復。

二十日戊寅　雨，夜雪，頓寒。

二十一日己卯　雨雪。梅坡叔來。杏泉招飲，辭之。

二十二日庚辰　大雪積三尺餘，嚴寒。作《送王孟調赴大梁依其叔吉雲都憲》七古一章，録此：『昔年君作姚江遊，往還欲置傳詩郵。去年君作永興客，百里相望怨暌隔。貧來顛倒不自如，交情百諸窘一銖。室無萊婦古所歎，何况小兒知索襦。忍饑讀書日有得，造物忌之不容刻。出門乞作慈母飧，天倫可樂亦胡恤。君家有叔帥大梁，戟幢一啓千羆揚。手持天鉞監方面，旌旗人識琅琊王。材官百十熱炙手，猶子艱難迫奔走。乾坤雖窄幕府寬，嬉笑間關覬糊口。北風三日春不温，朝來驪駒歌在門。結束敝裘裹書策，隨身一劍能感恩。此去千山萬山雪，罨畫征途起行色。孑身長餓恣嘯歌，八口抛離奮登涉。江淮回首黯烽火，健兒彎弓指都墮。嚴城列戍無人行，隻騎躍冰促飛笴。梁王臺上烟塵高，夷門信陵不可招。惟有文章轢枚馬，黄河天上争雄豪。別君語君不能已，一水相思況千里。子桑琴絶誰復聽，吾道行藏卜於此。』又《題孟調西嵬山居圖》五古一章，存集中。作書致閑谷，得報。作書致汪韵珊。

二十三日辛巳　陰，奇寒。以事詣學署，薄暮歸家。是日冰凍異常，十年來隆冬所未有也。雪冱不消，有風。

二十四日壬午　晴，寒如故，下午略差，尚滴水即涷，大風。作書并詩遣騰雨走送平子，至則行矣。予以今日積雪大寒，意平子必更行期，乃十載寒盟，竟缺臨歧握手一節。且鄙人戢影田間，平子飢驅四海，天涯踪跡，正未可期。縱故人諒我，而如此間道烽烟，載塗冰雪，浪遊伊始，不及贈言，豈但他日請念己耶？記之於此，以見近日一負心事。

二十五日癸未　晴，寒稍差。季貺、麗生來約會於陶琴子家，即去。肩輿詣金斗橋，賀琴子續姻，與何楚莊先生、節子、麗生、季貺暨胡君、某孫姓同席。午後别諸君，順道之館。

二十六日甲申　晴，雪消半。下午偕周季瑞詣陳閑谷，旋至薛家巷詣汪韵珊，館中俱晤。

二十七日乙酉　晴，稍暖。偕蓮士聯騎詣西小路吊張梅岩秀才太夫人之喪。季貺、麗生已先在，因留午食。三人論鋒互發，他客不能參一辭。（此處塗抹）午後同坐季貺舟至倉橋買書。傍晚詣傅節子𡡒譚。初更偕蓮士歸館。是日以淺碧色越綾輓額并素聯一副，詞云：『片石松孤，家世慶孫留琬牒；九釵花黯，姓名絡秀賁金泥。』爲梅岩賻喪。蓋梅岩母李姓，助箎於張，其適子即魯封員外也，曾受梅岩八品封，又憲旌節孝，故輓聯云云。越俗開喪，家戚友以綾緞作輓軸貽之，必計值倍償，富家尤以此争門面，今又有以勢利爲高下者，是尤可笑已。是日問孫子九太夫人病。

二十八日丙戌　晴暖。

閱徐松龕中丞繼畬《瀛寰志略》，專詳域外葱嶺之東，外興安嶺之南，五印度之北；其蒙回各部隸侯尉版籍皆不記，朝鮮亦僅繪圖。其書首亞細亞，爲東洋、南洋、東南洋、大洋、五印度、西域諸國：日本、琉球、暹羅、越南、緬甸、南掌、吕宋、蘇禄、噶羅巴、婆羅洲、巴布亞、斜仔、六坤、宋卡、大哖、吉連丹、丁噶奴、彭亨、息力、麻剌甲、蘇門答臘、澳大利亞、此地約萬餘里，亘古窮荒，近爲英吉利所有。孟加拉、以下皆在五印度中。其地處緬甸之西，西藏之西南，有安額河，印度人稱爲聖水，佛書所謂恒河也。地本雕題種類，爲佛教所從出，故自古著名。麻打拉薩、孟買、亞加拉、錫蘭、地多雨多迅雷，山川靈秀，花木繁綺，禽聲歡樂。德干、那哥不爾、剌日不德、賣索爾、烏德、西林德、日瓜爾、薩達拉、達拉王哥爾、哲孟雄、自孟加拉至錫蘭，皆爲英人所滅，德干以下諸國，皆降於英，被役屬。布魯克巴、其地時序和平類中國。在前藏正南。土田肥沃，湖河交貫，蔬果皆宜，户口極繁，産棉花、大黄，遠勝西藏，爲紅教喇麻總持之地。西藏喇麻往來五印度，率取道于此，雍正中赴藏投誠。廓爾喀、乾隆中侵擾後藏，相國福文襄公降之，五年一貢。塞哥、新的亞、信地、阿富汗、以下四國爲印度以西回部。俾路芝、舊名思布。波斯、亦名塞克，《漢書》稱爲安息，《唐書》稱大食。波斯其國，地界遼闊，雄富多寶貨，與中國貿易最早，所謂碧眼波斯胡也，爲回回大部，男女多美姿容，風俗繁華，國王最尊嚴，王居極宏麗。阿剌伯、回教初興之國，古條支國也。眉批：回教之祖名摩哈麥，少年爲商往來西國，娶富商之寡，遂致大富。以佛教拜偶像爲非，而泰西諸國耶蘇教已盛行，思别創教門以自高異。入山讀書數年，著書曰《可蘭》。入其教者焚香禮拜念經，禁食猪肉。唐高祖武德四年，遂起徒衆，總阿剌伯全地，布其教於四鄰，回教遂蔓延西土。哈薩克、以下八國爲西域各回部，哈薩克在伊犁之西北，乾隆二十年大兵平定準噶爾部，其汗阿布賚亦降，授王公台吉，世爵納貢。布魯特、巴達克山、乾竺特、巴勒提、浩罕、塔什干、布哈爾是也。

次歐羅巴，爲大西洋諸國，峨羅斯、長約二萬餘里，外夷第一大國，與蒙古、黑龍江連界。其先爲散部，受役屬於匈奴。

唐時稍大，至元太祖西伐，滅其三部，立長子朮赤爲汗，由是爲蒙古別部。明嘉靖初，其故王後裔驅逐蒙古，自後日强，沿北海漸拓而東。然其所恃在西土三部，所部曰東峨，又有南峨，西峨，共分四大部。其名高加索新藩者，富饒爲諸部之最。通衢四達，多絶美女子，有才能者爲妃后。有宰相筦大事。有八部，又益以宗人理藩，重希臘教門，亦天主教別派，廟寺極多。順治年侵擾索倫諸部。康熙年間諭其國王分定疆界，立碑爲志。遣使來上書，乞詣京師學習漢文，每十年更易爲常。在漢爲堅昆、丁零諸部，唐爲黠戛斯、骨利幹等國。瑞國、嗹國、奥地利亞、普魯士、日爾曼、瑞士、其地山水清奇，甲于歐土，國之西境，密林清澗，麋鹿群遊，尤爲幽勝。風俗淳樸，數百年不見兵革，不立王侯，推擇鄉官理事，分國爲十二部。土耳其、爲歐土大國，古時皆羅馬東境，即大秦國。元成宗五年，有回種據其地爲回部，初甚强大，近爲峨羅斯所困。其王殘暴淫亂，較諸回種爲尤甚。猶太、即《唐書》所謂拂箖國。西土文教之邦，女子多美姿容，文士遊學甚衆，今爲土耳其所并。希臘、古名國，其地九曲盤繞，群峰競秀，名勝甲於西土，士女秀美，男好華冠麗服，女子美髮巧妝梳。初分十二國，後爲土耳其所取，近復自立爲國。意大里亞、歐羅巴古一統之國。《漢書》所謂大秦國也。其地天時和正，花木穀麥俱昌茂，幽谷名園相屬。周幽王時，羅馬崛起，疆土四闢，縱横千萬里，跨歐羅巴、亞細亞、阿非利加三土，邊外諸部，皆爲臣妾，建都城於羅馬，文物聲名，爲西洋第一大都會，其後分東西二王，旋被吞滅，今分爲九國。荷蘭、歐羅巴小國，夷坦無山，地在澤中，而土脉最腴。民習水利，善堤防，又善操舟，歐羅巴海市之通行，自荷蘭始，明武宗時爲西班牙所并，既而起兵拒之，力戰數十年，大破西班牙，復立爲國，晏然安富二百餘年，甲於西土。明季擾閩浙，據臺灣，尋爲鄭氏所逐。嘉慶初爲佛郎西所并，未幾復立故王之裔。南洋數大島皆建立埔頭，又據噶羅巴一島，爲大小西洋入中國之門户，故諸島國半以荷蘭爲主。比利時、古時本荷蘭南部。佛郎西、歐羅巴强大之國，與英吉利隔海港相對可望，又稱佛郎機。其俗人喜武功，工於製器，火鎗、火輪船皆其所創。嘉慶中大將拿破倫爲國人推戴，即王位，用兵如神，兼并荷蘭、西班牙、葡萄牙、意大里、瑞士、日耳曼諸國，侵割普魯士、奥地利亞、嗹國諸部，欲繼羅馬之跡，混一土宇，後以伐峨羅斯，軍士凍死者十七八，諸國乘其敝，合力攻之，遂大潰，所得國全失，拿破倫遂避位於故王之裔，旋與英吉利戰敗，被禽，流荒島死，其國尚强。西班牙、亦歐羅巴大國，明世宗時航海至亞細亞東南洋之吕宋，據其海口，設埔頭，吕宋遂爲屬國，由是愈富，稱其國爲大吕宋，或稱宋仔。嘉慶中爲佛郎西所滅，未幾，借英吉利兵得復，自是大弱，惟吕宋仍爲屬國。葡葡牙、歐羅巴小國。精於算數，用儀器測量日出入并星躔度數，知水陸方向遠近。明初，其國王遣善操舟者駕巨艦遍歷東南洋諸島國，所至輒留人立埔頭。隆慶初，抵粵東香山縣之濠鏡，請隙地建屋，歲納租銀五百兩，疆臣林富代請許之，遂立埔頭於澳門，是爲歐羅巴諸國通市粵東之始。後爲西班牙所并，崇禎中得復，所立小西洋、東南洋埔頭，咸被侵奪。英吉利地本三島，孤立大西洋中，迤東兩島相連，曰英倫，曰蘇格蘭，約二千餘里。迤西別立一島曰阿爾蘭，約一千三四百里。漢時亦爲羅馬所并。南北朝時羅馬衰亂，歸北狄峨特別族。宋真宗時爲嗹國所滅。英宗時，其北族酋名威廉者，仕佛郎西，遂率兵興復，殺嗹國王。明神宗時連以女主繼位。康熙時國人招荷蘭王爲主。荷蘭王率兵至，逐其王，即位，號曰威廉第三，稱雄武，歿無子，迎日爾曼之漢挪瓦王若耳治第一爲主，傳三四世主，日益强大。道光十八年，其王威廉第四卒，立兄女維多里亞爲王。舉國尚耶蘇教。是也。

次阿非利加，爲紅海及地中海外諸國。當赤道南北，炎熇特甚，瘴癘尤毒，天時、地氣、人物在四大土中爲最劣。麥西、努比阿、阿比西尼亞、的黎波里、突尼斯、阿爾及耳、摩洛哥、哥爾多番、達爾夫耳、尼給里西亞、亞德爾、亞然、桑給巴爾、林德、即《唐書》之磨鄰。莫三鼻給、麼諸麼達巴、塞内岡比亞、幾内亞、公額、加弗勒里亞、星卑巴西亞、痾丁多的亞、加不是也。

次亞墨利加，與三土不相連，別一區宇，地分南北兩土，以泰西人地球大勢言之，三土在地球之面，亞墨利加在地球之背也。爲近南北冰海諸國，其極西之一隅，與亞細亞之極東北隅相近，其東南與歐羅巴諸國隔大西洋海遥對，自剖判以來，未通別土。前明中葉，歐羅巴人始探得之。其地與歐羅巴遠者相去萬餘里，近者不足萬里，始爲西班牙人以次攻取，開山掘銀礦，後葡萄牙人亦徙人墾種之。佛郎西、英吉利聞之皆至，佛據其南北，英據其中，荷蘭、嗹、瑞諸國俱接踵西來，各事開墾。未幾，佛與諸國所得之土，多爲英所并，英人以此日富，與西班牙南北分據，倚爲外府。乾隆中米利堅起，攻英吉利，英人盡失腴壤，僅餘北境荒寒之土。嘉慶中，西班牙、葡萄牙人亦俱被逐，嗣是擁地自擅，不受歐羅巴人約束矣。米利堅、其商船至粵挂花旗，故粵東呼爲花旗國。初爲英吉利所據，厚斂其民。乾隆中，部人擁華盛頓起兵攻英人，血戰八年，盡復南界，分建爲二十六國。上加拿他、下加拿他、新不倫瑞克、新蘇格蘭、散約翰島、新著大島、六部約四千餘里，皆北亞墨利加北境荒土，界極冰疆，爲英吉利屬部。墨西哥、得撒、危地馬拉、巴西是也。

書爲太僕撫閩時所輯，皆據泰西人漢字雜書及米利堅人雅裨理所繪地圖，采擇考證，各依圖立説。間采近人雜著及史册所載，略附沿革於後，其用心可謂勤，文筆亦簡净，但其輕信夷書，動涉鋪張揚厲。泰西諸夷酋，皆加以雄武賢明之目。佛英兩國，後先令辟，輝耀簡編，幾如聖賢之君六七作。又如曰共主，曰周京，曰宸居，曰王氣，曰太平，曰京師；且動以三代亳、岐、雒邑爲比。於華盛頓贊其以三尺劍取國而不私所有，直爲寰宇第一流人。於英吉利尤稱其雄富强大，謂其版宇直接前後藏。似一意爲泰西聲勢者，輕重失倫，尤傷國體。況以封疆重臣，著書宣示，爲域外觀，何不檢至是耶！太僕當今上登極時，上疏論主德國勢，頗侃侃；其褫職也以疆事，而或言此書實先入罪案，謂其誇張外夷，宜哉！

作書致沈瘦生、沈寄凡。改名慈銘。以原名避太高祖疑名也。曰慈銘者，以不孝自警也。眉批：太高祖諱杜，而殿纂公集有示模兒詩。太高祖無兄弟，或此其初名也，故疑而改之。

驚蟄　二十九日丁亥　晴，更暖。周拜軒孝廉來。（此處塗抹）

三十日戊子　晴，地微潮。午後天時作陰。陶琴子來謝賀，久談始去。改舊詩。爲季瑞改制藝一首。

二月大建辛卯朔己丑　汪韵珊、朱佩青兩秀才來。

初二日庚寅　陰靄微雨。上午途遇張子諒秀才，邀至其家少坐，即歸家。拜本生祖母顧安人忌辰。譜《蝶戀花》一首：『豆蔻梢頭春一寸。側側輕寒，佯喚緗桃醒。碧玉年華都未省。多情先下黃鸝聘。酥雨添教新綠嫩。些子春紅，生被柔雲困。嫋嫋爐香扶綵勝。玉窗人語東風近。』又譜《買陂塘》一闋，感舊有寄：『恁當年、玉晨輕別，彩箋青鳥何處。生桑幾見蓬池劫，都付紫鸞笙譜。愁絶處。便懺爾生天，也恐嬌難住。絳霄慣阻。認夜雨重門，仲春初二，剪燭雨邊語。　東風驟，吹墮茗華如許。秦臺零落珠樹。屧痕芳草分明在，點點斜陽紅雨。花底路。問花上流鶯，幽夢都無據。凄咽漫訴。指那角闌干，共伊憑後，十載罥飛絮。』夜半和衣寢，歷一更醒，微受寒。

初三日（癸）〔辛〕卯　雨。早買舟至館，晤蓮士。

閱海鹽黃韵珊大令憲清《拙宜園集》詞。大令以詞名江浙近三十年，余貢在省垣，季貺達大令意，謂少留將見訪，余以事匆匆歸，卒未得大令詞讀之。今日蓮士以一帙出示，謂尚不及周叔雲之《東漚詞》。余謂其詞固多平易近素，然律切深秀，固所謂詞人之詞也，於詞中爲當家。《東漚詞》從詩入，故靈氣拂拂，然是詩人之詞。此中固不可優劣，亦不可不知。

閱吾鄉潘少白諮《林皐閒詩文集》。少白足跡半天下，借終南爲捷徑，旅京華作市隱，笠履所至，公卿嗜名者爭下之；而邑人與素遊者，皆言其詭詐卑鄙，蓋公道可徵也。然其文實修潔可喜，雖窪泓易盡，而一草一石間，風回水縈，自有佳致；寫景尤工。惟滿口道學爲可厭耳。或更誇其高談，則正其才力薄弱，借此欺人者也。然在本朝自當作一名家，越中與胡稚威差可肩隨；鐵崖、天池，則跨而上之矣。　眉批：論潘少白此語絶當，其常語却不可及。

得傅節子書，即答。

初四日壬辰　晴。府學訓徐老師五十生日，下柬來請，不赴，以錢四百爲壽。家慈詣觀巷陳宅，遣人來，即走省，并晤閑谷。閱《劉子全書》中奏疏并傳志書略遍。燈下又閱《問答語》一卷。

初五日癸巳　晴。下午偕蓮士歷遊書肆，至暮别蓮士歸家。是日閱《世説補》。此自明代坊刻，以爲王弇州所爲，其實書賈妄托，蓋删臨川原本，而以《何氏語林》羼附之。

初六日甲午　晴。早至館。得節子書即复。家鏡人二伯連來兩次，談逾頃，去。季貺來同午餐，去。得琴子書即答。子九書來，告其太夫人之喪，并請寫栗主。

初七日乙未　陰，下午風。子九復遣人來速，乃具衣冠赴唁畢，即爲書主，飯畢歸館。傅節子來招看書，不赴。

初八日丙申　晴。子九書來屬撰輓詩兩章。午後偕蓮士及田硯畦孝廉至倉橋，余與蓮士復遍歷書肆，至遺經堂，大索書城，乘夜歸。閱黄梨洲先生《明文案》。夜與蓮士撰子九太夫人輓詩，不能成一字，四更方得五律兩首，甚劣，可歎也。夜微感寒。

初九日丁酉　晴。得節子書即復。丁吉庵秀才偕閑谷來茶話，少時去。作子九太夫人輓聯，詞云：『姑恩彈鵠，母教丸熊，話八旬茹蘖彌甘，珩佩争師唐女憲；茅饌歆鶏，吴哀助鶴，悵三載登堂未拜，經幃空仰魯靈光。』是日覺胸鬲不快，忽忽若病。薄暮詣閑谷，即買舟歸家，爲硯香二伯送其次女嫁于後梅村沈氏。夜半開船，四更抵岸，質明花燭。余以舟中觸風，作惡欲吐，勉成禮。而陪賓者，一爲新郎之兄，甚狡，可厭也。

社日　初十日戊戌　晴。早宴于沈氏，余以力疾，不耐煩，頗折辱主人，幾聞惡言，餘人亦皆有怒容。匪寇昏媾，而一軍皆甲，甚可笑也。辰刻歸，風更大。終日昏眩不食。眉批：此名士習气也。其實何必。日記中見之屢屢，故特以相規耳。（霞曼）又：僕嘗有言，人不爲無高自位置之心，所以高自位置者，則我固自命在何等矣，則此等人又何必吾目之耶。吾不目之，又何以見其甲不甲，我又何必計其怒耶？（霞曼子）眉批：此論固正，然我爲伯夷之隘，而素人又得毋爲柳

下之不恭耶？（越縵）

十一日己亥　陰。晨起甚餓，雜食諸餅餌，復作惡。中午稍差，復食。詣館。

十二日庚子　晴。作書致鏡人伯、柏塍伯。午後復大作惡，頭眩身熱。夜不食，早寢。

十三日辛丑　晴，極暖。終日吃粥，甚疲倦。

十四日壬寅　晴，更暖。晨起稍安，即飯。步詣倉橋買書，上午回家，赴宗祠與春祭。午不食。鏡人伯邀議族事，約會于硯香伯家，未赴。寄帆伯复來速，柏塍伯亦相待，共議至暮，方散。瘦生來，留宿。夜復不食。

十五日癸卯　上午陰，有雨數點，旋霽。學署有人來，以田租事求爲解於族中，因遣詩舫弟往説成之。漓渚山人來獻葬地。瘦生去。庭前木筆花開，未盈十也，新種小桃亦作華，詢之漓渚山人及柯山客，但云未蕚也，而此樹僅三尺，已著花滿矣，臨風獨艷，嫋娜欲絶。午不食。數日來時時作惡，起居不常，幾於七日不食，俗事又麇集，雖覺疲于酬應，而常可强起自持。昨日觸熱，步行十里，又跪拜歷一時許，汗出如漿，亦不甚覺困。人多勸吃藥，然予竟不吃藥，亦不復病。户樞流水，其理可思。鏡人伯邀祀文昌，不赴。

十六日甲辰　雨，作寒。中午赴族人宴，遇從子某，妄人也，余以被酒多與言，頗有失處，醒甚悔之。

十七日乙巳　陰，微雨。早食即買舟至館。

十八日丙午　雨，更寒。閲《南疆繹史》，爲烏程温睿臨康熙時舉人。原本，本名《佚史》，皆紀明末弘光、隆武、永曆三朝及魯監國事，僅存二十卷。今吴郡李瑶補勘之，爲紀略六卷，爲列傳二十四卷，又爲摭遺十八卷，恤謚考八卷。雖記敘蕪冗，然搜輯幽隱，略備考證，其心力亦云勤矣。

十九日丁未　早雨，上午陰，微有雨，下午霽。眉批：是日賊至樟樹鎮，撲副將周鳳山營。周接戰，敗績。

閲《吴梅村文集》。梅村文不及詩遠甚，前人皆言之，不必論。予獨喟其中如《王永吉張鼎延碑》《梁西巘墓表》，每敘及易代之際，格格阻礙，若因人笑褚公而并自貢其忸怩跼蹐之狀，其亦合九州鐵不能鑄此錯者耶？梅村出處之際，固尚可原，比之錢蒙叟，殆不可同年而語。其出也，以蒙復社黨魁之名，杭人陸鑾劾其有異志，故不得不應召。雖然，國破家亡，而尚欲護持社局，致匪人得以東林餘孽齮齕之，遂以一出爲天下笑。宜哉！

與蓮士約同作《雨夜懷季貺寄上人芝村得雨字》：『嶼花破暝烟，庭草歇春雨。晚風忽窺簾，疏燈淡人語。屐聲遲所期，犬吠出平楚。共念村居客，咫尺託遥緒。鶴歸掩松扉，春深結禪侶。』眉批：附蓮士作：『寒意赴暝色，凍澀琴上語。靈帷黯春星，亂沙響疏雨。西窗耿危夕，清夢看共煮。蕭寥百年心，新警生仰俯。何當就予賞，同飲晦堂乳。夜雨。眉批：才人相聚，伸紙捉筆約作詩，亦常事也，觀日記中所敘，不覺動一艷想，譬如好女子在閨中，趁日暖風晴，携手花下，持針綫挑繡，兩情昵昵，其可愛如此。

二十日戊申　雨。與蓮士合作書致季貺。

二十一日己酉　雨。得閑谷書即答。得瘦生書，告山中花事將殘，催訪芝塘湖桃塢。節子來，予與堅雲門花遊之約，談至暮去。閲無錫鄒漪《啓禎野乘》，有傳無紀，詞語鄙劣，乃并葉小鸞亦入閨閣傳，標之曰女仙，成何體製！憶全謝山《鮚埼亭外集》中有《綏寇紀略跋》，謂多係鄒漪竄改，顛倒好惡，直爲無忌小人，其所記述，蓋可見矣。夜大雷雨。

二十二日庚戌　雨。顧春園叔來。得節子書，索觀《通鑑》前編，即送去。得季貺書。余與同人約花時爲雲門之遊，滯雨成旬，春光半矣，山中芳信，眷焉於懷，因與玉井同譜《掃花遊》一闋，爲諸君簡：『冶春百五，過幾度東風，杏衫寒峭。雨聲易老。恁苔紋匝絮，繡成愁稿。緑瘦爐烟，窣地簾垂夢悄。燕歸早。待宿醉醒時，花落多少。烟約今未杳。但蠟屐商量，可堪芳草。更移鏡棹。認溪光寺影，潑青如瀑。澀盡啼鵑，莫任湘桃怨曉。濕雲掃。鎮支筇，晉時斜照。』不附玉井作。

是日買得閻百詩《潛丘劄記》一部、邵念魯《思復堂集》一部、余寅廣《同姓名録》一部，俱爲蓮士强攫去。《潛丘劄記》中有《與戴唐器書》云：十二聖人者，錢牧齋、馮定遠、黄南雷、吕晚村、魏叔子、汪苕文、朱錫鬯、顧梁汾、顧寧人、杜于皇、程子上、鄭汝器；又增喻嘉言、黄龍士爲十四人。又云：謂之聖人者，乃唐人以蕭統爲聖人之聖，非周孔也。中惟黄、顧差無愧色，朱、汪次之，魏、杜又次之，錢、吕不必論，馮與梁汾不過文士，餘更無甚表見，乃知標榜之習，國初猶盛也。顧亭林《廣師》篇自言不如者，王寅旭、楊雪臣、張稷若、傅青主、李中孚、路安卿、吴志伊、朱錫鬯、王山史、張力臣，凡十人。山史、力臣已鮮表見，安卿余初不知其名，後閲《亭林集》有《贈路舍人澤溥》詩，殆即其人，而雪臣究不知何人，俟再考。

閲參寥子《唐闕史》二卷。參寥子爲高彦休，唐僖宗乾符時人，所紀皆中唐後佚事，標題序次，簡雅可觀。其中述裴晉公容皇甫湜，路舍人友盧宏，杜牧之遊湖州，韋進士見亡妓，太清宫碎李林甫玉像諸則，尤曲折備極情事。惟换名造語，好飾新異，未免爲方家所譏。

又閲《釣磯立談》一卷。作者自稱曰叟，不著姓名，蓋南唐校書郎史虚白仲子某所作，略紀南唐興廢事，每條下附論斷，沉鬱凄婉，惓惓故國之思。頌述烈祖、元宗兩朝美政，不遺餘力，于烈祖開國規模，尤一往三复，深惜後人之不能慎守。又備言周師伐淮時殘暴之狀。其自序云：『文慚子山之麗，興哀則有之。』吁，可以怨已。夫南唐立國日淺，而人心思之，或以其風流文物所係，蓋不僅然。當日朱三凶虐，薄海痛憤，冀幸唐祚之興；而烈祖禮賢下士，優遊生息，人望翕然，元宗後主恭仁繼美，故中原喪亂，引首漢官威儀，諸鎮連疏，請爲内應。一旦青旗入洛，社稷丘墟，其時故老遺臣，猶未盡没，黍離之感，曠古爲昭。乃歐陽公作《五代史》，列之僞國，固當日體製宜然，而以烈祖爲僞託唐宗。温公《通鑑》至言烈祖受禪初，有勸祖鄭王元懿者，後以太宗子吴王恪有曾孫峴爲相，遂强冒之；自峴以下名，皆宋齊丘僞撰。顧不思盟津鯉魚之歌，江南李樹之謡，歷歷在人耳目。其時馬令作《南唐書》，亦以爲真。眉批：按薛文惠《五代史》稱烈祖爲永王璘後，歐史及陸放翁《南唐書》、龍衮《江南録》，皆稱憲宗第八子建王恪之元孫，馬令《南唐書》則又作吴王恪，釋文瑩《玉壺清話》亦作建王，是稱吴王者，殆以唐藩王有兩名恪者，而吴王名較著，遂致傳訛，污衊者乃附會如《通鑑》云云，其實南唐所尊者固建王也。乃據錢儼污衊偏詞，眉批：語出儼所著《吴越備史》，吴越與南唐世仇，故云爾。然歐公作《五代史·錢王世家》，言鏐厚斂其民，榷及鷄卵。後人謂歐公爲河南推官時狎一妓，爲錢文僖所持，故以此修怨。楊升庵至比之魏收。以此言之，尚得以其文章足配腐遷，而遂目之爲信史乎？筆之信史，其亦何所見而云然耶？且歐公先世曾仕南唐，乃席五十載故國之恩，而忍斥之爲盜，名之爲俘，論者謂不及陳壽識大體，信矣。眉批：又歐史之最疏舛者，《南唐世家》中載周世宗兵至淮，李昪遣兵至泰州，盡殺楊氏之族。按烈祖殂于晉出帝元年癸卯，即天福八年。周世宗二年丙辰，下詔親征淮南，克清流關，入滁州，遂下揚州。唐元宗乃遣園苑使尹延範如泰州，遷吴讓皇之族於潤州。延範以道路艱難，恐爲變，乃盡殺其男子六十人還報。元宗怒，腰斬之，是時距烈祖之殂，已十四年矣。《玉壺清話》載烈祖臨終屬嗣君曰，楊氏孤兒嫠女，僑寄殊鄉，可津斂之，安於京口，無令失所；男女婚嫁，悉資官給。元宗禀遺戒，遣尹延範具舟車往泰般護，而延範盡殺之，元宗怒誅其族。是則楊氏之見滅，亦固非元宗意也。

予嘗欲以後唐、南唐直接天祐爲正統，而斥梁晉漢周爲僞國。蓋梁與石晉之罪，固不必言，而劉氏立國不四年，郭氏篡竊，亦僅數載，是何天子？若南唐烈祖英武豁達，濟以文治，真足繼序太宗。《釣磯立談》亦謂孝高皇帝總收權綱，維御群雋，當國匪解，敦守純樸，雖漢之高、光，不是過也。徒以地勢不便，天付有限，遠圖之所就，僅以稱霸，爲深可惜云云。旨哉斯言，誠萬世之公論也。史虚白初見烈祖，即勸其長驅中原，恢復舊業；後遂犢猿挂酒，徜徉廬山。將殁，屬其子以元宗所賜酒一榼及藜杖，置於棺中，勿用祭享；祭亦不歆。後或因節序修奠，爇紙緡於靈座，紙皆不化；用意焚之，火則自滅，遂不復祭。異哉，可與夷齊并傳矣。叟之懷舊不忘，其殆有所受歟？予持南唐接統之議，蓋以石敬瑭代唐之歲，即烈祖纂統之年，時代巧接，天若有意於其間，以爲蜀漢、東晉之比，乃苦無和者。近傅節子、周季貺皆主予説，而節子且言家藏有李槃《世史類編》一書，竟首發此議，以南唐定正統之案；古人實獲我心，快哉！擬即借其書觀之。眉批：陸務觀《南唐書》，爲烈祖、元宗、後主作本紀，固以正統予之。明末興化李清著《南唐書合訂》，復申陸説，以陸書爲主，而參以馬令及龍衮《江南野録》、鄭文寶《近事》諸書，以烈祖繼統長安，最得體要，惜未見其書。李字映碧，即著《三垣筆記》者也。明季官大理寺丞。近儒海寧陳仲魚先生鱣撰《續唐書》，以同光接天復，以昇元接清泰，其統始正，可爲定論矣。

閲宋胡忠簡公銓《玉音問答》一卷，紀隆興元年五月夜侍孝宗事，時忠簡方自吉陽軍召回爲侍讀，極被寵遇，至令潘妃唱《賀新郎》曲侑酒，上亦親唱《喜遷鶯》曲，且謂朕惟侍太上皇宴間被旨令唱，今夕苦嗽聲澀，卿幸勿嫌，真千古希罕事。古今盛稱令狐綯、蘇子瞻金蓮燭歸院之事，方兹蔑矣。惟宮廷内外隔絶，而令妃御斟酒以勸大臣，幾等月宫宴江總，蜀袍覆韋綬，殊非禮待臣下之意。

二十三日辛亥　陰，中午略霽，薄暮微雨，寒。蓉生來談次，知徐小池歸已逾月。小池去年中副車，以州判謁選，隆冬俶裝，予以壬子、乙卯兩次同寓武林，極綢繆。歸則永不相見，聞其遠，乃恨不一設餞，乃已中途，狼狽返矣。暇當過問之。眉批：是日賊陷撫州。

二十四日壬子　陰，微雨。徐葆意來，同午飯，去。夜微雨。眉批：是日賊陷進賢。

二十五日癸丑　晴。午後季貺來，談頃許，適端木小鶴踵至，遂同坐齋頭縱談，至晚始去。薄暮詣閑谷，少坐，遂步歸家，已更動矣。眉批：是日賊陷東鄉。

二十六日甲寅　晴暖。眉批：是日賊據安仁。於是江右省城四面皆賊矣。以上皆據軍中報追記。偕群從詣釣湖，拜掃本生曾王父墓。舟行烟浦，村橋杳深，近顧西鳧、鸜哥諸山，氣如花發，正春喧極麗時也。日午泊舟鳳凰山側一村庵前，飲微醉。遂登岸，度石橋，至隔湖，緑堤行百餘步，踞一小橋旁，脩竹數叢，隱茅庵一椽。路狹而折，往往逢人，溪童牧子，時側身過橋以讓予。坐卧俱適，暖風撲水，夕陽在樹，青簾畫舫，點綴野鷗沙鳥間，雜以簫鼓聲，雖不節不韵，而悠揚水上，自覺人物舟楫亦飄蕩有嬉春態。眺矚移時，惓不能返。惜尋春較晚，花事就闌，惟看菜黄散金，麥翠鋪罽耳。撫念節序，修名不立，曷勝怦然。眉批：敘次語句亦尋常，妙在都從腔子里出來真話。眼前有景道不得，此君真解道得出耳。又：前面敘得恁般蕭灑出塵，似入于隱約一路矣，終之曰修名不（此處塗抹）。

二十七日乙卯　晴。鏡人伯、柏塍伯、寄凡伯及群從俱至老廳，給發族中自六歲以上至十五歲蒙脩，計給者五十人，用錢兩萬，至午而畢。設公飲於紫棠花下，并屬予定義田條例。薄暮詣村橋間，眺見梅山適南亭，悠然久之。

寒食　二十八日丙辰　晴。詣漓渚拜掃曾大父墓，見山中尚有李花也，薄暮歸。終日雖不廢應酬，然清暢得言外之意。余自謂近來得山水之趣稍深矣，雖可免會稽王有遠體而無遠神，然同人中則當推予有偏嗜也。素人差足語此，餘子雖滿口烟霞，其實皆胸無丘壑者耳。眉批：然而僕實不能遊山也。一苦足軟，二苦口饞，三苦怕冷。此三者，素生殆爲我言之也。

清明　二十九日丁巳　嫩陰薄照，微有雨痕。（此處塗抹）賦得《浣溪沙》一解：『罥户蛛羅鏤鈿塵。紅墻深處近流鶯。絲絲夢雨玉簫聲。　柳絮競飛連日暖，桃花嬌助一分晴。畫簾燕子遇清明。』夜雨。

燈下閱黄朝英《緗素雜記》，中有摘《晉書·和嶠傳》，引《世説》『嶠如峨峨千丈松，礌砢多節目』，而《温嶠傳》亦傳此語，殆以嶠字相同而誤云云。按庾敳目温嶠『峨峨如千丈松』語，全與《和嶠傳》同，見《庾敳傳》，温傳無此語也。朝英所稱亦誤。又按王楙《野客叢書》摘《晉史》舛誤三條，其第一條即此事，所引固不誤也。王觀國《學林新編》史誤一條，亦舉此事，而以時代先後，辨其事爲温嶠，説亦有據。《野客叢書》嘗舉《容齋隨筆》之與前人複者數條，而記此事亦與朝英複，殆未見其書耶？然宋代説部如三書者，固白眉矣。

三月初一日戊午　晴。眉批：是日賊率精鋭，直衝托帥大營，兵勇潰散，賊蹂踐而過，將突揚州、儀徵、六合。義兵拒之，賊仍回瓜州。偕群從詣謝墅，掃本生王父殯室，屠氏姑夫母待于南門外水天一色庵前。時值村人賽黄神，龍舟競渡，遊人甚盛，裏外湖中，畫船鱗比，盼睞久之。午後風起，甚涼，回舟至黄神廟觀演劇。夜歸讀書。

周密《齊東野語》摘《史記·司馬相如傳贊》中有『揚雄以爲靡麗之賦，勸百而諷一』語；又《公孫弘傳》中有平帝元始中詔賜弘子孫爵語。又焦竑《筆乘》摘《史記·賈誼傳》中有『賈嘉最好學，至孝昭時列爲九卿』語。眉批：《史記》誼傳當以『賈嘉者最好學，能世其家，與余通書』句結，而末一句乃後人所加，故《漢書》亦惟云『嘉好學，世其家』，無『孝昭時爲九卿』語也。今本《史記·平津侯主父偃傳》後，另行低一格載元后此詔，徐廣注以爲後人所寫附者。且此詔突然以太皇太后詔大司徒大司空起頭，亦不詳其爲何時何代，惟《漢書》有元始中詔修功臣後云云。至《相如贊》及《賈誼傳》，則本文痕跡宛然，顯係後人羼入。

初二日己未　晴。早起侍家慈及群從詣亭山，拜掃王父殯屋，复至塘埭拜掃先君子殯屋。中午放舟至柯山，遊七星岩。遇一耄生，以細事出妄言，幾至口角。旋晤瘦生，遂同飯於村庵。飯畢，詣沈宅見姑母。復偕瘦生遊湖，南山桃花盡矣。茗於羅庵。晚步經鑑湖第五橋，觀夕陽中諸山，望見族祖柯山公墓。墓在橋外大湖，湖名五洋，廣五里而遥，一洲隱起，地名鴛鴦嘴，墓據其濱，僅一土堆，浸淫波中，盛潦不没，俗名鞋頭珠，土人傳以爲神，求子者輒應，往往增土石封之。柯山公諱（此處塗抹），以三子恒，封秦直大夫，與張生員鈺、次子天台縣尉琛同葬。生於明嘉靖間，余祖南池公從祖行，公考唯善，與南池公之曾祖志善爲兄弟，皆以葬所爲號，李氏遂分二支。公子孫居郭婆溇，號柯山支，在國初有爲淮北分司者，有爲長沙守者，此係南池公五世孫，諱湘，由歲貢歷宰廣西、湖南，非柯山支。有經歷柳州者。今其後嗣零落，墓亦鮮有祭者，土人訛傳其後爲盗渠，誕妄不經，古今事往往如此，故特記之。夜飯於沈宅，姑母固留予住三四日，瘦生亦堅請赴芝塘湖了尋春之約。予以花事已盡，頗悵悒於懷，遂辭之歸，抵家三更矣。眉批：蓴客先生見人莫尚氣，遇事莫好勝，庶幾乎。此如纖絲一條七尺軀，或有十年存也。吃藥莫厭，做詩莫貪，庶幾乎！此卷卷如石，挺挺如柴，幾根名士骨，又得十年撑向人間也。僕近來頗學道，解從事於此乎。霞曼。眉批：素老固憂我切矣。喫藥二語，當書之座右也。眉批：大抵人説人只是説聰明，却不道誤了幾多人。老子所謂窈窈冥冥者，不肯聰明也。釋氏所謂無眼耳舌鼻身意者，不要聰明也。天行健，他只是不聰明，故不懶也。不然結巴巴今日行三百六十五度，明日又行，豈不厭煩耶？惟健故不息，不息則動。惟聰明便懶，懶則息，息則夭。（霞曼子）

初三日庚申　上巳。薄陰微雨。偕群從詣木客山，掃高王父墓，遇季贶。舟於何山橋。午泊舟亭山前，飯於村廟中，頗得野趣，薄暮抵快閣，旋解纜歸。

繼嗣今惟願以眼看山，以耳聽水，以鼻問花，以口食菜，其人賢，我弗親，而況乎其不賢；其事善，我不爲，而況乎其不善。只算天地生我此身，本是無意作成的。我生在天地間，亦不過寫意而已夫。然而無病無怒，無貧無賤，無悲無怨，無言無行。生如此，不生亦如此。不生如此，生亦如此。所以謂生死一。霞曼子。越縵加圈。眉批：數語真足令人受用不盡。

夜閱邵念魯先生《思復堂集》，所載明末文獻極多。《章格庵傳》言，行遯後數年，忽一日有僧，徑入其家，登中堂之樓，公長子婦聞之曰，此必吾舅侍郎也。肅笄出謁，則已去矣。此事諸家傳志中皆所無也。

初四日辛酉　晴陰相間，中午微雨，地潮，燠悶。上午詣館，下午詣戚屬家，出遇琴子，邀至家，談至暮歸館。夜大雷雨，即凉。

初五日壬戌　雨，寒。

初六日癸亥　早起微雨。開先弟來。作書致季貺。得孔鐵香秀才書。得傅節子書并以明季李槃《世史類編》假我。下午琴子來，談至晚去。館中牡丹開。

初七日甲子　晴。得季貺書即復。下午偕蓮士詣大街，歷遊書肆。夜至香團弄吃茶，旋歸館。

初八日乙丑　晴。下午詣孫子九晤談，徐寶衣亦來，至晚散去。復爲寶衣拉至吳山板橋，始別。夜雨。

初九日丙寅　晴。題沈寄凡小照七古一章，又論印圖五古一章，皆另存稿。七古終日未就。

初十日丁卯　晴。薄暮訪魯蓉生不值，復詣水澄橋。夜歸館。聞賊復陷揚州。（此處塗抹）

十一日戊辰　晴。作書致瘦生。季貺來，遂偕蓮士同出遊，至倉橋，晤寄凡，邀至水澄橋酒館吃夜飯，二鼓别寄凡，同蓮士、季貺至館，談過夜分，與季貺同榻。

十二日己巳　晴。上午偕季貺詣節子，晤談，復詣大街，至水澄巷酒館吃麵，又至倉橋晤寄凡、素庭少談，遂偕季貺買舟歸家，季貺别去。夜大雨。

十三日庚午　早起甚雨，巳刻略止。上午買舟至館。作書致瘦生。夜大雨。爲寄凡題照畢。

十四日辛未　晴。瘦生來。竹舫來。

十五日壬申　晴，午後忽雨，即霽。得平子二月廿三日清江道中書，言旅次聞歸德民變，不能抵汴，遊京都矣。

閲明崑山方鵬《責備餘談》上下卷，共百五十三則，皆取古來傳人傳事有未盡善者論列之。詞義嚴正醇密，其有詭行奇跡者，俱抑之使平易可從，筆亦簡當，有裨世道不少。明人説部若此者，真僅見也。鵬字時舉，歷官太常卿，有《矯亭集》，朱竹垞稱之。

薄暮雷雨，至夜止。

十六日癸酉　晴。下午詣倉橋，途遇嚴菊泉師。訪寄凡，晤，并還其圖幀數事。寄凡告予穀雨以二十一日赴江蘇矣。寄凡席其父霞西翁遺業，藏書頗富，家亦粗足。乃忽有宦情，入貲爲江左巡檢，散書鬻産，蹊危地，求微禄，而忻忻若有得色，亦事之不可解者。余爲其題照，頗諷之。眉批：此可謂處則爲大儒，出則爲大臣者矣。

夜閲《艾忠節文集》，其文多談制藝，雖不免有支離處，然佳者殊近廬陵。先生累試不得志，集中多詆斥主司進士，讀之可爲累欷。後改之爲『讀之可爲同病』。其《募修文昌帝君閣疏》，尤令人失笑。予嘗謂今人遇窮達事，輒標一字曰命，此固天地古今不易之理。然思天即人心，好善惡惡，人之情也，何至科第命禄，而顛倒妍媸，無所不至？是上帝直一冥頑不靈之物，不然則造化二字乃全是戾氣惡氣所爲，故專收庸穢惡劣之人，而苦志力學者至使無地自立。每求此理，深不可解。讀千子此文，可破涕已。千子偏袒江右，訾嗷雲間，不遺餘力。其《答陳人中論文書》，穢罵醜詆，至謂足下此時尚不能讀《歸震川集》，且執贄師陳仲醇輩，待深思十年後，徐徐與不佞論文。此不俟閱至終篇，令人勃然不平矣。余按吴梅村《復社紀事》，言自二張倡社，江右若陳大士、羅文止輩，靡然從風，獨艾千子出其書相詆。後同人畢會於弇州山園，陳卧子年十九，詩文已傾一世，艾睨之曰："若年少何所知！"復使酒罵座，卧子不能忍，直前毆之，乃嘿遁去。嗣後鎸刻時文，盛與吴中爲難，實非千子讀書本意云云。是則千子此書，當在山園大會之後，毋怪其肆口憤詈也。卒之一殉義於魯監國，一捐軀於益藩，忠裕、忠節，並荷贈謚，生爲參商，死同箕尾，眉批：參商箕尾，竟成絶對。雖兩集各行，成言具在，而丹心朗節，均炳汗青。嗚呼，此可見君子之不同矣！

蓮士自十二日病，至今不出，余與往返書札，幾至二十紙，然多戲謔無謂。眉批：妙！惜不可得而見之。

十七日甲戌　早起陰，旋雨俄霽。上午步詣閑谷，晤談少頃，即歸家。至直河見二姊，坐語久之。洗足。終日嫩晴，甚悦人意。

十八日乙亥　晴。清晨寄帆伯來，遂同坐舟至漓渚。適村人賽嶽神，甚喧鬧，回坐石橋，看會旌旆幢葆之屬，幾及四五里，鄉中亦推大觀矣。晤薛保安。午飯後偕寄凡伯肩輿上山看地。杜鵑花蔓絡山谷，炳若縟繡，隨折一枝，無不娟絶可愛。時值春夏之交，四山蒼翠萬狀，然尚作嬌媚可憐色。行五里，至曾大父墓，下輿走至山後，仍乘輿，至守墓人家，值近神，苦留飯，辭之。進茶果，爲啜一匙，起。至一平橋，得一地頗佳，嫌其隘，還以價十六千錢，未應。時正夕陽，行松陰中，緣坡轉步，輒入深際。山下迎神者，簫鼓時作，往往見采旗出深緑中，眉批：此境若在目前。亦山遊樂事也。薄暮下山，复晤保安及沈秀才廷傑。村中演戲，舟檣鱗櫛，蓋半皆上塚者，鑑湖春色，多在斯矣。略一流覽，复至市中看燈，遇田硯畦孝廉昆季，返舟。山人堅欲飯予，雜出魚肉鵝鴨數俎，并餉酒，極醇。夜飯後，坐山家看迎燈，約三里許。夜半開船，至家五更。是日沈寄凡來辭行，不晤。

十九日丙子　早陰，旋風，上午雨，至午止。早起偕寄帆伯坐舟至賞村，邀李試甌秀才、季貺，同至柯山晤瘦生及雨翁。留客坐于雨翁齋頭，予入見姑母，少頃出午飯。飯畢，同登舟至刑堂湖，爲瘦生相尊人葬地。湖狹而曲繞，至墓左，墓前圓展若鏡，湖外有複湖，映之竹樹深秀，傍有茆屋兩椽，縛兩竹爲橋通往來，隱隱聞人笑語在水聲中，水色深碧，隔岸山倒影如緑玉一片，不可剖。相者多稱水法極佳，而試翁、寄伯皆謂關鎖不固。湖雖抱無情，且地理水取其動，而此水静渹，地必湫濕，不足取。眉批：有《水經注》气息。蓋此係下方橋陳氏遷壙，廢置百年，今忽有推贊之者，遂索價二十萬云。然其地頗宜結屋，予等甚樂之，謀偕隱焉。薄暮開船送試翁、季子返賞村，复迂道至家二更。

二十日丁丑　晴。瘦生來，至晚去。

終日閲吴任臣志伊《十國春秋》。任臣號博洽，以歐陽《五代史》於十國世家甚略，乃仿崔鴻《十六國春秋》例，採取薛史《十國外紀》《九國志》及馬、陸《南唐書》、錢儼《吴越備史》等書，不下數十種，合爲此編。其稱帝者爲本紀，稱王者爲世家，每國各自爲書；有侵伐者書入寇。然《春秋》孔子之書，非後人所宜妄託，此固不必論。即論《春秋》，凡見侵伐者，皆據事直書，即楚狄亦不書入寇。今任臣爲高氏作《荆南世家》，而書後唐爲入寇。夫高氏武信、文獻兩王，皆受後唐爵賞；武信身入朝莊宗，乃一旦背而之吴，則唐自宜聲罪討之。任臣以荆南既屬于吴，而唐見伐，遂以討叛爲入寇，誤矣。又諸國未自立時，皆李唐藩鎮也，則凡封拜詔命，皆當書天子以見尊王之意；而任臣概書之爲唐，是於《春秋》春王正月之義謬矣。此皆體例之未善者也。

二十一日戊寅　早陰，微有雨，上午晴，中午又陰，甚風，有雨，下午止，傍晚風，細雨。上午詣館，晤蓮士。薄暮自館中歸。聞南昌失守。

二十二日己卯　晴。作書致蓮士，致開先。得開先書。拜高祖忌辰。漓渚山人來。夜坐舟進城中，即卧舟中。

二十三日庚辰　晴。眉批：是日皇子生，懿貴嬪出也，爲丙辰壬辰庚辰癸未，或云甲申。錫名載淳，進貴嬪爲貴妃。五更起，應學使周玉麒閣學使歲試。閣學，長沙人，甲辰翰林，甲寅轉御史，不二年，由光禄奉常擢閣學，驟致通顯，去年典浙試，所取皆庸惡之文，解元姚乾高作尤蕪穢，一時士論大嘩。晉京後复命督浙江學。浙江自汪文端後，漸骫骳不治。濱州杜石樵太傅頗律以醇雅，稍失之寬，故冢宰朱文定以嚴繼之，而文未昌也。何文安所取馴可觀，至羅司空文俊、吴宗伯鍾駿相繼至識，拔者多知名士。二公衡文，皆不拘一格，又頗講實學，士論翕然稍振矣。嗣後趙大司寇光亦能循之。迨壬子九江萬青藜少宰來，即反唇譏前使爲不足法。少宰素不學，望甚輕，知浙人之嗛之也，故至所部輒嘵嘵詆斥吴、趙，詭托其鄉先哲四雄兩大門户以自張大，而於諸家，實漠無所解，乃專取阨塞不通者，如蛆含糞，津津道之，性褊急，繁簡不中度，未終任，丁母憂去。繼之者爲海豐吴子苾閣學，力改其失，人頗稱之。未幾，命留任，而吴公屢疏移疾，乃改簡周閣學。比至受代印，即揭示刺吴公之失，蓋以去秋闈藝出，吴公見之，咤曰：『兩浙人文至此耶？』閣學大恨之，故急修報复，而閣學爲萬侍郎所取士，九江、長沙，春秋時固屬楚地，人以爲沆瀣一氣，而楚咻又愈降愈下云。場中得題，信筆成四書文三百餘字，經文四百餘字，繳卷出。下午歸家。夜复買舟進城，卧舟中。

二十四日辛巳　晴。早自城中歸。連日不熟睡，甚覺憊。上午季貺偕試翁來，試翁旋别去，季貺留齋頭暢談，午飯後偕進城，至倉橋晤章厚甫傳坤、子萊傳基、履吉傳坦三中表秀才及任君起元、王君履元、王君榮甲，劇談至晚始别。同季貺、試鷗歸家。二君别去。是日見學使告士子文，勸讀經史及王深寧《困學紀聞》、顧寧人《日知録》、錢辛楣《養新録》、王伯申《經義述聞》諸書。此輩以數十篇庸爛墨卷，博取科第，乃尚知以古學勉人，雖未必能從，然嘉定、高郵諸君，近鮮能舉其姓氏者，今學使猶稱道及之，亦使老死帖括人知世間尚有絶學也。學使固不知文，此舉差强人意。汪韵珊、朱霞臣、佩三秀才暨趙氏兄弟來，不晤。是日甚燠。得蓮士書。閲錢氏大昕《金石跋尾》。

二十五日壬午　晴，極燠。詣崇本堂，拜太高祖母祁安人誕辰。祁安人，前明少保忠惠公曾孫女，義士奕慶先生孫女也。晤鏡人伯、開先弟及西席樊秀才駿聲。午飲胙畢，詣倉橋，晚歸。是日始見櫻桃，價極昂，一粒一錢。聞之山人，言今春二月間連雨黄沙三日，花果大壞。含桃而下，如楊梅、枇杷，俱大減矣。聞南昌尚未陷，前傳者妄也。惟圍急，不通一人。

二十六日癸未　晴，極熱，如五月初。上午至館，知有傖塘趙君來訪數次，且得孫子九書，又昨日蓉生來訪。午後，蓉生來，談頃許去。晚晤蓮士。夜風起有雹，微雨稍凉。聞南昌危甚，兵民日思叛去，撫軍不得已，乃日啓一門，令民出走，死者無算。

二十七日甲申　薄晴，頓凉。

閲雲門旅庵和尚《奏對機緣録》，中載順治十七年八月十九日，董貴妃薨，追加封謚爲孝獻莊和至德宣仁温惠端敬皇后，御製哀册行狀。大學士金之俊撰本傳云云，（此處塗抹）按吴梅村《五臺詩》所謂千里草者，即指貴妃。蓋章皇自妃喪後，傷悼甚，將以次年行幸五臺山，爲妃薦福，而龍馭即以正月初七日上賓矣。《尤西堂集》中端敬皇后輓詩，有『憔悴天顔賦悼亡』等語，又言貴妃於昔年八月賜浴温泉，其殁也以痛皇子故，皆足資參考。西堂次年作章皇輓詩，内一首云：『綴衣無復近天顔，内殿凄凉歌舞班。石馬一朝遊地下，鈿車幾日去人間。漢宫落葉傷羅袂，蜀道淋鈴憶玉環。不信蒼梧南狩日，湘妃先葬九疑山。』足徵恩眷之隆矣。又汪鈍翁《説鈴》載朱國楨克生作端敬皇后輓詩四首，其二首云：『玉容隨碧水，金册重黄綸。謚法傳宗伯，齋詞命宰臣。寶衣鏤翡翠，仗馬飾麒麟。閣外停封事，無由達紫宸。』又：『素輦出雕檻，君王執紼行。宫娥結縞帶，都市剪紅纓。玉仗齊金節，龍簫夾鳳笙。景山聊駐蹕，愁見月華明。』鈍翁稱其吐詞典麗，立言得體，在唐人亦當擅場云。

《金石跋尾》引元人張伯雨詩跋，載杜子美之謚文貞，在元文宗至順元年，與諸書異。伯雨當時人，而亦有此誤。顧亭林《日知録》謂在順帝至正二年。梁玉繩《瞥記》謂在後至元三年。考《元史·順帝本紀》，至元三年正月，封晉郭璞爲靈應侯，謚唐杜甫曰文貞。則張説非，而顧氏亦誤。自當從《元史》爲正。

《歷代名臣謚法考》，江陰葉廷甲葆堂撰。余方與傅節子約同輯是書，乃竟有先我爲之者，不覺廢然。

（此處塗抹）眉批：此處塗抹之字，乃某人姓名也。此人十年來爲予執友，常以道義性命之交自命，而含沙下石，極力擠予，致予流離困苦，屢瀕於死，又向老母紿賣田金三百以去。嗚呼！古來交道之不終者有矣，或勢利相軋，或意見乖忤。若予於此人，骨肉倚之，惟命是聽，而計陷之若是，真禽獸不食其肉者矣！予見其姓名，輒痛憤欲絶，而年來踪跡漸密，日記中無一二頁不見其姓名者，不能盡去，隨見塗抹而已。嗚呼！以予之深於友朋惟恐傷交道者，而至於如此，天下後世，可以想見其人矣。李生而終貧賤則已，如其否也，以直報怨，豈無其時乎？特記於此。時辛酉年十一月初七日。以人壽無幾爲感，此亦學人惜陰視日之常。予少多病，醫者常以爲旦暮，人且生性喜愁，幼喜誦恨人思婦之詞，故常戚戚自涕苦。有父執某公常致書予曰：『君智慧男子，甘心藴葬艷鄉。彭士望玉茗翁風流始俑之言，知不謬矣。』其言雖切，然予之病固不盡由於美人香草也。（此處塗抹）眉批：此一段皆載某人規予多情之言，謂甚累學問，而此人真口蜜腹劍、虺蜮不若者矣，故盡塗去之。夜風，微雨。

二十八日乙酉　風雨終日，甚寒。以事詣學署，笠屐行里許，風雨沓至，寒不可忍。晤學中諸君，蓉生复介其甥樊姓者來謁。趙生美堂、錦堂兄弟持韵珊書來謁。晚買舟歸家。始食櫻桃，已甘美。

二十九日丙戌　晴。買芥五百斤，每斤兩錢。李君焕文來謁。至學署畫押。偕章厚甫、劉哲庵小飲。哲庵名建勳，父名鴻庚，宰湖北松滋，甲寅死寇難，賜雲騎尉世襲。晚詣館。擬作一詞送春，未就。

四月初一日丁亥　晴。始食豆。聞賊陷寧國，逼浙長興，湖郡大駭，臬使晏公端書守四安，連告急。時浙重兵皆戍嚴、衢，撫軍何公亟遣裨將益師去，而飛檄移威平兵，一時倉迫無策，會城皇駴，争傳撫軍嘔血病甚云。

立夏　初二日戊子　晴。早起詣學署，晤金梅生，即歸館。

初三日己丑　晴。上午詣子九、閑谷，俱晤。午刻歸家。丁藍叔來，以任渭長畫扇見贈，并還壬癸詩詞稿，小坐别去。夜微雨，即止。坐舟進城，送兩弟及諸同學應院試。今日藍叔言及樓蓮舫於正月丁外艱，旋以太夫人故乞食吴中邑宰幕矣。終夜不寢。

初四日庚寅　雨。作書致鏡人伯。季貺來，遂偕進城訪琴子，晚歸。閱邸鈔，特旨起副都御史袁甲三剿歸德捻匪。

初五日辛卯　雨。下午進城看山會新生案，兩邑皆加額四，以捐餉故。初更歸。

初六日壬辰　雨。詣青田湖黄神廟行香。是日湖中競渡。趙君雲紱來，請至學署填册，遂同坐舟進城，韵珊亦帥其徒趙美堂來。午偕諸君飲於酒樓，夜宴於會稽學。時署訓導者，湖州湯某，儈也，誅索甚苦，衆皆怒，予與論二趙贄數，至夜分，不得當，遂相争。衆隨而大訽之，乃匿不出矣。是夜，雨聲苦甚，與韵珊倚篷假寐少時。閲邸鈔，河南捻匪連營歸德三十里，衆號十五萬，據袁甲三奉報云。雨將曙更緊。

初七日癸巳　雨。上午歸家。午後稍霽。偕群從步詣會龍橋觀演劇，橋即宋余天錫遇理宗浴處。

初八日甲午　早雨，上午霽。大善橋鄭氏來爲長妹納采，聘金八十番，扮贄百番，帛十六端，果三百斤，假花草、人物、禽魚之屬，稱是紹俗嫁娶之費，中人家極數十年積蓄不足，故食田者往往罄其産。鄭氏故侈，予自寒儉，不能隨其習，比將納采時，屢遣人力請無從俗。鄭雖非所好，亦面從之，然爲計所需費花果之直，殆已不下三十餘萬矣。剪繒裂綵，既不可以副實用，又不足以爲外觀，糜費無益，深可慨歎。回鄭宅糕餅二百匣篋，亦俗例也。

初九日乙未　晴。比日積雨，得晴，快甚。下午詣倉橋，晚歸。得季貺書。

初十日丙申　晴。早進城，至午歸。下午詣館。

十一日丁酉　晴。蓉生來。得藍叔書，并以任渭長畫《秋山紅樹圖》見贈。

閱金劉祁《歸潛志》十四卷。内《大梁紀事》一卷，專記元兵入汴始末，稱哀宗爲末帝。今《金史》以承麟爲末帝，蓋承麟在位僅兩日，祁或不數耳。余嘗謂自古非亡道而亡國者，莫如金源。當太祖、太宗初起時，未免殺戮過慘，然立國之始，無或不然。嗣後世宗、章宗，仁惠息民，幾乎太平之主。衛王、宣宗雖失之弱，亦無大失德。哀宗尤恭儉，而亡國時青城之慘，百倍徽、欽；幽蘭堂一炬，尤令人流涕。祁著《辨亡論》，亦歷言諸帝之不失道，而致惜於明昌、承安間不能用夏變夷，惟分别蕃漢，崇尚詞章爲務。及宣宗南渡，輕棄關中，而又委柄奸臣，不知興復之略。末帝雖寬厚不殺大臣，而受教黠吏，以術取人；又闇於用舍，驕將桀驁難制，爲其亡之所由來云云。然金起沙漠，蕃人又多有大功，固難偏信華人而盡用中國法。雖以當時宣孝太子，號稱高明絶人，欲盡變其俗，用中原禮樂，劉氏以其不得位爲恨，然國勢所趨，人習便安，即使得志，亦恐不能盡革其舊，故此不足爲金人譏。惟宣宗一敗之後，即遷汴都，爲大失計耳。眉批：《大金國志》稱哀宗爲義宗，《金史》又稱昭宗，見完顔宗室傳，乃息州行省所上謚號。義宗則《金史》志及《元史》列傳亦稱之，不知其所繇。趙雲崧《廿二史劄記》謂或係元初追贈，亦未是。元人蔡州之役，至分哀宗骨；元太宗嘗下詔惟完顔一族不赦，豈尚肯爲立謚耶？予嘗謂宋兵之入蔡分哀宗焚骸，爲復徽、欽之仇，固猶有説；蒙古世臣於金，至太祖以漸强盛，遂叛而伐金，有何深怨而思分其遺骼耶？蓋外夷悍酷不仁如是！宋既不能雪朽木燈檠之怨，而借蒙古之力取燼餘之齒，其後卒有發陵之慘。理宗親受金主之骨，四十餘年而頭顱截爲飲器，被禍尤烈，天之報施，固可畏哉。楊髡之禍，距理宗之崩，纔十四年，其報之速如是。

十二日戊戌　晴，下午陰，有風。趙穎徵來請十四日小斂。徐寶薏來談至晚。同蓮士至酒樓小飲，更餘偕詣丁吉庵。時吉庵方爲弟娶婦，因邀入内看新婦，復飲而别。

十三日己亥　陰，下午雨，夜雨達旦有聲。

十四日庚子　雨。趙穎徵復來邀，即先去。季貺書片紙，代穎徵來速，即買舟赴營基弄。晤季貺、穎徵諸君，旋宴於酒樓。畢飲，偕至藥王廟看戲。晤寶蕙。傍晚附季貺舟歸家。聞廣信、祁門賊已漸退，惟據寧國不去。

十五日辛丑　陰。午飯後買舟詣嶽神廟拈香。是日郡人迎嶽神會，甚擁擠。禮畢，詣館。連日苦疲，忽忽如病，館中數有人來，甚擾。朱霞臣秀才偕任午翁之子基來，予數辱霞臣、佩青兄弟，枉顧而疏散，從不答之，時以爲歉，今日又甚倦於酬應，且處客館，不能具茶湯，淡然相對，日旰辭歸，殊有愧先施之教已。課徒亦吾輩樂事，且《書》云『斆學半』，《禮》云『教然後知困』，是不特天機問答，足以游泳性情，翔洽神趣，即送疑問難，倥偬章句文字間，亦皆資益聞見，有裨學識。予嘗謂吾輩荒經之士，即訓蒙亦大有益。然講學必須聚徒，不可假館，學徒亦不可過一二。否則出入飲食，皆聽命於人，已無生人之樂，更何從尋會心處。而學徒既多，則終日眩瞀朱墨，絮聒咿唔，此身已如醉如夢矣。予今歲以家事羈冗，謀假館讀書，周叔子兄弟爲言之蓮士，延予課其子姪輩。蓮士家有藏書，且得與昕夕聚，相師友，意甚得。乃離家僅十里，而近有事，即趨召，皇皇兼顧，心緒日不得寧。瞬息半載，未曾讀一部書，亦未曾著一卷書，思之可汗。孫子九有言，課徒不得佳子弟，即一二人已足消一日。蓋早起背書上書，繼則理書背書，繼則改字，繼則講書，又繼則對課講詩文，日長尚有餘刻，日短幾至不遑。人生虛度日子，莫若課徒爲害之甚。予深歎爲名言。

予性喜書，幼則私購之，乃苦家貧，迄今出所藏，尚不能汗牛馬。生平無他嗜好，出入起居，無非皇皇於書，一飲一食，非此不樂。有一必讀之書未具者，即若爲深耻之事，往往形之夢寐。昔楊東里少時家貧，不能買書，嘗欲得《史略》《直音》，計直百錢，不能得，其母夫人以所蓄牝鷄易之，東里特識此事於書後。顧楊公後以布衣致相位，爲名臣，所著文章，卓然成一家言，乃真善讀書者。余資質駑弱，日不能盡書一寸，過亦輒忘，雖好書，奚益哉！顧生平所不忍自棄者有二：一則幼喜觀史，先君子督課嚴，乃竊發所藏涑水《通鑑》、鄭樵《通志》讀之，先君子知之，訶曰：『小子不能誦經，奚史爲顧？』先君雖陽怒，心竊喜，陰縱之，得盡讀。而余隨得隨棄，且好泛濫，觀大略，故迄今無成。然初志不忍負也。一則性不喜看小説，即一二膾炙古今者，觀之亦若格格不相入，故架無雜書，雖不敢妄效伊川，然吾輩精神有限，終以斂蓄爲是。同人中如傅節子、孫蓮士、周季貺，皆有志讀書，顧皆未免有炫博之失。予亦嘗規之，但自恨舍其末仍不能務其本，則又使諸君笑人耳。眉批：我同人中好學獨推莼客。然且作此言，則僕之荒蕪，尤自愧耳。（霞曼）是日家中納南米。

十六日壬寅　陰，間有雨痕。家芝軒叔來。得季貺書即復。下午偕蓮士至其戚岑姓家，予止其廳事，蓮士入久之，出，偕詣陳閑谷，茗於漱藤門，旋偕訪節子，張燭久談，出郝陵川《續後漢書》，品其得失，更餘辭出。便道詣子九，扣門久，始啓，并晤子九令兄馥生，夜半歸館。

十七日癸卯　晴，下午陰。韵珊來。周拜翁來，見予尪羸，勸服參葉以滋精神。予與拜翁甚疏，深感其言。

小滿　十八日甲辰　晴，極燠，不能裌衣，地潮，下午陰。薄暮雲合，有聲轟騰自西南來，忽烈風發屋，大雨如激，震雷迅電，奔赴不迭，幾令人怖死。食頃少定。夜雨，凉。

十九日乙巳　雨時作時止。季貺偕寄上人來，逾時，節子、麗生亦至，快談，抵未刻，同訪子九，旋偕詣大街，歷遊書肆，至倉橋已暮。季貺、寄雲別去，予同蓮士、節子至一縫衣張姓家借百錢，詣香摶弄茶肆訪舊。初更歸館。夜半，大雨至曉。

二十日丙午　密雨終日，甚涼。寄雲來，至午後去。夜雨。郡中趙姓家失火，自昨夜三更起，至曉不絶。其宅在觀音橋，連楹大廈，華軒綺户，盡歸一炬。趙氏累世鉅富，擅越中華腴名數百年，其儲積之物，自書畫鐘鼎，下及庖湢所用者，皆極貴重。平泉一石，足資千金。乃劫運所屬，若有祝融相之者，一物所在，火輒隨之。有趙某者，富甲其族，無子而嗇，終日拮據籌算，親故不得假一錢，今赤立如洗矣，比屋者皆無恙。人咸謂趙氏有隱慝。然即其吝嗇觀之，亦足徵天道之可畏耳。書之以爲世戒。作書致沈瘦生。聞寧國賊築土城守之，有取浙意。

二十一日丁未　晴。爲寄雲和尚評詩。漓渚山人來言葬地價。琴莊兄、楚材弟來。下午訪蓉生，遂同詣陳氏青藤書屋，見閑谷太夫人，久談。出遇閑谷，拉赴汪韵珊講舍，又訪朱霞臣、佩青兄弟，敲門久不啓。韵珊出佳茗待客，兼授餐，馱談至更餘，蓉、閑兩君送予至館，别去。聞杭人四出避賊，且有圍湖州之信。

二十二日戊申　晴。偕蓮士訪周拜軒。同至酒樓小宴，復至香團弄，茗於密室，大有阮嗣宗醉眠爐側風味。茶畢，拜翁别去。與蓮士至倉橋，歷遊書肆，略有所得。晚晤節子，同歸。是日邸報，陳韵珊中進士。郡城決盗。

二十三日己亥　晴陰不定，微有雨，極燠。上午步歸家。作書致季貺。紹郡盛奉黄神，爲司疫癘，不知所自始，已見予乙卯日記。郡中祠不下數十，而最著靈驗者爲青田湖，歲以四月六日競渡報賽。今年龍舟不具，里人盛傳神怒，傳人言將大降殃，司事者皆病，乃相醵，重迎神。綵棚樓船，綿亘數里。自今日始兩晝夜，魚龍百戲，曼衍於市，舉國狂走，以十金傕一舟不可得。吁！以爲僞歟？而病者纍纍呻吟，不可誣也。以爲信歟？而聰明正直之爲神者，幾近於童騃之所爲，且使民舍其農事，典質借貸，竭脂膏以爲娱，不應神之不仁若是。古人云：『德將衰，聽於神。』蓋時運陵夷，人道幾盡，故室妖社鬼，得竊禍福，以恐懼之。狄文惠復生，亦當絀於淫邪而不能禁矣。不然，黄神之名，既不經見，又豈有什百其神者，以分據祠祀。即使靈驗果真，其爲佗鬼之所托無疑也。潘佑云：『家國陰陰，如日將暮。』吁，可畏哉！夜雷雨即止。

二十四日庚戌　雨，至午止。以錢四陌賀寨下村人茹芝香續娶。早詣黄神廟拈香。瘦生來。漓渚山人來。門前看迎神。下午至宗祠前觀劇。晤徐小池州佐，遂留至家夜飯。門前觀烟火之戲，二更畢，復陪諸君至宗祠前觀劇徹曙。夜半雨，至曉未止。

二十五日辛亥　雨，午刻略止。徐小池别去。瘦生别去。閲厲鶚《遼史拾遺》終日。

二十六日壬子　晴，極煥，地潮。寄上人持季貺書來。作書致季貺并米五石。始袒。夜卧换簟。

二十七日癸丑　晴，更熱。鏡人伯來。以法帖箋扇賀趙秀才美堂。以法帖書藝賀趙秀才雲紱。上午至館，作書致子九，致節子，均未得復。作書致柏塍伯。始裸。改徒輩課藝。以壽山凍石兩方與蓮士易蘇州板《晉書》一部、《宋詩紀事》一部、《盧雅雨堂叢書》一部，不遂。夜爲蚊所擾，徹旦眠不貼席。

二十八日甲寅　大熱。趙保芝上舍來。得節子書。館中有客來，共飯。夜初更，節子來，談至三鼓後去。

閲《胡稚威文集》。造句鍊字，獨出奇秀，惟散文終嫌有駢儷蹊徑。然吾鄉究推獨出一頭地，未肯與文妖以下人並論也。其持論極服樊宗師，而詆歐陽以下人，即所作可見。眉批：若見樊宗師全集，或五六篇，則猶可。若衹此《絳守居園池》及《登越王臺詩敘》，則甚可笑也。胡稚威散體之所以不佳。

二十九日乙卯　陰，下午雨，傍晚大雨，逾刻止，旋又雨。早起，有味經堂、藜照樓書客各携書來，中有《陳後山集》四本，係惠氏紅豆齋藏書，有定宇先生名字印，評點亦多得當，眉批字畫雖粗率，然頗老勁，索價兩番金。又顧氏秀野堂《元詩選》四十册，附癸集十册，皆未及買。作書致芝軒叔。午後，徐寶意來。詣節子，遂偕至街市，遊歷書肆，至倉橋晤李墨臣秀才，旋遇蓮士於味經堂，即别去。偕節子至清風弄口書坊，購得吕東萊《讀詩記》一部，《嚴氏詩輯》一部，吕東萊《大事記》一部，朱竹垞《明詩綜》一部，《范文正忠宣恭獻父子集》一部，惠定宇《後漢書補注》一部，《清白士集》一部，計直四番金。（此處塗抹）蓮士嘗規予曰：『買書雖似雅事，實人生嗜欲之一端，其無裨於俯仰則一也。』節子亦謂：『以急需之錢，易緩讀之書，去揮霍浪費者僅一間。』皆足稱藥石之言。從説而不改吾末，如何！同人中犯此病者，惟予與季貺兩人，往往相悔相戒，而卒相營且相競，其亦癖不可醫者耶！携書出，復偕詣香團弄吃茶。忽大雨，天且晚，相顧無策，須臾少止，蹇行街市中，甚苦。旋抵節子家借屐歸館。夜雨，館中無從得鞋，遂終夕著屐。眉批：其著屐態，必有可觀。稍凉。

三十日丙辰　早大雨，凉可棉。終日晴陰不定，間有雨。與節子書，索還印石，并歸所假屐。芝軒叔來，言昨日來過，適予出不值，且屬爲力成其事，深談逾頃而别。季貺來談久，云偕蓮士共訪子九，并屬趙褒滋譚命。（此處塗抹）出訪節子不值，送季貺至開元寺前登舟，遂偕蓮士繇清通橋歸館。

夜閲夏彝仲、存古父子《幸存録》《續幸存録》。彝仲頗左袒馬士英，謂有封疆之才，且素無殺機；阮奸屢欲興大獄，以馬不欲而止。且言北京之變，魏藻德、方岳貢皆已覓死，以稍遲爲賊所得，然對賊惟求速殺，終無屈辭；與諸書不同。按當時刑辱諸臣，惟丘瑜固已就縊，且作書區分後事，未殊而爲賊執，遇友某於途，以必死自誓，出書寄其子，而失之須臾，遺恨千古，實爲不幸。若藻德則諸書皆言與陳演首勸進於賊廷，賊怒其負國，即廷中縛之去，或云梟示，或云拷死。明季之最負思陵者，洪亨九、李建泰及藻德三人耳。彝仲之言，其亦傳聞之失與？存古則言馬豪邁不羈，有制敵之才，而不宜處揆席；史清操有餘，而不能應變，用違其才，安得不亡；以馬與史道鄰並稱。且言阮亦爽朗有才氣，其附璫亦無實迹，乃諸君子逼之至是；而南都進用時，其風流儻易，猶足照映朝宁，後亦終不肯降敵，較張孫振輩爲優；殊不解何以爲巨奸大憝文過若是。或其目擊心吁，推原其故，固容有此一段公論乎？

其他論人，亦多賢奸錯雜。劉念臺疏稱草莽孤臣，則援吳孫綝廢立時稱草莽臣之事，以譏其不學無術；眉批：三國時魏明帝拜管寧太中大夫，復拜光禄勳，寧上疏自稱草莽臣。皇甫謐上晉武帝書，亦稱草莽臣，是則元晏先不學矣。抑存古讀《三國志》，僅及吴而不及魏耶？又《儀禮·士相見禮》曰：『凡自稱於君，士大夫，則曰下臣，宅者在邦，則曰市井之臣；在野，則曰草茅之臣；庶人，則曰刺草之臣。』鄭注：『宅者，謂致仕者也，致仕者去官而居宅，或在國中，或在野。』劉將出都，疏糾黄澍，則援褚河南愛州上表之事，以謂澍雖反覆小人，然此時方與馬爲難，而念臺特疏糾之，未免有懼禍心。姜忠確與馬忿争朝堂，則謂兩相鬩朝，爲千古絶可駭異之事。顧九疇議尊惠代兩朝廟號，并恤謚諸死事臣，則謂雖似有關國體，實非亟務。張捷老奸，其死也爲鷄鳴寺僧所逼，而存古稱其秉銓公正，有大臣風骨，一死尤青天白日。劉良佐翻覆無狀，而存古稱其四鎮中最忠順，後以上兩朝倫理一疏争東宫元妃事不見用，憤而降敵，皆未免偏謬。惟言高開平之跋扈，一變而爲忠烈，其死也部將尚欲爲復仇；而黄虎山遽分兵困揚州，諸將家屬多在城中，遂倒戈相攻，敵乃乘間而入。是則虎山誤國之罪，死不能贖。又言景帝不當號代宗，唐代宗即世宗，以避太宗諱而改；明既有世宗，不得更有代宗，語皆有識。

存古幼以奇童稱，其死陳忠裕之獄，年僅十七，而此書敘事老成，論斷簡潔，幾欲突過其父，真奇才也。余舊見此兩録刻本於《明季稗史》中，蓋非全書，今所據則沈氏舊抄本也。

趙宅致柬請酒。王祥霈、孫丙吉兩秀才投試卷。

五月初一日丁巳　陰晴如前。是日新生迎送入學。趙蓉塘秀才來送試卷，即肩輿詣八士橋孟氏宅中賀喜，晤韵珊及陪賓陳十九秀才、趙君錦堂。小飲畢，主人堅留午宴，辭歸。下午葆意來談，至夜去。夜雨。

初二日戊午　陰，微有雨，下午嫩晴。閑谷來。購得江慎修《禮書綱目》一部八十五卷。趙保芝來談命。

芒種　初三日己未　陰。偕蓮士觀宋槧《史記》，紙墨極古，字畫亦不類明人影本，卷首有寧河王鄧氏藏書印，乃鄧愈後人，又有景濂二字印，或即是宋金華？惟書中殷字俱缺筆，而胤字、頊字俱不缺，殊不可解。又細閱其每册首，均有方印二寸許，皆剜去之，其迹宛然，疑是内務官書竊出而滅其圖誌者。然書被補抄，大是恨事，收藏家亦當品之中駟也。作書招節子，不值。

初四日庚申　陰，午後嫩晴。閑谷來。上午歸家。拜本生曾王父忌辰。寄公來。問研香二伯母疾。三妹均患瘖瘮，以錢壹千三百噱醫生周七香診脉。眉批：神气實足。

閲黄梨洲先生《明儒學案》。先生受業蕺山，尤主張陽明之學，而於當時黑白異同諸家，兼收並采，不遺一人，《四庫書提要》謂其未免門户之見，容或有之，然集諸儒之成，而會其要領，總論得失，如指諸掌，真儒林之淵鑑也。先生尚有《宋元儒學案》，顧不經見，他日當博訪之。

初五日辛酉　小雨即晴。

《越殉義傳》中載會稽人章世炯，由監生任秦藩左長史，死難，章正宸掌科，疏上其事，贈按察副使，蔭葬祠祭。《明史》及《輯覽》亦載之。乾隆中賜通謚節愍。吾郡道墟章氏稱望族，世炯殆即格庵之族人，顧格庵早以蹇諤負重名，而南渡掌科時，已不及北京掌道時之風節，當阮奸進用時，僅争一疏，且謂『邸鈔傳天下，見臣姓名尚挂仕版，必將責臣負恩』，是未免悻悻以直諫之名自負，而僅欲以一疏塞天下之責，與崇禎朝折角嬰鱗，不避危難，前後相較，稍覺徑庭，豈非以兩遭謫戍，有所懲而少貶其節歟？迨畫江之役，雖名以吏部侍郎掌部事，其實督師江上，未嘗一日秉銓，至於行遯爲僧，亦名全節，然以侍郎平日氣概聲望論之，似終欠思陵一死，故以節愍之名位素卑、一無表見者，尚得邀聖朝褒謚，而侍郎不得與焉。《春秋》責備賢者，其謂是耶？予嘗謂死節之士，莫盛於明代，而有不可解者六人：張冢宰慎言、張司農有譽、解司寇學龍、鄭司寇三俊、吴相國甡及格庵也。六公皆以清德負重望，而皆不死，雖或在廢籍，或在垂老，且終不受興朝一粟，君子亦原之。然揆之劉忠介引江止水之言，正名定義，寧曰無譏？至於韓爌、丘瑜，或曰死，或曰從賊，夫二相平日能自立矣，且韓有孫承宣，丘有子之陶，均仗節以死，而二公以搶亂不得其詳焉。後人悲其遇可也。彼惠世揚者，固逆奄所稱霹靂火也，有子有姪，皆死甚烈，而身乃從闖，喪心靦顔，民斯爲下，與錢蒙叟並爲東林之巨憝爾。書《越殉義傳》後，起草於此。

夜詣大伯母家，與趙氏從妹、王氏從妹談。

讀白香山樂府。樂府自太白創新意以變古調，少陵更變爲新樂府，於是并亡其題。香山從而和之，明乎得失之迹，詠歎諷諭，令人觀感。今之樂猶古之樂，固不必排切字句，牽合聲律，以爲不墜雅音。然香山詩，如《上陽白髮人》《驃國樂》《昆明春》《西凉伎》《牡丹芳》諸篇，雖言在易曉，終傷冗長，音節亦鬆滑，不及杜之疏密得中也。至其佳處，如『唯向深宫望明月，東西四五百回圓。』《上陽白髮人》。『平時安西萬里疆，今日邊防在鳳翔。』《西涼伎》。『少迴卿士愛花心，同似吾君憂稼穡。』《牡丹芳》。則固不可掩耳。《牡丹芳》篇中『三代以還文勝質，人心重華不重實』二語突接，亦見作家本領。

鎮江兵敗，蘇撫吉爾杭阿中礮死。吉中丞率兵攻鎮江土城，賊出戰，官兵敗，遂大潰。中丞及三總兵皆死，隨營文武盡没。

初六日壬戌　晴。漓渚山人來。書客姚生來。寄帆伯來談命，至晚去。廣東補行鄉試，王鴻臚發桂爲正考官。

初七日癸亥　小雨即晴。作書致季貺。以舊藏時藝數十部交姚生。偕詩舫弟詣崇本堂，拜太高祖妣祁安人諱辰，散胙。與芝軒叔談。下午詣大街，傍晚歸。道墟章氏從姊倩、後梅沈氏從妹倩同過我不值。

初八日甲子　晴。詣硯香二伯家，回拜兩姊妹倩，并問二伯母病。遣騰雨至白魚潭單港諸村催租。得季貺書，知素人以病歸自軍中，以近作古文數十篇、日注二帙，招予往觀，擬邀蓮士去共讀之。門前看夕陽。眉批：其妙何如？僕嘗爲之。

初九日乙丑　晴。早飯後買舟詣閑谷不值。見其母夫人，出。觀馬梧橋黄神會，即詣子九，談頃許，留午飯，辭之。順道至館，晤蓮士，方閲予案頭虞道園文，頗訾之；然從容嘽緩，終是大家身段，惟面目摹仿歐公太甚耳。

入霉　初十日丙寅　嫩晴。芝軒叔來。趙君美堂來叩謝。得季貺書，告叔雲授官編修。改徒輩制藝。以《秦淮海全集》八册、張清恪刻《司馬温公集》六册、《謝疊山全集》兩册、《鄒訏士文》一册，與蓮士易孫淵如《平津館叢書》甲集六册、湯文正公《擬明史分修稿》八册，大喫虧。而出此者，司馬非傳家集，秦、謝兩集紙槧不佳故也。然所易者，皆係全部中之一集，終讓他便宜。眉批：真大喫虧。

十一日丁卯　晴如前。節子來駄談至午，飯後同詣大街文淵書坊買書，復至文山堂少留，谿水澄巷至倉橋，已薄暮矣。晤某生，邀至大營，遊羅刹宮，遍觀地獄諸變相，苦惱欲絶。饑甚，索便麵食之，味亦非世間所有，幸三人能自相作劇諧謔而已。最後至一處，有妓名小鳳者，燈下睨之，尚不甚惡，草草不及平視而出，抵館二更餘矣。夜半雨。足疲，頗作楚。

十二日戊辰　雨。連日天氣甚和，可棉袷衣，予每早起必兼之，傍午乃卸棉，今日尤凉，堪重褚。夜凉甚，去席。

閲邸鈔，周叔子留館，陳珊士點庶常，狀元常熟翁同龢，吏部尚書心存子，榜眼濟寧孫毓汶，前户部尚書瑞珍子，探花杭人洪昌燕，傳臚蕭山人鍾寶華。眉批：又贊善陸增祥庚戌狀元，補散館，以詩中霓字作仄聲用，坐失帖，附三等，末仍降脩撰罰俸。

十三日己巳　陰，不雨。作書致季貺。夜雨，聲緊徹曙，孤館無眠，百愁棖觸，燈病不曉，衾單變秋，感惜逝華，不自解其情之悲也，因占《虞美人》一解云：『黄梅一例纖纖雨。分外添悽楚。泥衾絮煞一燈嬌。不信人間還有可憐宵。　更兒捱盡人誰共。拼得都無夢。■■滋味上心頭，瘦盡爐烟終覺不成秋。』眉批：絶佳，與東鷗匹敵。又《浪淘沙》一解：『往事慣消魂。銀甲金尊。蛛絲應罥舊題痕。孤館簾垂燈上早，雨到江村。　短夢暫温存。祇欠分明。花陰燕子鎖重門。兩地酒醒香燼後，一樣黄昏。』

十四日庚午　密雨終日，凉甚。下午騰雨來接，以明日闔族赴直步獅子塢謁十世祖贈中書公墓地也。墓據山巔，睥睨諸峰，係殿纂公自卜葬親者，相傳得地時正大雪，有白鹿之異，蓋神助者，爲吾宗發迹之所，形家言須出兩開府，今族中所自出者二百餘人，科名相繼，富亦有甲一邑者，顧官無過四品，豈澤之尚有待歟？近歲來，子姓頗即零替，墓亦漸圮，術家言新之當有異，因糾貲修之，故謁祭以安窀穸云。作書致子九得復。携書數部歸。夜閱《封氏聞見記》、孫光憲《北夢瑣言》。夜雨。

十五日辛未　雨。族中來告，以雨改日謁墓。詣息寧齋，晤芸舫弟，即入問研香伯母病。家慈詣東嶽廟，爲硯香伯母禱疾。下午與大營趙氏從姊倩敘話，晚送其歸。午後雨略止。夜雨。

十六日壬申　風雨。作書致季貺。下午詣館，蓮士往曁陽矣。閱周素人日記。素人工古文，而喜談禪悟，膚似宗門，是其癖也。眉批：是膚視素人也。夜見月，得丁韵琴書即復。

十七日癸酉　嫩晴。葆衣來。節子來。趙穎徵來謝。詣閑谷晤。詣子九晤，并遇趙葆滋與談。

十八日甲戌　晴。早食後詣元和本家，即順道歸家。閱《唐紀》四卷。午飯畢仍詣元和，與鏡人伯、芝軒叔談。申刻附戚屬舟至館。作書致葆滋。自雨後，不卸重棉，今日始副以裌。

夏至　十九日乙亥　陰，午際薄晴。早食後葆滋來。騰雨來，遣其持名紙往廣思王秀才祥霈家報謁，又遣還趙穎徵刺，作書謝之。下午可單裌衣。雨濕塵即止。撰《義田記》：

國朝重熙宣化，以仁義文教澤天下，垂二百餘載，自通都邑以及遐陬僻隅，咸得田其田，學其學，以長養其子孫，喬木鬱鬱乎相望也。上有好，下必有甚焉者，豈不然哉？是其責在司牧者，體君相之意，勤培植之。而所貴乎世族者，蓋其中必有長且賢者，爲之盡飲食教誨之道，所以裁成輔相，臻厥盛化，其揆一也。吾李氏系出唐汝陽王璡，五季遷越上虞，則有宋少保參知政事莊簡公光敘宗系以詔後人。明代徙山陰，至本朝開國時贈文林郎伯和公以貨殖蓄，而天山公遂以進士起家，官中秘，盡出其宦橐建宗祠，以合族人。祀田族譜，次弟修舉，而贍族興學之事，尚有待而未行。嗚呼！自公迄今七世二百年，族蕃衍幾三百人，科名相屬不絕，而貧寡不克自振者，蓋亦不下數十家。夫安知此數十家中，固無翹異聰穎，其人足以起其家而昌吾學，乃至有散徙四方無從按其屬籍者？蓋收族之誼，誠非有大力者不能，而族之仰收於人者，固不可以一日居矣，然則義田之議，吾知吾宗之後，先實僅恃之也。且天下之平久矣，庯必夫涵淹卵育，果長有二百余年之安且永也，抑長碩大蕃滋以致七世三百人之多也，此皆不可得知矣。不愛護而維繫之，何以爲四民先，又何取乎世族之爲邦家觀也？族長故宗學教習望樓公，割腴田百畝，以爲勸首，族之賢者皆鼓舞贊成之，以若干畝給應試，以若干畝資就學，又別置五十畝以養孤寡貧弱，皆擇人經理，數約而惠均，但及天山公以下者，儉不能徧也。嗚呼！雖約且儉，而所以答國家養士恩者，將在是乎？爰爲之記，而并書條例如左。眉批：一起從蘇老泉思厥祖父一首得來，好接得辣。眉批：一段駘宕絶妙，中有義田，又益不可緩也，佳矣。句出得太突，接得硬，玩文氣可知。眉批：是作通篇氣體意思皆得韓骨歐韵，惟中間兩段句結以曷、出之須，令高眼人視之有輕掉意。眉批：拓得出。眉批：語略慊，有時文氣須鍊，句令短，少用之字。

二十日丙子　早小雨，未濕地，午晴。下午季況、寶衣來談，逾時偕詣子九，晚歸，途遇家墨臣秀才，偕行至塔子橋而別。蓉生、閑谷來，不晤。

二十一日丁丑　晴雨不時，做梅。芝軒叔來。寄上人來。得汪韵珊書。始熱，夜復席。改舊詩。

二十二日戊寅　晴。沈生來，自早至午始去。騰僕持絺衣來，即遣還善卷堂書坊錢一千。改舊詞。

二十三日己卯　晴，極熱。聞人邕生廣文偕閑谷、吉庵來。傅節子書來假日記，即復。下午訪韵珊，傍晚歸途遇吉庵，立談逾刻而別。館中極熱，廣庭日影終日不去，又多蚊，未晡時已漸吆喝來齧人矣，不知盛暑時更作何狀。

出霉　二十四日庚辰　晴，有熱風，暑甚不可衣。騰僕來，遣其持書致子九，即得復。作書致芝軒叔、鏡人伯，付騰雨送去。

閲邸鈔，太子太保銜頭品頂戴致仕光禄寺卿、前吏部尚書協辦大學士湯公金釗於四月下旬病卒。公居閑得二十年，然朝野數名德者，必首及之，憖遺一老，高朗令終，其在位亦無赫赫之名，而老成典型，足以矜式頹晚。先皇時與吴縣蒲城同被知遇，故雖再致顛蹶，而恩禮克終，亦可謂有始有卒者已。眉批：湯公以道光辛丑除四級調用。壬寅授光卿，即引疾，加二品頂戴，己酉加頭品頂戴。咸豐甲寅以重赴鹿鳴加太子太保銜。

二十五日辛巳　晴，暑益甚。得季貺書即復。得節子書，并還日記，即復。改舊詩。熱風南來，終日震撼。

二十六日壬午　晴，下午陰，傍晚小雨。蓮士歸。沈生以書數部來售，爲買殿版《史記》一部、《萬姓統譜》一部。《姓譜》後退還，付《史記》值三千。看人搭凉棚，覺有凉意。

二十七日癸未　陰極悶。孫子九來謝吊。得趙葆芝書。下午詣閑谷，適閑谷偕吉庵訪予館中，復迹予至其家得晤，少談，偕吉庵同出，即分道歸館。夜微雨。此日初暑，忽忽若病，眠食大減，今夜半腹作痛忽瀉。沈休文多病，六月猶錦帽温爐食薑椒飯，不爾則委頓。余羸瘠易病，差不減隱侯，而極畏熱，伏中交扇不暇，間日一浴，衣之澣倍之，蓋性躁急所致也。

二十八日甲申　薄晴。得丁韵琴書即復。午後雨，晚止。閲楊山松《孤兒籲天録》，其前三卷辨其祖鶴之冤，後皆辨其父嗣昌事。

二十九日乙酉　晴，午後陰。賨衣來。夜同蓮士詣節子，二更歸。讀歐文。

六月初一日丙戌　晴，極暑，几席皆微熱。得丁韵琴書即復。讀歐文。

初二日丁亥　晴，午後有風，微陰。寄上人來。擬偕蓮士邀某生至枇杷花裏，吃閉門羹不果。晚雨不一瞬止，卧後亦微聞雨聲。夜稍凉，五更須薄被。

初三日戊子　終日陰，有風，稍凉可單衣。改徒輩課藝。得陳景雲《文道十書》，爲《綱目訂誤》四卷，《紀元要略》二卷，附補輯一卷，《通鑑胡注舉正》一卷，《韓集點勘》四卷，共四種。其《柳集點勘》以下六種尚未刻也。《綱目訂誤》《胡注舉正》兩書已收入《四庫》。夜頗凉。

初四日己丑　陰，下午雨。作書致韵琴。上午詣味經堂、遺經堂書肆，取還趙誠夫《水經注釋》二十册。是日嫩陰，有風翛然，行路甚凉快。遂至道横頭一賣花人家小憩，惟一丈紅三四本在籬角甚艷，餘松竹錯翠而已。又路旁見榴花一樹，紅照墻外，甚可愛，爲駐足久之。未午歸館。午飯後至節子家晤季貺、麗生，談久之，遂附季況舟歸家。夜深凉，可褚被。

初五日庚寅　晴，早起凉，著袷衣，旁午始卸。拜高祖妣周太君忌日。太君，故四川松藩總兵挂將軍印賜金甲弓劍諱文英孫女，故分宜知縣諱開緒女，陝甘提督諱開捷姪女，雍乾間，數越中郡望首推周氏，蓋世出名將，幾比漢之辛、李。而總戎之考、與弟文傑及分宜又代爲循吏。迨秦帥徙家南陽，分宜之後亦不振。子姓之在越者，幾零落盡矣。余既悲世族之就湮，而又愾家門盛衰與戚屬相終始，且疚心於舊姻收恤之未能也，故記而傳之。聞句容陷，向帥退守丹陽。初，賊攻東壩急，向帥以兵援，賊窺鍾山大營守兵少，亟擣其虚，總兵張國梁負重創，向帥不能支，遂走，而句容失矣。大兵之圍江寧者，凡四閱歲而敗，江督怡良亦退保蘇州。夜仍褚被。

小暑　初六日辛卯　薄晴，凉，終日袷衣，下午稍熱。讀《唐詩鼓吹》。此書傳出元遺山，後人疑之。錢蒙叟謂其所選皆與遺山論詩所謂高華鴻朗者印合，必非贋物。然其去取，多未可解。所載許渾、陸龜蒙諸人膚俗之作尤夥。郝天挺之注尤陋，固不能無疑也。芝軒叔來，夜始去衾。

初七日壬辰　晴，午後熱。侵晨起，偕詩舫進城，至香團弄吃茶，即之館。午後沈生來，至日晡，偕蓮士同詣節子，少憩，復拉節子至花藏庵看比丘尼變相，進饌頗精潔。二更出，有一阮姓武舉邀至微行，三叩夜度娘家，其一護門草長，一見魋胸豕腹者數輩疊股床上，而畏畫君作瞀目媚之，予望不敢入。最後一處，則室中吁吁聞牛喘，而所謂烟窗鐺耳者并杳然矣。相與大笑而別，夜半歸館寢，頗憊。

初八日癸巳　陰，午後小雨，熱。不能單衣。傍晚極悶，夜尤熱，不可著袒。

初九日甲午　晴。下午陰，極悶，甚暑。沈菉石來，爲售顧氏《音學五書》、萬氏《經學五書》兩部。夜極熱，比曉汗不止。

初十日乙未　晴。作書致節子。夜庭中坐，凉有風。

十一日丙申　晴。節子來。瑞僕來告中表馬楚卿之喪。夜風頗大，甚凉快。

十二日丁酉　晴。詣馬宅唁喪，即歸館，徒輩猶未起也。夜風月極佳，至鼓三中始寢。

十三日戊戌　晴。侵晨歸家。下午詣宗祠觀劇，班名玉茗群玉，乃蕭山湯相國從子某所蓄者，其服飾爲樂部中第一。夜，風月更佳，偕群從坐水棚觀戲，命演《還魂記》《幽閨記》諸劇，至五更始歸寢。

十四日己亥　晴。始浴。夜坐凉，至鼓二中，冥然睡去，微覺受寒，煎薑椒湯服之。郡守以旱禁屠。

初伏　十五日庚子　晴。

十六日辛丑　晴。午飯後偕諸弟進城，詣館，旋偕蓮士訪節子，晤季貺，暢談終日。閱平湖陸以湉《冷廬雜識》，頗有史學，記時事亦多可觀，較近時梁紹壬《兩般秋雨盦隨筆》、梁章鉅《歸田瑣記》諸書，爲勝一籌。二更偕蓮士踏月歸。

十七日壬寅　晴。終日昏悶，微覺中熱。子九來。

十八日癸卯　晴。連日疾發，甚困，腹亦時作痛，服正氣丸三錢。下午天陰，鬱悶更甚。寄凡伯來。

十九日甲辰　晴。瑞僕來。作書致幹弟，且致語詩舫，速完夏秋兩税，即遣歸。館中有客來，共飯，乃蓮士中表，姓陳名煌字雪堂。聞是月初四日，俞提軍收復江寧，楊賊就擒。

二十日乙巳　晴，下午陰。早得節子書即復。得素人、季況書即復。夜熱甚，終夕雨汗，不得寐。今年暑中第一苦也，不知明夜何如。聞江寧捷音，乃何撫軍詭作軍書安人心者。

二十一日丙午　晴，暑極。几席如灼，手翻書，汗漬不可脱，真愁作人腊矣。芝軒叔來。夜開户寢，稍安。

大暑　二十二日丁未　晴。早閑谷來。丁韵琴書來，以任渭長畫仕女圖團扇一柄見贈，并爲詩舫紈扇上繪柏石圖，即復書致謝。午後陰雲合，雷聲霍霍作勢，歷兩時始雨，僅數點而已。四郊亢旱，田夫車水甚苦，計所雨不能濕苗葉，爲之焦慮。看雲勢，東南郊當有大雨也，然炎歊頓滌，傍晚可服絺衣矣。夜偕蓮士詣周拜軒，喫瓜而歸。終夕凉快。

二十三日戊申　晴，早起尚有凉意，交午則酷烈如故矣。侵晨閑谷來，偕詣子九，唁其長郎魯齋之喪，復訪朱霞臣館中。得周素人、季況書即復。暑極不可耐，忽忽若病，偶向衣篋中取物，手如入蒸釜。念孟調方自京師之汴，鹿鹿小車，黄塵席帽，將何以堪？予兩人幼同學，長同乞食，而予固尚爲其拙而逸者與？

二十四日己酉　晴。爲蓮士乃兄琴士大令書昏柬。

中伏　二十五日庚戌　晴，午後風，忽雨數點止。茹子薌來謝。子薌，予與爲鄰居，十年前數相過，且爲題詠頗夥，今五載不至其家矣，有意無意，亦不自知也。沈瘦生來。雨後稍凉，夜尤舒適。昨日豈知有今日耶？

二十六日辛亥　晴，午後雨。兩接瘦生書。雨後更快。今日還須愛今日矣。讀書作字，事事可人。若悠忽過之，便是負造物生成之意。（此處塗抹）明日請君入甕。方欲約蓮士出門詣市，適有人來，因静坐閲《爾雅圖》，亦淵明夏日讀《山海圖》之意也。夜偕蓮（溪）〔士〕詣子九，復詣節子，三鼓歸。寢處一小室，比夕不寐，偶倦極睡去，則夢爲汗激醒，苦不可言；今夜如入清凉國矣。高季迪云：『皇天憐我輩。』信哉。五更後尤凉，須薄被。

二十七日壬子　早陰，巳刻日出復爍烈，然較前已减，申刻仍陰。上午偕蓮士詣大街，繇水澄巷至倉橋，復循府街歸。是遊也，初以凉故，盡歷書畫骨董諸肆，冀有所得，乃行未百武，旋負烈景，腹枵足疲，苦不可耐，又不持一物歸，甚無謂也。

閲桐城姚鼐姬傳《惜抱軒文集》。姬傳以古文名天下，自謂由方望溪以上，溯歐、曾，接文章正脉，近頗有訾謷之者，諸同人中若孟調、仲嘉及素人三昆，排之尤力。今平情論之，其傳誌疏冗逼仄，奄奄有暮氣，論亦苦束濕，寡自然之致。序記間有病碎雜者，然佳處直逼廬陵，頗爲乾隆後文章家之俊。總之姬傳才力薄弱，不免時露窘色，而春容淡雅，固有得於師承，且其學頗具根柢，故亦鮮作無本之言也。

閲《古微書》，乃明孫瑴所輯諸經緯，而附以證佐。其人自號賁居子，識見弇陋，采取亦隘，故諸書軼見他説者，往往不備。

陳麗生來。傍晚節子來，談至四鼓去。季貺遣人來告病瘧，且乞糴，余適亦斷炊，不能應，作書致之。夜半後頗涼。五更被。是日以亢旱，停禁魚蝦鼈蟹等市。

廿八日癸丑　晴。芝軒叔來。得節子書即復。是日各鄉漁人以絶生業愬郡，復開水禁。夜熱復故，五更稍減。

廿九日甲寅　晴。瑞僕持家書來。作書致季况，致瘦生。酷暑如故，夜亦汗不止。

三十日乙卯　晴。寄公持季况書來告轉痎爲店矣，因思幼讀《左傳》『齊侯疥，遂店』，竊疑癬疾豈能化熱症？杜征南無注，林注謂疥當作痎，又恐其臆説。近閲顔之推《家訓》，言古本固作痎，《説文》『痎，二日一發之瘧』，音皆，而世間傳本以痎爲疥，徐仙民音疥曰介，俗儒就爲通之云云。然則其誤亦古矣，而林注亦何可厚非耶。眉批：痎二日一發，店三日四日五日一發，皆謂之店，此三險瘧。蓉翁來。嗚呼！予二十八之年，今日又得半矣！婾婧瞀亂，兹歲尤甚；千秋之名，争於何日！（此處塗抹）

七月初一日丙辰　晴。侵晨瑞僕來，遂同之出至莫家橋，遇蓉生駐談，别。順之開先家，并晤其師樊君駿聲。吾鄉經學向推單港樊氏，乾隆中有名廷緒、廷筠者兄弟，皆舉於鄉，負宿學名。廷緒著有《四書釋地補》，廷筠著有《孟子注疏校補》，子孫各守經爲業，而君稱獨得家學，今日見其案頭，正閲《詩經注疏》也。與譚久之，歸家。陪趙仙洲從姊倩午飯，下午對弈四局。浴。

初二日丁巳　晴。爲長妹買珠卌六番金，又别論買不就。終日不飯，吃菽豆三器。浴。縣史來催租。夜偕群從唤舟赴朱翁子祠觀劇。道出大湖，甚涼，惜無月，唯見星色泱漭而已。須臾，抵戲棚。班爲群玉，伶人玉枕亦在，惜點戲不佳，五更歸。重葛，猶怯風，尚以布，始定。

初三日戊午　晴。睡至午起，飯畢，又睡。下午讀《國語》，雜無次，然頗有得處。寫字三紙。夜不飧，吃菽豆兩器許。卧涼，至三中鼓就寢，大有秋意。

初四日己未　晴。作書致瘦生，贈以西瓜一箪。讀《國語》，終《吴語》《越語》。夜復偕群從詣朱翁子祠觀劇，風景不殊而湖氣較涼，覺有今昨之異。戲場笙樂，不更故弦，惟以連卜其夜，演者、觀者亦皆有倦態，乃歎過眼之事，追之已渺，若山河天地間，何嘗有陳迹之可指耶？點戲仍不佳。夜分回棹，熟睡至門始醒，比寢，已四中鼓矣。

初五日庚申　晴，午後陰。早辰子九來。讀《戰國策》數首，參《史記》。浴。傍晚詣村口觀荷，素藹就零，清韵彌遠。時晚風甚力，萬葉掀舞，有波濤洶涌。觀隔岸夕陽孤晴，村落竹樹間皆蒼艷有雲色，蓋數日來山意已漠漠作雨，而旱晴既久，力不能勝，故烟靄縹渺，在有無間，非尋常晚景所有也。裵徊頫眺，漸逼曛暮。同遊者怯風欲歸，乃强舍之去。夜頗凉思被。五更雨。眉批：令人有江湖思。遍觀日記，敘山水雲物極得人意，何不作邑游記耶？倘作之，必有可觀。

初六日辛酉　早大雨，旋止，終日陰曀，下午微雨。浴。時田間久絶雨，今日真不啻珠玉，然不久即止，恐不能資我農夫也。憂旱之心，聖賢亦當不我過，然吾儕小人，總爲口腹私計耳。眉批：是極是極。

立秋　初七日壬戌　早，大雨如傾，歷一時許，大快不可名狀，上午霽。拜先子生日。讀歸震川比寐，覺間閭屋溜潺潺聲，真如鈞天廣樂，欲作七日夢矣。三更又雨。

文。夜有月，復偕群從買舟詣朱翁子祠，蓋以觀劇爲名，補泛月湖也。烟意亘白，湖無不寒，瘦蟾墮林，宿鳥醒水。食頃抵岸。班仍群玉，演戲亦較前爲勝，玉枕演《寺警》一齣尤佳，遂看至徹曙。

初八日癸亥　晴。比曉回舟至家，不寢。即步進城，途晤王秀才世經，自寧國郡幕逃歸者，偕行至江橋，别去，予遂之館。昨日大雨且久，然易晴，恐不徧，予殷殷問村農老氓不下十餘人，皆言比日陰曀作勢，百里内當歌呼相聞也。今日進城，路聞人言，水港村無雨，界樹、白魚潭等村雨亦不大，諸村皆去余居不十里而如是，他可知已。郡守竟以禱有驗，令民屠如故。聽不及遠，守土官事如是。竟日倦甚，卧胡床，時忽忽睡去，苦不酣。

初九日甲子　上午晴，下午雨。

閲梁章鉅中丞《楹聯叢話》中勝蹟一門，載西湖花神廟聯云：『翠翠紅紅，處處鶯鶯燕燕；風風雨雨，年年暮暮朝朝。』又稱其像塑盡態極妍。予於壬子歲過之，室宇盡圮，僅餘一堂，亦露處矣，而釵鈿儼然，環列飛舞。杭人言已不及舊塑像，蓋非中丞所見矣。此聯亦無有。中丞又言，廟堂有月老祠，聯云：『願天下有情的都成了眷屬，《西廂記》語。是前生注定的莫錯過姻緣。《琵琶記》語。』案：二語出《荆釵記》，梁氏以爲《琵琶記》，誤。今亦不見，月老像故在也。廟相傳爲李敏達公督浙時所建，自像其貌居中，而旁肖姬侍，眉批：乾隆中有詔斥去李像，正其名爲湖山之神，見《國史·名臣傳》。蔣心餘有詩譏之。然敏達政蹟，至今浙人尸祝；又酷嗜風雅，尤眷眷於西湖，爲白、蘇後所僅見。敏達故不知書，而能如是，人尤難之。即此一舉，其風流氣概，足以艷徹宇宙，令人想望不置也。中丞又載湖旁蘇公祠集公詩爲聯云：『泥上偶然留指爪，故鄉無此好湖山。』余去秋亦曾見之，集句至此，亦巧矣。又見蘇小墳聯集句云：『桃花流水杳然去，油壁香車不再逢。』藕香居茶肆楹聯集蘇詩云：『欲把西湖比西子，從來佳茗似佳人。』皆並足補此書所未備。藕香居聯語，《叢話》中已載之矣。

至其他所載集句，如蘇州滄浪亭云：『清風明月本無價，近水遥山皆有情。』上係歐陽文忠句，下係蘇子美句，皆滄浪亭本事。太倉曇陽觀集昌黎、少陵詩云：『雲窗霧閣事恍惚，金支翠旗光有無。』蓋觀祀明相國王文肅公女號曇陽子得道冲舉。相傳曇陽子以夢感宣城狀元沈文節，病瘵亡，托辭仙去，文節亦旋夭殁。湯玉茗《牡丹亭》傳奇即演其事，王弇州、汪伯玉文集中皆見之，真僞殆不可曉，故聯語云云。金陵淮清橋門聯集劉夢得、韋端己句云：『淮水東邊舊時月，金陵渡口去來潮。』袁簡齋隨園楹帖集唐句云：『放鶴去尋三島客，任人來看四時花。』某氏水榭楹語集宋詞云：『波暖塵香，看檻曲縈紅，檐牙飛翠。』上四字玉田句，下兩句白石詞也；『醉輕夢短，在燈前欹枕，雨外熏爐。』上四字毛澤民句，下兩句夢窗詞也。撰句如亡名氏虎丘花神廟云：『一百八記鐘聲，唤起萬家春夢；二十四番風信，吹香七里山塘。』王夢樓揚州府署客廳云：『上客盡知名，杜牧詩才，鮑昭賦手；前賢有遺韵，魏公芍藥，永叔荷花。』李松雲中丞莫愁湖水閣云：『一片湖光比西子，千秋樂府唱南朝。』徐青藤蝗磯孫夫人祠云：『思親淚落吴江冷，望帝魂歸蜀道難。』近時楊慶琛題云：『空江蘋藻祠靈澤，故國松楸夢惠陵。』亡名氏黄鶴樓云：『何時黄鶴重來，且自把金尊，看洲渚千年芳草；今日白雲尚在，問誰吹玉笛，落江城五月梅花。』俱足資吟諷。

初十日乙丑　晴。子九來。瘦生來。得茹子薌刺，復之。偶作《崇禎五十相考》。蓋以十七年而更五十輔，爲古今所未有，而鄙性健忘，尤苦更僕難數，用備録之。

天啓七年丁卯，崇禎元年戊辰

施鳳來，平湖人，萬曆三十五年進士第二人。天啓六年以禮部尚書爲東閣大學士，以和柔自媢於世。次年，哲皇崩，時黄立極爲首輔，山陰監生胡焕猷劾之，立極乞休去。鳳來遂爲首輔，晉少師、建極殿大學士，御史羅元賓復疏糾之，遂於崇禎元年三月告歸。及定逆案，以鳳來入六等，落職閑住。

張瑞圖，晉江人，萬曆三十五年進士第三人。天啓六年，以禮部侍郎爲東閣大學士。嘗主會試，策言古之用人者，初不設君子小人之名，分别起於仲尼，語多譏至聖。魏閹碑文，多其手書。與鳳來同晉少師、建極殿大學士。尋同罷，入逆案五等，贖徒爲民。唐王立于福州，追謚文繆。

李國𣚴，字元治，高陽人，萬曆四十一年進士。天啓六年以禮部尚書爲東閣大學士。性寬厚，胡焕猷劾立極等三人，并及國𣚴，國𣚴反薦之。及鳳來、瑞圖繼去，國𣚴遂爲首輔。崇禎元年五月告歸，薦韓爌、孫承宗自代。卒贈太保，謚文敏。

來宗道，蕭山人，萬曆三十二年進士。崇禎初立，以太子太保、禮部尚書兼東閣大學士。次年五月，李國𣚴罷，遂爲首輔。初，宗道官禮部，爲崔呈秀父請恤，有『在天之靈』語，熹宗惡之。倪元璐屢疏争時事，宗道曰：『渠何事多言？詞林故事，止香茗耳。』時謂宗道清客宰相，言路交劾之，甫一月，罷去。入逆案五等，贖徒爲民。

楊景辰，晉江人，萬曆四十一年進士。崇禎初立，以吏部侍郎爲東閣大學士，嘗爲《要典》副總裁，又三疏頌魏閹。及朝局已變，乃請毁《要典》。與宗道同日罷，入逆案六等，落職閑住。

李標，字汝立，高邑人，萬曆三十五年進士。天啓中爲禮部侍郎，師同邑趙南星，魏閹因列之《東林同志録》中，標引疾去。崇禎登極，即家拜禮部尚書、東閣大學士，元年三月入朝。未幾，宗道、景辰罷，遂爲首輔。嘗力辨劉鴻訓納賄之誣，又直錢謙益、章允儒與温體仁相訐事。莊烈帝不納，自是深疑朝中有黨，標遂不得行其志。其年冬，韓爌還朝，標讓爲首輔，尋與爌等定逆案。三年正月，爌罷，標復爲首輔，累加至少保兼太子太保、户部尚書、武英殿大學士。五疏乞休，至三月得請去。六年卒，贈少傅，謚文節。

劉鴻訓，字默承，長山人，萬曆四十一年進士。天啓中爲少詹事，忤魏閹，斥爲民。崇禎登極，即家拜禮部尚書、東閣大學士。元年四月還朝，力持清議，次第斥逆黨楊維垣、阮大鋮、李蕃、霍維華等十餘人。餘黨史褷、高捷等合謀攻鴻訓，帝不爲動。以四川賊平，加太子太保，進文淵閣。其年十月，以惠安伯張慶臻改敕書事，給事中李覺斯、御史吴玉等遂誣鴻訓受賄主使，御史田時震等復劾其賄用田仰、賈毓祥等，李標、韓爌爲合詞力辨，帝皆不聽，竟謫鴻訓戍代州。鴻訓居政府，鋭意任事，帝有所不可，退輒曰：『主上畢竟是沖年。』帝聞，深銜之，故欲置之死，賴大臣力救之，得稍寬云。七年五月卒於戍所。福王時復官。

周道登，吴江人，萬曆二十六年進士。天啓中爲禮部侍郎，頗有所争執，以病歸，魏閹復責以門户，除名。崇禎初立，入閣，帝問：『宰相須用讀書人，何解？』對曰：『容臣至閣中檢閲回奏。』帝不樂。二年正月被劾放歸。閲五年，卒。

錢龍錫，字稚文，松江華亭人，萬曆三十五年進士。天啓中爲吏部侍郎，忤閹削籍。崇禎初立，拜禮部尚書、東閣大學士。元年六月入都，旋以蜀寇平，加太子太保，改文淵閣。力清朝政，帝之定逆案，議多出龍錫，奸黨尤惡之。次年十二月，大清兵薄都城，袁崇焕下獄，高捷、史褷遂誣龍錫與崇焕交通，主款誤國，復訐其挑激祖大壽擁衆出關，龍錫再疏辨，引疾。帝即放歸。尋逮下獄。群小欲借之翻逆案，周延儒、温體仁亦忍之，遂坐大辟，决不待時。帝以龍錫無逆謀，令長繫。黄道周爲四疏力訟，明年五月命戍定海衛。居戍所十二年，兩遇赦不原。福王時始復官還里。未幾卒。

韓爌，蒲州人，萬曆二十年進士。天啓中累官少傅、太子太傅、建極殿大學士，爲衆正所歸，魏閹深恨之，遂忤旨去，旋削籍，又假他事坐贜二千。崇禎登極，復故官。元年十二月，復召爲首輔，三年正月罷。

二年己巳

成基命，字靖之，大名人，萬曆三十五年進士。天啓時爲禮部侍郎、太子賓客，忤閹落職。崇禎元年，起吏部侍郎，次年拜禮部尚書、東閣大學士。李標去位，基命遂爲首輔，以恢復永平功，加太子太保，改文淵閣。性寬厚，每事持大體，以袁崇焕獄請慎重，工部主事李逢申遂劾其謀脱崇焕罪，後逢申坐砲炸下獄，基命反救之。爲首輔僅半歲，爲周延儒、温體仁所傾，遂告歸。卒贈少保，謚文穆。

孫承宗，字稚繩，高陽人，萬曆三十二年進士第二人。天啓中累官兵部尚書兼東閣大學士，旋加太子太保。督山海關及薊遼、天津、登萊諸軍務，賜尚方劍、坐蟒，便宜行事。初，承宗在講筵，能啓悟熹宗，故最承眷注。在關四年，功績甚著，累加左柱國、少師、太子太師、中極殿大學士。會魏閹亂政，承宗請入朝奏論，忠賢大駭，哭告帝急止之。已而其黨崔呈秀、徐大化等劾其擅興兵清君側，比之王敦、李懷光，承宗乃力求去，遂加特進致仕。崇禎二年，大清兵下遵化，乃召爲兵部尚書兼中極殿大學士，視師通州，旋復移鎮關門，加太傅、太保，俱不受。四年，築大凌河城，甫竣，大清兵大至，承宗馳救，大敗，守將祖大壽力屈出降，城復毁。廷臣遂交章論之，連疏引歸。言者追論其喪師辱國，奪官閑住。十一年，大清兵深入，攻高陽。承宗率家人拒守，城破被執，投繯死，年七十六。家人復巷戰，死者十七人。莊烈帝嗟悼，命優恤。楊嗣昌輩格之，僅復故官，予祭葬。福王時始贈太師，謚文忠。國朝乾隆中賜謚忠定。

周延儒，字玉繩，宜興人，萬曆四十一年會試、殿試皆第一人。崇禎二年十二月，以禮部侍郎拜尚書兼東閣大學士，明年加太子太保，改文淵閣。成基命致仕，延儒遂爲首輔。善伺意指，後爲温體仁所軋，六年六月引疾歸。十四年二月詔起爲首輔，尋加少師、太子太師、中極殿大學士。頗改故轍，悉反温體仁弊政。旋以信用吴昌時，贓證狼藉，爲言路所劾，延儒亦不自安。十六年四月，大清兵略山東，至近畿，延儒自請督師，莊烈帝大喜，寵禮備至。延儒駐通州，不敢戰，唯與幕客飲酒娱樂，而日騰疏奏捷，偵大清兵退，乃還。論功加太師。居數日，事覺，遂罷歸。未幾，昌時敗，逮延儒入，賜自盡。

何如寵，字康侯，桐城人，萬曆二十六年進士。天啓時官禮部侍郎，奪職閑住。崇禎元年召拜禮部尚書，明年十二月兼東閣大學士。帝欲族誅袁崇焕，以如寵解免。籍其家，得往來書一篋，如寵請付閣中，既帝問之，對曰：『焚之矣。』累加少保、户部尚書、武英殿大學士。四年乞休，疏九上，乃允。陛辭陳惇大明作之道，抵家復請觀《通鑑》，語甚切。六年詔起之，六疏固辭。十四年卒。福王時贈太保，謚文端。

錢象坤，字弘載，會稽人，萬曆二十九年進士。泰昌改元，官少詹事，直講筵，講畢見中官王安與執政議事，即趨出。安使人延入，堅不可。時行立枷法，慘甚，象坤率同列争，熹宗爲寛之。天啓中，遷禮部侍郎、太子賓客，旋辭去。六年廷推禮部尚書，魏閹指爲繆昌期黨，落職閑住。崇禎元年召拜禮部尚書。京師戒嚴，條禦敵三策，奉命登陴分守，祁寒不懈。二年十二月拜東閣大學士，累進少保。象坤在翰林時，與龍錫、謙益、士升並負物望，稱『四錢』。及入閣，又不肯阿附温體仁。四年，御史水佳胤劾兵部尚書梁廷棟。廷棟不待旨，即奏辨。佳胤以廷棟出象坤門，疑象坤泄之，語侵象坤。象坤遂五疏引疾去。給事中吴執御、傅朝佑疏稱象坤難進易退，不當以門生累，不聽。家居十年卒，贈太保，謚文貞。

三年庚午

温體仁，字長卿，烏程人，萬曆二十六年進士。崇禎初爲禮部尚書，以廷臣會推閣臣，不與，遂上疏訐推中錢謙益。帝久疑廷臣植黨，聞體仁言，遂切責諸大臣。時大臣無助體仁者，言路復發其作詩頌璫及娶娼、受金、奪産諸不法事。體仁復欲窮治錢千秋獄，以法司皆黨比，獄詞不實爲言。於是刑部尚書喬允升、左都御史曹于汴、大理寺卿康新民等合疏自訟，帝益謂體仁孤立，愈嚮之。三年六月，遂拜東閣大學士。逾年，力援其鄉人閔洪學爲吏部尚書，遂攻周延儒去位。六年遂爲首輔，貶逐姚希孟、羅喻義等，薦錢士升、王應熊入閣。後以士升不附己，復傾之去。文震孟入閣，以争許譽卿事與體仁忤，何吾騶亦助之，遂激帝斥震孟，并罷吾騶。誣庶吉士鄭鄤杖母大逆，鄤遂磔死。體仁用廉謹自結於上，苞苴不入門，惟日與善類爲仇，禹好善劾成德，劉孔昭劾倪元璐，陳啓新劾黄景昉，皆奉體仁指。陳子壯面責體仁不宜以將順廢匡救，未幾，子壯以他事忤旨，竟下獄削籍。體仁當國八年，官至少師、太子太師、吏部尚書、中極殿大學士，階左柱國，兼支尚書俸，恩禮無與比。而體仁專務刻核，迎合帝意，其所中傷人，不能盡知，廷臣劾者前後章不勝計，布衣楊光先至輿櫬待命，帝愈以爲孤立。崇禎十年，張漢儒訐錢謙益、瞿式耜居鄉不法事，體仁將置二人死，而太監曹化淳發漢儒奸狀及體仁密謀，帝始知體仁有黨，遂命漢儒立枷死。體仁乃佯引疾，竟得旨放歸。體仁方食，失匕箸。逾年卒。帝猶惜之，贈太傅，謚文忠。福王立，用顧錫疇議，削其贈謚。

吴宗達，武進人，侍講學士贈禮部侍郎中行從子，累官至少師、中極殿大學士，八年五月罷。卒謚文端。

五年壬申

鄭以偉，字子器，上饒人，萬曆二十九年進士。天啓時爲禮部侍郎，引疾去。崇禎二年，召拜禮部尚書。五年五月加太子太保兼東閣大學士。以偉修潔自好，書過目不忘，文章淵奥，而票擬非所長，嘗曰：『吾讀書萬卷，而窘於數行，乃爲後進所藐。』章疏中有『何況』二字，誤以爲人名也，擬旨提問，帝駁改，始悟。自是帝輕詞臣，而閣臣不專用翰林矣。卒，囊無餘貲，謚文恪。

徐光啓，字子先，上海人，萬曆三十二年進士。從西洋人利瑪竇學天文、曆算、火器，盡得其術，遂徧習兵機、屯田、鹽筴、水利諸書，累請練兵自效，及多鑄西洋大炮資城守。天啓時累官禮部侍郎，閹党劾之，落職。崇禎元年召還，已擢本部尚書。五年五月拜東閣大學士加太子太保。光啓雅負經濟才，有志用世，及柄用，年已老，明年九月卒官，贈少保，加贈太保，謚文定。

六年癸酉

錢士升，字抑之，嘉善人，萬曆四十四年進士第一人。天啓初假歸。久之，進中允，不赴，屢營護閹禍逮死諸家。崇禎元年起少詹事，會座主錢龍錫被逮，即謝病歸。六年九月召拜禮部尚書、東閣大學士。時温體仁以莊烈帝操切，務爲刻薄佐之，士升以爲非，上疏獻寬簡虚平四箴，大指譏切時政，帝優旨報聞，意殊不懌也。未幾，武生李璡請括江南富户充餉，士升惡之，擬旨刑部提問，帝不許。温體仁遂輕擬以進。士升曰：『此亂本也，當以去就争。』乃上疏極言。比疏入，而璡已下法司提問。乃降嚴旨切責士升疑上，且謂『即欲沽名，前疏已足』，蓋指前四箴也，遂放歸。國變後七年卒。

王應熊，字非熊，巴縣人，萬曆四十一年進士。崇禎初累官禮部侍郎。應熊博學多才，而性谿刻强很，人多畏之。温體仁欲以自助，援甚力。六年十一月特旨擢禮部尚書、東閣大學士。命下，朝野駭異，給事中章正宸痛劾之。帝大怒，下正宸獄。八年，給事中何楷劾其漏洩章奏，乃下其家人於獄，而放應熊歸。十五年，復招，給事中龔鼎孳劾其與周延儒有私。明年至京，仍罷歸。福王立於南京，改應熊兵部尚書、文淵閣大學士，總督川、湖、雲、貴軍務，專辦川寇。時四川皆入張獻忠，惟遵義未下，乃入守之，縞素誓師。其部將曾英最有功，復重慶，王祥亦出師綦江相犄角。應熊倚兩人自强。丙戌十月，獻忠餘黨孫可望等南奔重慶，英與戰，敗没，賊遂由遵義入貴州，應熊退走永寧山中。未幾，卒於畢節衛。

何吾騶，字〈龍友〉，香山人，萬曆四十七年進士。由庶吉士歷官禮部右侍郎，崇禎六年十一月擢禮部尚書兼東閣大學士，七年二月晉文淵閣加太子太保。以助文震孟争給事中許譽卿事，爲温體仁所訐奏。莊烈帝怒，責吾騶、震孟徇私撓亂，遂于八年十一月罷吾騶官，而奪文震孟職。唐王立于福州，復召入閣爲首輔。丙戌八月，從王自延平出奔，至汀州，王被執，乃遁回廣州。十一月，唐王弟聿鐭立於廣，吾騶復爲相。十二月，大兵下廣州，迎降于李成棟，乞修《明史》自效。十及成棟反正，迎桂王。己丑正月，桂王在肇慶，召吾騶與黄士俊同入閣，屢被彈劾，十月引疾罷。

庚寅十一月，大兵再下廣州，復薙髮降。

八年乙亥

文震孟，字文起，吴縣人，待詔徵明曾孫。十赴會試，至天啓二年，始以殿試第一授修撰。劾魏閹，閹摘疏中『傀儡登場』語，謂見聖躬短小，故以相比，請殺之。傳旨廷杖八十。韓爌力争，會庶吉士鄭鄤疏繼入，内批俱貶秩調外，震孟遂歸，旋斥爲民。崇禎改元，累進諭德，直講筵，屢擊魏閹餘黨王永光、吕純如輩。在講筵尤嚴正，嘗講『君使臣以禮』章，帝即出尚書喬允升等於獄。一日見帝足加膝，適講《五子之歌》至『爲人上者，奈何不敬』，以目視帝足，帝即袖掩之，徐爲引下，時稱『真講官』。既屢忤權臣，遂引去。五年後復拜庶子，進少詹事。故事，講筵不列《春秋》，帝特命進講。震孟《春秋》名家，温體仁患其譏切時政，不舉，錢士升指及之，體仁佯驚曰：『幾失此人。』遂以其名上。及名上，果大稱旨。震孟乃兩疏辭疾，不許。八年六月，帝將增置閣員，召廷臣數十人，試以票擬，震孟疾，不入，祭酒倪元璐無疾，亦不入。七月特擢禮部左侍郎兼東閣大學士，疏固辭，不許。閣臣被命，即投刺司禮太監，震孟獨否。體仁每擬旨，必商之震孟，有所改必從。喜謂人曰：『温公虚懷，何云奸也？』同官何吾騶曰：『此人機深，胡可信？』震孟不謂然。越十餘日，體仁窺其疏，所擬不當，輒令改，不從，則竟抹去，震孟大愠。會與吾騶欲用許譽卿爲太常卿，體仁諷謝陞劾之，語侵震孟，體仁遂擬斥譽卿爲民，震孟争不得，怒擲筆曰：『科道爲民，則削籍無害。』體仁遂述擬旨始末，謂：『陛下勸懲天下，止賞罰大權，如震孟言，是朝廷賞罰不足爲勸懲。以股肱心膂臣爲此悖理滅法語，臣不知其何心。』遂落震孟職。歸半歲卒。十五年，贈禮部尚書，福王追謚文肅。

張至發，淄川人，萬曆二十九年進士。宰縣著能聲，行取内用，頗與東林爲難。天啓元年以大理丞終養歸，魏閹矯旨擢用，至發不出。崇禎中累官至刑部侍郎，遂與文震孟同擢禮部侍郎、東閣大學士。越二年，温體仁輩盡去，至發遂爲首輔。一切守體仁所爲，而才智機變遜之。十一年，以救中書黄應恩不允，乃乞休，自引三當去，未嘗稱疾也。忽得旨回籍調理，時人傳笑，以爲遵旨患病云。至發頗清强，嘗按河南，適福王之藩洛陽，至發裁中使以禮，無敢横。以始終惡異己，不能收物情。累加太子太傅、禮部尚書、文淵閣大學士。去國時不遣行人護行，但令馳傳，賜道里費六十金、彩幣二表裏而已。十四年，帝思用舊臣，特敕召周延儒、賀逢聖及至發，獨四疏辭。明年卒，贈少保。

九年丙子

林釬，字實甫，同安人，萬曆四十四年進士第三人。天啓時官司業，監生陸萬齡請建魏閹祠於太學旁，强釬爲倡。釬援筆大抹，挂冠徑歸，遂削籍。崇禎時累官禮部侍郎，家居，召拜東閣大學士，未半歲卒，謚文穆。

孔貞運，句容人，萬曆四十七年進士第二人。崇禎九年六月以少詹事擢禮部尚書、東閣大學士。居二年，代張至發爲首輔。未幾罷。十七年聞京師變，貞運出哭臨慟絶不能起。舁歸，遂得疾。六月中卒，福王賜謚文忠。

賀逢聖，字克繇，江夏人，萬曆四十四年進士第二人，天啓時官洗馬。魏閹聞湖廣生祠上梁文出其手，特詣之，逢聖曰：『此借銜陋習耳，予安能數千里外爲人作文？』忠賢咈然去，遂誣劾削籍。莊烈即位，累官禮部尚書。九年六月，以本官兼東閣大學士，尋加太子太保，改文淵閣。與首輔張至發善。至發訐黄道周，逢聖爲屬草，時論非之。十一年歸。十四年與周延儒同召還朝，帝待之遠不如延儒，充位而已。十五年引疾歸，辭朝時大哭不止，人怪之。明年，武昌陷，與家人盡投湖死。福王贈謚文忠。

黄士俊，順德人，萬曆三十五年進士第一人。與孔貞運、賀逢聖並以禮部尚書兼東閣大學士，累加少傅，歸。戊子，桂王立於肇慶之二年，與何吾騶並召爲相，耄不能决事，數被劾。庚寅正月，從王至梧州，以疾辭歸。廣州破，與何吾騶俱薙髪降，士俊時年八十二矣。未幾卒。

十年丁丑

劉宇亮，綿竹人，萬曆四十七年進士。崇禎中累官吏部侍郎，十年八月擢禮部尚書、東閣大學士。宇亮短小，有膂力，好技擊，性不愛書。以座主錢士升援引，獲大用。明年，代孔貞運爲首輔，督師禦大清兵，無功罷歸。

傅冠，字元甫，進賢人，天啓二年進士第二人。崇禎中官禮部侍郎，十年八月拜禮部尚書、東閣大學士。有章奏發自御前者，冠以爲揭帖，援筆判其上，遂放歸。唐王時以原官督師，專剿湖南，旋被劾，致仕。大清兵下江西，被執，不屈，戮於汀州。高皇帝乾隆五十年，大録勝國殉節諸臣，分别賜專謚、通謚，冠得通謚忠烈，賀逢聖得專謚忠愍。

薛國觀，韓城人，萬曆四十七年進士，由推官内擢。數與東林爲難，以附魏璫，然亦頗有所争執。崇禎改元，遂大治忠賢黨，累擢僉都御史。十年八月拜禮部侍郎、東閣大學士，蓋温體仁薦也。十一年，進禮部尚書。其冬，首輔劉宇亮出督師，與楊嗣昌比，而構去之。明年二月，遂代其位，累加少保、太子太保、吏部尚書、武英殿大學士。一踵體仁所爲，而才智遠遜，操守亦弗如。

嘗與帝言，朝士貪婪，由廠衛不得人。東廠太監王德化在側，汗出沾背，於是專察其陰事。國觀又以私憾劾中書周國興、楊餘洪，俱斃廷杖。兩家人日密緝國觀通賄事，報東廠。國觀又勸帝借戚畹銀助餉，帝遂勒武清侯李國瑞助四十萬。諸戚畹因屬内人倡言孝定李太后，憑皇五子責帝薄外家，諸皇子盡當殀。俄皇五子卒，帝大恐，遂恨國觀。吴昌時復構之。十三年六月，遂革職放歸。尋逮之。國觀久不赴。明年七月入都，國觀自謂必不死，監刑者至門，猶鼾睡。及聞詔使皆緋衣，蹶然曰：『吾死矣！』倉皇取蒼頭帽覆之，出受詔畢，就縊。又明日，始許解懸。

十一年戊寅

楊嗣昌，字文弱，武陵人，兵部尚書、太子少傅、三邊總督鶴子。萬曆三十八年進士，除杭州府教授，遷博士，進郎中。天啓二年引疾歸。崇禎元年起河南副使，累遷宣大總督，以父喪去。未幾，兵部尚書張鳳翼卒，特起復。嗣昌屢疏辭，不許，遂以奪情犯衆議。積與東林忤，陷盧象昇，薦熊文燦。十一年六月改禮部尚書兼東閣大學士，仍掌兵部。給事中何楷首劾之，黄道周詆尤力，皆貶謫。十二年命督師討賊，至襄陽，合兵大破張獻忠於瑪瑙山，加太子少保。旋入四川，聞張賊陷襄陽殺襄王，乃自縊。一曰不食卒，或曰病死。論功，進太子太傅。

程國祥，字仲若，上元人，萬曆三十二年進士，宰縣以清慎稱。天啓中，趙南星用爲吏部，魏閹劾以邪黨除名。崇禎時累官户部尚書。十一年遂改禮部兼東閣大學士，時楊嗣昌用事，國祥自守而已。明年乞休去，未幾卒。家貧至不能舉火，子上亦旋卒。

蔡國用，金溪人，萬曆三十八年進士。由中書擢御史，天啓時痛詆葉向高、趙南星以逢魏閹。崇禎中累官工部侍郎，以修都城，帝嘉其功，遂擢禮部尚書、東閣大學士，累加少保、吏部尚書、武英殿大學士。明年卒，贈太保，謚文恪。

方逢年，遂安人，萬曆四十四年進士。天啓四年以編修典湖廣試，發策有『巨璫大憝』語，魏閹大怒，削爲民。崇禎中累官禮部侍郎。未幾，擢尚書兼東閣大學士，以擬獄失入罷歸。魯王監國紹興，召爲相。及大兵渡錢塘江，逢年與方國安降，旋以反側誅。

范復粹，黄縣人，萬曆四十七年進士。崇禎初爲御史，論建甚著，累擢大理少卿，十一年六月超擢禮部侍郎兼東閣大學士，累加少保，進吏部尚書、武英殿。十三年六月代薛國觀爲首輔，屢被彈劾。明年加少傅、太子太傅，改建極殿。賊陷洛陽，帝語及福王，泣下，復粹曰：『此天數。』帝曰：『雖天數，亦賴人事挽回。』未幾致仕。國變後卒。

十二年己卯

姚明恭，蘄水人，萬曆四十七年進士。出趙興邦門，公論素不予。崇禎中累官禮部侍郎，十二年五月擢禮部尚書、東閣大學士，加太子太保，進户部、文淵閣。方一載，鄉人詣闕訟之，請告歸。

張四知，費縣人，天啓二年進士。崇禎中歷官禮部侍郎，貌寢甚，才識卑下，常患惡瘍，十一年廷推閣臣，忽及之。言路劾其貪污，四知憤，對帝言己孤立，爲廷臣所疾。帝惡朋黨，先後命相，大抵收衆所棄，聞四知言，頗動。薛國觀因力援之。明年，遂與姚明恭、魏照乘俱拜禮部尚書、東閣大學士，加太子太保，進吏部尚書、武英殿。秉政四載，屢遭彈劾，皆不納。十五年六月始致仕，後降於我大清。

魏照乘，滑縣人，萬曆四十四年進士，崇禎中歷官兵部侍郎，薛國觀引入閣，累加太子少傅，進户部尚書、文淵閣大學士。充位四載，言路相繼劾，御史徐殿臣臚其縱妾兄女壻爲奸、罵父友、昵妾、棄妻諸醜迹。乃引疾歸。

十三年庚辰

謝陞，字伊晉，德州人，萬曆三十五年進士。

陳演，井研人，天啓二年進士。崇禎中累官禮部侍郎。演庸才不學，工結納，初入館，即與内侍交通。十三年四月，拜東閣大學士，與謝陞同命，明年進尚書，改文淵閣。十五年加太子少保，改户部尚書、武英殿。明年五月代周延儒爲首輔，尋以城守功加太子太保。十七年正月加少保，改吏部，進建極殿。演爲人沉深忌刻，惡副都御史房可壯、河南道御史張煊不受囑，因會推閣臣讒於帝，可壯、煊偕吏部尚書李日宣、掌科章正宸、侍郎宋玫、大理卿張三謨俱下獄。及李自成陷陝西，廷議撤吴三桂兵入守山海關，演持不可。至山西破，帝決計行之，演始不自安，求去，許之。王永吉抗疏力詆其罪，請置之典刑。演入辭，謂佐理無狀，罪當死。帝怒曰：『汝一死不足蔽辜。』比之去，演貲多，不能遽行。賊已陷京師，與魏藻德俱被執拷訊，獻銀四萬，旋殺之。或云報名後即斬東市。

十五年壬子

蔣德璟，字申葆，晉江人，天啓二年進士。崇禎中官禮部侍郎，嘗請追正楊嗣昌罪，薦陳子壯、顧錫疇、倪元璐、文安之，并乞寬戍籍黄道周。德璟博聞强識，熟精古今典章及天下事宜利弊，文章敏捷，一日應二十餘誥敕，見者歎異。十五年六月擢尚書兼東閣大學士。性鯁直，無所比。開封被圍久，自請督師，優詔不許。明年，進《御覽備邊册》。凡九邊十二鎮新舊兵食之數及屯鹽、民運、漕糧、馬價悉志焉。又陳練兵之法，奏免加派之害，論建甚衆。十七年，賊勢漸逼，力贊帝命太子監國南京，不聽，旋以論練餉爲聚斂小人所倡，帝怒責之，遂引罪乞休。聞山西陷，未敢行，及知廷臣留己，即辭朝，移寓外城。無何，都城陷，被創，得逸去。福王立於南京，召入閣，自陳三罪，固辭。明年唐王立於福州，召爲相。又明年以足疾辭歸。九月，王事敗，不食卒。

黄景昉，字太稚，晉江人，天啓五年進士。崇禎中官庶子，嘗薦成勇，救鄭三俊。尋進少詹事。十五年六月，拜禮部尚書、東閣大學士。明年，與蔣德璟並加太子少保，改户部尚書、文淵閣。操江故有文武二大臣，帝欲裁去文臣，專任誠意伯劉孔昭；惠世揚拜左副都御史，久不至，帝命削其籍。景昉俱揭争。帝不悦，遂連疏乞歸。唐王時召入直，未幾復告歸。國變後家居十餘年卒。

吴甡，字鹿友，揚州興化人，萬曆四十一年進士。由知縣擢御史，天啓中奏罷内操，請召鄒元標、馮從吾、文震孟，忤閹削籍。崇禎時累官山西巡撫，數爲民請命，每歲暮扼河防秦、豫賊，連三歲無一賊潛渡，修築邊墻，捕殲積盜，軍民戴若慈母，謝病歸。十三年起兵部侍郎，十五年六月擢禮部尚書、東閣大學士。十六年，帝以襄陽、荆州、承天連陷，涕泣命甡督湖廣師。甡念賊勢大，請精兵三萬，不能應。甡以出必死，遲回未行，帝下詔責其逗遛。甡兩疏引罪，遂許致仕。陳演復構之，遂遣戍金齒。明年，行次南康，福王已立於南京，赦還復官。久之，卒。

十六年癸未

魏藻德，順天通州人，崇禎十三年進士第一人。藻德有口才，應對捷給。十六年五月驟擢少詹事兼東閣大學士，十七年詔加兵部尚書、文淵閣大學士，駐天津，而命方岳貢駐濟寧，蓋欲出太子南京，俾先清道路也。未幾中止。陳演去，遂爲首輔。三月，都城陷，縶繫劉宗敏所，獻銀一萬，賊以爲少，酷刑五日夜，腦裂死。或云藻德率廷臣報名謁賊後，翼日以巨繩縛之宫門，與陳演駢斬東市。

李建泰，曲沃人，天啓五年進士，頗著聲望。崇禎十六年擢吏部侍郎，其年十一月以本官兼東閣大學士。明年正月，李自成逼山西，建泰家富，欲藉以佐軍，毅然有滅賊志。會平陽陷，遂請出私財餉軍，提師以西。帝大喜，加兵部尚書。行遣將禮，御正陽門餞送，手金巵親酌之者三。宴畢，内臣爲披紅簪花，用鼓樂導尚方劍而出。然所携止五百人。甫出都，聞曲沃陷，家貲已爲賊有，驚怛而病，日行三十里，士卒多道亡，遂入屯保定定興城中。已而城陷，爲賊所執，致闖賊於京師。賊敗遁，建泰留燕邸，大清召爲内院大學士。未幾罷歸。大同總兵姜瓌反，建泰遥應之。大兵至，建泰迎戰，被擒誅。

方岳貢，字四長，穀城人，天啓二年進士，官户部郎，以廉謹聞。崇禎元年出知松江府，甚著政績，舉卓異者數。有言其餽薛國觀三千金者，遂被逮。士民詣闕訟冤，遂下法司讞，奏無實，擢山東副使。吏部尚書鄭三俊舉天下廉能監司五人，岳貢爲首。帝趣使入見，即超擢左副都御史。十六年十一月命以本官兼東閣大學士。閣臣冠都御史銜者，岳貢一人而已。十七年二月，命以户、兵二部尚書兼文淵閣大學士，駐濟寧，已而不行。賊陷京師，被執索銀。岳貢素廉，貧無以應，拷掠備至，松江賈人爲代輸千金，旋自縊死。岳貢素負清望，京師垂破，已自决死，以稍遲，遂被執辱，不得與死事列，士論惜之。

十七年甲申

范景文，字夢章，吴橋人，萬曆四十一年進士。爲推官，以名節自勵，擢選郎。泰昌時，群賢登進，景文力爲多。天啓時，魏閹擅政，景文其同鄉，即謝病去。崇禎初起太常少卿，二年巡撫河南，率所部勤王，無所犯，遠近恃以無恐。三年，擢兵部侍郎，練兵通州，以父喪去。七年起南京兵部尚書，援勦畿甸，節制精明。京師戒嚴，立遣兵入衛。楊嗣昌奪情，論者被謫，景文乃倡同列，合疏救之，削籍爲民。十五年，召拜工部尚書，帝迎勞曰：『不見卿久，何癯也？』十七年二月以本官兼東閣大學士，帝謂之曰：『朕知卿久。今急而用卿，恨晚。卿尚勉之。』李自成陷京師，景文趨至宫門，遇宫人曰：『駕出矣。』遂赴井死。福王贈太傅，謚文貞，建祠，爲正祀文臣第一。章皇帝順治九年，賜景文及倪元璐、李邦華等二十忠臣謚，景文謚文忠，命有司各給地七十畝祠祭。

丘瑜，字〈德如〉，宜城人。天啓五年進士。崇禎中累官禮部侍郎，嘗召對，力言『督師孫傳庭出關，安危所係，慎勿促之輕出』。帝不能從。十七年正月，以本官兼東閣大學士。賊陷京師，慟哭決死，方投繯，爲賊擁之去。途遇其友，出所處分後事家書寄其子，且自誓不相見。入見闖，不屈，受拷訊，夜仰藥死。以遲范景文等死一日，遂致刑辱。褒贈不及，天下惜之。子之陶，年少有器略。賊陷宣城，被執，僞降，爲兵政府從事，擢本府侍郎，留守襄陽，賊甚倚信之。之陶乃以蠟丸貽孫傳庭曰：『督師與之戰，吾詭言左兵大至，彼必返顧，吾從中起，可滅也。』傳庭大喜，報書，爲賊得。傳庭恃内應，連營前。之陶果舉火，報左兵至。自成召而示以傳庭書，責其負己。之陶大罵曰：『吾恨不斬汝萬段，豈從汝反耶？』支解而死。瑜父民忠，宜城破時，亦罵賊死。

以上計四十九相，云五十之人者，舉成數也。或云其一爲黄立極。夫立極當熹宗時已爲首輔，莊烈立三月即罷去，是不當與施鳳來、張瑞圖比矣，蓋施、張去以崇禎元年，且施爲首輔，其命固出於莊烈也，故得與五十之數，而立極不必强列之。或云周延儒以六年罷首輔，至十四年再當國，五十相中，延儒當居其二，然則江夏賀文忠不嘗再相一年乎？奚論其當國否也？至謂僅四十六人，不數施、張及李文敏者，誤矣！曹秋岳有《崇禎五十宰相傳》，載《四庫存目》，今未見其書。

莊烈帝論

嗚呼！莊烈帝之死社稷，蓋至今道之，未嘗不流涕也。夫自古之致亂者，未有不始於玩與闇。玩則亂在事，闇則亂在人。眉批：致亂玩闇之在事在人，兩語可補經斷史，豈特作論乎！明以神宗之玩，熹宗之闇，可謂至矣，而皆不失天下。莊烈勤於求治，專務明察，早朝宴罷，用人不以資格，可謂非玩且闇矣，而乃舉二帝所不失者而失之，則以致亂有漸，而時與勢爲之也。吾獨以爲不然。蓋君人者，患莫大於自聖，禍莫亟於多疑。莊烈纂祚，首剪大奸，自以爲神明天亶不世出之主矣，由是菅束宇内，土苴大臣，以命帥爲弄嬰兒，眉批：弄嬰兒句，未斷得他服。以僇諫爲清朋黨，知熊文燦、丁啓睿之庸懦養賊，而不肯易帥；知楊嗣昌之不足任，而以違衆用之之故，責督師以收後效。盧象昇、袁崇焕之任疆埸，勞績最一時，而一以讒言死，一以反間磔，煩苛督促，輕喜易怒，蓋至十七年而易相五十，然後其亡也決矣。

無論其賢奸錯置，人不能展其志也。眉批：接得妙，有千言萬語已説過光景。迹其於五十人中，大抵排群議，出獨見，不次而擢之。夫以一人傲戾之見，違盈庭好惡之公，不計成效，予以重柄，已足以致亂矣。而莊烈之爲此，又非望其感激舍身也，徒以深疑群臣之故，雖明知其齷齪闒冗，而要爲我之所特簡，則人皆知朋比之無益，而熒惑之謀熄矣。嗟乎！命相何事也，而可以忮心。嘗于昔唐玄宗相牛仙客，高力士以外議不合爲言，帝怒曰：『朕且用康晉。』康晉者，以巧思爲將作大匠，蓋舉其極不可者。讀者知明皇之不終，而莊烈適與之合。蓋玩固莫甚於此矣。

世之論者，以温體仁誤國，咎帝之不明，而抑知帝之自聖致之也。夫體仁當國八載，眷遇之專且久，無與倫比，而考其所爲，唯以孤立自結於帝，至訪兵餉事，則遜謝曰：『臣愚無知，惟聖明裁決。』每擬章奏，故失當，須帝批改，而帝愈信其樸忠。嗚呼！以宰相而委兵食於度外，此雖甚闒之主，亦必責以覆餗尸位，而求治如帝者，反寵任之，此予聖之爲禍烈也。觀帝每擬以漢文、唐太宗，輒不悦。劉鴻訓於諸相中最稱材任事，徒以『主上冲年』一語，至必欲致之死。蓋體仁之揣帝，固非一朝一夕之故矣。其所以成其奸者，固帝之所深喜耶？自體仁得志，繼相者踵而效之，而明社以屋，帝帷有所甚闒，而自以爲甚聖，乃斯以爲真闒歟？迨至禍亂已成，廷臣勸奉太子南遷，猶疑而勿許，不旋踵而神京陸沉，血胤夭絶，乃慟哭拊膺，謂諸臣亡我，非我之罪！傷已！

然則謂莊烈固不如神、熹二宗乎？曰：此又莊烈之不幸，承二帝之後，積亂既深，故其受禍烈也。嗚呼！人君不幸值時勢之難者，其尤當以莊烈爲戒也哉！眉批：通篇皆妙。氣韵筆力，無可擬議。

十一日丙寅　晴，下午陰，頗凉。得節子書。詣子九久談。復訪節子，不值。得平子五月二十七日汴梁所寄書，知於四月望出都，端午抵陳橋令叔駐節處，且言副都御史袁甲三剿歸德積匪，直抵賊巢，斬首萬級，噍類無遺，爲年來大快事。此老胸中尚有甲兵，兩河解嚴後或即移師江左，庶爲鄉邦之福云云。自向帥退駐丹陽，且以篤疾聞，浙人惴惴不保。如擇代得人，亦可稍寬杞憂已。聞蕭山相公予謚文端公，於今上尤承恩眷，甫踐祚即加一品銜，今又得優謚，足副其行，潘文恭、杜文正與公爲三已。又聞長白老人亦於正月令終，視三公何如耶！近華陽相國亦謚文端，顧不如湯公之服人也。

十二日丁卯　駃雨時作，比午薄霽。得丁藍叔書。下午復詣節子，久談，留夜飯。飯畢方欲歸，而急雨忽集，檐溜潺潺，逾頃止，月出，因借屐步月歸館，已二鼓矣。

十三日戊辰　終日急雨，至十餘陣，有風。民間皆言有大水至，海濱人已移家高處。甫患旱乾，又警水溢，將何以爲生耶？記之以爲大憂。作書致節子。午後雨止，地旋燥。節子來，館談曳罾。雨大作，久不止，因遲蓮士歸，談至鼓三中去。聞安徽簡放道何桂珍爲賊所戕。何以翰林官御史，有論建，喜談兵，去年擢安徽道，負途謁欽差袁副憲甲三，論討賊事甚辯，袁大器之，薦之安徽巡撫福濟。福濟妒且恚，反思有以中傷之。今年夏予以兵五百，剿潁、亳間土賊。何以賊勢盛，留一日，福濟即劾其逗留，革職，戴罪自效。比至賊所，先遣人誘之降，而密結賊中人爲内應，使誅其魁。事露，賊詐置酒迎何。何單騎往，中宴，出其書告諸賊曹，遂斬其首去。嗚呼！朝廷方急人，而思自效者，遭忌復如此，可慨也已。去年二月，浙兵及大營兵之復徽歙也，金華知府石景芬率所練台勇先至，功爲多，奉命添設皖南道，轄徽、寧、池、太、廣五府州，以石景芬領之，准其會銜轉摺奏事，事出曠典，浙人方喁喁以長城望之。至十二月，浙撫何桂清忽劾其私心自用，縱所募勇擾民，奉旨革職，發往向營差遣。浙撫復劾其金桂關之戰，捏敗爲勝，致一縣丞陣亡罪。蓋石既備兵皖南，浙撫請令其專任地方，不統蕪湖軍營，而石連次具奏，欲統籌全局，自請帶兵協剿，其奏摺又不與皖南提鎮會銜，亦不以副上浙撫，故浙撫重劾之，且謂前奏借浙省釣船六隻爲援蕪之用，不知瓜鎮、金陵及東西梁山俱有賊壘，豈能揚帆直逆？又在寧國募無賴之徒極多，其心叵測云云。夫石以戰功受知，其不肯一旦釋甲，亦屬功名之士，至請以釣船援剿，雖事勢所難，然古豈無奇兵決勝者？必謂其別立一幟，私心攘功，則苟且無備禦者，將蒙上賞矣。眉批：此公僕所深知，無益公家事，且又淫戾不足取。眉批：素生言，何足憑。顧鄉人有自宣、歙歸者，或言石道所募勇，頗沿途擾民，蓋其剛愎自用，固亦有當彈章者云。因記何道事，連綴書之。夜風愈甚。得素人、季旣書。

十四日己巳　風雨如昨，作潮。村氓言立秋日聞雷者，驗十日後作風潮，棉花大損，稻亦難實。今七夕微有雷，其言當應矣。兩得節子書，皆復。閑谷來。作書致瘦生，擬專使送去。

末伏　十五日庚午　晴。是日先君子忌辰。侵早瘦生來。是日方偕蓮士幹僕晨賫書去，竟相左。下午偕蓮士詣節子，復同遊大街，日暮歸館。是日晴朗，幾幸人言不驗，明歲或不致餓死也，喜躍。夜月頗佳，聞秋蛩滿地吟矣。

十六日辛未　晴，午後陰，微有雨。昨夜半醒不能寐，一燈熒然，掩衾聞秋柝聲，分外鏘楚，殆難爲懷。瘦生來。作書致節子。詩舫弟來。向帥於是月九日病故，長城壞矣，憂方至也。眉批：向帥初以由淳安鎮退保丹陽，其鍾山大營盡歿於賊，奉旨切責，革去提督，拔去花翎，留任。至是病故。念其勞，復提督銜，仍給予一等輕車都尉世職，賜謚忠武，入祀昭忠祠。

十七日壬申　晴，不時陰，間有雨。侵晨詩舫來。芝軒叔來。日晡詣閑谷，途遇孟秀才淮，極道殷勤，且有規予之言。秀才老而貧，與余素不識，去年秋遇之杭州浙一館酒家，極致傾慕之意，謂自得見予壬子落卷，即想望不置，今得識面爲幸。予生平尤厭棄時藝，言之若棘吻，顧自壬子試卷出，頗以此起名一時，得如孟君者兩人：單江村樊秀才秉杰者，亦老矣，特以見予闈卷，故再來訪。不祥之物，尚有咨譽引重如此者，匪文字之靈，乃機緣之偶值也。樊君嗣以館余里，適余與里人訟，其心若有嗛予者，故不繼至。然予益重其人。孟君亦匝歲不相見，今一見，言刺刺不能自休，且坦白無顧忌，有盟執中所不能言者，其規予，則深不滿予之假館授徒也，可感也已。晤閑谷，知定於十九日赴臨漳矣，爲之黯然。曛暮趨館。夜月甚凉，卧蒙夾衾。

十八日癸酉　晴，早起甚凉，著裌衣。傍午忽熱甚，幾復故，至夜不減。上午走送閑谷，贐以青蚨一千。貧交涓滴，豈足潤行，盡我心而已。是日郡人迎鬥鷄神，淫祀之甚者。予遇之狹巷，車騎騰溢，大爲所窘，幾如王僧(儒)〔孺〕遇貴官鹵簿，辟墮溝中矣。相傳神爲會稽學官子，生好鬥鷄，有德於吾鄉者云。夜與蓮士偶舉經義，瞠目者十八九。竊歎吾人名束髮受書，而習見習聞者已五稱五窮，嘿嘿各自愧而已。眉批：嗟乎！同人通病。然總生平所見書，亦不甚陋，其病在不專，又遇目輒忘，而欲侈然自異於俗學，遂至此耳。

十九日甲戌　晴。早寢可覆褚被，比日出漸熱，至午極熱可畏。寄上人來，得季貺書，午後作答，交之去。

二十日乙亥　晴，酷熱復故。作七律兩首吊金陵帥：『將星一夜墮嚴營，風入秋笳變死聲。吴漢隱然如敵國，檀公恃爾作長城。賊衝轉徙三年壘，帳下凋零百戰兵。遺恨代陂垂死日，江流不盡淚縱横。』『青犢黄巾踞上游，長圍坐困竟非謀。汾陽將數渾瑊舊，向帥爲楊忠武公親將。凉國功期李祐收。今提督張國梁本降將，最得其死力。信史尚懸褒貶律，危疆重累廟堂憂。旌旗變色頻翹望，終恃君王簡壯猷。』題丁藍叔大碧山館圖，寄《水調歌頭》：『山色不知處，出郭便蒼然。柳陰遮斷塵境，久住合成仙。更割蓴湖半頃，蕩得秦樓如水，人影碧於烟。倚鏡和瑶笛，擘脯奏冰弦。占鷗磯，租鶴徑，買漁船。相携裙帢，蘭夜圍燭鬥蠻箋。但有名花照眼，拼盡千鍾蘸甲，沉醉紫雲筵。願署玉山吏，日掃露明軒。』陳閑谷母夫人以《五百家注昌黎集》遺人送來。

二十一日丙子　晴，更熱，几凳蒸灼不可近。傍晚丁吉庵偕其弟來。夜極熱，不寐。

二十二日丁丑　晴，熱如前。瘦生來，喫午飯去。作書致節子，得復。素人書來，以向帥之死爲憂，且爲索詩。素人故從軍金陵者，予適已成前兩首詩矣，感其意，重賦五言長句寄之：『積閥艱黥卒，登壇恃重名。東南作民命，功罪議儒生。（此處塗抹）幾時經戰地，指説陣雲横。』君來書言向帥營壘獨得古法，故云。眉批：此詩删。　素人昆弟屢招過，擬約子九、蓮士同往，因再填《水調歌頭》一闋，先寄素、晛兩君：『秋色自來去，終古不知愁。江村今夜明月，肯爲酒人留？但掃青苔黄葉，準備滄波一葦，左右挈洪浮。喚起守門鶴，來戲玉山頭。　陳生荃譜死，許掾太眉老，阿平王平子遊。更堪西笑，長安汩没兩閑鷗。謂東鷗、雪鷗。　細數卅年狂客，剩此花間壺隱，同醉海天秋。舞罷鐵如意，河漢向東流。』夜酷熱，復開户寢。比曉，汗不可拭。

處暑　二十三日戊寅　酷暑不可耐，晴陰相半。有客自江寧歸者，言鍾山大營之破，張國梁初力戰，後以賊勢盛，欲率親兵搗其虚，向帥檄止之，衆遂潰。張猶下令退十里者斬，冀復戰，而向帥率大軍已遠去，營遂陷。蓮士有書事一則，文甚密。夜與蓮士賭記一事，各以一書爲質。蓮士竟負，輸予《古經解鉤沉》一部。余蕭客仲林著。

二十四日己卯　晴，熱如前，夜有風，頗凉。四鼓醒，聞大風起，屋震撼，然熱不減，尚裸而簟。

二十五日庚辰　晴，終日有風，熱如故。卓午奇熱不可狀，倒身胡床，蹶起如爆。秋陽作威，餘虐如是。然總覺清氣翕翕，無鬱暑苦，得毋人心之秋附會而然耶？將有物以以蕩吾煩也。日既西，列徒之髫者而提以雜文若詩不百十行，輟講則汗泠泠浹裳矣。此豈又有以宣吾悶者，而何熸不自覺也，則誠秋之爲烈矣。夜偕蓮士詣節子，順道先之周拜軒家，少憩。走叩節子門，未鑰，主人躧履出，燭再跋見，始歸。

二十六日辛巳　晴熱如前。子九來。

［昔人以《中庸》爲漢人僞托，摘其華嶽二字，謂孔孟生山東，稱名山必舉岱嶽，而此獨及華，乃漢都長安聞見所習也。論亦有理，然不足服人。近有言其書中無盈、雉、恒等字，且諱邦爲國，尤屬顯然。顧盈、恒等字，豈必諸書盡有之？雉字尤罕見。惟《論語》邦有道、邦無道、及危邦、亂邦、爲邦、邦君、居是邦、至一邦、父母之邦、至於是邦等皆作邦。《孟子》亦屢見。而《中庸》獨改爲國有道、國無道，殊滋疑竇。今日偶憶《禮·緇衣》，其引《詩》萬邦作孚句爲萬國，乃悟《中庸》《緇衣》篇次相連，其爲漢儒之作無疑矣。］眉批：無論其爲周爲漢，其説理亦非聖人不解，則直是聖人矣。眉批：《禮記》由漢儒傳授，豈能不避漢諱，爾時無識，妄談若是。

酒名三雅，舊矣。楊升庵《丹鉛録》引于志寧詩，謂劉禹錫『酒每傾三雅』所本，而朱翌《猗覺寮雜記》載古酒瓶號三雅：伯雅、仲雅、季雅，且引劉詩爲證。升庵固號博雅，新仲此書在宋人説部中亦爲錚錚，番陽三洪盛推其淹洽，顧不知《典論》載劉表諸子好酒，爲三爵：大曰伯雅，受七升；《耆舊續聞》作一斗，《侯鯖録》皆同。次仲雅，受五升；《續聞》作七升。次季雅，受三升，《續聞》作五升。見《太平御覽》，載入仁皇帝欽定《佩文韵府》。又上虞人王煦曰：『雅，同𥁃，栝也。見《廣韵》𥁃字注，云酒器，𥁃、雅同音。武陵人掘池得是器，因以三雅名其池，今武陵此池故在。』煦字汾原，乾隆時舉人，作宰甘肅，以博洽稱，尤專小學，著有《小爾雅疏》及《説文五翼》，皆卓然可傳。陳鵠《耆舊續聞》：『閬州有三雅池。潘遠《記聞》云：「古有修此池者得三銅器，狀如酒杯，各有二篆，曰伯雅、仲雅、季雅。或謂劉表二子好酒云云。」趙德麟云恐是盛酒器，非飲器。曾存之云古升合小，三升當今一升。』趙德麟《侯鯖録》所載亦同。

夜偕蓮士訪蓉生，更餘歸。

二十七日壬午　晴。昨日家慈遣瑞僕來告二十四日子時叔弟得舉一子，喜不能寐，辨色即起，詣嚴菊泉師南垞講塾，請推算寅命，爲丙辰丙申己卯甲子八字。菊泉師以申、子、辰會成財局，時干透甲官，年月疊透丙印，官生印，印生身，謂主一生安吉，功名不大顯，極似吾鄉馬漁山太守格云云。吾家世積德，先君尤以謹厚名宗黨，生平一言一行，惟恐傷人，顧不第，早世，僉謂必食根於子孫。予小子不克負荷，年近三十，潦倒名場，且無子。仲弟有兩男，皆不爲太夫人所喜。此子若材，能不墜清芬，足矣。辰刻抵家。（此處塗抹）作書致蓮士，索書壽聯。上午詣元和本家拜天山公忌日，晤其西席樊君，傍晚歸。得季況書。

二十八日癸未　晴。呼鑷人捻痧。浴。作書致季況，致蓮士。作書致鏡人伯。聞有旨拜兩廣督相葉名琛爲欽差大臣。代向榮。此事遍傳遠近，乃訛言也，代向榮者，提督和春耳。

二十九日甲申　晴，稍陰。早飯後坐舟詣松林介薛太親家星占封君七十壽。水枯旱，港汊多陸，迂道十餘里始達。暑甚不耐酬應，惡客滿座，酒亦不佳。有觀巷王君寶軒者，於薛戚與予同，予曾晤之薛氏，五年矣，殷殷如故識，亦富而好禮者歟。傍晚歸家。連日亢陽奇熱，田之濱水者必高下銜兩車，始可水其原田者，禾苗求死不得矣。夏畦之病不堪，至目我輩坐食不能耕，真天地間罪人也。今晚舟出巨湖，風搖搖逆人，望四山雲氣似欲雨，甚樂。然終不忍看一尺青青苗，頫仰赤土中耳。

八月初一日乙酉　晴，稍陰。俗説地藏生日必有雨，昨晚又陰靄，農人終夜開户仰雨，乃竟不至。與族人議發幫苗錢，每畝給佃人五十文，約初九日同散。米價日長百錢，今早西郭市上米石至四千壹百文，最下米亦石三千四百上。嘉、湖兩郡大饑，湖州米斗九百，蘇州亦斗五百。作書致季况。作書致韵琴，并詩詞二十九首。夜有風，始凉。自前月十八日後所未有也。五夜頗思被。

初二日丙戌　晴。閱鄭漁仲《通志》。下午瘦生來，留之宿。名叔弟子曰僧慧，乳名也，他日可以爲字。夜頗凉。與瘦生露坐籠燭手弈五局。以明日丁祭開屠。

初三日丁亥　晴陰相半。早飯後詣元和本家拜天山公誕辰，散胙後至族人家，携書九册。出經一門首，頗有足留青盻者。曛暮歸家。出城可屧而過濠矣。夜凉。

初四日戊子　晴陰如前。侵晨起詣館。（此處塗抹）吾嘗謂今人所以不如古者，以無古人之勤。即有明論，高季迪、何大復，死時年皆三十，而所作足冠一代，雖天分有獨至，亦豈非人力哉！故勤之一字，上智下愚，不易乎此。然勤貴有恒，如平日荒嬉，忽一時連日夜伸紙縱筆不休，則作文固滑，不能字字留意，即作詩至五六首後，手太熟，便入於易，易則精思不出矣。（此處塗抹）下午黯甚，夜微雨。村人鬨傳有蝗。

初五日己丑　早至午陰晴不定，以後微雨。太和本家遣人來。寄雲來，得季况書。寄公以近作詩十餘首録示。傍晚瑞僕來，即作致季况書，付之去。時風雨沓至，頗念其勞。自晡時雨，至夜不止，初更後更急，檐溜潺潺有聲，少頃畢，忽見星隱隱然，中夜又聞風雨馳擊，聲甚駃，徹夜爲蚊所擾。

初六日庚寅　晴雨不定，地作潮，俗所謂桂花黰也。

古文自韓、柳、歐陽三家外，應推本朝魏叔子爲雲門嫡嗣。曾南豐如臨濟别出，繼其衣鉢者，元有虞道園，明有歸震川，本朝則方望溪也。王臨川、蘇老泉又曹洞旁宗，其衣鉢無傳焉者也。蘇子瞻以氣雄古今，然究不能自爲一宗，明之唐荊川、本朝彭躬庵是已。侯朝宗筆力勝子瞻而理不足，然其氣則有過之無不及矣。道園、震川皆學歐，又極似歐，而吾謂其繼南豐，則以二家不免冗漫，而説理頗粹，又務主寬展，有不盡之意，其得失皆似曾也。又震川、望溪，俱不免有時文氣。眉批：此言大概因時文出名，故耳，其實本集僕讀之，不覺也。歐、曾、蘇、王皆正宗，而予別爲三者，就其同而別之也，非謂曾、王爲旁門也。旁門者，其必唐之孫樵、杜牧乎。宋祁其繼焉者也，樊宗師、穆參軍不足道也。而禰之者，明爲盛，李空同、李滄溟、汪伯玉及吾鄉之孫月峰、張文恭，皆尤而效之而又甚者也。斯乃邪魔外道，不足以與於文矣。

初七日辛卯　陰雨時作，下午稍止。張梅岩來拜蓮士不見，遂至館中坐久之。傍晚節子來，談至更餘去。

都穆太僕《南濠詩話》載《楊廉夫集》有路逢三叟詞云：『上叟前致詞，大道抱天全；中叟前致詞，寒暑每節宣；下叟前致詞，百歲半單眠。』陳後山詩中一詞亦此意。皆出於應瑒。瑒詩曰：『昔有行道人，陌上見三叟。年各百餘歲，相與助禾莠。往前問三叟，何以得此壽？上叟前致詞，室内姬粗醜。二叟前致詞，量腹節所受。下叟前致詞，暮卧不覆首。要哉三叟言，所以能長久。』云云。今俗傳『量腹節所受』句爲『晚飯少喫口』，按『晚飯少喫口，活到九十九』二語，出古詩。

韓詩曰：『我生之初，月宿南斗。』東坡謂公身坐磨蝎宮，而己命亦居是宮，蓋磨蝎星紀之次爲斗宿所纏，星家言身命舍是者，多以文顯。高季迪命亦舍磨蝎，又與坡翁同生丙子，亦見《南濠詩話》。

又載陰常侍佳句：『行舟逗遠樹，度鳥息危檣。』《泛青草湖》。『水隨雲度黑，山帶日歸紅。』《晚泊五洲》。『海上春雲雜，天際晚帆孤。』《廣陵岸送北使》。『香盡奩猶馥，幡陳畫漸微。』《巴陵空寺》。『從風還共落，照日不俱消。』《雪裏梅花》。『遠戍惟聞鼓，寒山但見松。』《晚坐新亭》。

初八日壬辰　上午嫩晴，下午陰。

王銍《默記》全載歐陽文忠張氏甥女案本末及貶文忠制詞。葉紹翁《四朝聞見録》全載胡紘劾朱晦翁疏及晦翁謝罪表。或以污衊之語，君子不道，而二書備述之，致貽千載口實，爲二書惜。吾謂二公事當時已有定論，且其事皆非大不肖者不爲，豈後之人於二公而疑之，二書詳其事，辨其誣，是有功於二公者，而何譏爲？

下午詣閑谷家問信，見其從母徐夫人，知尚留吴門也。夜雨。

白露　初九日癸巳　晴雨不定。有鄉人來，與蓮士共飯。得季况書，即復。某生來，爲售阮太傅刻《山海經》一部。

初十日甲午　雨，下午止。亭午坐窗下，看《唐書·元德秀傳》。風來翛然，秋氣滿懷，覺紫芝高行，冥若有會，一時塵襟，洗滌殆盡。旋閲《張巡傳》，又覺凄然以厲，庭柯振動，有金戈鐵馬之思。境生情耶？情生境耶？終年讀書，此境殊不多遇。

《後山談叢》載金帶圍事，爲韓魏公、王荆公、王岐公珪，其過客則陳秀公升之。周煇《清波雜志》所載亦同，獨蔡絛《鐵圍山叢談》謂過客乃吕司空晦叔，非秀公也。絛聞見較近，當不誤。吕晦叔，名公著，封申公，謚正獻。其父夷簡，封許公，謚文靖，而人多稱夷簡爲申公。又吕端亦封申公，費袞《梁谿漫志》云：吕文靖初封申公，其子正獻亦封申。韓忠獻初封儀公，其子文定亦封儀。本朝父子爲相，獨此兩家，且襲其爵，亦盛事也。

下午節子來馱談，抵夜分，蒼然起身世之感，皆以世亂，親老不能謀禄養。蓮士且言三人質脆相等，不過辦十年浮生，功名不立，著作未能積寸許，將爲天地虛生之人，深可搤腕。余謂我輩年各至三十，正積學策功之時，而自視如西山暮崦，殆爲不祥。然二君家席優裕，且俱有兄弟禄仕，而氣質又較予倍强，則又不得與予同年語也。眉批：欲爲天地不虛生之人，則必脆矣。欲不脆乎？則莫妙乎虛生于天地間。眉批：是勝老僧棒喝矣。（越縵加圈）

十一日乙未　雨。寄公來，得季貺書，及見贈五律一章，詳玩詩意及書中語，爲之累唏不已。又寄示近作感懷五律五章。午飯後偕蓮士、寄公冒雨詣唐將軍祠，祠中有舊碑三，一不可識，一爲元至正間貢師泰守越時修祠所立，一爲明嘉靖間郡守梅守德重修所立。其碑文皆以降守李鄴與將軍，相形俱不甚佳，元碑稍勝，其篆文爲泰不華，亦可重也。廟貌尚修整，祠後墓爲僧房所隔，墓上又作垣蔽之，阡表亦泐，其表爲『宋衛士唐將軍之墓』八字略可辨，墓後不丈許置寺圃，殊可駭。去年季況曾創修墓議，當亟成之。偕寄公歸館，寄公別去。子九偕趙葆芝來，談至夜去。夜涼甚，有風雨。

十二日丙申　早甚涼，辰刻見晛即熱，中午驟雨數次，晡刻霽。上午至倉橋，屬沈萲石修書，復以事趨詣芝軒七叔家。行路極鬱熱，迨坐頃，尚喘不止。未幾，出遇急雨，趨出城緣，道借傘若屐。抵家憊甚，且似中暑，不能飯，少定勉舉一匕。作書致季況畢，復食緑豆半器許，即肩輿詣館，已晡矣。芝軒叔來。夜雨。

十三日丁酉　早陰，傍午大雨，晚霽。上午詣子九家，以事晤葆芝，談逾時出，遇雨，急歸館。芝軒叔來。夜微雨。（此處塗抹）

十四日戊戌　早至午陰，微有雨痕，未刻日出，旋陰。節子來，時未早食也。傍午偕節子詣子九，坐未定，即返。下午偕蓮士詣節子，晤周素人、季況昆季及陳麗生、許耔人諸君，子九亦在。談鋒互起，喧滿一室。傍晚素人偕陳、許兩君去，四人談至夜分始散，予偕蓮士歸。是日頗中熱，悶甚，又昨夜略受寒，至此併發，寢不能寐，身熱至曉不退。

十五日己亥　早至午晴，中午忽大雨至夜。午前節子、季況來，蓮士留飯，余以病不耐談，下午坐輿歸家。傍晚季況來，即去。

十六日庚子　終日晴陰相半。病差。雜閱《宋元紀事本末》、《三朝要典》、查初白《續集》、黄陶庵《文集》諸書。得蓮士書即復。夜大雨。

十七日辛丑　終日雨，凉。雜閱《蘇欒城集》《曾南豐集》。

十八日壬寅　小雨至午，下午陰。閱《陽明集》。閱《歸震川集》。

十九日癸卯　陰，稍熱。頭痛不快。閱《歸震川集》。作書致蓮士，得復。

二十日甲辰　晴，熱。詣元和堂本家拜六世祖樊太君生忌，散胙歸。夜閱《查初白集》。

二十一日乙巳　晴，下午陰。上午頭痛。閱《查初白集》。下午理書。排檢杜氏《通典》并揭籤。浴。夜小雨。閱萬斯大《周官辨非》。

二十二日丙午　陰，下午微見日。拜先大父生忌。頭痛。作書致季況。夜雨。閱萬斯大《禮記偶箋》。

二十三日丁未　晴，極熱。閱陳卧子《皇明詩選》。卧子主張王、李之學，故所選格律可誦，然亦有徒存腔拍者。夜，大雷雨。

二十四日戊申　早大雨，上午又雨，下午陰，凉。閱《歸震川集》。

秋分　二十五日己酉　晴，早起日景芳美，天氣極清，始聞桂樹花香。赴宗祠秋祭，讀册自宋金華令夫人以下至兄弟妻行。午散胙歸。作書致季況。手弈五局。

二十六日庚戌　晴。上午進城詣富人家問疾，非無謂也。晤館師王君履元。詣徐小池明經。偕至王杏泉家，晤其西席顧春園表叔及任學究某，同午飯，談至晡出。偕小池至江橋看戲，演《金鎖》一齣，附會明武定侯郭英事。戲畢，别小池，途遇徐葆意立談，逾頃别。詣元和，晤館師樊君駿聲。詣芝軒叔晤談，至夜歸。上望坊張氏來告期，爲次妹也。

二十七日辛亥　晴，晡時陰，晚雨，入夜不止，稍熱。早偕詩舫進城買雜物，飯於酒樓，傍午歸。抱僧慧剃胎髮，作湯餅會群從。午時發熱手戰。下午芝軒叔來。病卧。

二十八日壬子　晴，凉。稍瘥。屠宅姑母專人賫添奩四事來，即作書謝。作書致蓮士、致子九、致節子、致開先弟、致芝軒叔。得子九復、芝軒復。

二十九日癸丑　晴。夜瘦生來。始食菱。

三十日甲寅　上午晴，下午陰，晡時風，熱。作書致蓮士、致季況。得孫子九書、趙葆芝上舍書。得蓮士書。有蝗過我里，如暴風。偕瘦生小飲村店。夜雨。

九月初一日乙卯　陰雨，甚凉。作書致蓮士、致節子、致芝叔，得節子復、芝叔復。

初二日丙辰　早晴，上午小雨，午後微雨至夜。得季況前月二十九日書。子九來，知季況母夫人昨晚暴卒，以事不能即唁。

初三日丁巳　晴，稍暖。上望坊張氏來納米。孫馥生三兄及趙葆芝令郎來。蓮士來，偕至賞村唁，夜同宿季況種樹齋。

初四日戊午　陰，凉。早起偕子九坐舟歸家，子九别去。瘦生今早逸去。夜雨。

初五日己未　雨。家慈爲長妹理嫁衣。作書致蓮士、致節子、致開先弟。得蓮士、節子復。閲王于一《四照堂集》。文學《史記》，少嫌霸氣，然情韵絶好。詩學七子，甚粗儓。夜閲郎瑛《七修類稿》。此書引證頗廣，當時楊升庵已屢引其説，然識見殊卑，筆亦冗拙，時有村學究氣，論詩文尤可笑，其浩博則不可没也。

初六日庚申　雨，暖，地潮甚。鄭氏遣人來言迎奩舟輿人數。夜蓮士來，遂同坐舟詣賞村，開纜已鼓一中矣。風雨甚厲，夜分扣門入，子九、寶衣、曉雲、琴子皆在，曉雲新自都中歸者。

初七日辛酉　大雨，暖。在賞村陪吊。下午偕子九、蓮士歸。時雨少止，秋色腴甚，風雲皆輕俊作態，開篷即之，清氣可濯。傍晚抵家，二君别去。爲長妹理嫁具。

初八日壬戌　晴，熱，地尤潮。鄭氏來迎奩。夜雨有雷。

初九日癸亥　陰，凉。

寒露　初十日甲子　嫩晴，凉。進城有所詣。魯蓉生來。

十一日乙丑　晴。作書致蓮士、致季況。得蓮士復。買秋帽、秋領。爲長妹書扇。

十二日丙寅　晴，暖。作書致蓮士。買舟詣柯山，見姑母及瘦生。瘦生出新粳酒，煮菱相待，甚有山林風味。下午返棹，初見紅葉。得季況書、蓮士書。得琴子書，并添奩四事，頗爲王謝堂前物。夜雨。收焕字號河梁番錢十五元。

十三日丁卯　風雨，下午雨尤甚，凉，夜雨聲徹曉。

十四日戊辰　雨，凉甚，夜晴。

鼠無牙，牛無齒，虎無脾，兔無唇，龍無耳，蛇無足，馬無膽，羊無瞳，猴無臀，鷄無腎，犬無胃，猪無筋。《七修類稿》云：『十二生肖，各取其足爪，於陰陽上分之，如子雖屬陽，上四刻乃昨夜之陰，下四刻今日之陽。鼠前足四爪象陰，後足五爪象陽也；丑屬陰，牛蹄分也；寅屬陽，虎五爪；卯屬陰，兔缺唇且四爪也；辰屬陽，龍五爪；巳屬陰，蛇舌分也；午屬火，馬蹄圓也；蓋馬單蹄。未屬陰，羊蹄分也；申猴五爪，酉鷄四爪也；戌狗五爪，亥猪蹄分也，此或庶幾焉。然蛇、兔且取唇舌，他物之足爪亦豈無如十二物者哉！蓋又於時位上見之：如子爲陰極，幽潛隱晦，以鼠配之，鼠藏跡也；午爲陽極，顯明剛健，以馬配之，馬快行也；丑爲陰之俯，而慈愛生焉，牛有舐犢，以牛配之；未爲陽之仰，而禮義行焉，羊有跪乳，以羊配之；寅爲三陽，陽勝則暴，以虎配之；申爲三陰，陰勝則黠，以猴配之；日生東，而有西酉之鷄；月生西，而有東卯之兔。此陰陽交感之義，故曰卯酉爲日月之私門。今兔舐雄毛則成孕，鷄合踏而無形，皆感而不交者也，故卯酉屬兔鷄；辰巳陽起而動作，龍爲盛，蛇次之，故龍蛇配焉，龍蛇變化之物也；戌亥陰斂而潛寐，狗司夜，猪鎮静，故狗猪配焉，狗、猪持守之物也。』

顧寧人云：『古無有一日分爲十二時之説。《洪範》言歲、月、日不言時。《周禮》馮相氏掌十有二歲，十有二月，十有二辰，十日，二十有八星之位，不言時。屈子自序其生年月日，不及時。呂才《禄命書》亦止言年、月、日，不及時。李虚中以人生年、月、日所直支干，推人禍福生死，百不失一，初不用時也。自宋而後，乃并及時，謂之八字。《淮南子·天文訓》：「寅爲建，卯爲除，辰爲滿，巳爲平，午爲定，未爲執，申爲破，酉爲危，戌爲成，亥爲收，子爲開，丑爲閉。」建除之名，自斗而起，始于《太公六韜》，云開牙門，當背建向破。《越絶書》黄帝之元執辰破巳。』

《猗覺寮雜記》碎綴：

介甫《字説》往往出於小説、佛書。且如『天，一而大』，蓋出《春秋説題辭》。『天之爲言填也，居高理下，含爲太一，分爲殊形』，見《法苑珠林》。『星字，物生於下，精成於列』『精成於列』，《晉·天文志》張衡論也。『鸜鵒勾其足而欲』，見《酉陽雜俎》：『鸜鵒之交，勾其足，往往墮地，人掩之，以爲媚藥。』秊字，禾一成爲秊，《書正義》孫炎曰：『秊，取禾穀一熟。』

物去其勢，豕曰豶，見《易》；牛曰犗，見佛書；馬曰扇，見《五代史》；鷄曰敦，犬曰閹，見俗語。

退之祭文『虎入廄處』『以我驉去』。《唐韵》：『驉子曰驉。』亦見何承天《纂文》。

《本草》『鶩』注，尸子云：『野鴨爲鳧，家鴨爲鶩，不能飛翔，爲庶人守耕稼而已。』余以是知《周禮》『庶人執鶩』之義。

王維畫雪中芭蕉，惠洪云：『雪裏芭蕉失寒暑。』不知嶺外如曲江，冬大雪，芭蕉自若，紅蕉方開花。

琴曲有《賀若》，最古淡。東坡云：『琴裏若能知賀若，詩中定合愛陶潛。』人或謂賀若弼，殊不類。余考之，蓋賀若夷也，夷善鼓琴。王涯居别墅，常使鼓琴娱賓，見涯傳。東坡又序《武道士彈琴》云：『賀若，宣宗時待詔。』

今婦人削去眉，畫以墨，蓋古法也。《釋名》曰：『黛，代也。滅去眉毛，以代其處也。』《初學記》：『藍田出美玉，如藍，故名藍田。』

錢以文言，《南史》武陵王華林園射，賜錢五萬文。絹帛以匹言，姚察門生遺花練一匹。藕以挺言，南海王子軍取一挺藕。檳榔以口言，任昉父遥餌檳榔，剖百口許。簟以領言，《世説》王佛大見王恭，索簟一領。

斬首幾級，謂斬敵一首，拜爵一級，謂一首爲一級，見《衛青傳》注。今云取其人首級，非也。

用驢磨麵，見六朝宋袁淑《廬山公九錫文》，云：『嘉麥既熟，實須精麵，負磨回衡，迅若轉電。』

《説文》：『貙膢，祭飲食。』《漢書》『武帝令天下五日膢』注，蔡邕曰：『貙敕俱反。常以立秋日還食其母，王者以此時祭廟，膢劉。劉，殺也，言擊殺之時。』又《續漢·禮儀志》：『立秋郊畢，始揚威武，斬牲令郊東門，名曰貙劉。』故漢高云婁者，劉也。

三命家言支干者，見《白虎通》。甲乙，幹也；子丑，支也。不當言干，當言幹也。夏正以平旦爲朔，商以鷄鳴爲朔，周以夜半爲朔，亦見《白虎通》。

錢有字漫，見《漢·西域傳》。罽賓國以金銀爲錢，文爲騎馬，幕爲人面，如淳曰：『幕，音漫。』顔注：『幕，即漫也。』

越縵堂日記丙集下

咸豐六年九月十五日至咸豐七年四月十九日（1856年10月13日—1857年5月12日）

整理者按：此《越縵堂日記丙集下》整理本乃合《越縵堂日記丙集》傳録本和《越縵堂日記丙集下》傳録本而成。兩者互有詳略，但大致而言，《越縵堂日記丙集》傳録本所涉日期較後者爲少，但其中所記較後者詳盡。然咸豐七年後爲《越縵堂日記丙集》傳録本所獨有。此《越縵堂日記丙集下》整理本以《越縵堂日記丙集下》傳録本爲底本，咸豐七年前加〈〉者乃用《越縵堂日記丙集》傳録本補。

丙辰九月十五日己巳　晴。先日連陰風雨，至昨夜忽住。晨起烟景清麗，爲今秋第一佳日。是日也，長妹滎陽氏出閣。先君子生三女，妹生道光十六年丙申，至三十年庚戌，字於城中月池坊鄭氏。及今出閣。妹幼柔慧，先君子甚愛之。比長，習太夫人教，尤勤儉，能分太夫人勞，家中井臼中饋及衣服紉綴，悉以屬之。太夫人性嚴急，少不中程，即怒。妹安之，不以讓諸嫂。余家居飲食，不時悉問諸妹，故余詩有云『執爨妹兼粗婢役』，紀實也。早起祀神，上午教婦，午祭告祖先，邀族人宴。聞樂而哀，昔人譏之，然情動於中則愈不能自禁。若昏禮，本不樂不賀，以親老而爲子娶以著代，非人子所忍言也。况嫁女則有生離之戚矣。顧習俗相沿，又焉得不樂，樂則樂，而哀不知所之者，人情也。余至性亦非有過人者，而教婦之頃，禮行樂作，悲不自勝。及迎親者至，而家笙鼓齊奏，不覺泣下沾襟。人或有過之者。噫！人之生女兄弟，猶之兄弟也。兄弟授室後，往往各親所愛，而姊妹在室者，無有不依依於其兄若弟者。既嫁則日遠日疏，而將遂爲路人矣。夫以毛裏之愛，而致此者，勢爲之也。然則嫁之一日，其天性親疏之一大交際乎，可哀也已！得季貺書，以番錢一元添奩。作書致蓮士借輿僕。夜半送妹上車去，予偕開先、詩舫、楚材諸弟隨送至鄭宅，更以舟送箱簏鋪陳去。今年自五月不雨，至九月舟楫不通，比三日，雨水復舊矣。

十六日庚午　薄陰，辰刻見日景。寅刻花燭，卯刻宴畢，辭歸。詣大坊口吊節子母夫人之喪，即返。辰刻鄭郎偕妹來反，馬茶三獻，再拜去。鄭郎少妹五歲，自其祖以賈起家，四十年來，日蕃滋，其諸父輩皆以貨殖雄於鄉，而漸侈。子弟或事遊蕩，遂稍稍有落其家者。鄭郎父最以謹厚，稱祇一子，以歲庚戌求昏於先本生王父司馬公，司馬公率予至其家親相婿時，鄭郎髫也。司馬公喜其厚重，即許字。今婿能行親迎，而司馬公棄養五年矣，不及見也。

十七日辛未　陰，夜微雨。料理長妹三朝禮物。

十八日壬申　密雨終日。以鷄、鵝、魚、豚、脯、腶、榛、栗、棗、胡桃、荔支、龍眼、蓮芡、梨、柿、橘、柚、酥、餦、粔、餌、粉糍、粔籹糖蜜之屬共六十四榼，簪珥、銀釧、巾飾、衫裙、鉛粉之給婢媪者共四箱，鞋韈、雜佩之贄舅姑者共四篋，又奉以衾枕鋪褥一副，爲長妹做三朝。鄭宅犒錢八千文。吾鄉嫁女，以奢相尚，爲天下最。自服飾器皿下及刀匕箕鬣，無一不具，而費之無用者，復不訾。余家素清儉，比又中落，凡來作我家婦者，嫁具皆不盈一車，而長妹此行又不能不稍隨婿家爲轉移。昔賢云嫁女必須勝吾家者，然降及後世，悉索敝賦，職是爲厲。其亦善爲女謀而不知自謀者耶？乃笑牽羊買犬家正宜收烏瑺十事講田夫禮耳。

十九日癸酉　陰。家慈感寒寢疾，延醫治。家慈疾以虚乏故，每日起拮据家事，至夜分不少息者，將四十年。持齋者又將二十年，食淡自苦，有赤貧家所不能者，參苓以下諸物屏不御。余兄弟四人皆蚩蚩，終年亦未有以甘脆進者，偶進即却，故精力大減。月必三四日病，病又不肯服藥，勸之輒怒。今日醫來，言日晨刻以冰糖合薑瀹湯飲之，蓋亦以不費，故相勸也。余鈍不知醫，不能别藥物，又最善病，嘗欲得元鄒鉉《壽親養老新書》讀之。今年兩妹嫁，後事粗畢，明歲當廣購此書，以從事於《靈樞》《素問》爾。開張，諸僕役賞錢。

二十日甲戌　晴，甚熱，僅單衣。得蓮士書。令諸弟繕嫁妹記簿。洗足。

二十一日乙亥　上午陰，下午雨，夜雨。早飯後進城詣開先，晤，旋詣館晤蓮士。

《閲金壇段玉裁〈經韵樓集〉》，皆説經之作。劄記數事：

《毛詩》有三『睆』字。一《凱風》：『睍睆黄鳥。』傳曰：『好貌。』一《杕杜》：『有睆其實。』傳曰：『實貌。』一《大東》：『睆彼牽牛。』傳曰：『明星貌。』《釋文》皆華版反。《杕杜》篇《釋文》曰：『字從白，或從目邊，非。』此古本也。今本《釋文》乃改作睆，從目，而删非字，由改經傳從目，故出此耳。又《廣韵》：『皖，户版切，明星也。睆，户版切，大目也。』故《唐韵》據此言《大東》作皖。《五經文字》雖無皖字，然目部曰睍見《詩》，睆見《禮記》。則其所據《詩》不作睆可知也。

《詩》：『誰能執熱，逝不以濯。』《左傳》引之云：『禮之於政，如熱之有濯也。濯以救熱，何患之有？』毛公傳曰：『濯，所以救熱也。』《詩》意執熱言觸熱苦熱，濯謂浴也。濯訓滌。沐以濯髮，浴以濯身，洗以濯足，皆得云濯。此《詩》謂誰能苦熱而不澡浴以求凉者乎？乃鄭箋、《孟子》趙注、朱注、《左傳》杜注皆云濯其手，轉致義晦，由泥於執字耳。

今學者作伊雒字皆作洛，不知其非。古豫州之水作雒字，雍州之水作洛字。載於經典者畫然，至魏而始亂之。《魏志》黄初元年幸洛陽，裴注引《魏略》曰：『詔以漢火行也，火忌水，故洛去水而加隹。魏於行次爲土，土，水之牡也，故除隹加水，變雒爲洛。』此黄初元年改雒字之始。曹丕欲改隹從水，而先以漢去水加隹爲辭，竟若漢以前本作伊洛而漢始改之者。漢果忌水，則國號漢者，將何説乎？即如顔籀云光武以後始改，光武又何以不改漢而改洛乎？考之六經，《詩》云：『瞻彼洛矣。』毛傳曰：『洛，宗周溉浸水也。』此即《周禮》之雍州其浸渭洛，與伊雒了不相涉也。《周頌》序曰：『周公既成雒邑。』其字《釋文》尚作雒也。《左傳》『伊雒之戎』凡兩見。又『楚子伐陸渾之戎，遂至於雒』。又『武王克商，遷九鼎於雒邑』。又『劉定公勞趙孟於潁，館於雒汭』。又『晉侯使屠蒯如周，請有事於雒與三塗』。又『司馬起豐析與狄戎，以臨上雒』。皆作雒，不作洛。《周禮·職方》『雍州，其浸渭洛』，『豫州，其川熒雒』，二字分别皎然。《淮南鴻烈·墬形訓》曰『洛出獵山』，高注：『獵山在北地西北夷中，洛水南流入渭，《詩》「瞻彼洛矣，維水泱泱」是也。』『雒出熊耳』，高注：『熊耳在京兆上雒西北。』亦甚分晰。

《儀禮》：『夫妻牉合也。』牉當作片作半，合二字爲牉。此必俗字。《周禮》：『媒氏，掌萬民之判。』注曰：『判，半也。得耦爲合，主合其半，成夫婦也。《喪服》傳曰，夫妻判合。』據此，則鄭所據《喪服》作判。然詳文義，則鄭引《喪服》夫妻半合之文以證己合其半成夫婦之説。淺人轉寫，有所改竄耳。《儀禮》賈疏『繼母如母』下云：『繼母配父，即是片合之義。』『慈母如母』下云：『繼母非父片合。』『父卒繼母嫁』下云：『亦爲本是路人，暫時與父片合。』字皆作片。考諸《説文》：『片，判木也。』『半，物中分也。』『判，分也。』凡物合而分之曰半，分而合之亦得曰半。片者，半之假借字。判者，亦半之假借字。古三字同音，義亦相近。本無牉字，《字林》始有之。至若《經典釋文》宋本作牉合，《説文》曰『牉者，半體肉也』，亦用假借字，而義甚近。《五經文字》《九經字樣》亦皆無胖字。又《周禮·酒正》疏云『夫妻片合』，亦是一證。

段氏極精小學，所注《説文》最浩博，此數條援據，亦極明晰可據。〉

二十二日丙子　微雨。恭閲《皇清開國方略》。

愛新覺羅布庫哩雍順，即天女佛庫倫所生，稱爲天子者，定三姓之亂，遂奉爲貝勒，居長白山之俄朵里城，國號滿洲。越數世，國人叛，戕其主，幼子遁於荒野，有雀集其首，追者疑爲枯木，遂得免。數傳爲肇祖原皇帝，計誘先世讎人之後，誅之，遂復舊業，居赫圖阿拉地，漢語横甸也。後稱真京，距俄朵里城西一千五百餘里。肇祖曾孫爲興祖真皇帝，興祖生景祖翼皇帝，景祖生顯祖宣皇帝，顯祖生太祖高皇帝，景祖、顯祖併吞所近諸部，日强大。後以圖倫城主尼堪外蘭構古哷城主阿太章京於明，明寧遠伯李成梁圍之。阿太章京子婦，景祖女孫也，故景祖偕顯祖救之，城陷，皆被殺。明乃詭言非本意，歸二祖喪，授太祖都督敕印，而黄道周《博物典彙》則云建州都指揮王杲爲邊患，總兵李成梁不能制，以顯祖有膽略，令率兵討杲，往返八日，禽之。成梁忌其狀貌非常人，詭請視火器，陰設反機害之。時太祖方四歲，李成梁佯哭之盡哀，迎太祖兄弟，厚致餼焉。太祖稍長，讀書有謀略，十六歲始出之建地，遂日與弟厲兵秣馬，動以復父讎爲辭，自萬曆三十四年貢後，以邊關勒索無厭，遂不復貢云云。

太祖初起時，止有顯祖遺甲十三副。萬曆三十四年，自號聰睿貝勒，討尼堪外蘭，遂克圖倫城，旋克嘉班城，尼堪外蘭逃走明撫順所，不納。太祖追及，誅之。萬曆四十四年丙辰，諸貝勒大臣上尊號爲覆育列國英明皇帝，建元天命。三年，率步騎二萬伐明，以七大恨告天。明經略楊鎬四路出師，號四十七萬，三路大敗，杜松、王宣、趙夢麟、劉綎諸將皆戰歿。遂克開原、鐵嶺。六年辛酉，取瀋陽，旋取遼陽，河東大小七十餘城皆降附，遂徙都遼陽，號東京。七年壬戌，取廣寧，進逼山海關。明經略熊廷弼、巡撫王化貞遁入關，降者復四十餘城，旋又克義州。十年乙丑，遷都瀋陽。十一年丙寅，攻寧遠城。寧遠道袁崇煥、總兵滿桂固守，不下。八月，太祖崩。第八子四貝勒即位，是爲太宗文皇帝，改元天聰。五年辛未，取大凌河。九年乙亥，貝勒多爾衮收服察哈爾全部，獲傳國璽。明年丙子，建國號曰大清，改元崇德，群臣上尊號曰寬温仁聖皇帝。是年冬，征朝鮮，大破之，國王李倧降。七年壬午，鄭親王濟爾哈朗克塔山、杏山城。太宗長子肅親王謚武王。豪格亦作合格。克松山，擒明總督洪承疇，旋克錦州，降總兵祖大壽。（九）〔八〕年癸未八月，太宗崩。開國大略具此。

二十三日丁丑　陰，嫩晴，傍晚風西北起，頓寒。芝軒叔來。吉庵來。

二十四日戊寅　上午陰，下午微雨，夜雨聲達旦。

二十五日庚辰　嫩晴。終日發熱不快，中午不食，腹痛終日。顧春園叔來。夜暴下。

二十七日辛巳　晴，下午薄陰。腹仍痛，又瀉。

二十八日壬午　晴。閱盧江閨秀吴綺琴詩。下午歸家，作書致季貺。

二十九日癸未　晴，稍暖。上午詣芝軒叔，晤之館。晤倪曉芸明經。孫子九來，贈筆五枝、墨四挺。晤盧江章别駕華，共夜飯。

三十日甲申　晴，有風，午後陰晦，風甚。〈比日初霜，天氣潔甚。湖上紅樹正酣，村村打稻聲相軋，湖菱尚未盡，鱸蟹諸物皆起。怏怏未能一出遊，今日又秋盡矣。姑負如許，可歎！〉

十月朔乙酉　是月大建己亥。按《御定萬年曆》及《通書》皆作癸丑晦爲月歉。而去年欽頒《時憲書》作甲寅晦爲月盈，後月戊寅日爲冬至。遂有廿四、廿五先後一日之異。以大祀圜丘之日而差錯無是正之者，不可解也。清晨微雨，終日陰。

初二日丙戌　陰雨終日。詣觀巷陳氏宅。吉庵來還日記。

初三日丁亥　薄晴。澈公來，得素人、季貺書。

近傳僧道懸光之術，始見於《晉書・佛圖澄傳》以油脂塗掌事。今日閱宋人龔明之《中吴紀聞》，載兩事云：元豐間，朝廷選使往諭高麗，命林希。希力辭，遂出知池州。初，希買卜於京師孟診，爲作卦影，畫紫袍金帶人對大水而哭，林以爲高麗須涉瀚海，故力辭。及知池州，繼遭喪禍，其驗乃在此也。又韓中孚將遊上庠，聞市肆有精軌革術者，往筮之，畫一金章紫綬人，有賁色瓶在其旁，後有一人處圓圈中。術士謂曰：『君此行中途必爲貴人所留。』及行次南徐，故人朱行中龍圖爲郡守，倒屣迎之，延於郡圃。朱平生愛一賁色酒壺，因宴出示之，圃中有草庵，其狀甚圓，韓寢於其間，與卦影所畫，無一不驗。

初四日戊子　晴。晤張梅岩。

初五日己丑　晴。得子九書。

初六日庚寅　晴，甚暖。早起詣味經堂書坊，晤沈素庭，歸家。王母余太孺人諱日。詣謝墅六世祖殿纂公墓，送寒衣。是日天氣清麗，舟行山中，翠不可即，霜樹就紅，其緑者十之四，黄者十之一耳，然早霜者已嫣紫欲墜矣。經一峽口，橋側列五六樹，皆作猩色，極艷。又望屏山深緑中，有如珊瑚火齊矗立者，皆奇景也。傍晚歸。

初七日辛卯　晴。詣芝軒叔，晤。祭曾王母誕辰。

漢朱穆好學，不出户，人謂其幾不知馬幾足。蔡京嘗問諸孫米何出，或曰出血中，或曰出席包裹。賢愚雖不同，其爲瞢昧則一也。自來學人往往有日在耳目前物而不察者。余生田間，又近市，顧米穀外皆不知其價。比聞市中諸估物消長甚驟，因略記之：菜常時每斤錢一二文；酒常時每斗錢百四五十文。今菜每斤九文，酒每斗二百文，米最上者每石至四千七百文，常米亦四千三百文，餘物稱是。惟棉花甚賤，連核者每斤錢四十文，去核并彈浄者每斤百七十文。余嘗憶宋釋文瑩《玉壺清話》及《中吴紀聞》皆載[真宗]真宗嘗宴群臣，忽問唐酒價幾何，丁晉公對曰：『每斤三十。按杜甫詩：「早來就飲一斗酒，《紀聞》作「速宜相就飲一斗」。恰有三百青銅錢。」是以知之。』上大喜曰：『甫之詩自可爲一時之史。』然則讀書能如是悟者，又何來『專愚』之譏耶？

〈文(宗)〔章〕間有鉅儒宗工講究不到者，故其難其慎，間不容髮，往往偶不及察，遂貽千載口實。宋人王得臣《麈史》譏歐陽文忠作族譜序，言：『不知姓之所自，而昧昭穆之序，則禽獸不若也。』其譏訶亦至矣。然歐陽氏得姓凡幾年，其間文學之士蓋亦多矣，文忠始爲之譜，斯言恐未爲得也。』卓哉論乎！一經道破，直令作者無地自容。又李泰伯《盱江集》中《與胡瑗書》其後有云：『觀《送程令序》，斥言今之縣令不得其人，而末一句乃曰，與(君家)〔家君〕有代授之契。如是，則尊公亦今之縣令耳。蓋文之大病不可不察。若尊公之治有異於前之云者，願少稱述。不然，則削此一句，以存有隱無犯之義，甚善。』皆至論也。國朝杭大宗《道古堂文集》譏王充《論衡》，謂充悉書其祖父之劣行，且創或人問答，揚己以醜其先，甚至謂母驪犢騂，無害犧牲，祖濁裔清，不膀奇人，是真名教之罪人。又言近時臨川陳際泰作書誡子，而以村學究刻畫其所生，其端實自王充發之。乃知作文須面面都到，尤不得使一毫矜氣，快意時愈宜留意，蓋恐一逞筆則不知所之矣。歐陽諸公之失，皆矜氣使之也。〉

初八日壬辰　晴，甚暖。得季貺書。作書致節子，得復。作書致季貺、致〔芸〕〔芝〕軒叔。

初九日癸巳　晴，有風，頓寒。芝軒叔來。晤陳晝卿。

初十日甲午　晴寒。下午芝軒叔以舟來迓，至元和堂晤鏡人伯，爲商酌繼書分書也。因稍定數字，即返館，已曛暮矣。

十一日乙未　晴和。澈公來。得素生書，即復。晤周拜軒、章子實。比日寒暖不時變，余以略受風不快，身微熱。

十二日丙申　陰，午後晴。比曉不成寐，因辨色起，甚不快。復卧，逾一二刻復起，中惡，發熱。顧春園表叔及屠子疇秀才來。

〈購得李泰伯先生《盱江全集》一部十册。此書按《欽定四庫書録》言明左贊删其中《駁孟》一書，并點竄其文，使改而尊孟，殊爲庸妄。今因不得其原本，姑仍贊本録之而附訂其謬云云。余尚有明槧殘本，僅三帙。今此本乃雍正間其後裔所刻，詩文集共三十七卷，年譜一卷，外集三卷，與《四庫》所收者同。末又附其姪山甫詩文一卷，卷首有盱江先生像，又有明成化三年吏部驗封主事左贊請修泰伯墓及立祠一疏，蓋贊亦南城人也。書中字多訛脱，又半爲不知病狂人塗抹，甚至有改竄者，字跡污率，語句不通，又往往破句讀豆讀之。《慶曆民言》三十篇中，惡札幾遍行墨間，甚可痛恨。因其罕遘，故買之，付錢四百文去。〉

夜月甚好。初閉門，偕蓮士及諸徒圍燈讀書，不知也。將二更，余以日不飯，且病，先倦。出户，則庭户皓然。雖窺天僅如盎大，而萬里景色如在目前，又嚴霜謖謖砭肌骨，心神爲肅，不覺病愈，又添讀書興一倍。

十三日丁酉　薄晴。終日改諸徒課文。夜月翳，蓮士以俗事不出，余亦以明日有事須急了，後明日又有無謂應酬事，須五日方畢，遂不復能讀書。

十四日戊戌　晴。魯蓉生來。傍晚歸家。

十五日己亥　晴，下午薄陰。早詣芝軒叔家。晤唐雪航教授師，巳刻歸家。作書致蓮士。爲芝軒叔撰告墓及發紖祔祠祭文，以族祖望樓教習公出殯故也。吾鄉艱於卜地，往往以野殯塞責，遂侈然召親友，盛陳設，謂送死之事畢矣，人亦觀美其飾終之典而相與忘之。富家大室，遂至有歷數世幾百年而不葬其親者，其害不可勝言，略於祭章中發之。夜復詣芝軒叔家送喪。三更開船，至郭外青田湖，月色甚好，望隔湖烟樹，與天俱遠。復晤唐雪航師，少談而別。登舟失足，幾墮水，從人急掖之始免。

十六日庚子　晴，中午陰，夕景復明。清曉望湖景極潔。比日出，則遠近紅樹漸出烟際矣。早飯於野次。辰刻送進殯廬。未午復宴於殯側。中午赴宗祠，送主人祔畢回家。買舟赴柯山。至丁港，霜樹漸多，時正夕陽，光彩畢見。然今冬霜少，湖山大減色矣。此行也，亦聊以償宿願，且志不負一年佳景爾。傍晚抵沈宅，見姑母及瘦生，繫舟留宿。

十七日辛丑　晴。早飯後偕瘦生遊七星岩及普照寺，甚苦足軟。午飯後返棹，傍晚歸家，即换舟赴馬山緑葭埭，二鼓抵倪宅。

十八日壬寅　終日悶坐，不得已，就書室與馮館師談。馮生，上虞人。因詢於予宗在上虞者，云有李嶴一村，聚居者百餘家，有祠廟，然讀書者寥然矣。夜赴表妹出閣宴，諸戚屬强嬲飲酒，盡七巵，醉不能起。就寢，至夜分起，登舟送親至富林村趙宅，四更登岸，五更觀花燭，更盡就宴。

十九日癸卯　薄晴。清晨宴畢，回倪宅，即換小舟歸家。夜將半大風，俄雨。

二十日甲辰　晴。今早西郭市陳米每石五千六百文，新米四千九百文，糯米六千文。每歲新穀起時，米價必頓減於常。今歲雖旱蝗，然皆不爲灾，收成又極好，而米之騰貴若是，是可憂也。以舟至鄭氏迓妹及鄭郎來，治具款之。傍晚鄭郎去。聞廣東、貴州又亂。

二十一日乙巳　晴，甚寒，有冰。早飯後詣館，晤蓮士。

二十二日丙午　晴，午後微陰。晤松林村人史心畬，云素識予者。史乃今大司寇趙公光妻姪也。得寨下村人茹子薌書兩紙，乃索蓮士書者。昔人以一技之長，苦爲人役，至以爲世戒。余不能書，而以友人牽連，亦受人役，尤可厭恨。賊僞（北）〔東〕王楊秀清被僞（東）〔北〕王韋（改）〔政〕代其位，聞前月某日事也。

二十三日丁未　晴和。芝軒叔來。下午詣子九，談逾晷，且知蕭山社友陳荃譜孝廉歿已月餘矣。荃譜名潤，於社中年最長，有品節，詩力宗老杜，古文學歐、曾，雖俱未成家，然所守甚正也，且堅進不已。同人中頗服膺叔雲、平子及余。顧與余絶不通問。余間寄丁豹卿詩及之，亦不答也。平子去年客蕭山，爲余言其見余詩無不傾倒，與人言必及之。又未結社前，嘗於人扇上見子九贈雲栖寺僧五古二章，歎曰數百年無此作矣。荃譜精醫學，甲寅孟春會飲蘿庵，爲予診脉，大駭，謂脉細促有死徵，力勸避静自養，勿作詩。嗣遂不相見。去年四月喪其母，屬叔子爲代求同社挽聯。余撰聯云：『教子成大名，溯古获千秋，彤史齊芬歐魏國；留賓感賢母，痛生芻一束，素冠争唁無林宗。』不意逾一載，而又哭荃譜矣，亦吾道之孤也。季晛來謝吊，不值。

二十四日戊申　晴暖。得節子書，即復。課及門詩賦。夜讀《晉書》劉琨、祖逖傳。余於今春三月間讀《晉書》列傳，略皆上口，而今又邈如隔世矣。健忘若此，可歎也。《晉書》當永嘉之亂，惟祖士稚有名將才，餘皆不足數。劉越石志大力弱，房琯、張浚流也。晉之不亡者，以群雄蜂亂，故聰、勒有所顧慮牽制。至温太真起，而南渡之基定矣。繼以桓元子、謝安石，皆晉第一流人也。

二十五日己酉　陰。上午詣倉橋街，遂回家具冠服，至芝軒叔家與祭望樓教習公小祥。晤平水金丈筆夏，即教習公婿也。不及坐，辭歸。祭本生王妣顧安人忌日。晤姑父屠夢翁表叔、顧十九丈及姑母周孺人。鄭郎來，與共食，因留小住。余自買棹，至大街遂返館，已晡矣。夜孫子九來，與蓮士劇譚，至二更後歸。

二十六日庚戌　薄晴。閲《新唐書》。

二十七日辛亥　晴。閲《新唐書》。得傅節子書并杯一枚，即復。

二十八日壬子　晴，連日温和，纔可重棉，今晨尤暖，不能巾。夜與蓮士談甚久。有風。

《偶閲謝疊山氏《文章軌範》七卷，共六十九篇，皆取古文之有資於場屋專爲舉業設者。其選分放膽、小心二目，以昌黎《與于襄陽書》至盧陵氏《春秋》《朋黨》《縱囚》諸論共二十二篇爲放膽，以蘇老泉《管仲論》至陶靖節《歸去來辭》共四十七篇爲小心，皆標揭其篇章句字之法。大率韓、柳、歐、蘇之文，韓文居三十二，大蘇居十二，而厠入諸葛《出師表》及陶《辭》兩篇，詮次無序。唯論歐陽公文章爲一代宗師，然藏鋒斂鍔，韜光沉馨，不如韓文公之奇奇怪怪，可喜可愕。學韓不成，亦不庸腐；學歐不成，必無精彩。獨《上范司諫書》及所選三論，氣力健，光焰長。又論東坡平生作詩不經意，意思淺而味短，獨《潮州韓文公廟碑詩》《司馬温公神道碑》《表忠觀碑銘》三詩奇絶，皆刻意苦思之文也，殊爲當時創論。《欽定四庫全書提要》言其中獨《前出師表》《歸去來辭》兩篇無圈點批注，似有所寓意。凡所標舉，動中窾會，古文之法，亦不外此云云。今按所選，如元結《大唐中興頌序》、辛棄疾《紹興辛巳親征詔草跋》等，皆寥寥數字，而亦收入，殊所未解。顧元序標注頗精細，辛跋不經見，因亦録之，以便吟諷焉，其勾注圈點皆依樣。

大唐中興頌序　元次山

天寶十四年，安禄山陷洛陽。明年，陷長安，天子幸蜀，唐明皇。太子即位於靈武。肅宗不受命於父而自立，與簒位同。明年，皇帝移軍鳳翔。太子立，則稱皇帝。其年復兩京，上皇還京師。天子退位，則稱上皇。於戲！前代帝皇有（盛德）（大業）者必見於歌頌。前代帝王有德有功者，見於歌頌。若今歌頌（大業），刻之金石，今日無盛德有大業，而見於歌頌。非老於文學，其誰宜爲！

跋紹興辛巳親征詔草　辛稼軒

使此詔見於紹興之前，可以無事讎之大耻。使此詔行於隆興之後，可以卒不世之大功。今此詔與此虜猶俱存也，悲夫！

疊山以此兩文入第六卷，爲小心。每卷首皆有小引，此卷首云：『此集才學識三高，議論關世教，古之立言不朽者如是夫！葉水心曰：「文章不足關世教，雖工無益也。」人能熟此集，學進，識進，而才亦進矣。』云云。是則此卷所選，殆最留意。其第一篇，即武侯《前出師表》也。《中興頌序》注中，以肅宗之立爲簒，近乎苛論。靈武之舉，應天順人，唐之不亡，繫此一着。宋人多詆之，迂儒不達時變，雖疊山亦不免。然其鉤抉深細，於盛德大業分合處，指出微意，痕迹寂然，雖聲叟當日未必有此深文，而讀者不可不推求至隱，此即尋間法也。稼軒以附會開禧用兵，稍損名節，然其拔賊自歸，固無日不枕戈思效，即此四十六字，滿腔忠憤，幡際天地，如聞三呼渡河聲矣。〉

二十九日癸丑　晴。早起至文淵堂書肆，買得明槧《秦淮海集》一部五册、梁玉繩《清白士集》一部八册。

玉繩字諫庵，翰林學士同書之子，所著有《史記志疑》及此集。内共六種：《班史人表考》九卷，《吕子校補》二卷，《元號略》四卷，《誌銘廣例》二卷，《瞥記》七卷，《蜕稿》四卷，又《庭立紀聞》四卷，乃其子學昌所輯。《元號補遺》一卷，半爲日本年號，從其國所刻《大成年代廣記》録出，半乃錢唐諸以敦校補。諫庵以諸生終，《蜕稿》乃其所作詩文，膚淺不足存。《人表考》搜采頗博，尤便於省覽。《吕子校補》乃補畢秋帆校所遺。《元號略》取古今帝王紀號及僭僞、盗賊、外國，皆及錢幣金石。分專號、重號二目，以韵編次。又帝王俱全書謚名、年數、陵號，皆爲自來所未有。《誌銘廣例》以元人潘昂霄《金石例》、明人王行《墓銘舉例》及國朝黄梨洲《金石要例》三書標采錯雜，兼病漏略，爲之别正摘補，體式大略具備。《瞥記》多參考經史，亦近來説部之錚錚者。

回家。上午詣芝軒叔家，晤鏡人伯，午後歸。

三十日甲寅　晴。作書致蓮士，約明日遊寓山。作書致瘦生，屬先知寓山侍僧，并借僧廚。作書致子九。得蓮士復，以事辭。作札柬鄭郎。復作書致子九、蓮士。步至雍樂橋看夕陽，時天氣暄甚如中春，惟木葉盡脱耳。農人每三兩聚田間下麥種，觀之若甚閑者。洗足。晡時子九來，燒燭談，留飧。更餘携燈送之去。作書致丁韵琴，并還錢唐關秋芙女士詩稿。

十一月朔乙卯　晴。早飯後偕群從放舟進城，詣芝軒叔，少坐即出登舟，至鳳儀橋，遣僕走邀蓮士，炊許始來。出常禧門，時紅葉盡落，三山畫橋諸處稍覺减色。天氣清甚，微有風，抵寓山時，已過午矣。瘦生待於寺，遂同飯於静業堂。户部司務祁公豸佳所題。日加申，蓮士先坐小舟歸，予偕瘦生步至七星岩，看近山晚烟，一白横亘。此山居者旦暮見之，而予家城市，至以爲奇景，耳目之錮如此。曛黑返棹，至魚濱晾網橋，已漁舟人語寂矣，深樹遠村，略見兩三燈火耳。二更抵家。聞陸家埭外從大父上舍倪公德輿昨日無疾坐化，年八十六。

初二日丙辰　陰，上午微雨，晡時薄見日景。作書致季貺。下午侍家慈坐舟至社廟觀劇，晚歸。

初三日丁巳　晴，午後陰，風起漸盛，夜雨。早飯後進城詣子九晤談。方起欲出，適季貺來，遂留昶敘，同午飯。畢，偕訪節子，坐逾時始出。季貺、子九别去，余反館。

初四日戊午　晴寒。〈叔孫通爲秦漢間大儒，而古之禮樂亡於通，天乃假之老壽，使得用於漢世，以變易制度。五代時，王朴具王佐才，充其所至，實足以制禮作樂，成一代之治，而促其年壽，不得逢太平興國之盛，其殆氣數所至，天亦不欲其復古耶？夫通之世，去三代不遠。秦雖號蔑儒，然博士諸生之守其緒者尚多，乃通枉道以中高祖之意，固萬世罪人。朴當五代草莽僭竊之時，且承唐季廢弛，典禮蔑棄幾百餘年。當時號有文學者，如劉岳、段容之定書儀，馮縞之定喪服令式、議立四親廟，李愚之議復鄉舉法，崔棁之復文武二舞升歌樂章，以及李琪奏復唐入閣常參舊制，劉昫争僕射班位，崔居儉辨名諱令式，皆依據不正，等於荒忽。而朴遇世宗，略有所設施，已儼然有王者規模。其才固足名世矣。天不祚周，而并奪朴，乃留一村學究之趙普以遺宋，赫赫爲佐命元臣，而禮樂衣冠之流失遂不知所極矣。讀史者至此，有深慨於天意焉。〉

初五日己未　晴。晤章子實。魯蓉生來。丁吉庵遣其從弟某來索文武帝殿聯額。夜有柯橋人及中梅村人來共飯，語次及湖塘村有屋十楹，可賃，且索價不高。予素愛湖塘山水，爲吾鄉極勝，卜居之念，形之寢夢。昔年常作《行香子》一詞，紀其風景，且以爲結屋之券。今聞此言，不覺狂喜。蓮士亦頗慫恿。比在鄉數日，即寢處其地，結構楚楚不俗，又極隱僻，屋後環一港，狹而曲，可踦門坐釣。入山之願，其將初桄於此乎？所憂無處乞草堂資耳。終日怒風不息。

初六日庚申　晴，甚寒，冰壯。早起手僵不能握管，至食亦不能箸。驟寒如此，比年殊不多覯。余最畏寒，今日獨不裘不褚襪，唯棉布襖褌各一，頗厚而韌，外施以棉緜衣一、棉背心一、棉褂一，皆薄不盈一黍厚者，較常時禦冬直減一半矣。亦以當斯亂世，欲稍砭肌骨爲將來地也。下午偕蓮士詣子九，晤。旋偕詣節子，晤端木百禄明經，昏黄返館。

初七日辛酉　晴，嚴寒如前日。芝軒叔來。夜有湖塘人胡姓者來共飯，又言及租屋事，且云其地雖去柯橋僅七里而近，然頗淳樸，可結鄰。舊有甲乙二人稍横，爲鄉蠹。今甲於數日前死矣；乙頗知書，不足慮也。又其水極善釀酒，凡山會之釀者皆取水於此。然則居此者，又不可不先講杯勺也。

初八日壬戌　晴，下午風稍温，略減寒色。家慈遺人續談，至三鼓始去，送至門外，霜氣棱棱，不可逼視矣。

初九日癸亥　晴，大風，午後愈盛。侵晨家鏡人伯來。是日稍和。

《顔氏家訓》最切實可從，其考據亦細，略采數則：

《月令》：『荔挺出。』鄭玄注：『荔挺，馬薤也。』《説文》云：『荔，似蒲而小，根可爲刷。』《廣雅》云：『馬薤，荔也。』《通俗文》亦云馬藺。《易通卦驗元圖》云：『荔挺不出，則國多火災。』蔡邕《月令章句》云：『荔似挺。』高誘注《吕氏春秋》云：『荔草挺出也。』然則《月令》注荔挺爲草名，誤矣。

《禮》云：『定猶豫，決嫌疑。』《離騷》云：『心猶豫而狐疑。』案：《尸子》曰：『五尺犬爲猶。』《説文》

云：『隴西謂犬子爲猶。』吾以爲人將犬行，犬好豫在人前，待人不得，又來迎候。如此往還，至於終日，斯乃豫之所以未定也，故稱猶豫。或以《爾雅》曰：『猶如(虎)〔麂〕，善登木，既聞人聲，乃豫緣木。如此上下，故稱猶豫。』

《太史公記》曰：『寧爲鷄口，無爲牛後。』此是删《戰國策》爾。按：延篤《戰國策音義》曰：『尸，鷄中之主。從，牛子。』然則口當爲尸，後當爲從，俗寫誤也。此説不可從。延字之義，不見所據，况口後協均，古語如是，牛子爲從，尤所未聞。〉

初十日甲子　晴。作家書一通，交鄭宅轉寄。有中梅村人來同午飯，復申湖塘賃居之約。

十一日乙丑　晴，甚和。去棉衣一，當午幾不能冠，有風。倪曉芸、端木叔總兩明經來，同夜宴，更餘散。作書致舊教讀師杜秀才詩，以蓮士館事也。是日，族人合議租額於三山石堰村。今歲雖旱蝗不爲灾，而田民以米貴，僅肯償租之半。

十二日丙寅　晴。午偕章子實同飯。早有楓橋朱姓人來共飯，爲言有處州人俞廷臚者，以候補教職居永嘉，精奇門及導養符祝之術。當甲寅冬，樂清民變，闔郡駭奔，布爻占之曰：『城無恙，賊不三日當自滅，惟某日有急變，當解嚴，然霆言耳。』至其日已下舂，熙熙也，方共憶術不驗，忽有叫呼於城市者，曰賊至三十里外。城内外人應之鼎沸，相竄匿。兵備道署傳警鼓，急召文武諸吏總兵坐轅下，軍號九發，畢集將校，申閉城令，倉卒登陴，晝守禦。部分定，則稍稍傳爲訛言。蓋其驗如此。又善醫，内科、瘍科俱得秘傳，其治法有絶奇者。温處觀察俞公樹風，一日晨出視事，忽仆地，扶起，面墨，死。以鹽湯灌之，即蘇。乃授方數日，愈。温州太守瑞某患背疽，以附子片傅瘡口，灼之熱，去其傅，潰肉盡落。又感寒疾，已閉塞，幾死，一劑，病如失；惟頭張甚，以鍼針之，有黃水出如淚，告之曰：『此即邪液也。』病即已矣。嘗自患對口疽，驚曰落頭疽也，令人如所教，團艾（炙）〔灸〕之百餘火，不一月愈。朱有光在觀察幕固親見者，因其方皆不經見，故記之。

十三日丁卯　晴和。午後顧春園叔、屠子疇秀才來，晤周拜軒。夜月甚好，傅節子偕周以鑑秀才來談，至三鼓去，送至門外。月正午，皬皬無寒態，大似秋宵也。

十四日戊辰　晴和。早偕蓮士詣會稽學署訪程子實秀才，晤。早飯後，偕蓮士坐舟，邀子實及家寄帆伯，同出西郭，至湖塘相地。湖塘離偏門三十里而遥，離西郭四十里而遥。比至，已西山暮崦矣。時天氣暄甚，方憂大雪將至，有奇寒也。解重衣，登岸，林木深秀翠攝人。十許步，陟小嶺，磴道盤曲，行叢緑中，如清秋時，凉意可即。下俯大湖，烟水明徹。十里鱗瓦，萬家排比。遥岸如十二琉璃屏。蓮士顧謂：『極似鴛湖烟雨樓，略少風帆點綴耳。』炊許下山。望山下數家，依一古寺，修竹萬個，晚烟如冱，爲之彳亍，不能去也。登舟不三里，至三家村，即予欲賃居地。已月出林際，枳籬蠣墻，掩映菜畦間。緬其結構，蓋秀野參半者。入其室，竹石精潔，盎盎皆新粳香，而室中無一田具及狼籍草穗之屬。頃許，出食相款，鷄黍芬臛。食畢，導遊其東頭屋招予賃者：正宇五楹，庭廣十弓，兩廡前有隙地，可栽竹樹，或種蔬。廳事五楹。後有池，養魚。子實爲定表，云是東西向者。主人且言，可先立券，後付屋直也。更餘，子實先喚小舟回去。二更始盡，登舟。月色如畫，望全湖景狀依約可盡，仍迂道由柯橋瀩感聖湖進西郭門，送寄帆伯歸家。予偕蓮士至金斗橋登岸，已鷄鳴矣。行月下，略無霜氣，街陌晶晶，然光不可唾，蓋冬時月常苦爲寒氣所濛，如此者真不多覯也。里許抵館，即寢。

是日舟中，子實爲言：金華人物葉蓁者，以詩名，性善記。嘗閲人家乘一過，即其世次、名字、生卒數千人不忘。成進士後即死，年不壽，故所作無傳者。惟天台山寺有藏經，多評注者，皆蓁筆也。樓上層者，字更一，詩學昌谷，有集，善記，亞於蓁。盧標者，字鞠人，博極群書，嘗作《婺志萃》數十卷，專輯山水、人物、故事之隱僻者，補自來金華郡志所遺，已付梓，他著作尚夥。又嘗掌教臨海，聞其修輯亦不亞金華也。三人者死未久，顧僻縣下僚無有知其姓氏者，爲記之於此。

子實，東陽人，名炳暹，會稽教諭春鄂先生杍之子。春鄂先生精堪輿及醫學，子實皆得其傳。醫學自金人劉完素守真倡諸病皆屬於火之論，著《素問玄機原病式》一書，多以寒凉之劑攻蘊熱之病。元人朱震亨丹溪傳其學，著《格致餘論》《金匱鉤玄》諸書，謂陽易動，陰易虧，獨重滋陰降火，立陽常有餘陰常不足之論。雖完素主於瀉火，震亨則主於滋陰，實開直補真水之先，而大旨不離乎闡温補、戒燥熱，故所製越鞠丸，不及後人之用逍遥散，而所用黄蘗、知母，沿其波者往往戕傷元氣。蓋完素河間人，北地賦秉剛强，兼以飲食醇釀，故攻其有餘，往往奏效，而不宜南方之脆弱，此北學也。自明吴人薛己立齋用八味丸、六味丸直補真陽真陰，以滋化源，著《醫案》七十八卷，其治病務求本原，而意歸温補。吾鄉張介賓會卿主之，作《景岳全書》，以人參、附子、熟地、大黄爲藥中四維，更推人參、地黄爲良相，大黄、附子爲良將，其持論謂人之生氣，以陽爲主，難得而易失者惟陽，既失而難復者亦惟陽，因專以温補爲宗，力救劉朱鹵莽滅裂之弊，此南學也。顧自薛己之死以瘍，故詬之者遂謂温補之弊終於自戕。其後趙獻可作《醫貫》，執其成法，遂以八味、六味通治各病，甚至以六味治傷寒之渴。而傳景岳之説者，往往不究證候與氣血盛衰，概補概温，謂之王道，不知參桂誤用，亦足殺人，其流弊一也。兩者幾如朱陸異同，相持求勝。吾鄉之以醫名，及儒而習此事者，皆奉張氏之書爲圭臬。今日程子實論及是書，謂即以吾浙言，治金華以上諸郡則可，治寧紹諸郡則不可。蓋寧紹地下濕，多水，水性熱毒，感其疾者，正宜以凉藥攻之。濕則滋毒，故不可用。然其書論病原證候甚備，且理深細，習醫者不可不讀，惟不入於偏可也。余謂吾鄉柔脆極矣，水生之人，陽氣常患不足，攻伐之説，正未可言耳。

十五日己巳　晴和甚。寄雲上人來。

燈前偶閲廬江閨秀吴綺琴詩，頗有足采者。如《夜讀先大夫我意草有感》云：『捧讀遺編漏欲殘，迢迢人静夜生寒。音容恍似承歡暇，手澤須防繼世難。猶憶退朝時起草，每成佳句喜忘餐。傷心東閣梅梢月，倦倚窗前淚暗彈。』《送兄入楚》云：『浩劫憑誰問，飄流涕濕巾。同爲避亂客，獨作宦遊人。親老猶無恙，官清不厭貧。廿年逢故土，相見亦前因。』皆全首格律渾成。絶句如《有感》云：『雁序分飛後，凄凉各遠遊。可憐明月夜，五處淚同流。』《哭弟婦》云：『鸞飛鳳折忍相拋，阿母年高幼女嬌。多情倩神傷宜自愛，凄凉莫憶可憐宵。』《送仲芬姪女于歸》云：『怕聽樓頭旅雁過，幾番離别奈愁何。奉不及天邊月，隨處清光照綺羅。』皆不愧詩人吐屬。其他斷句，如『淺醉香教浪蝶癡』，及歸寧詩云『十五年來憔悴甚，笑人還説舊容姿』，則不勝風流自賞矣。女史名馨珠，字紱媛，故左都御史吴芳培女孫，章子實室也，以廬江家破，偕子實隨其翁璧田太史流寓紹興云。

十六日庚午　晴燠。得傅節子書，得周素人書，告將墨縗赴大營。又索看日記。晚附中梅蕭勉齋舟歸家。

十七日辛未　晴燠如前，中午尤甚。祖妣倪太孺人八十冥壽，延緇徒禮懺資福。

冥壽之説不經，而越中世家無不行之，遂相沿爲故事。雖然，今之爲子孫者，事事不能如古矣，此舉猶爲不忘其親也。而必舉禮以繩之，然則古禮可盡復乎？正於禮者之禮，固當因時以爲之制矣。且聖人之制春禴秋嘗者，亦謂履霜露而惕然思其親耳。今人無百年事其親者，終天一呼，音容漸遠，稱觴上壽，渺如隔世。而猶屈指泉壤之日月，以怵惕於祖若父覽揆之辰；憑冥漠不可知之地，以頂祝而拜舞，且使家人婦子咸咨嗟動色相告。以親歿之不遠，而藹然生其孝思，然則此固禮之極變，而其情亦甚可悲矣。

若模，則尤重有感焉。祖母之見背也，十有四年，模之依祖母也，亦十有四年。模之生，祖母酷愛之。迄成童，寢食不暫離。而祖母之稱六十觴也，先君子大集僧徒，誦功經，即其寺，張筵受賀，維時予家全盛，戚里濟濟相應和，伯仲姑舅以次祝嘏，猶歷歷憶其笑語，默記其升降拜舞之節也。予時八歲，嶄然露頭角，著新製大紅緞襖繡靴，跳踉於前，祖母持數珠，顔丹玉然，望者以爲四十許人。於是諸戚屬長者咸撫予稱慶曰：『此子更二十年當大成，將見宫袍稱老人八十觴也。』時祖母固健甚，回視先君子、先姑母皆盛年嘻嘻然侍立，則莞然笑曰：『識之。』嗚呼！孰知今二十年，而先君子與姑母之棄世亦且十有一年，予小子垂三十矣，四上四斥，抱一經兀兀爲童子師也，可傷也已！

午設祭畢，邀族人喫齋。拜本生曾祖妣忌日。鄭郎惠燭楮。薛氏姑表妹來拜陰壽，下午去。作書致周素人。初更後丁藍叔來，并惠次妹奩貲四百，茶話別。

十八日壬申　晴。早食後以買妾故，侍家慈坐舟至中梅村，晤蕭勉齋，以所事屬其居間也，數語即登舟，至曇釀村，則所媒者已他屬矣。此女王姓，爲邑中某上舍側生子。上舍故多資，能書畫，行薄不檢，死後，家遂破。余素聞女美，且身直不百十金，故急謀之，而遲尋春一日之期，遂已花看人采，可惜也！舟至柯山，余登岸，家慈詣湖塘三家村看屋去，余遂訪瘦生，謁見姑母。是日沈宅有新婚者，遂闖入其房看新婦。頃許舟返，姑母堅留予，力辭，回家已昏暮矣。是日風自南來，頗大，而撲面如春三月時，綿軟可愛。舟行大湖，著重褚衣，尚暖有餘也。自丁港至魯墟十里，看夕陽尤佳。是日分遣僕人徵租於石堰及余家岸，租額七分七厘，欠者尚纍纍。

十九日癸酉　晴燠如前。上午詣館，行未三二里，已汗透重棉矣。蓮士赴武林。

二十日甲戌　晴陰相間。得傅節子書。趙秀才雲紱來。下午稍覺寒，有風，多陰，殆將變色矣，夜雨。

二十一日乙亥　雨，稍寒，夜雨有聲。比久無雨，田又苦坼，農人日争治桔槔，水驟退而麥不能種，明年春收可憂。得此雨，可少潤已。曉芸來。

二十二日丙子　陰，有風，寒。作書致節子。午後大有晴意，因過節子談，至夜季貺來，遂同夜飯。飯畢子九亦至。圍燭縱論，時起譏謔，不知燭之再跋、柝之三周也。迨散，各携燈出門。大風北起，寒不可忍，余獨行抵館，一路人語俱寂，唯一古廟旁，荒燈黝然，蓋幾與魑魅争光矣。

二十三日丁丑　晴陰相淆，時有雪意。下午歸家。作書致季貺，屬借雲門寺經藏内《僧寶傳》《釋氏稽古略》《五燈會元録》《佛祖通載》諸書。夜閲張宗子先生岱《琅嬛集》。先生著書頗富，如《史闕》《鵑舌啼血録》《西湖夢尋録》諸書，余甚慕之，而不得見。所見者，《石匱藏書》及《陶庵夢憶》兩種耳。今節子從富人孫某借得其詩文集四册，係抄本。間有評語，詳其詞意，爲當時人與宗子友者所筆，故稱之曰宗老云。

二十四日戊寅　晴和。上午祀先。閲《三國志·魏書》。

二十五日己卯　上午詣大善橋鄭宅省妹，就晤親翁、妹婿。詣館。作書致節子。夜雨。

二十六日庚辰　陰濕。有湖塘人來議娉柯橋韓氏女爲副室，速余親相之。

二十七日辛巳　晴，甚和，地微潮。作書致倪曉芸。上午詣子九，晤。復至觀巷陳伯母家，晤陳蕺石，新自燕歸者。時蓉生亦來，同茶話。夜看書，至鷄鳴始寢。

二十八日壬午　晴。

二十九日癸未　晴，稍寒洌。子九偕趙葆芝來。作家書，晤馮心泉萬源。

十二月甲申朔　晴。下午周季貺來，同至節子家，子九亦來，遂共夜飯，劇談至夜分散，甚樂也。余至子九家借燈籠返館。夜看書，頗寒慄。

初二日乙酉　晴。蓮士武林歸，購得宋槧《南齊書》一部。察其紙板，蓋明人仿宋刻者。又何鏜《古今遊名山記》十七卷，板樣甚佳，書亦可愛。倪曉芸來，邀偕誼、節子少坐即歸。章子實來，適蓮士外出，待至二鼓，始去，頗不耐對何敬容殘客也。今日早起頗嚴寒，後稍温煦，至午後則暖不堪裘矣。

初三日丙戌　晴和如前。夜節子來談，至三鼓去。

《晉書》世多詆之，以其蕪而尚排偶也。然駢驪行文，自六朝至五代，詔策誥誡，無不出此。是當時所尚，即爲史體矣，安見論贊之必須散文乎！唯其書好載纖佻雜事，而賈充遇司馬文王，陸雲遇王弼，嵇康、阮瞻之遇鬼，甚至載及荒幻，頗傷史體甚。至其論贊，則區區類别，盡當情理，誅斥奸佞，無微不著，又多責備賢者，殊上足正班史之忠佞混淆，下不同宋祁之刻而無當，行文尤抑揚反復，求得其平，往往如人意中所欲言。典切秀鍊，而不以詞累意。蓋其書多出太宗御定，當貞觀右文、儒學極盛之時，固足以集藝林之大成也。

其傳文紕誤，固多可摘，即以《八王列傳》論，如楚隱王瑋之矯詔誅汝南文成王亮及衛瓘也，亮傳稱自亮被執，時大熱，兵人坐亮車下，時人憐之，爲之交扇，將及日中，無敢害者。瑋出令斬亮者賞布千匹，遂爲亂兵所殺。而瑋傳云，賈后夜逼帝作詔，使瑋廢亮、瓘，瑋遂勒兵殺之。有勸其并殺賈模等者，瑋猶豫。旋及天明，帝乃用張華計，出騶虞幡解兵，言楚王矯詔，瑋遂下廷尉。臨斬，出懷中青紙詔示監刑者，人皆冤之。夫帝固惟詔瑋廢二公也，而瑋乃誅之。亮、瓘及賈后、張華諸傳，固皆稱瑋以奪北中候憾二公，故乘此報怨，是瑋矯詔擅害國老，死有餘罪，而何冤乎？又亮傳稱亮至日中始被害，而瑋傳言天明瑋即被執，然則亮之死果在何時也？瑋既執矣，而猶能於日中下令殺亮乎？亮傳固稱楚兵夜攻亮府，瓘傳亦言清河王遐夜收瓘，而裴楷傳亦稱楷以與亮、瓘姻親，逃匿婦翁王渾家，與亮子一夜八徙得免，則瑋之作難於夜而曉就戮也明矣。史書亮之死誤也。此一事也。齊武閔王冏之與長沙厲王乂相攻也，冏傳稱乂得河間王顒檄，即發兵攻冏府，大戰城内，矢及御前。明日，冏敗，爲乂所擒。而乂傳云，冏先遣將陳艾襲乂，乂率數百人馳入宮，乃放火燒冏府，大戰三日，始誅冏。則又情事時日俱相差也。此又一事也。舉此可以概其他矣。若其諸志，則昔賢多詆其疏舛紕誤，較他史獨甚。予致力甚淺，不能知也。〉

初四日丁亥　陰雨，有風寒，夜雪。四鼓就寢，過中庭，雪大不能積，唯聞滴水聲，然帽檐衣袂已撲花滿矣，於農事亦有慶也。今年蝗子非大雪不能殺，《春秋》於生蝝雨螽，皆書之志幸，况我儕謀食者乎？

初五日戊子　早起晴霽，旋陰。作書致杜館師。子九來。

初六日己丑　陰，微見日，寒較甚。蓉生來。夜大風至曉。

初七日庚寅　晴，嚴寒，風不止。顧春園叔偕居子（柔）〔疇〕來。得節子片紙。

初八日辛卯　晴，寒更厲。大冰。子九來。蓮士以余將解館，治具相款，并邀章子實作陪。晤何硯（森）〔霖〕副車。是日冰終日不解，足轗。

初九日壬辰　晴。早起寒甚，硯凍。改諸徒詩文。得節子片紙。午後稍和。

初十日癸巳　清晨大霧，旋晴霽，午後薄陰，稍和。與諸徒別。詣節子，晤。詣鄭郎看妹，晤。午前歸家，室中掃塵。作書致蓮士，即得復。爲次妹陳設嫁具。未能絶秦，又興詛楚，犧牲玉帛，待於兩境，真悉索敝賦矣。夜寫奩目。

十一日甲午　晴，下午微陰。張氏來迎奩，并致犒錢二十千文。下午進城，即歸。

十二日乙未　晴和。作書致子九，得復。芝軒叔來。下午進城，晚歸。

十三日丙申　晴。柏塍伯來，留午飯。擬至陳君實家賀娶婦，借輿不得，遣人將禮去。夜微雨。

十四日丁酉　陰，微雨，地潮。魯墟村佃人以争租額故，詣宗祠演戲謝罪，來請午宴，不赴。下午詣宗祠觀劇。夜瘦生來。

十五日戊戌　陰。

十六日己亥　清晨大霧如雨，終日陰。得蓮士書，即作答。家人作年糕，至夜畢。夜微有雨。

十七日庚子　陰，午後風起漸盛，有晴色。請薔生族伯醫叔弟病。作書致蓮子，請送妹。又作書致節子借釵。均得復。鏡人伯等來，至老廳，分給族中蒙脩。午飲畢散。請柏塍伯送妹。夜更後，大風嚴寒。

十八日辛丑　晴。早作欒祀神。上午祭祖，爲次妹行教婦禮。妹今年十八矣，小弱，初勝冠帔也。作書致張䕫塘丈員外，即得復。作書致鏡人伯。午宴族人。上馬坊張以彩輿來迎，從人三十六人，奠雁番錢三十二元。傍晚蓮士來。柏塍伯來。夜治酒六筵賜張從人。二更後，偕蓮士、柏塍伯、楚材弟及傔從鼓吹三十六人送妹上車去。三更抵張宅，遣客一張姓、一王姓來迎。丑刻觀花燭。新郎年十四，長與妹等也。寅刻張氏設宴，親家翁張純甫上舍行安席禮。純甫名天錫，昔晉有凉公張天錫，字公純嘏，以三字號，爲中朝所笑。純甫殆有鑒於此者耶？終日嚴寒。夜尤甚。

十九日壬寅　晴，冰甚。昧爽，辭張宅歸家，蓮士、柏塍伯各回去。疲甚，卧至申始起。

二十日癸卯　陰。先日豫祭祖妣余太君誕辰。黄昏丁韵琴來，以仕女畫扇見還。爲次妹點檢做三朝禮物，一切視長妹稍差。夜就寢，鷄鳴矣。

二十一日甲辰　小雨，午後漸有聲。遣价十四人至張氏做三朝。叔弟病傷寒，危甚，延時醫任繼棠典史診脉。夜雨檐溜作聲。二鼓後，柯山沈太親母來看叔弟病，瘦生隨至。

二十二日乙巳　早陰有風，午日出。作書致蓮士、致節子。芝軒叔來。

二十三日丙午　晴。作書致季貺。得季貺書。再請任典史看叔弟病，云略差。又有庸醫傅姓者來看。送竈。

二十四日丁未　陰。遣睡鵠至單港催漁租。得節子書。得季貺書。叔弟以服傅醫藥，愈危篤，重投任繼棠青麟丸劑。夜小雨有風。叔弟服青麟丸，仍不下。

二十五日戊申　陰，有風。沈菉石來索書債，付洋一元去，尚欠洋一元錢二百，爲畢氏《經訓堂叢書》直也。叔弟病瀕死，舉家號泣，遣人奔請任典史及張畹香監生。瘦生來看叔弟病。任醫來，言病已無救，擬金銀花、釵石斛、麻子仁、梔子、沙參、麥冬一方。張醫來言，症乃冬温，非傷寒，而兩足冷者，邪入少陰也。今風熱既不外達，而少陰腎經大虛，脉小如絲，可謂危極，擬復脉參黄芩湯一方，用高麗參二錢、大生地五錢、生白芍三錢、麥冬五錢、清炙甘草六分、麻子仁四錢、黄芩三錢、龜板四錢。夜禱於影堂。遣人禱岳神。季貺偕寄雲上來，言南街柳橋胡菊(仙)〔農〕治傷寒最效，且言叔弟素耗

損，宜温補，可以附桂湯藥之。芝軒叔來。遣睡鴿奔請胡菊農，二鼓方至，言神已離舍，舌上萬花胎

起，無可用藥，擬人參一錢五分、鹿角尖三錢、五味子一錢五分、天冬三錢、淡附片八分、炙甘草八分一

方，云姑换方以試之。然已無及，不必藥也。

咸豐七年（一八五七）

皇帝咸豐七年太歲在丁巳春王正月建壬寅元日甲寅　晴和。早起迎歲神，設祭，拜自高祖以下像。詣直河拜本生曾祖、本生祖、大伯父、二伯父像，賀諸伯母新年，族人齊來拜。人物熙熙，儼然太平氣象。痛念叔弟遂已無此日月。聞比户爆竹臘鼓之聲，竟若異方之樂，祗令人悲矣。

初二日乙卯　晴。是日叔弟來復之期也，以新年不舉哀，不作佛事。家貧不能設祭，治羽牲酒脯奠之，余欲作文祭叔弟，顧新喪哀迫，不能辭，且事覼縷，卒難述。一一憶之，則淚涌上，氣又塞，又時若弟之在也，而有不必記之癡心。雖然，弟生平喜余文，又甚有望於予，予烏可以無辭！故僅撮舉弟病後之事，吮淚和墨，爲文一首以告之。至弟生平之略，尚修後文也。

初三日丙辰　晴，冰。早起爲叔弟書栗主，謚之曰端懷。私謚非古，然行之久矣。况以叔弟之自愛，尤不可無以慰其心。按謚法，慈仁短折曰懷，弟可以當之。又加之以端，而弟可無憾也。雖然，《禮》言士無謚。弟苦志讀書，於功名無時忘懷，而今竟齎志以殁。嗚呼！其無復望也。夫猶有鬼神，當必得之於藐孤也。我之議此，其爲後人之思乎！延僧五人爲弟理《楞嚴經》。沈瘦生來。謝星橋秀才來。凡戚屬之來賀年者，皆不記，以不忍受賀也。朋友皆記，志先賜也。記瘦生，志痛也。

初五日戊午　嫩晴。放爆竹五枚，了新年。

初六日己未　晴，有風。詣亭山展祖父母殯宫，又登漓渚金釵峰展曾祖父母兆。回舟至快閣，少坐，薄暮歸。

初九日壬戌　晴。夜爲叔弟接煞，燭殘香燼，靈床寂然。嗚呼！夫豈不知事之誣也，然至計窮望絶，則不能不希冀於怪妄之或真，而竟寂不我告也。嗚呼！弟真死矣！

十二日乙丑　密雨終日。詣大善橋鄭氏，視長妹、妹之翁及壻，留宴，至晚歸。

十五日戊辰　晴，午際陰，微雪即霽，夜淡月，亦復可人。因詣叔氏靈床前，佇視久之。嗚呼！人琴俱亡，如此良夜何！

讀《文選》木玄虚《海賦》。王弇州《卮言》以是賦從洪水發端，可移用之九河，不免辜負大海，結亦似未了。後之評《文選》者俱以爲不然。然細思此等大題目，起法實難。玄虚從禹治九河、水盡歸海著想，爲海之大發源，雖似略大舉小，亦避熟趨巧法也。至結處歸到神仙杳冥，而又總之以包乾之奥、括坤之區，宏往納來，何有何無等語，似亦更無餘義。而讀之若不滿者，則禮足而詞未足之病耳。或以爲故留不盡之地，殊不然也。

〈二月〉初三日乙酉　晴。芝軒叔來，請初五日詣詩巢祭六君子，辭之。張純甫來謝。偕叔、季進城，至倉橋街買書，得方密之《藥地炮莊》四本。旋至咸歡河訪蓮士，將慰問被劫事，不值，留書而出。詣魚化橋訪子九，晤談，薄暮回舟。邀陳珊士出城，同聚越縵堂。主人貧甚，不能具酒肴，出食物數種充饑。至夜分散去。

初四日丙戌　晴。張氏妹婿偕次妹來反馬，留午宴。叔雲、季況來作陪，晡時散，叔、季先去。薄暮妹及婿俱去。婿名文潮，字景韓，純甫長子，年僅十五，饒有風貌，令人想思曼家風也。禀質頗弱，多病，然形神俱清，其馴雅之致，尤可愛賞，足爲太夫人慶得此佳婿矣。

十七日己亥　晴，暖甚。睡鵠乞假去，付工值錢二千八百。叔雲、季况以舟來讶余遊南鎮，同舟者趙徵輩三四人。時春事初盛，正平生著屐時矣。午刻抵禹廟，略一瞻眺，即上會稽山。憩鎮祠，香火寥黯，遊人甚稀，與諸子徘徊慨歎，頗有身世之感。吾鄉山水之富，冠絶天下，而民俗勤嗇，不事遊宴，稍作點綴者，惟禹穴及蘭亭耳。顧蘭亭去城稍遠，地亦稍僻，遊者惟騷人墨客，或長官鄉貴，借風雅題，爲逢迎作門面，故遊蹟罕及之。禹廟既接武南鎮，又與爐峰連壤，禱大士者無不假道於此，往往輿擊鳳舄，市簇蟻衫，遺鞭墜簪，十里相拾，蓋自唐宋已然。觀放翁《禹祠》詩：『十里烟波明月夜，萬人歌吹早鶯天。花如上苑常成市，酒似新豐不值錢。』可見也。廿年以來，漸不如昔。然珠簾雀舫，翠管銀罌，自東郭門直際覆甗山下，而紅亭松竹間，茶檣釀户以及陳百戲、談九流、賣寓花寓草寓人物者，尚無錯趾隙地。有衆中喟然摇首，謂今昔改觀者，則蒼然白髮人也。自烽烟滿江上，聚軍百萬，仰食浙人，吾越遂承其敝，加賦横征，殆無虚月，又因之以旱蝗賊盗，民力竭矣。千餘年花天酒國，遂成一片清净土，而喟然今昔者，俯仰之間，已屬之我曹矣。噫，其可憂也！

十八日庚子　晴，上午有風自南。偕群從詣地盤掃客墳，遂重遊禹廟及南鎮。明日爲觀音生日，故遊者較夥也。日下春歸，聞賊圍南昌急。

（三）〔二〕十日壬寅　晴。清早張妹婿來。早飯後，侍太夫人率闔門眷屬及鄭、張兩妹婿、楚材弟，同放舟至偏門外塘埭拜掃先君子殯屋，又至亭山拜掃先大父母殯屋。畢，讶舟至侯山尋王氏小隱山園遺址及有明錢文貞公書堂，俱不得。詢之土人，亦無有知其地者。蓋百年來無遊跡矣，爲之悵然。遂泊舟岸側午飯。日加申歸，兩妹婿俱去。

二十五日丁未　陰，東風大作。早飯後偕瘦生步至隔岸湖南山看桃花。時雨後薄陰，泥潤草柔，甚便屐齒。花事正盛，尚有數樹含苞未舒，而深紅已狼籍籬落間，頗悵尋春之遲也。旋抵緑蘿禪院，寺僧瀹茗相款。亭午返柯山。夜雨。一鼓後漸大，徹曉有聲。初更偕瘦生諸從坐舟至州山觀劇，纔及岸，雨驟至。戲又不佳。夜半借屐，蓋崎嶇過板橋危甚。比至舟，又以雨甚，不能解維。倚篷聽雨，至四鼓後，蹲卧少頃，寒不可耐。次日黎明，返棹至柯山瘦生家，扣門久，始啓。早食畢，解衣睡，至日高春始起。夜雨有聲。

二十七日　晴，午後陰，風西南來。上午偕瘦生群從再遊湖南山，穿桃塢數重，上竹坡看李花，不過數十株，香韵獨絶。亭午返步至第五橋看山水。傍晚偕瘦生遊七星岩。樨花正開，亦自楚楚。竹石上，晚色可愛。

二十九日辛亥　小雨，寒，午後雨小住。偕瘦生步往蘿庵，過村橋遇雨，急趨湖南山看桃花，愈明艷。岩腰村尾，風景更出。將至庵，見隔溪數家烟樹曲處，李花更多。因扣庵扉，茗話逾時，坐舟返。夜雨。

三月初一日癸丑　密雨終日。與子九、葆意、蓮士、叔雲、季况會於蘿庵。寺倌煮豆腐見餉，治酒肉鷄黍相犒。傍晚返柯山。是日雨中看花，爲之誦青兕生『更能消幾番風雨』一訇，令人悒怏。是夜坐雨，賦《杏花天》詞一闋。

初三日乙卯　侵晨密雨，至日加巳稍霽，午後日出，風西北來，頗盛。早上甚寒，御重裘。日旰稍暖。邀寄凡伯、楚材弟赴木客山高王父母墓掃松。鼓吹舟舟，行廚舟舟。日加午至墓所，展祭畢，歸舟散胙。下午返棹至侯山，尋小隱圓遺蹟。遍撫岩石，惟得『小隱山』及『支雲』五字。詢之里老，云斷碑纍纍，數十年前頗有搜訪者，今苔封泥蝕盡矣。山在鏡湖中，廣周一里，高不及十丈，圓而瘦。登其極，諸山圍繞若屏湖，曲折縈帶，林屋秀絶，足攬一郡之勝。比日春暄極麗，苦積雨不能暢登眺，今午新晴，又得此境，夕陽人影，愛不能去。山址有明相國錢文貞公父生員九疇母傅氏墓。墓左一碑，盡刻文貞自檢討至少保封誥，倪文貞元璐、余忠節煌、姜尚書逢元所書。右一碑則没字矣。當墓不二尺，爲諸暨一妾人，横塞空壙三穴，蓋相國後人鬻其地，墓前僅華表一柱，餘無存者，爲之愾然。相去數十武，爲傅公鼒封君墓。號蕉雨。墓右一碑，刻嘉慶十三年傅鼒官湖南辰永沅靖道加按察使銜，上諭獎其苗疆勞績，末有鼒自述先德數語。今傅氏亦微矣。傍晚歸。地收潮，一快。舟行見桃花已落將盡矣。念平水芝塘花事，不勝悵然。

初四日丙辰　陰。偕群從赴釣湖本生曾王父丹墓掃松。是地有狀元橋，張文恭公所建也。午刻泊舟鳳皇山側社廟前。廟題梅溪公祠，乃宋王忠文公也。柱聯有萬言諫草及文章三賦等語。廟中禁唱《荆釵記》。鄉僻小村，得此名士社公，大是奇事。吾鄉有兩鳳皇山，一在城西六十五里，至小，而具山形。此在城南七里許，亦僅培塿。與楚材登山頂望之，雖春塍繡錯，西皋、破塘諸山，朗然在目。然大不及侯山也。晡時歸。燈下補作侯山紀遊詩。

春日溯何山至侯山尋小隱園遺趾經明相國錢文貞公先塋訪讀書處不得

初晴理短楫，因風溯前湖。出郭未十里，插鏡青珊瑚。漁榜不知處，烟渚分鷗鳧。何山山螺起，萬緑相喁于。危橋扼其户，故令巖壑紆。

訪勝得侯山，境習意亦止。舍舟就林扃，周匝抱崖涘。石瘦藤露骨，屐軟蘿嚙趾。貞侯去不返，高栖竟長已。年年生古蕪，春風識幽址。

名園記小隱，緑磴窮幽尋。斷礎生土花，千載斜陽深。蒼茫現碑字，苔氣常沉沉。暗水溉平楚，低霞結岩陰。履地緬曩構，竟欲私山林。

陟岡頫鏡水，圓抱千芙蕖。立水兀青髻，四面長眉舒。塔影浮遠郭，林烟畫寒墟。村墅亦云好，到處宜春蔬。夕陽散茅屋，湖光與之疏。

山下多墓田，晚風驅牸牛。相國昔表阡，蒿廬隱松楸。兒孫不能耕，尺地空貽謀。生男作賢輔，零落無山丘。遥問讀書處，春烟鳴沙鷗。

初五日　早晴，午陰，未刻風北起，微雨，申刻雨甚。有同居者竊米五斗去，搜得之。此非盛德事，然處今日自不得不爾。

初七日己未　晴，下午風北起，微陰，傍晚大風，入夜愈怒。詣倉街書肆，無所得。是日天氣大佳，故人忽聚，興趣倍常。余以贈蘿庵僧聯語『靈山悟在豐干蜆，德水緣留寶誌魚』十四字，屬叔子書之。

十二日甲子　晴。傍晚子九來。遂同坐舟赴賞村。至官瀆大湖，已月上矣。與子九談詩樂甚。抵岸得兩截句：『村舍連魚滬，凉烟滿筆叢。』『飯餘明月上，笑語水聲中。』夜泛官瀆大湖至東浦得兩絶：『夜市趨東浦，紅燈酒户新。隔村深犬吠，知有醉歸人。』夜與周氏三昆、子九、陳存齋在心、寄上人戲作上堂問答。三更許，偕三周、子九赴平水，登舟即眠。

十三日乙丑　晴。黎明舟達若耶溪口，聞水聲甚駛，榜人泊舟一古廟前，因偕諸子起，登岸行數里，將至顯聖寺。斜行田間，入村落，曲徑深竹，曉翠欲雨。旋登一小嶺，短松夾路，溪聲幽甚，逾時返舟，得五古一章。

早至平水豁口登岸意行三四里至顯聖寺不入

清夢忽然碎，溪喧滿孤枕。推篷緑打頭，亂墜松竹影。及兹朝氣爽，行度石橋近。濕霧吹濛濛，山童猶未醒。細路春泥明，密篝曙烟隱。鶯啼茅屋幽，犢卧露花冷。緣鐘時見僧，到寺一水静。

早飯後放舟至平水步，偕諸子雇肩輿行三十里，飽饜山色，然逢水竹處尤勝。予嘗謂看山必須近水也。見竹箄行溪緑中，甚樂之，占一絶句。

山中口占所見

屏山濕翠冒烟開，曲曲溪流漲玉醅。夾岸板橋新緑底，竹箄分載落花來。

行三十里，至化山傳燈寺，古平陽觀也，順治末世祖爲弘覺國師敕建者。晤方丈不染和尚。成《到傳燈寺》七言長句一章：『二百年來選佛場，唄音猶自祝章皇。松迎峰勢排空待，雲逐鐘聲過嶺忙。盛世道林容講席，名山玄奘有經房。迎師訪道新朝事，閑聽闍黎話夕陽。』敬觀章皇御繪宏覺禪師像賦絶句一首：『開國當年氣象新，補天筆落自通神。鳩摩合當真王出，一例凌烟閣上人。』傍晚自傳燈寺步至忞公塔得五古一首：『僧廊起暮鐘，出門聲自遠。十里極清聽，松梵不相亂。山翠隨處深，夕陽忽中斷。濟勝契夙懷，散步足遐眷。岩花無近香，溪流學幽讚。目窮途轉紆，意得境忽變。所歷無峻徑，回視俯層殿。樹杪平欲攀，紅露寺脊半。前指忞公塔，隱約暮雲見。』夜偕四子宿忞公房得五律一章：『露下竹房閉，龕燈古佛同。怪鵖寒警月，驚鼠夜緣松。境寂觀心妙，山深恃歲豐。逃禪初願在，不復歎途窮。』

十四日丙寅　晴暖。早食後坐肩輿遊化山。登嶺數重，回環十餘里，回輿遊葛仙翁釣石，舊在大溪中，今水涸盡矣。成五古一章：『群山是連銜，回顧落其距。中流愕然立，盤鬱有餘怒。奇峰不到地，成此一卷古。孤根自倒植，卓犖詎堪侮。度廣僅越畝，中藏岩壑阻。偃木緣磴生，僵石突相拒。蚪藤下飲水，瘦趾忽前俯。布置非可名，疣贅不能斧。傳聞蹲葛仙，投竿釣烟渚。雲蹤一以閉，荆莽遂爲府。側面勢盡削，餘力猶可拄。蒼骨凌絶澗，紫鐵抉危土。誰歟握神構，欲遣百夫舉。漫防米顛攫，竟就到公取。破碎理尚全，攝僷氣始吐。烟雲生剔搜，快使日日睹。』經盤古廟到雲門寺下輿，同諸子訪智永墨池筆冢及辨才塔。午飯於方丈。飯畢，步出寺里許，謁雪嶠禪師塔，又遊廣孝寺看經院。回至雲門吃麵。傍晚登輿返平陽，途中成雲門寺懷古兩絶句：『大令山亭歲月荒，故應家法捨空王。彩雲不作巫山雨，猶爲郗家懺赤章。』『勝地無端現法華，中宮傳詔布金沙。義熙天子能相顧，薦福殷勤爲后家。』又雪嶠禪師塔絶句：『敕建荒山雪嶠碑，九重猶恨不同時。忞公還山後，章皇賜手書并金二百，令修雪嶠墳。蘭亭一殉昭陵去，筆冢無人禮永師。』晚抵傳燈寺，叔雲爲不染和尚畫竹。余獨行山中，聽松聲水聲，觸處可悦。杜鵑野梅，綳絡山谷間，香色尤勝。夜同諸子坐月寺庭賦五言長句：『夕殿高寒地，蒼然閉蘚陰。月低山更出，鐘定夜俱沉。樹比魈身瘦，花栖鬼火深。不堪蕭寂感，都到此時心。』

二十一日癸酉　寒雨，下午雨聲尤凄緊。爲隱修庵撰碑記并書。

二十三日乙亥　稍和，清晨雨，至日加巳止，疏密相間。

二十七日己卯　晴暖，大有夏氣。上午進城至味經堂，買得仿宋刻《東都事略》。曹朗齋秀才、韓辛治秀才、王杏泉英瀾廣文。

四月初一日壬午　晴。閲明王忠文《華川集》。華川以文與宋潛(浂)〔溪〕齊名，開有明一代風氣之先。今閲之，了不動人。何也？其擬《左傳》文及補昔人名作不傳者，若《李文饒丹扆六箴表》等尤無謂。《許衡傳》至數十許頁，從來史體亦無繁冗若此者。其《周官毛詩急就章》，則殊便於初學，可録以教子弟。

初三日甲申　早密雨，終日陰，頗寒。始食含桃。

初六日丁亥　黄神賽會尤盛。群從輩更飾水嬉樓船。招城中一賣珠嫗女爲蕩槳女，俗呼艄婆。婦貌僅中人，然頗宜熏飾，炫服登舟，已足傾一市矣。早食後坐其船，奉慈命至廟祀神，往還十里間，看盡鏡湖春色，借蕩槳者力也。途遇同人三四輩，大爲所笑，亟招予過其舟。予雖不諱輕薄，然既效阮籍醉眠，未免作褚淵自障，因呼榜人加篙而回。是日叔弟百日設奠，新婦挈僧慧歸哭，瘦生亦偕至。予一哭後，即與瘦生相對飲，强醉。昔謝文靖自弟萬之喪，十年不聽音樂。迨中年以後，期功之喪，不廢絲竹。余盛年最衰，亦聊援昔賢自解耳。下午偕瘦生坐小舟至青田湖觀競渡。幢葆鐃鼓，飛舞空際。然所寄興者，在夕陽中湖光水聲耳。

初七日戊子　晴熱，地潮。午後偕瘦生及群從至四王廟看戲。地狹人衆，蒸鬱特甚。因即至隱秀庵，列坐後圃石上，庵主烹茗瀹麵相餉。晚歸，飲於酒樓。

初八日己丑　熱不堪袒，早至午前大雨數作，午後微晴，地潮甚。

初九日庚寅　終日雨時作，似做梅，下午雨尤甚，熱，地潮如昨。

郎瑛《七修類稿》辯證類有《論梅雨》一條，持論甚通，劄録於此：

《碎金集》云：『芒種後逢壬入梅，夏至後逢庚入梅。』《神樞經》又云：『芒種後逢丙入梅，小暑後逢未出梅。』人莫適從。予意作書者，各自以地方配時候而云然耳。觀杜少陵詩曰：『南京犀浦道，四月熟黄梅。湛湛長江去，冥冥細雨來。』蓋唐人以成都爲南京，則蜀中梅在四月矣。柳子厚詩曰：『梅實迎時雨，蒼茫覺晚春。』此子厚嶺外之作，則又知南粤之梅雨三月矣。東坡《吴中》詩曰：『三旬過久黄梅雨，萬里初來舶趠風。』又《埤雅》云：『江湘二浙，四五月間有梅雨，黖敗人衣服。』是知天時自有不同如此。

虞兆隆《天香樓偶得》：『《農占》云：「芒種後逢壬日或庚或丙日進梅。閩人以壬日進梅。」《風土記》云：「天道自南而北。凡物候，先南方。」今驗江南梅雨將罷，而淮上方梅雨。又逾河北，至七月，少有霉氣而不覺。今吴楚俗以芒種後壬日立梅，壬日芒種即是立梅，夏至後庚日出梅，庚日夏至即是出梅。若芒種後逢壬早，夏至後逢庚遲，則梅多至十八日。若遲早相反，則梅少僅八日。俗以此占霉氣之淺深。』云云。

今江以南出霉入霉，俱如此説，而越諺又有『夏至落雨做重霉，小暑落雨做三霉』之語，往往皆驗。

十四日乙未　陰。寄帆伯來。叔子、季況、試甌、子九、艾臣來。艾臣便謝吊，遂同進城。偕叔子至謝公橋周雪樵家，以今日周、俞二家爲墳地事，請至山履行也。與雪樵、穎徵同舟，至謝墅，籃輿上山。時積雨初霽，萬木挽春，濕翠作雲，散黏空際，田水初放，悠然近人。偕叔子行緑陰中，相顧樂甚。日至墳所，雪樵、香圃各執一詞。我輩本不解事，余又非兩家所注意者，遂不置可否，袖手看山而罷。日加申返舟。一路野色，蒼曖就雨。傍晚進偏門，至觀巷，偕叔子上岸。詣艾臣，晤節子、子九、蓮士、季䀹。是日也，以兩家交惡，供吾輩清遊，已自難得。子九又將卜居謝墅，屬相其草堂之地，更爲社中添一故事。夜飯後，偕周氏昆季、子九、蓮士，約作詩課。以一人作主考命題，評定甲乙，序齒輪看。遂以明日始，子九主課，命題擬陶徵君田居五首苔花七律，限後明日辰刻齊至艾臣家繳卷。夜半附叔、季舟出西郭，二君別去。四鼓後雨。

十五日　早密雨，至午止，陰寒。作社課詩，約兩時許脱稿。甫畢，素人、叔子、季䀹來。遂偕進城，遇周雪樵，留飲於酒樓。午飯後至藥皇廟觀劇。傍晚詣艾臣，并晤節子。繳卷畢，蓮士、子九亦至，遂請子九定甲乙。夜二鼓歸。

十七日戊戌　早陰，巳刻雨，至未刻略止，申刻又雨，入夜漸緊。買舟至倉橋味經堂買書，得王觀國《學林》及《張文潛集》。

十九日庚子　雨，地潮。終日昏睡。失去汲板《文選》一部。其中詩歌多加評注。余頗不喜《選》學，故此書用功甚疏。今年偶有所見，稍筆之於此：

昔人謗直不疑盜嫂，而不疑曰：『我乃無兄。』或譖第五倫爲吏時篣婦公，光武問倫，而倫曰：『臣三娶婦皆無父。』又華嶠《漢書》載帝又問倫曰：『卿爲市掾時，有饋母一笥餅者，卿歸而奪笥，探口中餅。信乎？』倫曰：『此皆以臣愚蔽，生是言。』後胡紘劾朱子設食母以粗惡飯，母一日就鄰家食，歸而曰：『他家那得有如此好飯！』小人誣衊，類如此。然觀朱子以脱粟飯取怒於紘，或其奉親，亦未能如茅容，則口實之來，固有自耳。紘以不能得隻鷄斗酒恨朱子，固千古小人之尤。然觀《南史·庾杲之傳》，言杲之遷駕部郎，清貧自業，食惟有韭菹、瀹韭、生韭，任昉以食鮭二十七戲之，言三九也。而《樂頤傳》又言，吏部郎庾杲之嘗往候頤，頤爲設食，惟枯魚、菜菹。杲之曰：『我不能食此。』頤母聞之，自出常膳魚羹數種。杲之曰：『卿過於茅季偉，我非郭林宗。』蓋自時杲之方自王儉府僚爲吏部郎，而已侈滿如此。觀梁世范雲訪孔休源于少府孔登宅，登備水陸之品，雲唯食休源赤倉米飯、蒸鮑魚，不舉登之饌。史遂以爲佳話。然則學古之道，固徒哺啜矣。

嗚呼！飲食之於人大矣！昔人感一飯之德，至以千金爲報。顧榮、陰鏗，皆以予行炙者一臠之惠得免於死。而劉毅以求子鵝於庾悦不得，後毅得志，挫折悦致憤鬱以死。劉穆之以求檳榔於婦兄，有常饑何用此之戲，其後富貴，乃以金柈盛檳榔饋之。唐嚴綬未顯時，過閿鄉尉李達，達方飯他客，不召綬。後綬爲河東節度使，達罷彭城令，過并州入謁，不知帥即綬也，綬方大宴賓客，召達至，讓曰：『君昔召客食而不顧我，今我召客亦不敢留君。』達慚懼不得去，左右引出，悸而喑。賓佐令狐楚爲請，始得免。《新唐書》載之，不將綬修怨爲非。此《易》所以有飲食致訟之象也。東晉羅友告桓温云：『從公乞食，明日且復饑。』嗚呼！友其見幾而不辱者乎！庚申五月初二日有感一事，因附識於此。

遊柯山七星岩得五古一章

（露）〔靈〕根孕機星，太末聳初萼。中郎肇嘉名，兹鄉匯岩壑。翳歟五丁力，辟此斧斤鑿。危梯拔地起，絶壁及天縮。積鐵吐奇紫，元氣故不薄。千鬟銜佛頭，萬劍淬霜鍔。谺谽怒虎踞，睢盱奇鬼搏。飛蹤絶猱緣，墜石瞀雕落。主人東陽胄，岩栖結構作。懸崖勒雲奔，孤亭繫松卓。岫開仙廱馴，潭（鑑）〔鏗〕大魚愕。旦夕改佳觀，林泉恣揮霍。平生健腰脚，濟勝此堪託。餘情資烟霞，清夢破寥廓。紀詩壽珉玦，匠石不能斲。

任意芳題陳寸垞淡與梅鄰圖

黑雲陣壓梅花屋，花魂驚破人聲哭。主人眷花不忍離，别花宵遁向花祝。願人再睹清明天，願花無恙形神全。蟲沙一化杳無迹，詠花人在花亦妍。茫茫滄海登時變，桑田萬頃開真面。花邊廬舍土俱焦，惟有此花仍峭蒨。巨燹不能爇，殘兵不能戕。奇寒不能禁，毒霧不能傷。孤根一株浩劫外，長與幽人發芬芳。主人抱花開笑口，酹花手把一樽酒。人焉花焉俱告存，任地長物皆無有。修我屋，葺我墻，安我筆硯花之旁。譬如患難友，及門難淡忘。譬如洽比鄰，同井常相將。四美既具豈殊昔，繪圖作記心意長。我披君圖悵然憶，憶曩春正烽火逼。虎口餘生來看家，鴟鴞毁室蕭條極。冷落中庭一樹梅，千花如雪獨自開。予對梅笑梅爲笑，似慶予在今歸來。予梅予梅未摧折，空山對此兩情絶。惟當骨性相與堅，永永千秋幹如鐵。

題七星岩

奇極柯山下，天然廣廈存。古龍晴有氣，石佛盡無言。瀑落風雷走，崖傾虎豹蹲，分明鑑湖水，照見七星痕。

一徑入空翠，幽人此結茅。花移雲作握，鳥啄石爲巢。小閣補山缺，危橋通竹梢。結廬如許我，願訂歲寒交。

天欲無三伏，蕭蕭古洞寬。松烟扶磬直，石氣入杯寒。蕉冷時聞雨，魚閑不上竿。此間有真境，熱客到應難。

吴越方戎馬，烟霞自古今。萬家猶涕淚，我輩獨登臨。天地哀殘劫，江山付冷吟。抱琴却歸去，誰會此時心。

岩草岩花取次看，掎裳聯襻足盤桓。時危敢具烟霞癖，珍重朋儕刼後歡。

一説探幽笑口開，掃將愁去且銜杯。好山好友俱無恙，烽火叢中跳出來。

鏡水稽山萬馬屯，仙都攬得赤波渾。可憐一片柯山石，猶障南塘數十村。

鑿空何年敞傑瓴，山爲拱梲石爲櫺。萬家寒士無廬舍，廣廈依然庇七星。

天爲吾曹放好天，佳遊却趁日如年。興闌猶戀山陰道，八卦壇前看晚烟。

暝色蒼然鎖翠微，燈紅茶冷話初稀。還將一掬愁人淚，灑向山靈鼓棹歸。

越縵堂日記丁集

咸豐七年七月初一日至十二月三十日（1857年8月20日—1858年2月13日）

丁巳七月庚辰朔　晴。早進城詣秋舫叔家晤談，逾頃又詣寄帆伯家，日加巳歸。

偶以鄭漁仲《通志》與范蔚宗《後漢書》相較，略有删節，大約皆言辭之無要者。又以較班史亦然，而敘事處不減一筆，即字之閑冗可省或古拙難解者，皆仍原文。此以知昔人不輕改古書，宋時猶有此風，至元以後則且妄改聖經矣。

是夜始宿味水樓，頗熱。是日收芝字號龍華洋叁拾五元，洋價錢千有十八文。今晨梳我頭。用杜詩。

初二日辛巳　晴，比日患旱，自閏五月廿七日大風雨後，迄今無雨，即雨，不能遍三里，早晚甚涼爽，夜必以被，而日出尚可畏也。作書致傅節子，未及寄，而節子使人持片來，因即付之。加丹《後漢書》、《爾雅正義》、劉熙《釋名》、沈彤《儀禮小疏》諸書，間亦加評注。諸書皆竭終歲力不能遍者，而一日雜舉之，蓋有所思，即取而閲，閲時有所得，即取而加丹。涉獵而荒，職是之故，况重以健忘之上上者耶。作片致蓮士，取肩輿也。寶泰錢局存錢二百三十貫。雍樂橋亭設盂蘭會，助冥錢一千。

初三日壬午　早陰霾，日加辰，晴暑如初。作書致趙穎徵，還團扇兩柄。以輿至月池坊鄭氏，迎長妹歸。得季貺書。得穎徵復。余初以洋五元買玉井舊輿，窳而無用，且器物朽敝，今日遣騰雨父子扛還之。食新栗。是日買炭一簍。唐鴻賓裝池家送叔弟遺挂來。光相寺僧來訂初七日先君子冥壽懺期。浴。騰雨乞假去。

處暑　初四日癸未　晴。清曉偕詩舫進城買雜物，又至味經堂還書。以日前新得明季越刻《荀子》，頗佳，故還其舊所購者。晤沈素庭，日加巳歸。是行也，途遇一孝廉，問所之，曰詣某。而余族兄有與某同字者，且舊館于孝廉。余因色然駭曰：『君大誤矣！某死已久。』孝廉更駭曰：『君何言！余固詣君鄰某秀才也！』余始悟其人與孝廉爲亞，與余亦素相知者。孝廉色頗愠，路觀者皆笑。噫！此固足以見余之瞀亂，而亦許敬宗所謂如君輩自難記者也。凡公來，不晤。下午薙短髮。是日酷暑如伏中，夜初更後有風東來，頗凉。

初五日甲申　晴，酷暑甚昨日，卓午鬱燥不可坐卧，今夏無此虐也，傍晚有風東南來，夜卧甚熱，不可衣。

初六日乙酉　早晴。爲傅艾臣事至芝軒叔家，日加辰歸。中午酷暑燥甚，日加未風南北起，陰翳有雷，細雨，夜稍凉。

初七日丙戌　大雨至日加申稍止，禾苗大慰，舟楫可通，甚喜也。先君子五十冥壽，延僧九人禮懺。作書致鏡人伯借衣。鄭、張兩妹婿來。陳珊士來，即去。得季況昨日書，即復。諸從昆弟來。季況來，午飯後去。下午凉甚，須薄棉。夜延僧九人作施食道場。夜分就寢，以味水樓讓兩妹婿下榻，余止宿慈幃側軒。凉意沁骨，可重棉厚衲矣。

初八日丁亥　凉，雨。上午兩妹婿去。午刻雨少止，旋又霡霂至夜，有風西北來。是日甚倦，多睡。寄帆伯來。夜微雨，凉甚。

初九日戊子　清晨密雨，聲甚激楚，凉夢爲破，欹枕聽，逾時始止，終日薄陰。柏塍伯來。夜稍熱。騰雨乞假去，付錢二百。

初十日己丑　終日嫩晴，少減凉意。遣仰髟乞隨詩舫進城買物件。夜淡月頗佳，早眠。

十一日庚寅　陰，稍熱，可單絺。有舊佃人來乞名片至周永利茶棧薦僮奴。得季況書。夜有月，微凉，露卧大適，入室又可讀書，甚樂也。騰雨來。

十二日辛卯　晴，餘暑又盛。家慈挈長妹至府橋就醫。季況來，偕進城訪子九，病目不出。訪艾臣兄弟，又不值，更至一地方官家吃午飯，余請其官親胡姓者診脉，求一方。傍晚至花藏庵，同諸富人夜宴，并晤某太史，三更始散。歷一更歸家，盡夜就枕略睡。買糠五十籮，又另買十籮。

十三日壬辰　晴。次妹返婿家。熱甚不可耐。浴。以食物餉柯山，并遣騰雨領乳媪去。初夜風西北起，雲合，有電。

十四日癸巳　晴熱。題馬令《南唐書》後四絶句：『禪局依然李代楊，永寧宫裹淚千行。獨除魏晉臣堯例，兩字尊名定讓皇。』『正陽樽酒此心同，肯散歌姬作相公。千載包胥成畫餅，中原慚負李司空。』『金杯狗矢耻同官，奉使寧辭一死難。國老青陽甘穴食，九原低首肉臺盤。』『太弟終全德讓名，鴒原賦在更多情。南唐家法真堪羨，慘絶中宵聽斧聲。』吃胡醫方，斷此計兩年矣，藥爐重理，眷若有情。方附：米炒黨參三錢，直枝大懷熟地六錢，薑汁炒。甘枸杞三錢，清炙綿蓍一錢半，芡實三錢，廣皮一錢，龍骨三錢，金櫻子一錢半，沙苑子三錢，懷山藥三錢，蓮蕊一錢半，紅棗五枚。芸舫來。傍晚薙短髮。夜月甚好，擬至朱翁子祠觀劇，不果。夾塘媪休去。

十五日甲午　早陰，上午微雨，午密雨，下午又數作。中元節，祭自高祖以下，先君子忌日更祭。

嘯岩來。吃胡醫藥。初夜雨，旋止，烟月微見，夜分大風雨。仰䰟乞假去。單港嫗來觀政，未幾受庸，付錢二百。填《青玉案》一闋：『初鴻驀地傳秋信。更滿把、閑愁賸。淚滴犀簾容易損。碎烟疏月，斷風零雨，個裏人扶病。年年自惜雙青鬢。瑟怨高樓絶瑶訊。轉側孤衾香又燼。葉聲蛩際，蛩聲花裏，凉夢蛩邊醒。』眉批：此首删。

十六日乙未　早密雨，旋止，午後風雨大作，比日連雨，然不凉，今午尤晦悶，地微潮，有黦氣。喫胡醫藥。黄昏猛雨，即止，終夜大風。枕畔賦《采桑子》詞。

十七日丙申　陰晴不定，風不止。早起作書致瘦生。録夜作《采桑子》詞：『西風猛撼疏窗夢，夢咽更更。更咽聲聲，迸作人天一夜聽。　枕邊罷誦金輪咒，香是前身。香是前因，一穗燈花緑不成。』改舊作秋山紅樹圖詩，終日始就，而拙如故，甚懊喪。眉批：改。寄帆伯來。喫胡醫藥。夜月頗好，半夜醒，見紗窗外凉影媚甚，逮再輾側，則聞檐溜潺潺矣，達旦雨不止。

十八日丁酉　雨，午後忽見日，地微潮，似做木犀黦矣。閲平子汴中詩五律三首、七律一首，俱未能全美，非作者絶構。然五言如『客中閑日少，貧裏酒名低』，『蘚陰藏古佛，花氣閉虚堂』及『寺寂見時貧』等語，皆非此中三昧人不能道。季況尤賞其《吹臺》七律，然太似七子，此等題又易於入格，不足奇也。余嘗評同人詩，素人如李廣飛將，神出鬼没，然無部伍行陣，率犯之無以禁；叔子如王武子賭射八百里駮，一矢破的，又如桓宣武樗蒲，不必得則不爲；予自謂如劉將軍，遇小敵怯，遇大敵勇；子九如王長史，語甚不多，可謂有令音；平子如見何次道飲酒，令人欲傾家釀，言其能温克也；季況如會稽王，有遠體而無遠神；蓮士如王僧綽，采蠟燭珠爲鳳凰，工巧奪目，爲人打壞，亦復不惜（此處塗抹）者耳。眉批：唐太宗言當今名將，衹世勣、道宗及薛萬徹。世勣、道宗不能大勝，亦不大敗；萬徹非大勝則大敗。以諸子言之，叔子、平子、蓮士乃世勳、道宗之流，素人（此處塗抹）則如萬徹也。又晉祖士言謂梅陶、鍾雅等曰：『君汝潁之士，利如錐；我幽冀之士，鈍如槌。以我鈍槌，捶汝利錐，何如？』若蓮士所謂汝潁之士，利如錐者也。又評。

喫胡醫藥。爲季况評點詩集。得季况書即復。夜有月，四更雨，五更大雨。騰雨乞假去，付工直二八十，又付仰鳦工直二百。

十九日戊戌　上午薄晴，傍午大雨，下午風雨。凡公來。喫胡醫藥。柯山姑母挈瘦生及七弟新婦、僧慧來，以新婦病甚也。夜風雨，二鼓後大風可怖，雨亦更淒緊，達曙不止。

白露　二十日己亥　入曉雨更甚，風仍不息，下午雨稍止，風愈怒。瘦生回去。夜大風，至二鼓後止。喫藥。

二十一日庚子　薄陰。（此處塗抹）來，以新作《病述》五古三首、《曹貞女行》一首見示，俱佳。作片致穎徵。喫藥。

二十二日辛丑　晴，下午陰，暖。凡公來。寄帆伯來。柏塍伯來。魯蓉生來，晚去。收寶泰錢局存錢十貫。

二十三日壬寅　晴，暖。付光相寺僧洋錢五元，每元作錢九百九十七文，申水錢五十文，共計得錢五千二百三十五文，又付錢七百六十五文，爲禮懺齋供之費。番錢自嘉慶時入中國，其初每錢直六七百文，道光間盛行，公私出入，非此不濟，直亦漸長至千二三百文。至咸豐癸丑歲，以寇警，驟長至千九百文。去年冬，忽以次減，又多新鑄，及諸惡色，幾壅不行。今遂祇得此數。蓋此物視銀價爲消長。自大軍駐江南，以浙省爲外府，稅銀盡以給軍，而即變價易錢，於浙中及內發帑銀者亦然。又銅錢極少，估舶多有私載銅出海及潛銷毁爲器物者，故大錢尤不可得。京師及閩中諸省至行鐵錢，銅貴而金銀俱賤矣。錢法之亂，莫甚於此。以致商賈束手，細民不聊生，雖臺臣屢有言，莫之能止，此亦足以觀世變已。今日番錢復減至九百七十三文。夜凉甚。

二十四日癸卯　晴。僧慧周晬。柯山以番錢二十元代晬盤。上午祀神及祖先。付七弟新婦藥錢一千，付僧慧果餌錢一千，付柯山犒賞錢八百七十文。付買瓦衣番錢一元。夜密雨至曉。

二十五日甲辰　終日風雨凄緊，凉甚。是日爲太高祖殿纂公忌日，以雨不克赴祭。付鴻寶齋裝潢錢一千文。得茹子薌片。夜始换褥。薙短髮。夜大雨徹曉，秋稼可憂。

二十六日乙巳　早雨陰晦，日加辰止，午刻時有斷雨，未刻晴。偕鏡人伯、寄帆伯、芝軒叔等赴柯山。宿雨初歇，山光樹色，緑過初夏，一路惟聞放田水聲而已。出青田湖後，港汊甚狹，秋蔆大盛，不覺動朶頤之思。傍午遊七星岩，著屐頗不堪。又獨至姑母家見姑母及瘦生，少坐出，登舟小飲。復移舟就隔岸，遊蘿庵，霽景乍呈，山沐始理。日下舂回舟，顧望蒼翠杳深，夕陽俱濕。黄昏返舍。得閑谷三月望日相州所寄書。地潮。

二十七日丙午　薄晴，傍午日景頗烈，熱甚。殿纂公忌日，進城赴祭，午飲胙畢，訪張翻翁并晤方生。傍晚歸，過關帝祠觀劇，見一鬟者約十五六，亦鏡湖春色也。晚至家。茹子薌來。

二十八日丁未　晴，熱更甚。芸舫來。上午偕寄帆伯至水澄巷買櫬材十六株，計直十一千四百文，爲七弟新婦也。傍午繇倉街歸，負烈日行，不減酷暑，又苦足疲，殊歎貧士之厄。作書致瘦生。夜大雨，不時止。季貺來，談甚樂。

二十九日戊申　晴和。請寄凡伯來監視匠人製棺，盡日力畢工，付工直錢千六百文，賞錢百文。

夜初更，寄帆伯去。

〈八〉月初一己酉　晴和。早起秋氣甚清，積悶一快。瘦生來。得季況乞米書，即復，并代借米兩石。下午瘦生來，止宿。夜四鼓後醒，覺氣脹胸塞甚，旋腹痛大瀉，瀉空作嘔。蓋前日中暑，又今夜驟寒所致。

初二日庚戌　晴有寒色。黎明復大瀉數次，又大嘔，腹痛甚。遍求丸藥咽之，愈劇。呼鑷人掐痧。日加巳，漸差。瘦生去。得季況書。終日不飲勺水，困甚，身作熱。入夜氣更塞，二鼓後差。

初三日辛亥　晴。日加巳起，少食即覺懣，頭目眩，似久病起者。日加午，神思略定，可作字看書。復食粥，午飯少許，夜飯盡一器，頗脹。

初四日壬子　晴。起居食飲如常矣，然猶忽忽若病，對客甚倦，聲不能續。攬鏡自照，面目頓改。噫！脆質易零，乃至是乎！下午偶作字三四百，覺勞甚，心怔怔不寧。

初五日癸丑　晴熱，僅可單衣。季況來，以米直番錢十枚屬轉付。自昨日至今日無一事足記，看書亦雜揉無緒，然外而米鹽，內而圖史，頗料理井井，即小作補綴，亦甚稱心。又於惠徵君《周易述》、王伯厚《困學紀聞》兩書均係一短跋，殊有意致，此中趣不能名言耳。

秋分　初六日甲寅　上午陰，午後雨，下午大雨。桂花大開。子九來。赴宗祠秋祭充讀册，自唐汝陽王迄余兄弟行。午飲胙畢即歸。家慈詣城中各寺燒香，晚歸。是日跪拜逾時，足忽蹇不能行，蓋數日前腹瀉所致。雨後涼甚。

初七日乙卯　陰，下午有霽色。寄帆伯來。鄭郎來。始食菱，尚嫩。騰雨來。

初八日丙辰　終日薄晴。曾王父孝廉公生忌，有戚屬來助祭。季況來，以近作詩文見示。爲信之三叔祖作其先人祭簿序。夜閲高文襄拱《本語》，多指駁古人瑕纇，尤不滿於程朱，其機鋒利甚，往往令人解頤。惜僅六卷，不禁看，所謂書當快意讀易盡者。夜小雨。

初九日丁巳　小雨。瘦生來。鏡人伯等來，就考廳設局給發蒙脩。此廳自殿纂公以來爲影堂，余昔年曾議改造，以費絀而止。（此處塗抹）然以先人歌哭之地，而任其上傾下頹，猶儼然合族於斯焉，則又重余之罪也夫！夜始煮菱，食之已老，可嚼。是日遣人至次妹家送中秋節物：鷄一雙回，鵝一雙回，魚一雙，豚五斤八兩，大月餅四百九十枚，小月餅二觔十兩，水晶月餅二百六十枚，細沙月餅五觔八兩，素月餅二觔，西洋蛋團四斤，水桃酥二斤，卷穌二斤，藕十九斤，梨十斤，緑柿十一斤，朱柿二斤餘，石榴三斤，蒲桃一斤。

秋社　初十日戊午　雨，午後薄寒，夜寒。

太白七絶、東川七律，予俱不解其佳處。太白如《送孟浩然之廣陵》云：『故人西辭黄鶴樓，烟花三月下揚州。孤帆遠影碧空盡，惟見長江天際流。』謂其超拔則可，若狀其黯然之景，則不如許渾之《謝亭送别》云『勞歌一曲解行舟，紅葉青山水急流。日暮酒醒人已遠，滿天風雨下西樓』也。《春夜雒陽聞笛》云：『誰家玉笛暗飛聲，散入東風滿洛城。此夜曲中聞折柳，何人不起故園情。』謂其婉曲則可，若論高妙，則不如李益之《受降城聞笛》云『回樂峰前沙似雪，受降城下月如霜。不知何處吹蘆管，一夜征人盡望鄉』及《從軍北征》云『天山雪後海風寒，横笛遍吹行路難。磧裏征人三十萬，一時回首月中看』也。《與賈舍人至泛洞庭》云：『洞庭西望楚江分，水盡南天不見雲。日落長沙秋色遠，不知何處吊湘君。』較之賈至作云『楓岸紛紛落葉多，洞庭秋水晚來波。乘興扁舟無近遠，白雲明月吊湘娥』，似賈詩略遜其不著色相。又《巴陵贈賈舍人》云：『賈生西望憶京華，湘浦南遷莫怨嗟。聖主恩深漢文帝，憐君不遣到長沙。』較之戴叔倫之《湘南即事》云『盧橘花開楓葉衰，出門何處望京師。沅湘日夜東流去，不爲愁人住少時』及劉長卿之《送裴郎中貶吉州》云『猿啼客散暮江頭，人自傷心水自流。同作逐臣君更遠，青山萬里一孤舟』，似更爲含蓄。然晚唐諸人亦間有及此者，非絶詣也。他若『越王句踐破吴歸』一首，格創而詩無餘味。『一爲遷客去長沙』一首，僅句調好耳。『朝辭白帝彩雲間』一首，氣勢可取，謂爲神妙，誠未見得。以及『此行不爲鱸魚膾，自愛名山入剡中』『但使主人能醉客，不知何處是他鄉』『兩岸青山相對出，孤帆一片日邊來』『只今惟有西江月，曾照吴王宮裏人』『月光欲到長門殿，別作深宮一段愁』『郎今欲渡緣何事，如此風波不可行』，皆常語也。《上皇西巡南京歌》，固非絶句正體，不必論矣，至於『夜發青溪向三峽，思君不見下渝州』，則病其晦拙；『桃花潭水深千尺，不及汪倫送我情』，則病其無聊；『美人一笑褰珠箔，遥指紅樓是妾家』，則病其淺露；『夜懸明鏡秋天上』，則俗句也；『一叫一回腸一斷』，則劣句也。其不膾炙人口者且置之。

東川詩僅七首，自明何、李盛稱之，與王右丞並，更前後七子至陳卧子、李舒章輩，皆學之無異詞。本朝陳迦陵詩亦云：『更憐絶代東川李，七首吟成萬顆珠。』然其中惟《送魏萬之京》云：『朝聞遊子唱離歌，昨夜微霜初度河。鴻雁不堪愁裏聽，雲山况是客中過。關城曙色催寒近，御苑砧聲向晚多。莫是長安行樂處，空令歲月易蹉跎。』清華朗潤，通首俱佳，其他如『早晚薦雄文似者』《寄司勳盧員外》。『坐卧閑房春草深』《題璿公山池》。『新加大邑綬仍黄』《寄綦毋三》。『西嶺雲霞色滿堂』，同上。皆拙句也。《送李回》云：『知君官屬大司農，詔幸驪山職事雄。歲發金錢供御府，晝看仙液注離宮。千岩曙雪旌門上，十月寒花輦路中。不睹聲名與文物，自傷流滯去關東。』此一首亦秀健，然雄字究屬强押。《宿瑩公禪房聞梵》及《題盧五舊居》二詩，尤劣。此論詩文必須自出手眼與。

午前冷風起，頗有衣褐之慮，聞比日棉花漸貴，未知衆生得同飽暖否。午後風雨淒厲。薙短髮。

鄭康成《中庸》注：『木神則仁，金神則義，火神則禮，水神則信，土神則智。』孔穎達疏云：『木神則仁者，皇氏云：東方春，春主施生，仁亦主施生。金神則義者，秋爲金，金主嚴殺，義亦果敢斷決也。火神則禮者，夏爲火，火主照物而有分别，禮亦主分别。水神則信者，冬主閉藏，充實不虚，水有内明，不欺於物，信亦不虚詐也。土神則智者，金木水火土，無所不載，土所含義者多，智亦所含者衆，故云土神則智也。』此以知五行推算之由來已久。

王應麟云：『吉日庚午，既差我馬，此午馬之證也。季冬出土牛，此丑牛之證也。』至《吴越春秋》，子胥以越在巳地，故作蛇門，而吴在辰，其位龍也，故小城南門上，反羽爲兩鯢以象龍角。然他經傳中絶未之見。王充《論衡·物勢》篇曰『五行之氣相賊害，寅木其禽虎也，戌土其禽犬也』云云，始全見十二物之名。

二分二至，始于《堯典》之日中、宵中、日永、日短數語。《汲冢周書·時訓解》始有二十四節名，其序云：『周公辨二十四節氣之應以順天時。』然《大戴禮》《夏小正》已有啓蟄、雨水等名，則或夏時已有之，抑或出漢儒附會，俱未可知。《左傳·桓五年》『啓蟄而郊』，《國語·楚語》：『范無宇曰：處暑之既至。』韋昭注：『七月節也。』《管子》亦有清明、大暑、小暑、始寒、大寒之語，蓋起于周無疑。唯周以前驚蟄在雨水前，至漢始改雨水在正月，驚蟄在二月，故《淮南子·天文》篇已先雨水後驚蟄也。王應麟云：『《左傳》「啓蟄而郊」，《正義》云：「太初以後，更改氣名，以雨水爲正月中，驚蟄爲二月節，迄今不改。」其改啓爲驚，蓋避景帝諱。《周書·時訓》「雨水之日獺祭魚，驚蟄之日桃始華」。《易通卦驗》「先雨水，次驚蟄」，此漢《太初曆》也。又按劉歆《三統曆》，穀雨三月節，清明中；而《時訓》及《通卦驗》清明在穀雨之前，與今曆同。然則二書皆作於劉歆之後。《時訓》非周公書明矣。』

《爾雅疏》曰：『甲至癸爲十日，日爲陽。寅至丑爲十二辰，辰爲陰。』此二十二名，古人用以紀日，不以紀歲，歲則自有閼逢至昭陽十名爲歲陽，攝提格至赤奮若十二名爲歲名。自漢以前，初不假借，自王莽下書，言始建國五年，歲在壽星，倉龍癸酉。又言天鳳七年，歲在大梁，倉龍庚辰。厥明年，歲在實沈，倉龍辛巳。又《銅權銘》曰：『歲在大梁，龍集戊辰。』又曰：『龍在己巳，歲次實沈。』自此《後漢書》張純、朱穆等傳皆見之。荀悦《漢紀》言漢元年實乙未也。《曹娥碑》云：『元嘉元年，青龍在辛卯。』然其時制詔章奏符檄之文，皆未嘗正用之。自三國鼎立而後，文人多舍年號而稱甲子。杜預《左傳集解後序》至追言魏哀王二十年太歲在壬戌矣。

古無以一日分十二時之説。經傳中紀其時者，皆曰日中，曰盡日，曰日昃，曰東方未明，曰昏，曰夕，曰宵，曰昧爽，曰朝，曰日中昃，曰旦，曰質明，曰大昕，曰日側，曰見日，曰日下昃，曰日旰，曰日入，《史》《漢》猶然。至紀夜則用星，如《詩》言三星在天，《春秋傳》言降婁中而旦是也。不辨星則分言其夜，曰夜中，曰夜半，曰夜鄉晨。分言其夜而不詳，於是有五分其夜而言甲乙丙丁戊，謂之五更，亦謂之五夜者。又《淮南子·天文》篇，日出暘谷爲晨明，登扶桑爲朏明，至曲阿爲旦明，至曾泉爲蚤食，至桑野爲晏食，至衡陽爲隅中，至昆吾謂正中，至鳥次爲小還，至悲谷爲餔時，至女紀爲大還，至淵虞爲高春，至連石爲下春，至悲泉爲懸車，至虞淵爲黄昏，至蒙谷爲定昏，是一日夜分十五時也。《左傳》卜楚丘曰『日之數十，故有十時』，是言一日祇十時也，而杜元凱注則曰夜半、鷄鳴、平旦、日出、食時、隅中、日中、日昳、晡時、日入、黄昏、人定，是雖不立十二支之名，而一日分爲十二，始見於此。趙翼《陔餘叢考》以爲十二時之分，蓋自太初改正朔之後，曆家之術益精，故定此法，如《五行志》曰加辰巳之類，皆漢法也。

太公《六韜》，有『開牙門常背建向破』之語，見《通典》所引，乃《六韜》逸文。其建、除、滿、平、定、執、破、危、成、收、開、閉十二字，全見于《淮南子·天文訓》。

已上皆集録諸家説部所載者，惟取所引原書，校其差錯外，並不更加辨核，以人多習用而不知。雨窗少暇，寫之以便檢閲，亦困而學之之一端乎！

夜雨聲達旦。

十一日己未　終日雨凄緊，午前及晡時尤甚。始衣重棉。長妹返婿家，以舟從送之并中秋節物：雙鷄回，雙鴨回，雙魚，豚五斤，大月餅五百廿枚，小月餅三斤，水晶月餅三百枚，細沙月餅四斤，西洋蛋團三斤，蛋餅一斤半，桂花餳毬一斤半，象鼻酥三斤半，水桃酥二斤，砂仁糕一斤，緑柿十四斤，每斤錢十六。朱柿三斤半，每斤錢十七。石榴二斤半，每斤錢廿。梨十二斤，每斤錢卅六。梅梨四斤，每斤錢卅七。藕廿三斤。每斤錢廿。

中山靖王《聞樂對》有『道遼路遠』句，王逸少《蘭亭序》有『雖無絲竹管弦之盛』句，皆重複之尤者，至以爲蕭《選》不收《蘭亭序》以此，真耳食之言矣。眉批：吴曾《能改齋漫録》、王楙《野客叢書》以『絲竹管弦』四字本出《前漢·張禹傳》，未爲語病。按《漢書》禹傳云：『禹性習知音聲，内奢淫，身居大第，後堂理絲竹筦弦。』云云，然後人究不宜用。

宋子京修《唐書》，矯駢儷之習，其詔疏往往改整作散，乃至不收徐賢妃《諫太宗疏》及德宗《興元赦書》，爲世所訴。姚鉉選《唐文粹》，又力矯其失，故於《平淮西碑》收段而棄韓，以段作對偶而韓作散體也。然段碑若『逐餘孽如鳥雀，獮殘寇似狐狸』等句，尚成何語耶？

侍中在唐宋爲極貴，漢時雖輕，已爲禁密寵要之職，然多貴戚子弟爲之，至執虎子以從。孔安國以大儒特令掌唾壺。又黄門令爲宦者，而自安帝前皆參用士人，故史游爲元、成間黄門令而作《急就章》。噫！以峨冠博帶之流而不恤與僕妾頑童爲伍，其亦與元之八娼九儒相去幾希矣！

紙筆之用大哉！足參天地，而筆創于秦之武夫，紙仿於漢之宦者，真不可思議。

霍去病之爲霍嫖姚，人皆知之，然去病初從衛青出塞，拜嫖姚校尉，乃其始進之階。自後拜驃騎將軍、大司馬，封冠軍侯，立功沙漠，卒謚曰景桓。則凡頌大帥者，宜曰霍冠軍或霍驃騎、霍景桓，而不當曰霍嫖姚也。又嫖姚，字亦作飄鷂。

太尉自漢爲極位，至唐尤重，加此者，如長孫無忌、李光弼、李懷光、李愬輩，不過數人。李德裕拜太尉，疏辭言尚父子儀尚不敢當此職，近來如李載義等多超拜保傅云云。宋代雖定爲武階第一，入正二品，（宋初以太尉爲正二品，至徽宗政和時改官制，遂定爲武階之首。）然如王旦、向敏中輩皆加太尉，是北宋猶極重是官。南渡後，武臣勳高，官爵不足爲酬，稱太尉者往往皆是，如岳忠武、李忠襄顯忠、劉武穆琦、孟忠襄珙皆爲太尉。雖皆有大功，然資望猶不甚高。北宋時惟种忠憲師道以宿將拜太尉，然种已官樞密使，且亦靖康用兵時之制。至於王德、邵宏淵、吴挺、夏全之流爲太尉者，更不足論矣。

漢以來，謚以兩字者爲重。如酇文終侯、留文成侯外，惟霍光謚宣成侯，霍去病以大將軍貴寵有功，謚景桓侯；王鳳、王商俱以元舅大將軍之貴，鳳謚敬成侯，商謚景成侯；孔光以太師謚簡烈侯，餘皆一字。東漢謚尤矜重，三公多不賜謚，得兩字者僅四人：馬援以后父，有大功，謚忠成侯；楊賜、劉寬俱以三公侍講，皆特贈驃騎將軍，賜得謚文烈侯，寬得謚昭烈侯；袁逢以嘗爲三老，謚宣文侯。此外如鄧元侯禹、吴忠侯漢、寇成侯恂、馮節侯異、賈剛侯復、岑壯侯彭之元功，李恭侯通、竇戴侯融之貴重，樊恭侯宏、陰貞侯識、梁忠侯商之懿戚，皆僅得一字焉。

三國時，蜀以諸葛孔明功德蓋世，謚忠武侯。若關漢壽之謚壯繆，趙子龍之謚順平，乃以夏侯霸得謚，故追謚諸將，而關功績尤著，趙以當陽之役，力護後主，皆得兩字謚，其餘張桓侯、馬威侯超、黄剛侯忠、龐靖侯統，皆一字焉。法翼侯正之見重先主，陳祇謚忠侯之獲寵後主，蔣恭侯琬、費敬侯禕之委任如諸葛等者，皆無加謚。魏無兩字謚法。吴則單謚亦僅四人：張文侯昭、昭子定侯承，顧肅侯雍、陸昭侯遜是也。

晉世兩字者稍多，然亦自東渡後用以待重臣貴戚，如周忠烈玘、温忠武嶠、王文獻導、郗文成鑒、卞忠貞壼、庾文康亮、庾忠成冰、何文穆充、褚元穆裒、蔡文穆謨、桓宣武温、桓宣穆冲、虞孝烈潭、郗文穆愔、謝文靖安、謝忠肅琰、謝獻武玄、王獻穆珣、何忠肅無忌、王文恭謐等二十九人。眉批：嵇紹謚忠穆，亦元帝追贈。其後宋、齊、梁皆以兩字爲重。［南北朝時，宋僅劉文宣穆之、王文昭弘、殷文成景仁、何簡穆尚之、沈忠武慶之、柳忠烈元景，六人皆元勳也。若王文侯曇首、王宣侯華之寵遇，以爵位未隆，僅得單謚。袁忠獻淑、徐忠烈湛之、江忠簡湛三人則以死難故。齊亦僅褚文簡淵、王文憲儉、王簡穆僧虔、柳忠武世隆、徐文忠孝嗣、沈忠顯文季六人，徐、沈亦以枉害故。梁則雖佐命者如范文侯雲輩皆單字，似不以爲輕，然王茂以勳重謚忠烈，司空袁昂以名德宗臣謚穆正，裴之横以死節謚忠壯。］梁徐勉［權傾一時，及］卒，有司議謚，以居敬行簡曰簡，武帝加執心決斷曰肅，謚簡肅公，可以概見。［則兩字謚亦未嘗不重也。陳之謚不足據，徐陵以後主私恨謚章僞侯，固又當别論。］元魏［似不重兩謚，如奚昭王斤、叔孫襄王建、長孫宣王嵩、苟僖王頹、陸成王俟、陸貞王馛、陸簡王麗、源宣王賀、皮襄王豹子、高文公允皆一字，然魏世］諸帝皆兩字謚。［李文穆冲、李文昭孝伯、王宣簡肅、宋貞順弁之委任，高文貞閭之優禮，邢文定巒之才兼文武，崔文宣光以明帝師，李武康崇以國戚有功，胡文宣世珍以靈太后父，皆尊邁等倫，俱獲雙謚，則又不可解也。高齊亦重雙謚，如劉忠武豐、慕容景惠紹宗、高文昭乾、高忠武敖曹、竇武貞泰、庫狄景烈干、段忠武韶之武功，崔貞節暹、陳文穆元康、杜文肅弼、房文惠謨之佐命，段昭景榮、封宣懿隆之、司馬文明子如、韓肅武軌、李敬惠元忠、高恭穆季式之故舊，魏文貞收之文學，破六韓忠武常、叱列莊惠平，字殺鬼之歸誠，皆得兩字。」後周不甚重兩字謚，其初賀拔貞獻勝、賀拔武壯岳兄弟，尚以兩字見異，後則李襄公虎、李武公弼、于文公謹、韋襄公孝寬、豆盧昭公寧皆一字矣。隋惟楊素謚景武，其他元勳如高熲、賀若弼皆不終，韓擒虎史不載謚，至所尊寵者，李明公穆、李文公德林、長孫獻公晟皆一字。

唐代兩字謚漸衆，然亦比單謚爲難得，即以凌烟閣功臣論，魏文貞徵、房文昭玄齡、虞文懿世南德業尤重，高文獻士廉國戚老臣，李景武靖、李貞武勣功冠一時，殷忠壯志玄勇節最著，尉遲忠武敬德卒於高宗時，爲宿老，故皆雙謚。其餘如杜成公如晦、趙元王李孝恭、屈突忠公通、殷節公開山、柴襄公紹、長孫襄公順德、張襄公公謹、劉襄公政會、秦壯公叔寶等，皆祇一字矣。高宗、武后時，劉文獻仁軌號爲元臣，狄文惠仁傑亦稱國老，以及玄宗世，姚崇謚文獻，宋璟謚文勇，蘇頲謚文憲，張説謚文貞，九齡謚文獻，嘉貞謚恭肅，又韓休謚文忠，皆開元名相也。中興郭、李諸將，興元功臣李忠武晟、馬壯武燧、渾忠武瑊，憲宗時如李忠懿吉甫、裴文忠度、杜宣獻黄裳、高威武崇文，無不兩字者。觀獨孤及議謚吕諲曰肅，嚴郢駮之，謂國家故事，宰臣之謚皆有二字，以彰善旌德，吕公盛烈宏規，不可備舉，請謚曰忠肅。及重議略曰：『謚法在議美惡，不在字多，二字謚非古也，其源生於衰周，施及戰國之君。漢興，蕭何、張良、霍去病、霍光俱以文武大略佐漢，時致太平，其事業不一，謂一名不足以紀其善，於是有文終、文成、景桓、宣成之謚，雖瀆禮甚矣，然猶褒不失人。唐興，參用周漢之制，謂魏徵以王道佐時近文，愛君忘身近貞，二德並優，廢一莫可，故曰文貞公。謂蕭瑀端直鯁亮近貞，性多猜貳近褊，故曰貞褊公。其餘舉凡推類，大抵準此，皆有爲爲之也。若跡無殊途，事歸一貫，則直以一字目之，故杜如晦謚成，封德彝謚明，王珪謚懿，陳叔達謚忠，温彦博謚恭，岑文本謚憲，韋巨源謚昭，唐休璟謚忠，魏知古謚忠，崔日用謚昭，其流不可悉數。此並當時赫赫以功名居宰相位者，謚不過一字。由此言之，二字不必爲褒，一字不必爲貶。若褒貶果在字數，則是堯、舜、禹、湯、文、武、成、康，不如周威烈王、慎靚王也；齊桓、晉文，不如趙武靈、魏安釐、秦壯襄、楚考烈也。杜如晦、王珪以下，或成或明，或懿或憲，不如蕭瑀之貞褊也。歷考古訓及貞觀以來制度，似皆不然。今云國家故事，宰相必以二字謚，未知所出。魏晉以來，以賈詡之籌算，賈逵之忠壯，張既之政能，程昱之智勇，顧雍之密重，王渾之器量，劉恢之鑒裁，庾翼之志略，彼八君子者，方之東平，宜無慚德，死之日並謚曰肅，當代不以爲貶，何嘗徵一字二字爲之升降乎？請依前曰肅。』云云。然及亦逞一時之辯，未爲定論。其實唐固重兩字謚，凡死節者，如李忠懿憕、盧貞烈奕、顏忠節杲卿、顏忠烈真卿、段忠烈秀實皆兩字，可知其重矣。

眉批：歷代謚法輕重：六朝謚最重文獻。《齊書·王晏傳》：晏與王儉不平。儉卒，禮官欲謚爲文獻，晏啓武帝曰：『晉王導乃得此謚，自爾以來，不加素族。』晏出謂人曰：『平頭憲事已行矣。』儉果謚爲文憲。蓋謚法博聞多能曰憲，注謂雖多能，不至于大道也。是知憲爲中謚矣。唐以來文人多得此謚，如令狐德棻、孔穎達、岑文本、獨孤及及許孟容、張薦等皆謚曰憲也。唐代謚最重文貞，苗晉卿初謚懿憲，元載感舊恩，諷改文貞。又楊琯初謚文貞，蘇端持異議切詆，德宗雖貶端，然改琯謚曰文簡。終唐之世得此者亦可數，如魏徵、張柬之、蘇瓌、陸象先、宋璟、張説、韋安石、崔祐甫，閻立本謚貞，無文字，見《唐會要》，《新唐書》作文貞蓋誤。又姚崇謚，《新唐書》作文獻，而張説撰崇神道碑文作文貞。趙明誠《金石録》言崇子弈碑亦言崇謚文貞，蓋崇父已謚文獻，父子罕有同謚者，當以碑文正之。予按《新唐書》所載，多采後人小説，而崇父子碑係同時人所作，是崇謚文貞無疑也。

《新唐書·顏杲卿傳》：乾元初，贈杲卿太子太保，謚曰忠節。初，博士裴郁以杲卿不執政，但謚曰忠，議者不平，故以二字謚焉。

又按《唐書・鄭珣瑜傳》：珣瑜卒，太常博士徐復謚曰文獻，兵部侍郎李巽言：『文者，經緯天地。用二謚，非《春秋》之正，請更議。』復謂：『二謚，周、漢以來有之。珣瑜名臣，二謚不嫌。』巽曰：『謚一，正也，堯、舜是也。二謚，非古也，法所不載。』詔從復議。是皆唐重二謚之証也。

唐時謚頗不重文字。韓文公、白文公外，有褚文公無量、賈文公至、徐文公堅、盧文公從愿、李文公磎、劉文公知幾、劉文公知柔、馬文公懷素、李文公翱、令狐文公楚、崔文公融、孫文公逖、權文公德輿、王文公丘、蘇文公珦、韋文公湊、韋文公貫之、韋文公叔夏、席文公豫，共廿一人。

眉批：王楙《野客叢書》言：本朝單謚文者，惟楊大年、王荆公二三人而已。考《唐會要》，單謚文者十九人，單謚貞者四十人，如閻立本輩亦曰貞，是何正人之多也。予按：唐代有三世謚貞者，吏部侍郎韋肇，肇子同平章事韋貫之，貫之子邠寧節度使澳皆謚曰貞。肇不肯見元載，貫之不肯見李實，澳不肯因召對受判户部之缺，又立身皆有本末，俱無愧于此一字者。貫之後改謚曰文，通計唐代謚文者凡廿三人：王裕、崔融、孫逖、劉知幾、馬懷素、王丘、褚無量、劉知柔、蘇珦、徐堅、韋湊、席豫、賈至、盧從愿、權德輿、韋貫之、韋叔夏、韓愈、白居易、令狐楚、李翱、李磎、陸希聲也。（王裕見《王方翼傳》，尚高祖妹，官隋州刺史。）

趙宋單謚頗僅見，然謚最重者曰忠獻，趙韓王、韓魏公、張魏公，及秦檜、史彌遠，祇五人也。次曰文正，王沂公、司馬温公、范希文、陳魯公康伯及鄭居中、蔡卞共六人。若李昉、王旦本謚文貞，以避仁宗嫌名，遂改稱文正。曾公亮初謚忠獻，劉摯駁之而改宣靖。張知白初謚文正，詞臣駁之而改文節。夏竦亦謚文正，温公及劉原父、王洙再争之，改文莊，足見其重矣。次曰正獻，杜祁公、吕申公、吴充、范祖禹、陳俊卿、袁燮也。次曰文忠，富鄭公、歐陽兗公、蔡齊、陳堯叟、王堯臣、蘇子瞻、劉沆、胡寅、張九成、留正、周益公、真西山也。此據葉紹翁《四朝聞見録》，蓋誤。真西山初謚忠文，其後人訟言，朝廷始議予謚謂同蘇軾，不謂同王龜齡，乃改文忠。蓋龜齡謚忠文，以兩字先後之異爲輕重，尤奇。京鏜初謚文忠，後改文穆，可見其不輕用矣。朱子初議追謚，亦爲文忠，後單謚爲文。然宋初以來『文』字實不甚重，如楊文公億、王文公洙是已，至王荊公謚爲文，而後人遂以謚朱子。《四朝聞見録》謂考亭初謚文正，劉彌正謂先生當繼唐韓文公，又嘗著《韓文考異》一書，宜特字曰文，從之。若一字謚，尤不以爲重，如錢思公惟演、陳恭公執中是已。自朱子定爲單謚，而周元公、程正公、純公、張明公、張宣公、呂成公，皆一字矣。人遂相沿以一字爲重耳。

眉批：《朝野雜記》：慶元末京丞相薨，賜謚文穆，其子沆請避家諱改文忠。言者以爲楊億巨儒，既謚曰文，議者欲加一忠字竟不之與。夫欲加一字，猶且不可，況以二字，又欲極美乎！望敕攸司，自今議謚，務當其實。若定謚已下，其子孫請更易者，以違制論。從之云云。鏜，其字『忠』初謚文穆，後改謚文莊。與其書所載不同。李氏此書不失耳，當可從。此亦見文忠之重，而單謚文之輕矣。

眉批：李心傳《建炎以來朝野雜記》甲集卷九：大臣謚之極美者有二：本勳勞則忠獻爲美，論德業則文正爲美。有國二百年，謚忠獻者才三人：趙韓王、韓魏公、張魏公是也。謚文正者亦才三人：王沂公、范汝南公、司馬温公是也。其品可知矣。李司空、王太尉皆謚文貞耳。宣政間，蔡卞、鄭居中亦謚文正，終不足録。渡江後，秦檜謚忠獻，實博士曹冠爲之云云。按：伯微此書成於寧宗嘉泰三年，故不知史彌遠之謚忠獻、陳魯公之謚文正也。陳魯公初謚文恭，至理宗朝始改文正，其後李侗以朱子之師、蔡沈以朱子高弟謚文正。又按《文獻通考》，胡世將亦謚忠獻，南渡時川陝宣撫副使，陳振孫《直齋書録解題》有《胡忠獻集》六十卷。

夜雨聲達旦。

十二日庚申　終日苦雨無絶聲。聞小雲栖凡公爲同寺僧所誣，被收至縣。作片致蓮士，得蓮士復書，言《秣陵春》院本詞藻清新，不愧才人之作，余未之見也。眉批：此書後於戊午年從季貺借閲，雖有華藻而乏情韵，非當行家語也。然梅村所作樂府四種，自當以此爲最佳耳。己未正月自記。夜沱雨徹曉。

十三日辛酉　淫雨如前。凡公來。作書致季況。自初十後至今雨不絶綆，河水泛濫，田禾可憂，地浸潤作潮，門户皆溼甚，不堪牡。

門地固不可不講，然貴以德行爲重。昔人謂六朝風氣極敝，然有後世所不可及者，如嚴流品、重家諱等數端是也。唐以來尚有此風，至宋時，士大夫多輕去其鄉，於是門閥淆亂，而譜學亦遂絶矣。

余謂自晉過江後，世家固皆有氣概。如劉宋時，右軍將軍王道隆權重一時，躡履到蔡興宗前，不敢就席，良久方去，竟不呼坐。元嘉初，中書舍人狄當詣太子詹事王曇首，不敢坐。其後中書舍人弘興宗爲文帝所愛遇，上謂曰：『卿欲作士人，得就王球坐，乃當判耳。殷劉並雜，無所益也。若往詣球，可稱旨就席。』及至，球舉扇曰：『君不得爾。』弘還，依事啓聞，帝曰：『我便無如此何。』又路太后兄孫黄門郎路瓊之宅與中書令王僧達鄰並，嘗盛車服詣僧達，僧達將獵，已改服，瓊之就坐。僧達了不與語，謂曰：『身昔門下騶人路慶之，是君何親？』遂焚瓊之所坐床。太后怒。孝武帝曰：『瓊之年少，無事詣王僧達門，見辱乃其宜耳。』齊中書舍人紀僧真得幸於武帝，容表有士風，就帝乞作士大夫。帝曰：『此由江斆、謝瀹，我不得厝意，可自詣之。』僧真承旨詣斆，登榻坐定。斆便命左右曰：『移吾床讓客。』僧真喪氣而退，告武帝曰：『士大夫故非天子所命。』數事甚足爲衣冠生色。眉批：又《張敷傳》：敷遷正員中書郎，中書舍人狄當、周赳並管要務，以敷同省名家，欲詣之。赳曰：『彼若不相容接，便不如勿往。』當曰：『吾等並正員郎矣，何憂不得共坐！』敷先設二床，去壁三四尺。二客就席，敷數呼左右曰：『移我遠客。』赳等失色而去。

至唐高宗顯慶四年，詔許敬宗等改太宗時所修《氏族志》爲《姓氏録》，以后族武氏爲第一，其餘悉以仕唐官品高下爲準，凡九等，於是士卒以軍功致位五品豫士流，時人謂之勳格。未幾，李義府爲其子求昏山東之族，不獲，以私恨勸高宗下詔，令後魏隴西李寶，太原王瓊，滎陽鄭温，范陽盧子遷、盧渾、盧輔，清河崔宗伯、崔元孫，前燕博陵崔懿，晉趙郡李楷等子孫，不得自爲昏姻。然族望爲時所尚，終不能禁。要莫如唐蘇州刺史袁誼之言曰，所貴於名家者，爲其世篤忠貞、才行相繼故也。自以其先自宋太尉淑以來，盡忠帝室。謂琅邪王氏，雖奕世台鼎，而爲歷代佐命，恥與爲比。至哉言乎，可謂卓識者矣！

眉批：辛酉附識：《南史·荀伯子傳》：伯子常自矜籍蔭之美，謂王弘曰：『天下膏粱，惟使君與下官耳。宣明之徒，不足數也。』宣明，謝晦字。晦爲伯子妻弟。予謂潁川荀氏，自爽附董卓，彧附曹操以傾漢，顗附司馬氏亦傾魏，勖附賈充以傾晉，藩與組又轉側於永嘉、建興、建武、大興之世，真可謂名德相繼，與琅邪王氏固是勍敵。讀此言令人失笑。

夜雨，三鼓後聲漸稀。

十四日壬戌　早起，雨略止，上午復雨，漸緊，地潮甚。季况來。是日索債人畢來，計不下百貫，而家中不名一錢，頗爲所窘。夜雨聲徹曉。

十五日癸亥　早雨，上午稍止，微見日景，午又雨數陣，傍晚風起又雨，晚大風雨，有雷，入夜大雨，地極潮，如雨門庭，几席皆濕甚，衣膩不可著，夏霉無此苦也，湖水没岸。收寶泰錢局存項伍十貫，尚餘百七十貫。索債者又來，各償其半，始去。黄昏得詞一解，録後。

水龍吟中秋夜風雨狂甚，賦此寄悶

百年如此今宵，倩誰挽得銀河住。長空一白，萬聲都噤，截天風雨。斗大蟾宫，魚龍翻洗，波濤秋怒。恁雷奔戰夕，雲屯不曉，看長劍，青虹吐。　慘黯初鴻征路。問天涯弄珠何處。人間一瞬，滄田排浪，廣寒知否。可惜江山，不曾照出，悲歡離聚。剩菰蘆尊酒，蒼茫獨夜，唤冰夷舞。

夜雨聲達曙，三鼓後，大風起。

十六日甲子　雨稍止，終日風，潮漸收，夜微月。謄雨去，付工直錢三六十。

十七日乙丑　早雨，上午止，薄曦再見，時有斷雨，下午大有霽色，傍晚陰晦，小雨即止。凡公來，兩次得季况書。夜得詞一解，録後。

瀟湘逢故人慢寄孟調汴中

梁王臺上，有西風倦旅，彈鋏銜杯。一日幾徘徊。恁俠客侯朱，狎客鄒枚。千秋巷陌，問斜陽，一例蒿萊。祇人説，寒林歸燕，信陵門下飛來。應還憶，千里外，正栖凫、故山猿鳥争猜。孟調有《栖凫山居圖》，嘗自號栖凫。秋色更番催。又菊散霜疏，楓綻烟開。菱巾滿貯，唤樵青、賣褥安排。風雲感，干人甚事，酒船日載詩回。

十八日丙寅　清晨，雨數點即晴，上午西風勁甚，微晦，午後風止，晚景老晴。早飯後偕群從坐舟赴三江觀潮，至玉山斗門，水駛甚，不可度。遂登岸，行六七里。沙塍雨後，碧潤可拭，白衫緑箬，半出稻上。方及應宿，聞潮已至，頗壯觀。潮後謁寧江伯湯公紹恩祠，雍正三年敕封。附祀明以來守令之勤於水者，而明季河南總兵官、前兩浙鹽法道張公任學、甘肅巡撫前寧紹道林忠烈公日瑞亦與焉。眉批：按《明史》，張公以御史巡鹽兩浙。張公之由河南巡按改總兵也，野史謂其覬得巡撫，故上疏歷詆諸帥臣，而詭請以總兵自效。莊烈帝竟以總兵授之，意大沮悔，未幾被逮云。而江陰李遜之之《三朝野記》，謂是時河南巡撫之任，人皆視爲畏途，豈尚有覬得者？張公固其文武幹略，有志兵事，憤諸武臣之不得用，故求自試。而史臣詆之，殆出忌者之口。李爲御史忠毅公應昇之子，高隱不仕。其書載萬曆、天啓、崇禎之朝事甚詳備，多足補正史傳，議論亦俱平允，可據也。王鴻緒《明史稿·張任學傳》從之。憶兒時隨先大父、先君子到此，今二十年矣，舊遊歷歷，不禁泫然。回經三江所城，湯信國所築者，抵泊舟所。午飯飯畢返棹，坐船頭看夕陽中蓬萊、璜山、禹山、玉山、下馬諸山，皆蒼骨坌起，唯一處竹木深秀，爲尤勝耳。昏黑抵家，得七言古風一章，録後：『淋雨十日初放晴，西風吹送秋榜輕。吴潮八月壯可賦，强起羸卧收遥情。海塘蜿蜒白草動，放眼寥廓窮秋清。睒電先驅報潮至，萬木齊亞不敢鳴。潮頭未見日忽翳，行人兩岸目盡瞪。徒然一白亘海立，雷推磤覃鯨波轟。奔沙倒卷海見底，上有萬馬空中行。駝峰玉山互摩蕩，斷鼇呼吸雙崖撑。是時秋漲正暴决，三江星閘竈梁横。潰流奪門各并力，其氣直欲無滄溟。雲崩雪壓懸十丈，雄呿雌應争砰訇。銀山一隊忽當道，憑高鼓噪作勢迎。前胥後種亦躑躅，意外瞥睹大敵勍。排空結陣故不逼，負嵎激矢矜莫攖。渤澥怒吼奮相搏，躍浪突與青天平。昆陽雨注虎豹慄，延津劍門蛟龍驚。拍浮大地斡神力，須臾内外成合并。洪流逆注走不及，偉哉造化誰能争。對此拊手呼大快，奇觀至理不可名。順流解纜鼓歸檝，頃刻卅里烟波程。』夜半後雨，至曉。

十九日丁卯　雨，傍午風雨凄緊，入夜不止。凡公來。早飯後坐舟至快閣，晤柏塍伯、嘯岩弟。茶後登舟，雨稍止，立船頭看鏡湖諸山，雲態甚倦，雨色可親，湖邊烏桕已有一二樹紅矣。將至南門，又雨，進城未里許，風雨沓至，泊舟，遣人至上望坊迎次妹，余掩篷寂坐看《南史》，亦不悶。歷兩時許，妹至，遂返舟歸家。夜，風雨更甚。

二十日戊辰　晴。凡公來。進城與祭六世祖妣樊太安人生忌，午飲胙，晡時歸。夜月有霜氣。（此處塗抹）讀書味水樓。付單港媪工錢二百。

寒露　二十一日己巳　晴。凡公來。芸舫來。

二十二日庚午　晴。先大父茂才公生忌，懸像設祭。下午薙短髮。傍晚季貺來，燃燭快談，至見跋而去。買炭一簍。族弟開先喪婦，例送楮資兩陌。

二十三日辛未　早大霧，晴。進城繇倉橋街詣觀巷，又訪蓮士，晤，以近作睡鞋《一寸金》詞一闋、《減蘭》兩闋見示。下午訪子九，并晤季况及陶琴子，傍晚詣月池坊鄭氏視長妹，夜飯後坐舟歸，約更餘矣。

二十四日壬申　晴暖。早飯後買舟赴柯山，傍午抵沈宅，見姑母及瘦生，晡時返棹。夕陽在山，宿漲平岸，楓柏稍稍作紅，往往衆緑中一二葉片猩色如葉底花。出丁巷，過一小橋，見其額曰鎖秀，頗賞其善題目佳境也。空闊處看落日，大快。昏黑至家。復服胡醫方。付阿僧乳媪工直一千。

二十五日癸酉　早，大霧，晴暖。吃藥。比日深目鋭下，殆不似人，見者往往致訝。今日下午昏憊尤甚，讀書如不可解。下樓散步，覺神氣稍清，及登樓則惝恍如故，殆所謂心虚疾也。

二十六日甲戌　晴，甚暖。瘦生來。拜二伯父生忌。傅成王公忌日，設祭生高祖妣父也。姚老寶來尋季況。洗足。喫藥。

二十七日乙亥　早霧，終日陰。喫藥。夜雨，二鼓後更緊，達旦聲不止。

二十八日丙子　早風雨凄甚，日加辰稍止，午後晴，微寒。

二十九日丁丑　陰晦，下午雨。賸雨送菱一籃來。夜雨聲徹曉。讀《後漢書》董卓、袁紹諸傳。付仰貤工直錢二百。

三十日戊寅　陰，小雨。琴臺漊諸佃人持稻一束來，告皆枵穀不實者，婉遣之。夜讀《漢書·王莽傳》。小雨。付縫人工直三千五百。

方望溪《書王莽傳後》謂此傳尤班史所用心，其鉤抉幽隱，雕繪衆形，信可肩隨子長，而備載莽之事與言，則於義無取。莽之亂名改作，不必有徵於後，其奸言雖依於典誥，猶唾溺耳。徒以著其譸張爲幻，則舉其尤者以見義可矣，而喋喋不休，以爲後人詠嘲之資，何異小説家！漢之朝儀禮器，一切闕焉，而具詳莽所易職官地域之號名，不亦舛乎！云云。余謂莽僭號十六年，孺子嬰居攝二年，又平帝五年，政皆由莽，合二十三年之事，惟於一傳見之，固不得不詳盡。若漢之朝儀禮器，則自有志，又散見於霍光、韋玄成諸傳，不得以此爲譏。唯備載莽書奏及諸頌莽功德之言，其中如張竦爲陳崇請益莽國奏，累五六紙，皆浮辭謟語，令人髮指，有污簡牘，鄭樵《通志》盡削之爲善也。

九月初一日己卯　早晴，陰。

盗不入五女門，自古已然。越俗往往以嫁女破家，張文恭萬曆郡志備言之。余家世尤甚，雖明知爲陋俗而不能革。又相攸唯擇富而家食者，故自殿纂公來，歷六世百餘房無佳婿，頗不惜以素族愛息，事賣絹牙郎。既門户不相當，而誅索尤甚。於是傾貲餍之，月有問，節有饋，歲有獻，以及生子將臨蓐，則先作衣服繈褓并裹粽以遺之，曰解胞，粽曰解胞粽。至三日，則具榛栗、鴨子以遺之，曰洗兒。至彌月，則更製衣服，繡襦袍，刻鏤金綺冠飾以百十數，及瑶環瑜珥以遺之，曰滿月。及周歲，則更大其冠若衣，又益以靴帶諸絺繡之物，曰得週。而自解胞後，凡産母之一飲一食，曰問之母家。傅婢乳嫗之賞賜，及收生嫗之犒物，曰母家。彌月周晬祀神之牲之醴之燭之楮，曰母家。一不具，則訶斥立至。甚至生男上學，則有禮。生女至裹脚，則有禮。男女至十歲，至二十歲，皆有禮，率如前。上者物以千數，次以百數，下此者咸鄙夷之，翁媪不復以子婦齒。女家汲汲惟恐後，萬不責一報，往往賣田宅、典衣物以濟事。而其翁媪若婿，則遂以其貧也，而仍鄙夷其女，彼此更相笑、相歎，而爲之相踵，亦率無悔者。比轉瞬而所謂賣絹郎者，鬻奩物既，鬻祖産既，則亦四壁立，不必蕩子也。蓋其先既取之不義，所積易敗，又家食，自豪侈，性率愚蠢，故遂立盡。而女亦終致寒餓，不得享其富。噫！俗之敝無逾於此者矣。安得良有司諄諄勸諭，并聞之朝，立嚴法以禁之，而積習或可少破也。哀哉！

余拉雜書此者，固有所感，亦有補世道不少，使人能誦余此文，有不遽然夢覺、灑然汗出者哉！夫睦姻從厚，豈不謂然。而作此無謂，則不可也。況舊姻新特，致嘅風人，誠能從余言，而節損以爲惠，則姻誼可久，裁新以厚舊，則薄俗可聯。今翁婿以賄成，舅甥等行路，而内外兄弟不可問矣。讀宋儒黄勉齋先生《會表兄弟序》，不禁有味於其言而爲之流涕也。因録於此：

北山黄東招其内弟鄭子恭而告之曰：『吾從母昆弟，皆葉出也，葉氏兄弟，猶吾從母之昆弟也。凡三姓四家，雖所系不同，自吾外祖父母以來，一本而已。吾嘗記爲童子日，外祖父母皆無恙，歲冬之朝，兄弟畢集，相與握手，終日談偕笑語，市棗栗相啖。迨其去，則流連不忍舍，旦暮又思之，而幸其復來也。豈非秉彝良心，有不能自已者。及其長也，而復怵於習俗，迫於利害，而不能以相保，此有識者所當慨念也。今吾欲與兄弟約，以歲正月之十日、六月之二十日，會於天寧之浮圖。人具肴一盤，酒一壺，飯一器，春蠔夏荔，不拘其數，合而飲食之。古人騷賦詩詠，與夫弓矢投壺之具，有則携之以供娱樂。相告語以孝弟忠信，相問勞以老少安否，家計有無，至於農圃桑麻之業，皆可抵掌而劇談也。晨而往，戴星而歸，於是重親戚、厚風俗，豈不善歟？』子恭曰：『善哉。』遂述其言以告諸兄弟。

此文敘兒童時一段尤入情。又韓昌黎《妻母苗夫人墓誌銘》云：『三女有從，二男知教，閭里歎息，母婦思效。歲時之嘉，嫁者來寧，累累外孫，有携有嬰。扶床坐膝，嬉戲讙争，既壽而康，既備而成。』歸震川《先妣周孺人事略》云：『孺人諱桂，世居吴家橋，去縣城東南三十里，由千墩浦而南，直橋並小港以東，居人環聚，盡周氏也。外祖不二日使人問遺，孺人不憂米鹽，乃勞苦若不謀夕。冬月鑪火炭屑，使婢子爲團，累累暴堦下，室靡棄物，家無閑人，兒女大者攀衣，小者乳抱，手中紉綴不輟，户内灑然。遇僮奴有恩。吴家橋歲致魚蟹餅餌，率人人得食。家中人聞吴家橋人至，皆喜。』諸文敘事皆有畫意。追憶二十年前，姑舅往來，何以異此。

《儀禮》鄭注：『姑之子爲外兄弟，舅之子爲内兄弟。』《爾雅》：『從母之子爲從母晜弟。』母之姊妹爲從母。《山堂肆考》云：『兩姨之子謂之外兄弟，姑舅之子謂之内兄弟。』已與鄭説微異。黄勉齋與鄭子恭乃從母昆弟，而稱之曰内弟，蓋誤也。至妻之兄弟，則《爾雅》曰：『婦之黨爲婚兄弟，婿之黨爲姻兄弟。』婿之父爲姻，婦之父爲婚。　亦有明文。　而劉熙《釋名》乃曰：『妻之昆弟曰外甥，甥者，生也。　他姓子本生於外，不得如其姊妹來在己内也。』説疏謬不通，蓋引《爾雅》文而誤，不知《爾雅》原文：『姑之子爲甥，舅之子爲甥，妻之晜弟爲甥，姊妹之夫爲甥。』郭注：『四人體敵，故更相爲甥。』是本不專指妻之兄弟而言。　且《爾雅》明言，謂吾舅者，吾謂之甥也。　然則姊妹之夫有舅稱乎？　至本朝王漁洋稱其婦兄曰内兄，則太不典矣。　近世俗并稱爲舅，是又反熙之説而不爲其母地者也。《釋名》云：『舅，久也；久，老稱也。』孫炎云：『舅之言舊，尊長之稱。』而可以妻之兄弟當乎？　眉批：《後漢書·張禹傳》：禹祖況，族姊爲皇祖考夫人，（注：皇祖考，鉅鹿都尉回是也。）光武見況喜曰：『乃今見吾大舅乎！』是呼祖母之弟爲大舅也。　大者，尊稱，猶祖之稱大父也。　余嘗謂舅之名本尊，而忽卑，誤始於五代。　楊行密呼妻弟朱延壽爲舅，見《唐書》及《通鑑》，然用之俗而已。　姨之名本卑，而忽尊，誤由於漢世。　經生承用之而不知。　按《爾雅》云：『妻之姊妹，同出爲姨。』《衛風》曰：『邢侯之姨，譚公維私。』《左傳》蔡哀侯稱息嬀曰吾姨也，皆妻姊妹之稱。　至母之姊妹，則《爾雅》明言母之姊妹爲從母，《儀禮·喪服》章皆同，未嘗有别稱，至劉熙乃云母之姊妹曰姨，禮謂之從母，爲娣而來，則從母列也。　故雖不來，猶以此名之也。　此説一出，至晉杜預注《左傳》『穆姜之姨子也』句，遂謂穆姜姨母之子，與穆姜爲姨兄弟。　孔穎達疏云：『據父言之謂之姨，據母言之當謂之從母，但子效父言，亦呼爲姨云。』則亦想當然語也。　熙蓋以漢世有此俗稱，不知改正，反從而爲之辭，《釋名》之迂妄，多此類也。　後世反呼妻之姊妹爲小姨。　眉批：今俗又稱妾爲姨。　案《漢書·文帝紀》『母曰薄姬』，注引如淳曰『姬音怡』，今隨音而訛爲姨也。

下午微雨。　詣念詒堂晤群從。　夜翻《後漢書》至二鼓止。　雨漸愔愔矣。

初二日庚辰　早雨聲甚緊，至日加巳，少稀，入夜漸密。　季况來，談甚駃。　得蓮士片即復。　夜雨聲至曉不絶。

初三日辛巳　陰，上午略有晴色，下午晦甚。寄帆伯來。作片致楊縣丞。遣婢僕以角黍二千枚，繡衣文葆兩箱，并鮝脯、皛豚、鴨卵、龍眼、胡桃、棗子之屬及六母鷄，問遺長妹，妹之翁鄭六犒我錢一千文。

初四日壬午　晴。早得季况書。作片致子九。子九來，同坐舟赴賞村，晤季况，楊漁薲及姚老寶亦相繼至。下午偕子九返西郭，子九別去。長妹産一女，賞鄭僕來告者錢一千。夜村橋觀劇，三鼓歸。

初五日癸未　晴。凡公送菱來。下午薙短髮。收寶泰鋪存項元寶兩錠。錠銀五十兩，計錢百二十八千四百五十文。夜半後雨有聲至曉。

霜降　初六日甲申　霜降節。早雨，終日陰。遣婢僕以鴨卵四百及榛栗、棗豆、蓮子、龍眼、胡桃、松子、杶子之屬爲長妹洗兒。周老友來請吃酒。自初二日起至今日，讀《漢書·王莽傳》，加墨始畢。

初七日乙酉　陰，下午雨，入夜漸密。早起看書數葉止。季况來，以明日赴滬上，將泛海入閩，過我作別，即去。進城赴周友蓮之招，便道訪漁薲，適與季况會，少坐出，偕季况飲友蓮家，并晤趙潁徵。下午送季貺登輿即歸。抵家雨作。夜雨止。

初八日丙戌　終日陰。與祭二伯父忌日。作送季况詩，不就。比日薄陰，今晚有晴色，夜微月可玩。得子九片，方作復而使已去，明日當遣人投之。燈下口占兩絶句：『瓦屋泥墻水氣昏，滿庭秋色護磁盆。緑葵紫蓼俱長物，猶爲黄花一出門。』『莫放今年重九過，輕陰連日釀微和。湖邊霜樹紅於酒，孤棹明朝醉處多。』詩甫成而雨作，點滴聞檐際聲，明日又阻遊興矣，奈何。天下事真不可以一刻期也哉。又念床頭固無一文錢，則買棹買醉俱屬子虚烏有事矣。然明日或可得晴，恐終不可得錢耳。仰覰乞假數日，付工直四百八十。

初九日丁亥　早醒，曉色曈曨矣，日出大晴。凡公來，得季貺臨行手書。早飯後進城，以路便，過漁蕢，即出。詣子九不值。問寺池沈氏菊花亦未開，意色大惡，惘惘返步詣板橋，遇子九，即同行。遊經卧龍山下，遇古祠廢園，徘徊數四。吾鄉園亭勝迹，多在此間。明季張文恭家林墅尤盛，今雖不可問，而古木間破屋隱蔽，相其結構，往往不俗。見一人家，流水繞階，背山而栖，機聲人影，魚鳥相狎，覺榛礫中相賞有濠濮間意。旋出常禧門遊鑑湖。道上夕陽楓桕，通紅可愛，蒼翠錯峙，以疏益妍。隔岸山色，清不勝媚，如見謝道兒令人未嘗足也。至鍾堰，以日暮止，子九别去，余自跨湖橋買舟歸。用前門多韵賦二絶寄子九：『霸主荒城積雨昏，舊家池館影猶存。林尖山翠壓檐重，寒水一灣人到門。』『鏡湖秋净碧于羅，一路菱舟不斷歌。落日黄公壚畔影，湖邊人少故山多。』憶亡友張瑩。是日于湖邊孫氏訪汪韵珊秀才，不值。

初十日戊子　晴和。上午飲于酒樓，賒錢百六十六文。汪韵珊來，適余出飲，不值。午後醉卧一時許，甚樂。傍晚進城，晤寄帆伯，昏暮歸。以金簪一根，質錢十四千。

十一日己丑　陰晦，下午風東北起，甚冷。

十二日庚寅　雨。得蓮士書，借花衫釵飾各件，即復。夜雨聲徹曉。四更起，爲鄰族娶婦家陪送親，澄巷陳氏子也。五更看花燭，禮畢，設宴。娶婦者爲族伯南垞秀才之子。

十三日辛卯　雨稍止。黎明席散，至家卧，略寐即起。上午坐肩輿訪蓮士家，賀其姪娶婦，送禮番錢一元。新婦出拜，年十八矣，暨陽周氏女也。晤座客陳晝卿，餘俱不記姓名，少坐歸。鄭郎來。午至族中吃喜酒。夜有月色。

十四日壬辰　陰雨，午後雨聲漸緊。夜得蓮士片，并還花衫鈿飾。夜雨聲不絕。

十五日癸巳　晴，夜月大佳。付單港媪工直錢二百。

十六日甲午　陰。終日讀《南史》。夜二更後，月好如前夜。比日暄如春中，夜頗有蚊擾。

十七日乙未　晴暖。上午薙短髮。孫生寶仁來謝賀，并送靴鞋、巾帨、雜佩及棗栗諸果，俱不收，犒錢二百六十文、鴨子六枚。偕楚材坐船至快閣柏塍伯家，又訪汪韵珊于孫氏得月樓，談逾時，復至快閣。適嘯岩弟婦病亡，即沈瘦生從妹也，早孤無兄弟，余於乙卯秋爲嘯岩媒定之，即於是冬合昏，年十七，温慧甚，得尊章心，今遽以瘵殁，亦可哀已。夜初更，自快閣坐舟歸。雲斂月出，山疏水明，平林不霜，寒墟微火，深歎謝希逸『氣霽地表，雲斂天末，洞庭始波，木葉微脱』四語寫月之妙。二鼓抵家。

十八日丙申　晴和，午前後陰，微雨即止。傍晚進城即返。晚買舟詣快閣晤沈瘦生。夜月下步訪汪韵珊，爲其徒孫生改《潯陽琵琶》排律一首。五更風雨沓至。聞官軍收復句容、溧水。

十九日丁酉　大風雨終日，驟寒。黎明自快閣坐舟歸，風猛甚簸舟，逾時抵家。卧至午始起。夜風雨不絕聲。

二十日戊戌　晴，午後風又大作，陰晦，嚴寒。蓮士遣人來還珠釵，作書復之。下午詣藥皇廟看徽班演劇，晤陳葉封孝廉。晚歸。

立冬　二十一日己亥　薄晴，寒。上午閲《三國志·魏書》列傳。午進城，飲於酒樓，恰費三百青銅錢。用杜詩。下午復至藥皇廟觀劇。兩日擁擠特甚，衣冠畢集。梨園角色，皆屬下品，而舉國若狂如此，不可解也。夜食熟菱，計今年菱將盡矣，此頓後未必再得喫也，故記之，且看明年口福何如耳。夜半後雨，傍曉有聲。仰匏來。

二十二日庚子　小雨。上午坐舟至快閣，爲嘯岩弟婦書栗主，謚之曰淑慧。柏塍伯留過夜。

二十三日辛丑　風雨，寒甚。在快閣晤瘦生。下午坐舟歸。夜有惡夢。

二十四日壬寅　晴。柏塍伯來。單港村佃人賀甲乙兄弟送租穀之半來。以錢四陌賀樊浦顧氏中表娶婦。賒猪肉不得。下午以金簪一質錢十二千。四鼓後雨聲急至，遂被聒至曉。

二十五日癸卯　終日雨聲凄緊。魏董遇教人以三餘讀書，其一爲陰雨時之餘，或謂時當作月，蓋陰雨既不能出門，又少賓客過從，無酬應之苦，即謀食力作者亦皆休息，故最宜讀書。今日上午掩帷讀《漢》《晉》諸書，午後又怱怱過去，可惜也。雨入夜更甚，卧室穿漏。

二十六日甲辰　陰，下午大風。買甖一具，直錢一千五十文。夜大風，傍曉更甚，寒。付僧慧乳嫗洋兩元。

二十七日乙巳　早風狂甚，上午陰慘，下午日出，晚風寒晦。族人來請助祭，遇一駔而妄者，與余素不平終日，不交一語，然我固足容此輩，而今日亦爲彼所容，所謂落其度内也。我過矣，我過矣，記之於此，以見我胸中目中尚不能遣此豎子，乃讀書學道之未至爾。今日所祭者，其子孫從不來赴我家之祭，而我今跪拜其祖父，非特無謂，且得罪於我祖我父。然我以其子孫之請而不忍絶之，是以跪拜爲人事也，又一過也。買羹六斤，直番錢一元，九八三。蓋松江腊也。夜大風。付縫人工直錢四千一百四十。

余嘗讀史至淮陰侯，言生乃與噲等爲伍。竊笑其非胯下時見識，蓋其目中固甚有噲等在者。而當其熟視少年，俯出胯下時，『熟視』二字，則目中固不特無少年，并無一市人矣，乃英雄本色也。南北朝時，王惠送人還，其從弟球問所遇，惠曰：『惟覺不時逢人耳。』時送者傾都，人以爲簡傲，吾以爲其胸中正不勝某某之往來，斯言乃客氣耳。劉孝綽每逢朝集，惟呼騶卒訪道塗間事，是亦不能無朝士在其心目中也。不然，吾欲言則不擇人而與之言可也，奚必騶卒哉！

夜寒甚。付繡巾三頂，直洋錢四元。

二十八日丙午　早霜甚，曈曈色啓矣，忽陰靄微雨，上午時有曦景，而雨痕不絶，下午晴。今秋風雨之苦，爲近歲所無。秋稼幾減其半，比將登，雨尤爲虐，多露柯於野，化爲泥土。相傳霜降日雨，則又霜降霉十八日。又月之十六、廿一兩日，俱虹見西。故雖寒威再作，而痴雲重陰，慘結不散。昨夜寒星爍然，指爲景慶，率我農夫，萬鐮齊舉，而曉霜未沫，忽入梅天，是亦可愕者已。寒甚，始就火鑪。

余素喜毛西河氏諸經説，以其筆舌雋利，爲經生家獨出，顧武斷處太多。今日偶閲其《尚書廣聽録》，名論雖不乏，略舉其不可通者。如以放勳爲堯名，重華爲舜名，文命爲禹名，似已。而於臯陶之允迪二字，知其不可通也，則曰古史記載之體，或記事，或記言，臯陶之曰『允迪厥德』，記言者也。然則臯陶何以獨不記名而記言乎？《康誥》之命康叔，以封衛之時與事言之，則《書序》言屬成王者爲是；以篇中『朕其弟小子封』及『寡兄』等稱謂言之，則蔡傳言屬武王爲是；此疑固自難解。乃毛氏必欲伸《序》抑蔡，引徐仲山《日記》，謂周公假武王之命以作詞，猶武王合文王之年以紀歲，此皆不忍亡先王之義，是蓋謂成王不敢專封康叔之名，而歸本於武王，故周公假王命以作誥，亦推其意於武王也。顧讀書必求情理，無論武王有意封康叔與否，當日未必有遺言；即封康叔時言之，其命固儼然出成王也。周公奉王命以作誥，所奉者成王之命，非武王，則其稱『王若曰』者，亦必假成王之詞，斷無舍今王而假口於先王者也。即欲歸本武王，豈不可措詞，而必冒其兄弟之稱，代先王爲鬼語乎？古今立言，斷無此體，是不通之尤者也。善乎宋之孫宣公曰《書序》僞作也。觀《左傳》，《康誥》與《伯禽》《唐誥》并命，《康誥》有篇，《伯禽》《唐誥》豈無篇，亦不宜爲孔子之所删，而《書序》百篇中不列其名，作僞露矣。

《堯典》《舜典》之分合，《武成》之移改，今古聚訟不休，要皆不可據。惟《顧命》一篇，蘇東坡譏其失禮，固當。伏生今文乃合《康王之誥》爲一篇。國朝顧寧人氏説是篇有脱簡爲最確。其説以『越七月癸（丑）〔酉〕，伯相命士須材』句止，爲《顧命》；而以下敘殯葬事盡脱矣。至『狄設黼扆、綴衣』句起，乃是成王葬後，敘康王即位於廟見諸侯之事，直訖『王釋冕，反喪服』句，爲《康王之誥》，而『狄設』句以上文亦盡脱。此雖似鑿空，而按之禮制，無一不合。

眉批：辛酉附識：以上二説俱未確，爾時未能究漢儒之説，多惑於宋儒故耳。今按近儒江都凌氏曙《公羊禮説》先謁宗廟一條，駁顧氏説甚爲精確。其曰《康王之誥》末有『王脱冕，反喪服』句，顧氏謂未没喪不稱君，而今《書》曰王麻冕黼裳，是逾年之君也，然則逾年即没喪乎？既已没喪稱王，又何故釋冕而反喪服耶？則顧氏必當云『群公』以下十六字亦是衍文，而後其説可通也云云，尤爲通暢。凌氏又言天子大斂後，新君吉服即位，告廟見諸侯，有八證，皆確。

下午進城，偶過光相寺，古西寺也。越中此寺爲最古。時夕陽古松，翛然自寒，徐聞鐘聲，廑念爲遠。徘徊久之，即賦一律：『落日來西寺，橋陰墮古松。草長偏識徑，市寂更聞鐘。霸業餘殘靄，寒城起夕舂。越王祠宇在，香火託南宗。』與祔越王祠。晚歸。

二十九日丁未　晴。早偕群從赴謝墅本生王父殯宫送寒，復謁殿纂公墓。山中書所見二絶句，用前九日作門多韵：『深竹烟谿積翠昏，小橋低隔便成村。此間可著書千卷，黄葉聲中自閉門。』『屏山畫裏掃晴螺，近展平疇十頃過。量較青林紅葉地，夕陽還占白雲多。』午飯後回舟至馬家，步登九里山，成七言長句一章：『千秋歌吹咽風前，睥睨諸山浄遠天。霜樹紅疏連嶂雨，秋城緑抱一湖烟。寒陰茅屋家收稻，野水蘋花客倚船。忽地登臨感興廢，霸臺憑吊一蒼然。』昏暮歸家。芝軒叔來，陳蕺石來，嘯岩來謁，均不值。得閑谷中秋夕河南滎澤縣所寄書。

十月戊申朔　晴和。瘦生來即去。午後以便，復過西寺，再賦一律：『王許談經地，鐘聲自晉時。暮禽如有意，芳蘚更相期。松瀑虚寮閉，茶烟别院遲。祇今參麈拂，誰覓道林師？』下午薙短髮。凡公來。瘦生復來止宿。料理長妹女兒彌月禮物。金冠、珠冠、鏞冠各十二頂，繡衣兩箱，花袍、花衫四篋。

初二日己酉　晴。祭先王母倪太君忌日。素人自丹陽大營歸，來訪，快談，留飯。下午偕瘦生坐其舟同訪子九，不值。遂至華岩寺池沈百户家看菊花，花既寒儉，位置又俗甚，主人尤村鄙不可耐，遂出。再訪子九，得晤。夜飯後偕素人、瘦生歸，已鼓二中矣。素人别去，瘦生宿予家。是日遣人至鄭氏妹家送禮，副以鷄鵝、魚豚、燭炮等物，鄭六先日具柬來請酒，還之。

初三日庚戌　晴和。早飯後偕瘦生買舟至種山麓，登詩巢謁殿纂公。出，過張神廟，適族兄葆亭以商獲利演徽班賽神，因留飲酒，遂坐觀劇。未終，偕瘦生坐舟出偏門至柯山，已將初更矣。是日觀演《斷午門》一齣，乃附會狄梁公撻張六郎事。《唐書》武后時撻懷義者，有宰相蘇良嗣；鞫張昌宗者，有中丞宋璟。今乃移贈梁公，蓋合兩事爲影子者。余嘗謂以武后之淫虐，此二事爲最難，若申屠嘉召責鄧通，吕端鎖王繼恩，韓魏公處置任守忠，皆不足奇也。

初四日辛亥　晴，微陰，寒。上午遊第五橋，紅樹盡矣，悵惜久之。又至祇園洞，晚遊七星岩。徐小池來，不值。

初五日壬子　晴寒。是日本與子九、蓮士期於素人家，爲瘦生所留不去，作書致素人。下午復遊七星岩，坐石前芭蕉樹下觀潭水，冥然有松石間意。俄於水濱獲一雉，已帶箭斃矣，遂携歸，烹而食之，味甚佳。夜得素人復書，云已作詛楚文一通，寄予家中矣，蓋責予負約也。

初六日癸丑　晴。是日先王母余太君忌日，上午覓舟不得，午後得歸，已不及祭矣。素人來，即去。

小雪　初七日甲寅　晴。曾王母倪太君生忌，有戚屬來助祭。

初八日乙卯　晴暖。赴郭婆漊太高祖墓送寒。衣冠盡矣，乃至與屠沽輩作周旋，君子之澤，五世而斬，我李氏其季世矣，危哉！拜畢即欲歸，爲此輩所固留，不得已，飲胙歸家。得子九書。

初九日丙辰　晴。赴木客山高王父母墓送寒。寄帆伯、楚材弟來與祭，日下舂歸。晚暖，月暈。

初十日丁巳　陰，傍晚微雨。赴漓渚山曾王父母墓送寒，邀寄帆伯、楚材弟同往，夜歸。夜爲族人撰告廟文，信筆書後：『隴西之苗，蔓興西涼。有唐玉葉，分珪汝陽。金華避地，神君之邦。遂蔓龍種，始寧舜鄉。峨峨莊簡，立宗紀綱。盛德百世，溢徽播香。逮贅山陰，逾以熾昌。隱德不耀，仁風寖揚。城西古枌，佳氣鬱蒼。維殿纂公，簪筆拜颺。歸携賜金，啓兹宗祊。維長沙公，鶴俸是襄。霞川一曲，翬飛鳳翔。綽楔雲爥，俎梡星煌。嗣服七世，觀德有常。掞廷爾藻，蒞社爾棠。維族之華，維國之光。妣祖燕翼，昭穆雁行。升祔有序，合食有堂。乃安斯寢，仙潢自長。潔齊鼎醴，副以赤章。昭告肸蠁，維神尚饗！』文雖不加點而成，然言必典核，家世統繫亦大略具矣。先廟春秋祭文甚率劣，擬即以此文易之。今譜系之學絶矣，予族人更無有知姓所自出者。讀此文，庶幾源流分合，郡縣遷徙，皆如縷諸掌也。雖然，人既不知姓氏爲何物矣，誰復有能誦余文者，顧余不能無望也，悕矣。夜二鼓，風起，夜分，風甚，至曉不絕聲。

十一日戊午　陰，寒風不止。赴射的山太高外王父母墓及曾祖姑父墓送寒。下午回舟，進東郭，至斜橋登岸。詣蒼橋街看書，抵府橋，回至西郭門，遇瘦生，時已日入矣。復同行至子九家，以與素人期也，不值。迹至陶琴子家，晤素人、子九、胡菊軒及主人，暢談至夜分。偕瘦生附素人舟歸，已四鼓矣，素人別去。

十二日己未　陰晴各半。晨刻有人以沈東甫《唐書合訂》八十册來售，索直錢八千。此書余素慕之，購而未得。今閱之，乃錯雜新、舊《唐書》而成者，其本紀用《舊書》，列傳參用《新書》，表、志則用《新書》而訂正之。雖可謂集二書之長，然既不得爲古人原書，亦不得爲東甫自作之書，其病殆與李映碧清《南北史合注》同。近見彭文勤、劉金門宫保合成《五代史記注》，則以歐史爲主，而散附薛史及王溥《五代會要》，皆全載三書原文，不遺一字，體例爲最善耳。眉批：後閱俞理初（正燮）《癸巳存稿》，言此書是俞先得朱竹垞稿本，續綴成之，以呈劉宫保者。然宫保序及例述言文勤先成《梁家人傳》與《唐六臣傳注》十六卷，餘以所收宋人書二百餘種，貯一大簏中以付劉。劉後任山東學政，購得竹垞稿本。其顛末甚詳，未嘗言及俞也。東甫此書，未嘗不可傳，顧不能無遺憾。今日又卒不能得錢，遂還之，亦可惜也。旋以番銀四餅買之。瘦生去。單港村佃人韓穀瑞送租穀來。下午有風自南，微和。夜月頗佳。讀《史記》袁盎、鼂錯列傳。《漢書》袁作爰，鼂作晁，皆古通用字也。

十三日庚申　陰，微雨。午前薙短髮。張穆莊孝廉冠傑介子九來訪，留飯暢談，子九借去《莊》《老》兩書，穆莊索予乙卯、丙辰、丁巳日注三册，持去。得琴子書。傍晚雨稍密，夜聞雨聲。夜讀《史記·信陵君傳》。

十四日辛酉　雨至日加巳止，終日陰。赴亭山許家漊先王父母殯宫、鍾堰塘埭先嚴殯宫坐西向卯。

送寒。請寄帆伯同去，至琴臺漊看地，下午歸。得蓮士書，作復蓮士書。夜讀《史記·李將軍傳》。

十五日壬戌　終日密雨。單港佃人金大得送租穀來。夜雨聲尤緊。讀《史記·司馬相如傳》。

十六日癸亥　終日雨如故，夜自黄昏至人定，大雨如注，卧室穿漏，及睡去，不復聞矣。

十七日甲子　早薄晴，日加巳微雨，終日陰。拜曾王父忌日。訪琴子，晤，午後歸。

十八日乙丑　早晴，終日陰。進城至倉橋街，買得孫淵如氏《尚書今古文注疏》八册，直四百文，午歸。得琴子片，言明午定上海之行。

十九日丙寅　薄陰，微和，下午見夕陽。早進城訪子九，同詣琴子，晤節子、寶意、何硯霖彬，坐頃許。同子九訪魯蓉生不值，同遊大善寺。晤芝軒叔。下午别子九，詣月池坊鄭氏視長妹，昏黄歸家。夜月大好。

二十日丁卯　晴和。作書致琴子。夜琴子、節子同舟赴上海，便道見過，因籠燭即其舟，坐談久之，别去。聞蕭山畫士任渭長熊數日前病殁，歎惜久之。渭長年始三十，畫法直逼陳老蓮，芝村兄弟極推崇之，與余未一面，得所畫者絶少，嘗見其畫越中八十賢人像及列仙酒牌，古艷横逸，衣冠器物皆有證據，鬚髮縷縷可指數，真奇筆也。余以貧故，乏買畫資，又以遲其年則所業益進，未之急也。詎知造物忌才，其不成人之名也如是。又聞渭長初作畫，平平耳，近忽大進，於其理有神會者，其死以瘵。故世之得名者，其心血固耗於常人耶，然卒何所補也已，噫！

二十一日戊辰　晴，暖如春中。偕楚材進城，邀寄帆伯同遊大善寺，晤芝軒叔。午喫香積飯，下午訪徐小池，歸。

大雪　二十二日己巳　晴暖。

閲《舊唐書·馬周傳》。所載兩疏，支離糾纏，第二疏尤甚，不過『節用愛人』一語，反覆幾千百言，殊覺可厭，雖其中亦有人所難言者，然以比賈誼《治安策》，何其詞氣之弱歟！賓王以立談取卿相，至今推命世才，當時岑文本比之蘇、張、終、賈，宋子京至惜其不能如傅説、吕望，後世有述。今傳中載周建白，惟定品官服色、長安街置鼓警衆及此兩疏。其第一疏，請增崇太上皇大安宫，及九成宫避暑當以太上皇故速反，及停宗室勳臣世襲刺史，勸太宗當親享宗廟，樂工授官不可預朝班，共五事，其言雖直，然不免迴護將順處。當高祖時，孫伏伽以萬年縣法曹上書諫三事：一獻鷂雛、琵琶、弓箭者之不宜賞勞，一太常官借婦女裙襦五百充散妓服之淫樂宜廢，一太子諸王左右之宜慎擇，至有云『陛下勿以唐得天下之易，不知隋失之不難也』，高祖立擢治書侍御史。其事與賓王相類，而伏伽言較切直，故以高祖之納諫，遠不如太宗，而褒擢反過於周。其後伏伽止大理卿，周至中書令，則周之機辯，固自有過人者。其實賓王之才，尚不如五代時之王朴也。

《舊唐書》以駢儷行文，蕪詞冗字，往往不免，一遇散文，尤形支絀，而當時奏疏，又皆沿六朝對偶之習，率不能爲古文。賓王前疏稍雜整句，故尚成章；後疏全用散行，遂疏冗無倫次。因思《史記》婁敬説漢高都關中一篇，千古下覺戍卒猶有生氣。賓王稱王佐才，而讀其言令人生厭，此李習之所以歎唐史官才薄，不足發明，使後之觀者，文采不及周漢之書也。余嘗謂作史固不忌駢體，然首推《晉書》諸論贊，華而切事情，秀而有骨力。至盛唐以降，駢體益弱，六朝家法，無復存者，惟薛文惠公《五代史》尚有佳處，爲可觀耳。

二十三日庚午　早日出旋陰，上午雨至夜，暖，地微潮，夜暖甚，僅可單衾，雨漸緊，徹曉不止聲。

二十四日辛未　密雨終日，更暖，不能御重棉，地潮，夜雨聲達旦。

二十五日壬申　終日苦雨，稍寒。與祭本生祖母顧太安人忌日，晤姑父屠夢翁。夜雨稍止。

二十六日癸酉　晴。上午薙短髮。夜寒復故。

二十七日甲戌　晴寒。祭本生高祖妣傅太孺人忌日，邀自高祖以下人飲胙。

柳柳州文，佳處最露，然如《段太尉逸事狀》《先太夫人墓表》，均噪絶千古。顧《段狀》敘事潔而乏精彩，《墓表》雖哀咽而俱出以排句，亦近膚調。《曹溪六祖》及《南嶽和尚》兩碑，東坡極稱之，然俱窪泓易盡，未見佳處，豈古人之欺我耶？抑學問之未至耶？甚矣論文之難也！又李習之常自負其《高愍女碑》《楊烈婦傳》兩作，謂不在班孟堅、蔡伯喈下。然愍女就死事，本足生色，碑文寫此處亦簡净，而後一段敷演閑文，議論甚平熟，不及杜樊川之傳竇桂娘也。至楊烈婦勉其夫守城而城卒完，事似奇而理實庸，本不足以奇其文，習之欲以簡老勝，而筆力散弱，亦無足觀，使習之即成唐史，亦不過與宋景文頡頏，且恐出其下耳。唐代韓昌黎外，若杜牧、孫樵，始可與言史矣。

二十八日乙亥　陰雨，寒，夜密雨，至曙有聲。

二十九日丙子　苦雨終日，晝夜聲不絶。

三十日丁丑　雨少止。作片致芝軒叔，屬以金簪兩根、金搔頭一根，代爲質錢三十緡，完國課也。比來軍需日亟，以朘削爲事，富家索餉動千計貫。又行除陌錢法，有百錢入市交易者，率錢二，累而上。按漢武帝元狩四年，初算緡錢，凡商賈率緡錢二千一算，手作者率四千一算，今殆爲甚。山、會兩邑，又田一畝率錢百，民不堪命。質庫錢肆皆厚息數倍，又賤估物價，千不得十。又計直盈十緡者屏之，故有抱千金之寶，貿貿然徙倚市門，急不得一錢者。今日所求竟濟，可謂非望之喜已。近又聞有議税間架及榷酤者。按税間架創于唐建中，榷酤始于漢天漢。然武帝窮斂以事四夷及諸建造，德宗志除藩鎮，雖議黷武，亦云討逆，而猶半爲瓊林大盈之積，以及唐高宗之賦民作蓬萊宮，武后之賦民造寺，宋徽宗之賦民起艮嶽，元世祖之重斂以供浮屠及征伐，皆以不急困民。若今則潢池盜兵，四海裂眦，天子傾府庫，毀宮室以贍軍，不得已而求之民，雖罄其力，而人無痛怨之聲也，宜哉！夜雨。讀《漢書·韋玄成傳》。

十一月戊寅朔　雨稍止，午後風，陰慘欲雪，更寒，初試裘。以舊藏書畫聯障數事質得番錢七枚，即換《唐書合訂》一部，是亦癖不可醫者也。

唐薛收謚獻，見《金石志》。馬周謚忠，褚遂良謚文忠，裴冕謚獻穆，俱見《文獻通考》，而新、舊《唐書》皆不載。謚乃重典，史不宜闕，況以高唐之恩遇，河南之節概，尤不可無謚者。嘗怪唐時最重謚法，而名臣如長孫無忌、裴寂、劉文静、韓瑗、來濟、張仁愿、郭元振、張巡、許遠、劉晏、李德裕、鄭覃、温造、殷侑、王鐸以及程知節、薛仁貴、王方翼、程務挺、黑齒常之、李抱貞等，尤卓卓著人口者，皆不得謚，豈盡史闕之歟？且諸公多死節及冤死，以後皆恤贈有加，或至陪葬配享，而獨不賜謚，此可疑也。

眉批：觀鄭畋之謚，以李茂貞請而始得。畋之忠勳，唐末所僅見，又以功名終，而謚典尚不及，唐之賜謚慎重可知矣。然以楊炎、元載之得罪誅死者，其後尚俱議贈謚，炎初謚肅愍，孔戣駁之，改爲平厲；載初謚曰荒，後改成縱，則知史之遺失者多也。宗室如江夏王道宗、信安王禕、丞相梁國公峴、丞相石等之功績志行，俱無易名之典，可謂薄已。

宋、元、明大臣及著名者無不得謚，然如明神宗朝補謚諸名臣尤衆，而潘季馴之治河績著古今者，竟至遺漏，惜哉！

夜呼仰虬持燭籠隨進城有所詣，即歸。近日有友人屬代貸米兩石，三日索之市不得，其家延頸待舉炊，余初以市人慢故，昨晨至市，盛氣責之，則儈皆袖以嬉，如無市焉，蓋鄉民鮮持斗升來者。噫！

歲豐而時益困，穀登而民益貧，爲人上者，其可弗思。余乃更好言要之，今日始得副所求。書之以誌寒士之厄，且可以觀世故焉。

初二日己卯　微晴。偕戚族數人至勞家塢相本生王父葬地，去城二十五里，在贏石嶺、龍尾山之間，塢亦高與龍尾等，綿延及里許，地在塢之北，石脉隱起，對面一小山，微有人家竹樹，隔一湖，圓如小鏡，左右分兩水如玦抱之，水法頗秀。惟左有複湖，明而瀉，爲堪輿家所忌。登山頂望之，遠近山錯插水中，清疏不雜。時微陽冱雲，老木不葉，深歎郭熙『慘淡如睡』四字之妙，乃千百言寫不到者。傍晚歸。

初三日庚辰　薄陰，小雨。七弟新婦挈僧慧歸。次妹返婿家，以舟從送之并冬至節物。餛飩兩木筐，橘一筐，石榴一筐，鴨豚及食物雜果共八鑾榼。買鹽四十八斤，每斤錢十三文，次日續買二十九斤。

初四日辛巳　陰，上午雨，傍晚稍止，微和。

偶理破篋，得辛亥鄉試落卷策五道，取閱之，不覺泚汗。自以制藝取士，舉子死守墨卷，蕪穢滿口，如蛆含糞。即有稱老師宿儒者，則讀乾嘉時舊墨，講《四書題鏡》，摸索先輩，儼然擁臯比，自稱絶學，而翩翩然自命時髦者，亦群望而畏，且高之，以爲是不適時之技耳。噫！人亦同具此耳目，即平時終身不見一書，而皓首場屋，豈不見策題所指是何學，所問是何書乎？余雖屢試被擯，獨以此事未精爲愧。（此處塗抹）數十年來，主司亦不知策問爲何事，且深惡士之條對者，故試策久無傳作，是科主試者以理學自命，居然刊行試策，然止三篇，不能備題。而發策既不精，後三道尤荒舛。所刻者第廿八名張鼎對《三禮》一篇，此人頗讀書，能留心，其補王應麟《漢制考》數條，尤精細，但不知坊刻懷挾本有否。又第六十五名伊樂堯兩篇，伊素以博學稱浙西，其對道學篇，問既浮泛，對尤空衍，固不必論，其對史志之學者，則以注《續漢書》之劉昭爲劉孝昭，南齊宰相王儉撰《七志》，以爲在《隋・經籍志》後，而辨《隋志》之稱《五代史志》者，則葛藤不可解，蓋一時猝檢巾箱本而成，實不知其來歷也。此皆史學之最粗易曉，而荒謬如是，誠哉其博學也。然榜揭後，浙人翕然尊之，主試者又以其五策進呈，浙人視其策如商彝禹鼎，神物可怖，不敢捫視。噫！可歎也。而余舊所對策，亦無以遠勝於伊者，是又能無顔汗耶？今即取第二道對史志者，稍删改一二，録之於此。其餘四策，俱不足存。

蓋聞作史之道，必兼三長。編史之體，每多遞變。綜其疏密，可得指歸。請略言之。

梁江淹云：『修史之難，無出於志。』而志之體裁，本於《三禮》。自史遷創爲八書，其後班固改書稱志，蔡邕避志稱意，華嶠改志爲典，以及或曰録，或曰記，稱雖互異，體各相因。班固《漢書》十志，最稱精博。其《地理》《藝文》兩志，有固所自注者，足見其用心之勤。然《天文志》乃其妹昭所續，亦多本史遷《天官書》，八表亦成於昭，而《後漢書》昭傳復云又詔馬融兄續繼昭成之。《五行志》或云出於劉義，蓋亦雜采諸家者，顧獨不立《兵志》，以《刑法志》統之，識者謂聖王不言兵刑，遷史以《律書》包兵刑，最得其意。班史寓兵于刑，雖不及遷，猶爲未遠。至《唐書》始有《兵志》，而北宋時錢文子作《補漢兵志》一書，則不過借漢事以規時，非真嫌《漢書》之少此也。陳壽《三國志》以志名，而僅有紀傳，故沈約在齊時撰《宋書》，志遂兼載魏晉以來，未免失於限斷，而考見始末，頗爲詳備。晉司馬彪《續漢書》八志，梁劉昭注之。范蔚宗作《後漢書》，有紀傳而無志。唐章懷太子注之。本兩書各行，宋余靖判國子監，始建議以八志補范書之闕。蔡邕十意，已不得見，邕叔父質撰《漢官典職儀》一卷，雜見《後漢書》《續漢志》注所引，邕蓋有得于家學者。其後若衛宏《漢舊儀》，應劭《漢官儀》，皆名曰儀而實志也。華嶠撰《漢後書》，據《堯典》之名，改志爲典，然《晉書》嶠傳言嶠所撰書十典，未成而卒，歷經其子徹及徹弟暢，父子三人踵而爲之，始成十典。則志學之難，固然矣。其後若《唐六典》，杜佑《通典》，皆名曰典，而亦志也。魏收作《魏書》，其紀、志、傳皆收一人所作，而陳振孫《書録解題》云《天象志》是張太素書，蓋唐時收所作者已亡，故取補之，猶《明元紀》《孝静紀》《皇后傳》，收書皆缺，而以魏澹書補之也。《地形志》據武定分裂之制以爲言，則收以居東魏時據所目見者言之耳。而自永安以前，爾朱入洛，圖籍盡亡，已無可考，然不得不謂之疏也。王儉撰《七志》，乃專記經籍者，其例始于劉向《別録》，向子歆又撰《七略》，至晉荀勖爲秘書丞，仿《別録》作《中經簿》，儉又依《七略》作《七志》，亦取裁《中經簿》，而門類不同。《隋志》三十卷，其經籍區分四部，亦不盡依荀勖。而當時稱爲《五代史志》者，以貞觀朝先修《梁》《陳》《北齊》《北周書》，後撰《隋書》，以前四書皆無志，故作志兼該五代。《隋書》最後成，遂列于《隋書》之中，實不僅《隋志》也。《新唐書·藝文志》遂于《隋書》八十五卷下，別列志三十卷，亦見歐陽氏之精細，惟卷數不免重出，致後人疑耳。若《舊唐書·經籍志》，因止載《隋書》八十五卷也。至鄭樵之《通志》，乃輯自三皇及隋之紀傳，而統名之曰志，又取各史之志綜爲二十略，自負其十五略，謂非漢唐諸儒所能，而其書或失之簡，或失之疏，惟《氏族》《六書》《七音》等略爲精，其他議論非不可觀，而《職官》五略，盡襲《通典》全文。即其所分二十略之目，既有《藝文略》，又有《校讎略》《圖譜略》《金石略》。夫圖譜雖不可亡，金石有裨正史，然不可附之藝文乎？《校讎略》不過論數篇，尤宜入之藝文，而自爲門類，甚無謂也。謚法向附喪禮，而漁仲既撰《禮略》，又有《謚略》，《謚略》又僅撮載字數，分上、中、下三等，不載謚法，而亦自爲一門，可乎？以律吕歸入《樂略》，而無術算一門，又其疏也，以較之馬氏《文獻通考》，且遠不逮焉。又其自序痛詆班固，以下無譏，而所綜諸紀傳，僅去其序論述贊，而如《晉書》《南》《北史》之近小説者，概不剪裁，又何意乎？

要之自來史志之可據者，班氏爲最，歐陽氏次之，沈約、魏收及《隋書》志又次之。《隋書》各人分撰，舊本每篇或題名，或否，固已不能盡知，《新唐書》雖或云《天文》《曆志》出於劉羲叟，《世系》諸表出於吕夏卿，而要爲歐陽氏所裁定，其他號爲志者，若葉隆禮《契丹國志》、宇文懋昭《大金國志》，則又雖以志名，而紀傳錯出。其曰雜記、雜録、雜載者，皆誕妄無端緒，多近小説，不足以考見制度，[《大金國志》尤乏端緒，雜録、行程録皆蕪雜不成書，]此又不足論者也。

方今册府宏開，國史方略，繼述代光。高宗純皇帝時，命儒臣撰《續通志》《續通典》《續通考》，又撰《皇朝三通》，皆仰禀聖裁，悉由睿鑒，以及政典圖誌，氏族源流，皆燦然大備，而宫則有史，八旗則有通志，詞林則有典故，國子監則有志，鉅猷偉制，纖悉畢昭，以《大清通禮》《大清會典》綜其綱，以《萬壽聖典》《幸魯聖典》《南巡聖典》《禮器圖式》《滿洲祭天祭神典禮》諸書詳其目，而經籍則有《欽定四庫全書提要》，尤爲考訂之淵海、著述之會歸，照耀千古，廣集大成，有志於珥筆之選者，孰不願讀東觀未見書以充其學識哉！

夜晴，半夜微雨。

初五日壬午　晴陰相間，稍和，暫脱裘。是日以後二日日南至，先祭自曾祖以下。按冬至，古多僅稱至日。《易》曰『至日閉關』，《郊特牲》曰『周之始郊日以至』，《左傳》曰『土功日至而畢』，《孟子》曰『千歲之日至』，皆冬至也。《左傳》亦稱南至。《僖五年》『春王正月辛亥朔日南至』，《昭二十年》『春王正月己丑日南至』是也。惟《禮·月令》：『仲夏日長至，仲冬日短至。』則冬至固當稱短至。而《郊特牲》又云：『郊祭迎長日之至。』後人因以短至爲長至，蓋本乎此。萬斯大《學禮質疑》云：『就日之長短極至而言，則曰長至，曰短至。就日行南陸北陸之極至而言，則短至曰南至。其以短至爲長至者，蓋一取極至之至，一取來至之至，意不同而義不相妨也。』其説頗圓。夜半醒，聞雨聲。

初六日癸未　小雨。閲《爾雅正義》，終《釋木》一卷。

冬至　初七日甲申　陰，上午微見日，下午風，作寒。祭高王父。爲人改律賦一篇。夜大風，寒甚。

初八日乙酉　晴寒，始重裘，午後陰慘欲雨。騰雨來。

初九日丙戌　陰寒。買得徐健庵《讀禮通考》一部、徐方虎《全唐詩録》一部，直三千餘。族人詣東魯墟議租額，得九分四厘。夜雨。

初十日丁亥　清晨小雨，終日陰，寒稍殺。早飯後進城即歸。夜雨。

十一日戊子　陰。書勉齋弟祔廟栗主付漆人。聞蓮士母夫人前日病故，以未得確耗，不往唁。

十二日己丑　陰寒，下午風晦，晚晴。得蓮士母周太恭人赴。夜月明甚，今冬第一夜也。

十三日庚寅　晴，早霜濃甚。上午薙短髮。撰周恭人輓聯：『治律佐歐陽羡算晉六旬方綿福報況比歲羸闞遺鮓胄館供鱣及見文孫新娶婦；累封媲嚴嫗奈日添一綫難駐春暉話去年樂膳分羹張窗聽語猶傳賢母喜留賓。』蓮士太翁康山先生以佐幕起家，其長君琴士前令秦中，近以州牧擢用，蓮士曾官國子助教。恭人殁以冬至後二日，年五十九。余去歲館其家一年，故云云。

鱣字，《後漢書·楊震傳》有冠雀銜三鱣魚，注曰：『鱣鱓通，音善。』蓋以此傳下文有蛇鱣者卿大夫服之象語，故以魚之黄地赤文狀似蛇者當之，而後人多用爲平音遄，簡文帝文三鱣表服二鹿隨車已似平用。或以爲始于杜詩『求飽或三鱣』者，非也。觀《顔氏家訓》，曾辨蛇鱣及鱣鮪之别，引孫卿云魚鼈鰌鱣及韓非《説苑》，皆曰鱣似蛇，並假鱣字爲鱓字，其來久矣，而以俗之學士呼三鱣爲鱣魚爲非，然則自六朝來，固已讀爲平音也。

十四日辛卯　濃霜，晴，寒甚。子九來，得陶琴子申江書。是日濱湖居人言有冰，余家未見也。

十五日壬辰　霜積寸，晴，嚴寒始冰。上午肩輿詣蓮士家吊喪，晤傅艾臣。下午鄭郎來，止宿。

十六日癸巳　早霜如昨，差減寒，晴，午後稍和，地微潮。上午鄭郎去。以余家岸村琴臺漊四五畝，鬻于郡人周氏，畝得錢四十六千五百文。傍晚詣寄帆伯閑話。又詣芝軒叔，爲其捐納事也。夜歸，淡月如白晝，然有雨意矣。是日始遣人至單港村收租。

十七日甲午　早陰，巳初刻雨漸密，至夜微和，復單裘。王母倪太君生忌，設祭。子九來，冒雨而去。夜色復明矣，至人定又雨。單港收租。

十八日乙未　雨中有曦景，似梅天，比日地有潮氣，殊不便裘。晤俞孝廉正椿。夜晴星密，卧後又聞雨聲。單港收租。

十九日丙申　早大晴，巳初刻陰。閱《舊唐書·儒林傳》。

二十日丁酉　陰，地潮。早閱《唐書·儒林傳》。秋舫叔來。即芝軒。曾墟收租。

小寒　二十一日戊戌　早陰晦，辰刻雨，至夜和甚。清晨秋舫叔來，即作書致琴子上海，又作片致子九，并銀一錠，屬轉寄陶宅。得子九回片。讀《唐書·文苑傳》。小覲村、界樹村收租。

二十二日己亥　陰。屬詩舫進城收田直。晚稍寒，夜大風以雨。

二十三日庚子　陰。張氏妹回家，送叔弟喪。祭叔弟，告出殯期。

二十四日辛丑　上午陰，雨時作，下午密雨，晚晴。瘦生來。下午請寄帆伯同至上塘漊遷仲弟前婦櫬。至雍樂橋曬場，方下舟，雨沓至，未幾霽。抵上塘漊時已薄暮，天氣和甚，夕陽倦開，平野積潤，山容水色，温麗如春。夜返西郭，更取燈炬詣矖場，安櫬于高祖舊殯宫，泥濘滑甚，舁者頗苦，草祭而歸。是夜以叔弟啓靈，人指盈百，廚無見糧，奔走告貸，計所得外，明早尚須米三斗，遍求不得，果然一字不可煮也。夜撰《告廟文》，存《文集》中。

二十五日壬寅　上午微陰，下午晴和。辨色啓靈，侵晨舉櫬登舟，辰刻抵上塘漊殯所，巳刻安殯，設祭，更易服祭先君子及土神。午刻回舟詣家廟，祔主於室，即歸虞祭。午後和甚，晚地潮如雨，夜雨。

二十六日癸卯　早晴，上午雨，下午密雨，至晚不絶聲，暖不能裘，地潮甚，如盛霉。爲從弟某撰其妻母章恭人輓聯：『聯貂新積笏，三珠堪慰慈懷，欣看萱幄春長，冀鼎案齊眉，湛露九霄歌晉爵；射雀幸登堂，五馬得依賢嗣，痛劇橘船信至，正瓢峰極目，孤雲千里望加餐。』恭人爲長橋章太史棨子婦，所天尚無恙，三子長登賢書，次出守長樂，又次亦得官，從弟方隨其次子閩中也。入夜雨尤苦，黄昏至人定大雨，四鼓後雨稍稀，大風起。付僧慧乳嫗工直一千文。

二十七日甲辰　早風更甚，日加辰稍止，終日陰，慘結欲雪，稍寒，夜小雨，寒甚。石堰收租。

二十八日乙巳　早雪，終日陰寒甚。侍家慈進城送張氏妹返婿家，又隨侍至觀巷陳伯母家見端甫夫人及閑谷嫂。家慈留宿，余便道至倉橋街書肆，曛暮歸。夜雪至人定止，午夜見星。始氈帽。

二十九日丙午　晴，寒甚。午後以舟至觀巷迓家慈，復以便至倉橋書肆，得《大清通禮》一部八册，計直三百六十文。時逆風寒甚，無聊，坐肆中與素庭譚文，傍晚歸。夜大風。

三十日丁未　晴，冰，嚴寒。上午洗足，始絮襪。

十二月戊申朔　晴，嚴寒。早赴梅市收租，所至留連景色，此地港汊曲折，水法甚秀，又多奇石古木，皆前明祁氏故園物也。平疇中往往草石矗起，柱礎宛然。余家佃人有自陳爲忠惠公七世孫者，乃公父諱承爜者長兄之後也，余太高祖母爲六公子班孫之女孫，六公子房後有仕者，然則祁氏世嫡固微矣。晚歸。

初二日己酉　晴，寒稍減。上午詣城中本家，即返。聞前月十二日提督張國梁克復瓜州及鎮江郡城，斬洪秀全之姪僞安王洪仁發。此地爲賊踞五年矣，今得之，可喜也。

初三日庚戌　晴，微和。早邀寄凡伯同至漓渚山看地，并謁曾王父墓，薄暮歸。凡公來不值。塘埭收租。

初四日辛亥　陰。凡公來。漓渚山氓來議地價，不得要而歸。終日與俗人言，又多計較委瑣事，形神俱疲，胸鬲煩懣作惡。入夜方欲飯，忽頭目暈，對面不能見人，起赴卧寢，幾仆地，比登榻，耳鳴隆隆然。噫！甚矣其憊也。殆以虛耗之性，乘之躁戾之氣，氣血作逆，形神遂離，是爲内潰而外散矣。浮生多病，又遘窮途，侵尋交迫，其足恃乎？夜人定稍安，吃粥一小碗，遂寢。琴臺漊、湯家溝收租。

初五日壬子　晴，微和。凡公來。作片致蓮士，屬轉致。

古文甽作く，澮作巜，川作巛，皆見《説文》。而《後漢書·輿服志》云：『乾巛有文。』則以巛爲坤字，本於《家語·執轡》篇『此乾巛之美也』。王肅注：『巛，古坤字。』陸德明《易經釋文》云：『坤，本又作巛，巛今字也。』毛居正《六經正誤》曰：『巛字三畫，作六段，象小成坤卦。巛，古坤字。陸氏以爲今字，誤矣。』鄭樵《通志·六書略》曰：『坤卦之☷，必縱寫而後成巛字。』本朝盧弨弓《周易音義考證》，謂巛六畫，中不連，連者是川字。王司空引之《經義述聞》云：『按《説文》，坤，地也，從土從申，土位在申，是乾坤字正當作坤。《玉篇》坤下亦無巛字，而於川部巛下注曰古爲坤字。然則本是川字，古人藉以爲坤者？』蓋古時坤川之聲，並與順相近，故假借用之。自《廣韵》二十二魂坤下列巛，注曰古文，而《集韵》《類篇》並沿其誤，以假借字爲本字矣。

上午薙短髮。是日尚不快，夜喉作燥，寢不安。琴臺漊、余家岸收租。

大寒　初六日癸丑　晴。爲族中葬親家陪賓，晤唐教授廷綸。終日煩懣，夜喉痛，微嗽。送葬至下竈張家山。余家岸收租。

初七日甲寅　晴，微和。早登山，襄葬事。下午返送主入家廟。蓉生來。傍晚族人設席相款。喉痛甚，咳嗽稍數，卧後始安。

初八日乙卯　上午重陰，微雪，下午稍霽，晚晴。家慈詣城中，閱視所買節物。張穆莊來。夜月。

初九日丙辰　早陰，日加巳雨，至晚晴，微和。生高祖妣傅太君誕辰，邀自高祖以下人，散胙。族人來借中廳地給自殿纂公以下童子入塾贄。初夜淡月，四更雨。夜二更後獲一偷兒，緑林不豪，青氈無恙，本欲釋之，乃棘楚數下，吐言捕役指蹤，是亦盗之變術，不得不與黄紬被中人語矣。獨思南塘一出，偏甘心於涸鱗，北門潛啓，祇假翼於弱肉，其亦筴之最下者歟！是日傷風鼽涕，夜卧發熱，翻覆枕上。比夜分，又以逐賊起，至五更，憊甚，少假寐。

初十日丁巳　早密雨，旋止，下午風自西，晚晴。早呼捕役嚴某親質之，詞窮跽乞命。又以鄰人言，姑釋縛，先投偷兒于縣衙。嚴某少爲盗，鄉曲多害之。其妹故倡妓，與董三三同名，頗傾一時，余未識面。是知迷香洞中，搜牢吏絶；賣笑筵上，探丸客豪。東陵可居，北里攸托，欲驅烏雀之噪，恐致鴛鴦之驚。粉墻度狐，阿兄學韓壽之踺；茜裙走馬，小妹無李波之驍。今則落花已嫁，横草猶警，其亦鴞有文而自媒，鷹深目而難化也已。次日嚴某與其母蒲伏哀籲，因責立伏狀，令里中儈茹某爲保狀，乃釋之。又次日，邑令劉君仍捕之，予笞千。終日煩懣不食，又以俗事不得卧，殊苦疲罷，夜卧稍安。

十一日戊午　早微雪，旋止，稍見日，上午重陰，午又微雪。

十二日己未　微晴，下午陰。爲募梅和尚改詩。白魚潭收租。

十三日庚申　薄晴。課婢掃庖湢諸室塵。魯墟、王家村、石堰收租。

十四日辛酉　終日積陰。封《募梅精舍詩草》，寄還凡公蕭山。

十五日壬戌　早陰，上午微雨，下午雨漸密，入夜。午後進城有所詣，不值。夜雨聲甚苦。

十六日癸亥　雨。上午看大曆十子詩。十子中，如錢、郎、司空、二皇甫，詩境皆如孤花倚石，楚楚可憐；又如寒山古寺，清磬數起。但才力太弱，長句聯語，往往合掌，無變化之迹，七言尤甚。其所以勝宋人者，雅俗之别耳。宋人若放翁，氣力儘可雄視十子，而不免有村氣。十子詩，其秀固在骨也。至於古風，則中唐如二劉者，當時推大家，遠非十子所能頡頏，尚無一篇合作。蓋自李、杜、高、岑、韓、孟外，固無人足以語此者，况十子耶？若論絶句，則李十郎之雄渾高奇，不特冠冕十子，即太白、龍標，亦當退讓。韓君平清婉，亦其選也。王、韋五古，又不可與李、杜六子等論矣，乃天籟也。

十七日甲子　初晴，喜占一律：『殘臘又開新甲子，江天一掃積霾清。濕陰帶雪都歸水，寒意偎雲不滿城。閉户厭聽騎月雨，年來准擬一春晴。債臺先事排遊日，剩有鶯花趁太平。』

十八日乙丑　晴，昧爽。家慈祀歲神以素牲蔬食。掃塵。買草二千六百十二斤，付直四千文。夜雨。

十九日丙寅　陰。是日邑令葬林烈婦李氏於鄉之爪咸里，即葬所樹坊建祠。烈婦以咸豐壬子六月爲其翁姑逼倡不從死，年十六。越五載，歷更四令，始得雪。奉俞旨褒恤，治其翁如律論。余于乙卯秋，曾紀其事，以烈婦雖適林氏而未昏，稱之曰女，而靳不林婦，周素人非之，寓予書以必稱婦而其名始正云云。今俱存《文集》中。因往觀葬，紀以詩：『城頭徹夜烏銜土，宛宛冬心蜕風雨。金支翠旗光忽收，一片冰珉照寒渚。霞川之水霜鏡瑩，蓬萊驛畔清風生。空郊木葉霜初浄，古道梅花月自明。行人酹酒朝還看，三尺泥香殉瑶樹。祠廟奚須問柳家，圖畫還應配瞿素。可憐生小作冤禽，山下何從識稿砧。試看下馬碑前路，誰似金錢入市心。』題曰：『咸豐丁巳十二月邑令葬烈婦林李氏於霞川旁蓬萊驛前，作詩吊之。』眉批：此詩已删。本生王父生忌，與祭，不飲胙。

二十日丁卯　晴。上午進城，詣一人家，爲人了一俗事。出訪珊士庶常于家，并晤章秀才文瀾。珊士出近作詞一帙見示，皆不減《飲水》《側帽》集中語，此事向推東漚，次屈指玉井，今得珊士，而鼎足立。若論其空靈輕俊，似當出玉井上也。至如『漠漠水邊樓，過了重陽，猶有閑風雨』，綿邈無際，真才人極筆矣。午飯後與珊士同訪子九，晚歸。得琴子申江所寄書。

立春　二十一日戊辰　早微晴，巳刻立春，午刻大雪至夜。祭王母余太君生忌。夜看家人作年糕。

二十二日己巳　雪霽，終日薄晴薄陰。孔鐵香來。名廣鎔。

二十三日庚午　上午雨霰即止，下午雨，向晚漸稠。得琴子書，即作片復。祀竈。夜密雨，二更聲漸稀。

二十四日辛未　小雨。早飯後周叔雲來，偕至節子家，并晤琴子。傍午買小舟，至秋舫叔家，復至寄帆伯家，步歸。是日遣人至次妹家送年禮并解胞之饋，一切視長妹。

二十五日壬申　終日重陰，午小雨。付騰雨工錢一千九百廿文，以今日罷。

二十六日癸酉　雨。早飯後坐舟詣寄帆伯，即歸。作書致叔雲。上午薙短髮。是日叔弟周忌，余適有事不及哭，又以古禮，期之喪十三月而除，遂不除。夜浴。

二十七日甲戌　余生日。昧爽微雨，旋霽，上午晴，下午薄陰。五更起祀歲神，用道家法奏赤章。寄帆伯來。叔雲、季況來。季況以秋杪入閩，今始歸也。夜雨。

二十八日乙亥　雨。上午訪叔雲，下午歸。得琴子書。夜雨。

二十九日丙子　雨略稀。以銀二十兩交琴子使者。作書致叔雲、季況。得叔雲復。（此處塗抹）夜雨有雪，半夜後大雨。

三十日丁丑　終日雨聲繁甚。作書致季況，不及寄。度歲艱甚，又倍往年。（此處塗抹）夜雨對燭，孤坐守歲，顧念身世，明日便爲三十歲人。昔張延符嘗對其父緒言：『充聞三十而立，今充年二十九矣，請自明年始。』緒曰：『過而能改，顔氏子有焉。』余自痛孤露，不能追先君子之教，過庭邈然，長負白日。近葺一小樓，顔以困學，又改齋名曰壯改，庶以當杖痕之摩乎！

丘葵周禮補亡摘記

葵自序略曰：聖朝新制，以六經取士，乃置《周官》于不用，使天下之士習《周禮》者皆棄而習他經，毋乃以《冬官》之缺爲不全書耶？夫《冬官》未嘗缺也，雜出於五官之中。漢儒考古不深，遂以《考工記》補之。至宋淳熙間，臨川俞廷椿始著《復古篇》。新安朱氏一見，以爲《冬官》不亡，考索甚當。嘉熙間，東嘉王次點又作《周官補遺》，由是《周禮》六官，始得爲全書矣。葵承二先生討論之後，加之參訂，的知《冬官》錯見於五官中，實未嘗亡，而太平六典渾然無失。顧刊之梓木，以廣其傳，是亦吾夫子存羊愛禮之意。萬一有觀民風者，轉而上達，使此經得入取士之科，則區區區之願也云云。末署泰定甲子冬十一月朔後學清源釣磯丘葵吉甫書，時年八十一。

國朝朱彝尊《丘氏周禮定本》序略曰：《考工記》可補《冬官》之闕乎？曰：周官三百六十，多以士爲之。若記之所云，直百工焉爾矣。夫玉府有工有賈，而巾車、弁師、追師、屨人之屬，府吏胥徒而外，咸有工以執事，亦猶大府、典絲、典婦功、庖人、羊人、馬質之各有其賈也。賈不與士齒，工顧可充司空之官乎？典絲則頒絲矣，掌皮則頒皮革矣，稾人則掌六弓八矢四弩矣，是則湅絲者，工也，而頒絲外内者，考工者也。函鮑韗韋裘者，工也。以式法頒皮革者，考工者也。刮摩攻木，以爲弓矢者，工也，而受財於職金，以齎其工，書其等，乘其事，試其工弩者，考工者也。以是推之，則記之所載三十工，鄭氏以爲司空之官，非矣。臨川俞氏廷椿《復古編》謂司空之屬分寄於五官，同安丘氏暢其旨，取五官所屬，歸於冬官六屬，適各得六十，著爲《周禮定本》，讀之宛如全書焉。宋元諸君子釐正經文，若朱子之《孝經》《大學》，蔡氏之《武成》，金氏之《洪範》，蔡氏之《雜卦傳》，吴氏之《禮記》，以及俞氏、丘氏之《周禮》，皆自信而不惑，後學莫敢議其非。雖然，無數君子之學識，苟好奇穿鑿，則或失之僭，或失之誣矣。

天官之屬六十

地官之屬五十有七

春官之屬六十

夏官之屬五十有九

秋官之屬五十有七

冬官之屬五十有四

丘葵曰：唐虞建官惟百，夏、商官倍，而周官至于三百六十。今觀成王時，周公以公兼太宰，召公以公兼宗伯，蘇忿生以公兼司寇，成王將崩，同召太保奭、芮伯、彤伯、畢公、衛侯、毛公，則是六卿中召公、畢公、毛公亦上兼三公矣。由是推之，先王之制，其職雖不廢，其官未必一一皆有。舉其大略，如掌葛徵絺綌，掌染草徵染草，掌荼徵荼，掌炭徵炭，角人徵齒，角羽人徵毛羽，每官掌一事，無是事未必有是官也。軍司馬、行司馬、戎僕、戎右，有軍旅則用之；甸祝、田僕，有田獵則用之；有喪紀，則用夏采、喪紀；有盟會，則用盟詛；建邦國，則用土方氏；來遠方之民，則用懷方氏。先王豈能以禄食養無用之官？亦臨事直攝耳。故周官雖曰三百六十，而兼攝相半，要亦不能遠過夏、商。所謂六十者，亦舉大數而言，不必皆六十也。今天官六十有三，地官七十有九，春官七十，夏官六十有九，秋官六十有六，冬官全無。據每官其屬六十，而天官羨三，地官羨十九，春官羨十，夏官羨九，秋官羨六，計所羨者四十七官，此豈非司空之屬官雜在五官乎？秦火後，經籍多殘缺，《禮》尤甚，五官豈得有羨，冬官豈得全無？夫自伯禹作司空平水土以來，至周官之書皆曰司空掌邦土，豈得以任土地之職歸之司徒？職方氏、形方氏、山師、川師、邍師之屬，豈得歸之司馬？大小行人之職，豈得歸之春官？似此之類頗多。予今以五官之屬其本文列于前，以庭椿、次點二先生之所删補之，參訂定爲六官之屬，書於後，則周官三百六十，粲然在目，而《冬官》未嘗亡，信然矣。

治官之屬元有六十三：太宰、小宰、宰夫、宫正、宫伯、膳夫、庖人、内饔、外饔、亨人、甸師、獸人、鼈人、腊人、醫師、食醫、疾醫、瘍醫、獸醫、酒正、酒人、漿人、凌人、籩人、醢人、醯人、鹽人、幂人、宫人、掌舍、幕人、掌次、大府、玉府、内府、外府、司會、司書、職内、職歲、職幣、司裘、掌皮、内宰、内小臣、閽人、寺人、内豎、九嬪、世婦、女御、女祝、女史、典婦功、典絲、典枲、内司服、縫人、染人、追師、屨人、夏采。

俞庭椿删去獸人、鼈人、獸醫、司裘、掌皮、典絲、典枲、染人、追師、屨人十一官，王次點補以春官、天府、内宗、外宗、大史、小史、内史、外史、御史八官，正合六十之數。

今訂定天官之屬六十：太宰、小宰、宰夫、宫正、宫伯、宫人、内宰、九嬪、世婦、女御、内宗、外宗、女祝、女史、内司服、典婦功、縫人、夏采、内小臣、閽人、寺人、内豎、膳夫、庖人、内饔、外饔、亨人、甸師、酒正、酒人、漿人、凌人、籩人、醢人、醯人、鹽人、幂人、腊人、醫師、食醫、疾醫、瘍醫、掌舍、幕人、掌次、天府、大府、玉府、内府、外府、司會、司書、職内、職歲、職幣、大史、小史、内史、外史、御史。

教官之屬元有七十九。按俞庭椿《復古篇》、王次點《訂義》，删出封人、鼓人、舞師、牧人、牛人、充人、載師、均人、土均、草人、稻人、山虞、林衡、川衡、澤虞、丱人、角人、羽人、掌葛、掌染、囿人、場人二十二官，不當爲地官之屬。

今訂定地官之屬五十有七，子目不録，與原書亦錯亂，惟較他官爲少。

禮官之屬元有七十。按俞庭椿《復古篇》、王次點《訂義》，删出鷄人、天府、典瑞、司服、内宗、外宗、冢人、墓大夫、典同、大史、小史、内史、外史、御史、巾車、典路、車僕、司常十八官，又以世婦一官取併于天官世婦，而添入本地官之屬鼓人、舞師二官，又添入本秋官之屬大行人、小行人、司儀、行夫、掌客、掌訝、掌交七官，正合六十之數。

今訂定禮官之屬六十：大宗伯、小宗伯、肆師、鬱人、鬯人、司尊彝、司几筵、典命、典祀、守祧、職喪、大司樂、樂師、大胥、小胥、大師、小師、瞽矇、眡瞭、磬師、鐘師、笙師、鎛師、韎師、旄人、籥師、籥章、司干、鼓人、舞師、鞮鞻氏、典庸器、馮相氏、保章氏、大卜、卜師、卜人、龜人、菙氏、占人、簭人、占夢、眡祲、大祝、小祝、喪祝、甸祝、詛祝、司巫、男巫、女巫、都宗人、家宗人、大行人、小行人、司儀、行夫、掌客、掌交。

丘葵曰：司儀、掌客當屬春官，誤屬秋官，今正之。

政官之屬元有六十九：大司馬、小司馬、軍司馬、輿司馬、行司馬、司勳、馬質、量人、小子、羊人、司爟、掌固、司險、掌疆、候人、環人、挈壺氏、射人、服不氏、射鳥氏、羅氏、掌畜、司士、諸子、司右、虎賁氏、旅賁氏、節服氏、方相氏、大僕、小臣、祭僕、御僕、隸僕、弁師、司甲、司兵、司戈盾、司弓矢、繕人、稿人、戎右、齊右、道右、犬馭、戎僕、齊僕、道僕、田僕、馭夫、校人、趣馬、巫馬、牧師、廋人、圉師、職方氏、土方氏、懷方氏、合方氏、訓方氏、形方氏、山師、川師、邍師、匡人、撢人、都司馬、家司馬。　刪去量人、弁師、司弓矢、稿人、職方氏、土方氏、形方氏、山師、川師、邍師十官。

今訂定夏官之屬五十有九，子目不録。

慈銘按：丘氏以夏官職方、土方、形方爲冬官司空之職，似矣。　而懷方氏之掌來遠方之民，治其委積館舍飲食，合方氏之掌達天下之道路，通其財利，皆與《書・周官》篇所謂司空居四民時地利，及《左傳》司空視塗之説合，似皆可入冬官也。　訓方氏之掌道四方之政事，與其上下之志，誦四方之傳道，則又與《周官》篇司徒掌邦教，敷五典，擾兆民，及《虞書》契作司徒，敬敷五教在寬之意相發明，似又可入地官也。蓋必執統六師平邦國以核司馬之職，而于三官何與乎？乃任意取舍，强割裂以足其數。甚矣其無忌憚也！

刑官之屬元有六十六。俞庭椿謂大行人、小行人、司儀、行夫、掌客、掌訝、掌交七官當屬春官。王次點謂犬人一官當屬冬官，環人一官當與夏官環人合爲一。

今訂定秋官之屬五十有七，子目不録。

冬官補亡，事官。

今訂定冬官之屬五十有四：大司空、小司空、載師、封人、量人、均人、土均、草人、稻人、山虞、林衡、川衡、澤虞、卝人、角人、羽人、掌葛、掌染草、囿人、場人、牧人、牛人、充人、獸人、歔人、鼈人、鷄人、犬人、獸醫、司裘、掌皮、司服、典絲、典枲、染人、弁師、追師、屨人、典瑞、典同、巾車、典路、車僕、司常、司弓矢、藁人、冢人、墓大夫、職方氏、土方氏、形方氏、山師、川師、邍師。

爲應詔陳言通籌江南軍政仰求聖鑒事

竊臣於本月十六日恭讀上諭：在京籍隸江蘇、安徽、浙江、河南等省之大小官員將如何團練隨同官兵助剿及防守等一切事宜，務須統籌全局，不可自顧鄉閭，其如何辦理之處，著各抒所見，各舉所知，迅速奏聞，毋得虚言搪塞，欽此。以籍隸常州，叨居館職，國恩深重，聞命之下，思竭涓埃，以禆萬一。宿惟江浙財賦，爲天下根本，而常鎮爲江浙門户。方今丹陽告陷，常郡受困，國家安危，在此一決，臣統籌大勢，博采輿情，謹陳四事，冀備鑒納。

一曰懲庸帥以嚴軍政。兩江總督臣何桂清前蒙聖恩，授以重任，初政稍自激勵。比在常州，驕淫謬戾，種種不堪。際此東南危若累卵之時，正宜將帥輯和，同舟共濟，乃何桂清與和春素不相能，諸事沮撓，以致首尾不能呼應，身擁重兵，坐視江寧大營之敗、丹陽之陷，乞糧不應，請援不從。今和春退至常州，何桂清即退守蘇州，足見彼此參商，幾如敵國。兩人專命戎行，位均勢敵，不思枕戈擊楫，戮力同仇。昔廉、藺小國之臣，因一言而釋忿，郭、李終身之怨，聞召命而聯和。何桂清當封疆日蹙，罪有攸歸，尤當被髮纓冠，同室相救，而私心忌狠，無異秦越，誠不知是何肺腑。又當賊陷浙江長興時，常州戒嚴，何桂清先移家遠避，即傳令閉門，焚城外廬舍，騷動人心，罔知顧忌，江南士民，無不切齒痛恨。南事之急，實爲罪魁。至於江寧將軍和春，本非大將才，又與幫辦軍務張國樑不相浹洽，庸妄自是，致此潰敗。臣愚誠謂宜亟選帶兵大員中曉暢軍務、威望素著之人，星夜更代，庶能振作士氣，聯絡聲援。古人謂臨敵易將，兵家所忌，此言功效夙著、軍心久戴者耳。若以賢易愚，則霸棘移亞夫之軍，立平吴楚；唐鄧易李愬之帥，迅克淮夷。前册所垂，厥有成效。伏惟皇上廣詢盈庭，即將何桂清、和春各撤本任，並從嚴典，則將弁效命，黎庶踴躍，後之受代者鑒於成憲，尤當奮思自見，必能壁壘一新，旌旗變色矣。

一曰施重賞以固人心。江南民俗柔懦，不及西北剛勁，然二百餘年沐浴聖代，自聞賊警，裂眦深仇，凡有血氣皆思報效。近來諸鄉民相率團練，克敵致果，所在不乏。即聞三月初一日陽溧埠之捷，先是彼處鄉民奮勇殺賊，又多具酒食迎請官兵，冀爲策應。迨接仗後，員弁坐視，不發一兵，致鄉民陣亡者甚衆。賊既破走，遂冒戰功，揚揚報捷，九重萬里，百姓無所呼吁，計級授階，盡歸若輩。官受詐功之賞，民無横草之勳，勢必閭井離心，忠義解體。推之一鄉如此，天下可知。所望皇上嚴飭該地方官，確查該處出力士民姓名，分别奏聞，重加褒賞，以昭激勵。則人盡干城，士皆敵愾，誠如聖諭所謂官民聯爲一氣，盗賊無自生心，固正本之至計，救時之急需也。

一曰用良吏以安地方。常郡障蔽蘇松，襟帶太湖，當鎮江之冲，扼東壩之要，腹背受敵，唇齒相依，非得老成練達、久在戎行之員不足固合民情，創率義勇。查有江蘇候補知府于醇儒循良稱最，幹練知兵，前在江北大營，久著勞績；近駐常州，一切地方事宜，甚資得手。現署常州府知府平翰老耄闒茸，素無政績，專事逢迎，何桂清倚爲爪牙，夤緣賄賂，派削脂膏，全不以戰守爲念。前因浙警，何桂清移家避寇，平翰亦令其眷屬先行出城，非陽溧埠鄉兵之戰，則常州立潰，三吴盡將瓦解。臣請以于醇儒督帶兵勇，不特常州保障，即各處鄉團，亦可藉資表率，相機堵剿，則地方之計，裨益實深。

一曰任大將以專責成。廣西提督臣張玉良久經戰陣，歷著驍名，今春總統浙軍，馳援杭州，三日之間，省城克復，其才武足用，已有明驗。現在統兵駐常，顧常郡無險可扼，非先復丹陽，不能保常郡；非得溧陽，不能守丹陽。請飭下該提督，假以便宜，勉其進取，出奇制勝，以戰爲守，能復丹陽等處，則懸以不次之賞；如退常州一步，則警報朝聞，歐刀夕下。委任既專，成功可待。

凡此皆系統籌全局，不敢自顧鄉閭，有負我皇上垂詢至意。狂瞽之見，是否有當，伏乞聖鑒，訓示施行。謹奏。

誥封一品太夫人袁母郭太夫人八十有三壽序

國家惇大，龐衍之澤，扶輿磅礴，是生偉人。故道化醇洽，則誕毓碩彦雍容廟堂，以貴寵娱樂其親。其或亭毒久遠，極熾而豐，元黄蘖芽，亦必篤生賢健，體教忠之意。執義宣力，先國後家，侈其功勳，以爲奉養，黎獻頌禱，福應尤盛，富貴壽考，萃於一家。故《詩》頌魯侯，克服淮夷，推本壽母，以爲燕喜。由古及今，其揆蓋一。惟今欽差大臣漕運總督袁公母郭太夫人，當咸豐十年，年八十有三，皇帝萬壽，推恩中外，詔大臣老親有年逾八十者，所司具以聞，禮臣首以太夫人名上，賜御書扁額及上方珍物無算，海内悦慕，咸走相告。以天子恩澤之大，太夫人年德之茂，袁公功烈之盛，含宏光大，震古爍今，宜有稱述，昭示無窮。於是某等以所聞于太夫人冢孫比部君者，論次其大，用附斯義。

太夫人郭氏爲國子監典簿銜淮寧郭公如斑女，幼習婦教，兼通書史。甫齔，值歲大祲，佐父母爲淖糜，制絮纊以周貧寡，鄰里驚歎。典簿君嘗曰：『祖考之慶，鍾此女矣。』長歸誥封光禄大夫海門袁公，奉高堂，和諸姒，庀家政無闕。舅姑之喪，哀禮畢衷。光禄公爲名諸生，奮於學，一切事資太夫人以治。未幾，光禄公卒，諸子幼，太夫人教養隆至，茹荼捋辛，迄于成立。時則長君松農先生，首嶷文望，爲高材生。諸弟以次，跂踵學舍。而午橋先生遂成進士，歷職清要，大顯於時。諸孫觥觥，殷轔俱起，衣冠之美，乃最天下。

夫忠孝之報，豐嗇不能一，盛衰之際，家庭所難言。及其精誠通于神明，流澤加於生民，隱見或殊，積累無爽。維太夫人之教子若孫，垂六十年，皆在於利物利人，獨善兼美。故長公居約扶義，爲衆所恃。嘗以河南省城庫簿，率呰庀材，甚寒暑，行築無倦，遂勩成疾。攝教陳留，士速於化，奄復不年，輿誦遍德。仲公以直諫伉伉，受特達之簡，出握武憲，雷掣電掃，蔡亳百雉，積賊以刈。中嬰纖議，一躓愈奮，不四三年，遂正壇席，朝野拭目，刻時俾乂。叔季兩君，或出爲師傅，或隱居教授，皆克於民，是覺是保，有袁奉高、蔡子尼之遺風。其諸孫若刑部郎中保慶、侍讀銜編修保恒，咸能文最科第，武奮戎行，版膺孝忠以世大母之訓。是知天生太夫人者，固爲社稷，非爲一家，其獲祐于天之厚者，豈非國家靈長之慶哉！至他所著者，若甲辰水，丙午旱，創公佐私，兩起僵仆，與夫嚴家範，約服食。此有一於凡女子者，已嘖嘖爲盛事，而獨不足爲太夫人重也。以是感我朝重熙累洽，聖聖相承，即中宮母后之化，輔毗堯舜，徽音克嗣，亦有過於《詩》所稱太任太姒者。而中州地淳古，陳爲太皞之墟，土厚水深，元氣曼羨，育我女宗，以得元老。

今袁公方盡總王旅，揃臨淮，掀鳳陽，披全椒，戡滁州，起定遠，虔清江，師干所指，魚爛獸駭，秉鉞旬月，淮甸略定。爰敬本奚斯之頌魯侯者以爲太夫人壽，而比部君見奉天子命，分任團練於豫所，當益修太夫人之法，援旗糾族，爲國虎臣，以竟松農先生未竟之志，以成午橋先生垂成之業。父子兄弟，雲起龍襄，流傳丹青，盟誓帶礪。太夫人且坐見率土無事，斯民壽樂，受朝廷百歲几杖之錫，而復君家四世五公之盛也，豈不懿歟？是爲序。

唐宣宗論 乙卯作，戊午改定

唐自安史猘于天下，憲宗轢之，武宗梏之，而卒爲反搏裂食者，踣于穆宗與宣宗也。穆宗史有定讞，而宣宗之爲君，則稱其賢明恭儉，大中之政，號小太宗者也，吾不可以不辨。

夫徒觀其服澣衣，絕宴樂，惜侍從之金紫，申愛女之家法，以事姓言，不次擢一縣令，貴戚近倖，絲髮不貸。聰察强記，留心章奏及天下處分，是撮其細而不舉其大也。豈不惑哉！

夫論人君者，當綜其國之大勢，全局而論之。唐之勢，以藩鎮、宦官二者爲盛衰。至貞元時，逆泚狂噬，而藩鎮之禍極矣。憲宗痛揃刈之，未及創宦寺也。衿肘抵巇，竟嚙其毒。穆宗內外不綱，河朔復嘯，積漸至文宗，而藩鎮、宦官之禍，天地睢刺，俱不可以一日矣。武宗蹙然憤發，趢趗前王，專任李德裕，力行强政，君臣表裏，相爲急熱。先搦太原，次膊澤潞，霆擊電掃，所向肅清。當此之時，强諸侯重足而立，聲教洶旭，岌於四圍，雖在宮禁積惡之輩，亦相顧愕眙于太尉之威權，天子之英斷，鼠伏不敢出聲息。蓋以惴惴于一旦之赫怒，故會昌之祚，僅六年耳，而天下大勢固已定矣。使繼體者，但如漢之文景，循而揉之，以踔貞觀、開元之治，不難也。而宣宗不忍其平日之不禮，追仇武宗，遂及執政。立未逾月，殛之萬里，盡反會昌之政，恃其私智，以鈐臣下。所肱髀者，如白敏中、令狐綯輩，又皆人奴，惟汲汲諂媚，且日尋于曼刻峭詆，以快其報復之私。故回鶻巨患也，德裕指蹤諸服，草薙而禽獮之，遂不能國。而帝以爲昏姻，且有功，下詔召集之。而嫁罪殄滅者爲奸臣，然則劉悟亦嘗立功矣。使積子孫有在者，亦當繼之旌節乎？

武宗惡僧尼耗蠹天下，悉鏟諸寺，發二十六萬餘人，籍沃田美區無萬數，幽燕之帥，至封刀于闕以靳游髡，農者忭舞，踴溢相告，此千載一時也。而帝修改牒度，不遺餘力，宰相固請以兵食弛興作，而斧斤之聲，終帝世不絶。其誅放會昌之道士也，不獄武宗之金丹，而法以排毁釋氏，故不一年而受籙于衡山劉玄静矣。十一年而還所放之軒轅集矣。十四年而藥于虞紫芝以疽崩矣。幸而丁武宗之後，餘威慴人，河湟十四州七關解辮内附，方隅騁突，蹋之即平。不然，觀帝一用兵于黨項而即蹶，成德、盧龍軍自變帥，而帝咋不言，其不能于藩鎮，固可知也。

而唐季宦官之熾，則尤帝煽之。仇士良北司大憝，甘露之變，海内血眦，武宗削其官，籍其貲；而帝爲之立碑，褒以全德。至與韋澳論内侍，則閉目摇首，以爲甚畏，謂衣紫者即不可制。嗚呼！此不過熏腐廝養者，乃恐猲至不敢詈。而攝冢宰之宗臣，以奉册時芒背之恨，遽朝衮夕赭之不暇，帝蓋私感禁中之定策，故握中人之意，寵其魁以爲報，而其甘心于太尉者，殆以此輩之所惡耶？

尤其蔽者，敬宗而降，閹寺立君，帝在位年高矣，而不肯置儲，魏謩、裴休屢言之，而牽於多愛，懼爲閑人，終之托少子于刑餘，建昏庸于矯詔，尸床未移，顧命墜地。延之再世，遂爲負心門生天子，不旋踵而種族其嗣矣。嗚呼，可慨也夫！

自天不眷唐，武宗短祚，德裕幽憂以死，帝處可爲之勢而不振，而藩鎮、宦官亡天下之局已成，雖有善守者不能爲也，况懿宗乎？至於誣郭后以逆謀，致崩隕之異論，乃復絶兆域，貶禮官，則又其天倫之慚德已！

附録雜體詩：

送叔子入都補官同子九孟調作丙辰正月

春風初暄野梅坼，一騎城東催北發。力貧著書不千秋，幽蟄乘時動鱗甲。天門雪大滹沱冰，江淮充斥獷鹵營。戢影田廬亦何物，掉頭烽火資遐征。質裘賣琴事鞭策，致君堯舜自有術。肯將高卧忘馳驅，誰信閒關覓衣食。有弟奉母兒讀書，有妻甘貧能養姑。家庭却顧百無怫，勖哉才力應時須。故人尊酒壯行色，如此江山作離别。天涯百感生風塵，儒冠十年愧刀筆。慈也卧病荒江邊，養親求禄悲無緣。一飽盛矜豎儒福，跬步輒受天公攣。國門上書四遭擯，捧檄小喜亦吾靳。願君勉副東山懷，猿鶴年年報花信。

孟調將遊汴州索題西梟山居圖予未及應别後追寄此詩丙辰正月

稱詩固夙好，山水乃其天。有得即吾廬，誰云買無錢。翳予寡俗尚，結念黄綺年。托生富岩壑，奢願荷天全。真嗜得同好，仙裔溯輞川。西梟本靈宅，窈窕含衆妍。松高白雲潔，楓落丹霞鮮。溪花冷逾秀，谷鳥幽自憐。荷衣亦云好，黄塵何由緣。嗟子走覓食，穿壘行滕纏。故山非不深，誰能餐雲烟。白石詎可煮，徒作牛羊眠。我行拾橡栗，誅茆營一椽。倦遊終有期，願君劵斯篇。

爲沈寄凡題照即送其作尉江南丙辰

爾翁江東沈麟士，窮老鈔書八千紙。寄凡尊人霞西翁博極群書，所綜録遺籍極富。良田廣斥搜秘藏，手挈琅嬛付孫子。君也詠樓世家學，少小受詩嶄頭角。三椽老屋供枕咀，神仙無如此間樂。長貧結客日萬錢，春風秋月泛酒船。練裙高座半不識，題襟豪氣無前賢。公卿躧履下逢掖，坐此人輕二千石。賭袍策被輒驚衆，更出餘技事雕刻。君善篆刻。中原圖籍吹烟飈，勒焚巢毀誰能逃。幸君手掌五雲笈，屠門大嚼供群饕。鄙人傭書柳生肘，欲窺插架乏鴟酒。鄰侯家法持贈君，扃室勿借良可醜。雖然牙簽玉軸三萬奇，四壁如洗良坐斯。棄觚自可致卿相，百城南面徒爾爲。黄羆縛袴夜起舞，短劍從軍挽尺組。摩崖紀功會有待，奚止歌詩壓鐃鼓。江南烟水多野鷗，菰米五斗秋深收。詩人簿尉例唐代，槁馘抱經何所投。

題寄凡論印圖

墳典滅秦火，六書散飈烟。幽森沮頡心，百一搜遺編。蝌蚪亦云醜，能奪蛇蚓妍。遷流及印史，繆篆留雕鋟。絕學誰復矜，所藉玩好傳。吁嗟雕蟲技，乃操復古權。沈侯喜籀法，冥心遊象先。運刀縱所至，精氣忽四穿。鋒痕不受泐，往往蛟龍纏。兒曹莫輕弄，鬼泣在汝前。斯冰去已久，君名遂千年。結語用劉夢得《陽冰篆贊》語意。

擬陶徵君田居同子九叔雲素人季旼蓮士作丁巳四月

整理者按：此詩底稿僅存標題。

眉批：東番鄒伯奇，臨淮袁太伯、袁文術，會稽吴君高、周長生之輩，位雖不至公卿，誠能知之囊橐，文雅之英雄也。觀伯奇之《玄思》，太伯之《易章句》，文術之《箴銘》，君高之《越紐録》，長生之《洞歷》，劉子政、揚子雲不能過也。（《論衡·案書》）周長生名樹。（《北堂書鈔》引謝承書）

顧歡，字景怡，一字玄平，吴郡鹽官人也。家世寒賤，父祖並爲農夫。歡獨好學，年六七歲，知推六甲。父使田中驅雀，歡作《黄雀賦》而歸。雀食稻過半，父怒，欲撻之，見賦乃止。嘗燃松節讀書，或燃糠自照。及長，隱居不仕。於剡中天台山開館聚徒，常近百人。歡早孤，讀《詩》至『哀哀父母』，輒執書慟泣，由是學者廢《蓼莪篇》，不復講焉。晚節服食，不與人通。每旦出户，山鳥集其掌上取食。山陰白石村多邪病，歡乃往村中爲講《老子》，規地作獄。有頃，見狐狸黿鼉自入獄中者甚多，即命殺之，病者皆愈。齊高帝踐祚，徵至，稱山谷臣顧歡上表，進《政綱》一卷。東歸，賜麈尾、素琴。卒於剡山，年六十四。自剋死日，身體香軟，謂之尸解。《南史》本傳。

杜京産，字景齊，吴郡錢唐人。少恬静，後於始寧東山開舍授學。儒士劉瓛稱之曰：『杜生，今之臺、尚也。』復至會稽山，日聚徒教授，屢徵不至，卒。《南史》本傳。

朱百年，會稽山陰人也。祖凱之，晉左衛將軍。父濤，揚州主簿。百年少有高情，親亡服闋，携妻孔氏入會稽南山，伐樵采箬爲業。以樵箬置道頭，輒爲行人所取，明旦已復如此。人稍怪之，積久方知是朱隱士所賣，須者隨其所堪多少，留錢取樵箬而去。好飲酒，頗能言玄理，爲詩詠，往往有高勝之言。隱迹避人，唯與同縣孔覬友善。覬亦嗜酒，相得輒酣對盡歡。百年家素貧，母以冬月亡，衣並無絮，自此不衣綿帛。嘗寒時就覬宿，衣悉裌布，飲酒醉眠。覬以卧具覆之，百年不覺也。既覺，引卧具去體，謂覬曰：『綿定奇温。』即流涕悲慟。除太子舍人，不就。顔竣爲東揚州，發教餉百年穀三百斛，不受。時山陰又有寒人姚吟，亦有高趣，爲衣冠所重。竣餉吟二百斛，吟亦不受。百年卒，蔡興宗爲會稽太守，餉米百斛。百年妻遺婢詣郡門固讓，時人以比梁鴻妻。《南史》及《宋書》朱百年本傳。

孔道徽，會稽山陰人。父祐至行通神，隱於四明山，嘗見山谷中有數百斛錢，視之如瓦石不異。采樵者競取，入手成沙礫。曾有鹿中箭來投祐，祐爲之養創，愈然後去。太守王僧虔與張緒書曰：『孔祐，敬康曾孫也。行動幽祇，德標松桂，引爲主簿，遂不可屈。此古之遺德也。』道徽少厲高行，能世其家風。隱居南山，終身不窺都邑。與杜京産善。豫章王嶷爲揚州，辟西曹書佐，不至。鄉里宗慕之。道徽兄子總，有操行，遇饑寒不可得衣食，縣令吴興丘仲孚薦之，除竟陵王侍郎，竟不至。永明中，會稽鍾山有人姓蔡，不知名，隱山中，養鼠數千頭，呼來即來，遣去即去。言語狂易，時謂之謫仙，不知所終。見《南史》及《齊書》杜京産傳。

會稽孔寧子爲宋文帝鎮西諮議參軍，以文義見賞。及帝即位，爲黄門侍郎，領步兵校尉。寧子先爲何無忌、安成國侍郎，還東修宅，令門可容高蓋。鄰里笑之。寧曰：『大丈夫何常之有？』自徐羡之等執權，寧子與王華日夜構之於帝。寧子嘗東歸，至金昌亭，左右欲泊船，寧子命去之，曰：『此弒君亭，不可泊也。』元嘉二年卒。次年，羡之等誅。見《宋書》《南史》及《資治通鑑》。

會稽虞騫工爲五言，名與何遜相埒，官至王國侍郎。

又孔翁歸工爲詩，爲梁南平王大司馬府記室，有文集。見《南史·何遜傳》。

會稽虞炎以文學與沈約俱爲文惠太子所遇，意眄殊常，官至驍騎將軍。見《南史·陸慧曉傳》。

賀德仁，越州山陰人，少與從兄德基俱以詞學見稱，兄弟八人，時人方之荀氏。陳鄱陽王伯山爲會稽太守，改其所居甘滂里爲高陽里。《舊唐書》本傳。